远古时期，中华民族始祖炎帝神农氏曾在长治一带尝百草、制耒耜、种五谷、教化与民。神农铜像坐落于长治市东老顶山上，高39米，是亚洲最高的炎帝铜像。

2018 年 9 月，全省有机旱作农业现场观摩推进会在长治召开，与会人员在潞州区观摩考察玉米、谷子、高粱抗旱抗逆良种试验。

2018 年 6 月，长治市绿色有机旱作农业现场推进会在襄垣县召开，与会人员现场观摩襄垣县山西林盛果业有限公司有机旱作晚秋黄梨种植基地。

　　2019 年 9 月，长治市有机旱作农业现场会在壶关县召开，与会人员实地观摩全国有机旱作农业典型——壶关县晋庄村传统农业与现代农业技术相融合的有机旱作谷子集成技术示范基地。

2020 年 9 月，长治市有机旱作农业暨美丽乡村建设现场观摩会在沁源县召开，与会人员现场观摩沁源县有机旱作马铃薯新品种、水肥一体化、全程机械化种植示范基地。

　　着力推进农业机械化，培育农业社会化服务组织，开展"耕、种、管、防、收"等农业生产托管服务。2021年8月30日，全省深化农业生产托管现场推进会在长治召开，推广长治市、屯留区经验做法。

　　山西农业大学副校长、省有机旱作农业专家王娟玲，受邀在长治市委中心组（扩大）学习会上授课，市、县有机旱作农业示范创建工作领导组成员单位主要负责人参加培训。

　　为提升全市有机旱作农业示范创建能力和水平，长治市采取"请进来"与"走出去"相结合的方式，大力开展有机旱作农业示范市创建培训。

长治市人民政府文件

长政发〔2018〕16 号

长治市人民政府
关于印发长治市创建全国绿色有机旱作
农业示范市实施方案的通知

各县、市、区人民政府，市直各有关单位：
《长治市创建全国绿色有机旱作农业示范市实施方案》已经市人民政府〔2018〕第 28 次常务会议通过，现将你们，请认真

长治市人民政府办公厅文件

长政办发〔2018〕6 号

长治市人民政府办公厅
关于印发长治市绿色有机旱作农业
封闭示范区建设实施方案的通知

各县、市、区人民政府，市直各有关单位：
《长治市绿色有机旱作农业示范区建设市政府〔2018〕第 28 次常务会议通过，现将发施。

长治市人民政府办公厅文件

长政办发〔2018〕48 号

长治市人民政府办公厅
关于建立全市推进绿色有机旱作农业示范市和
封闭示范区创建工作督查制度的通知

各县、市、区人民政府，市直各有关单位：
为贯彻落实《山西省人民政府关于加快有机旱作农业发展的奖施意见》（晋政发〔2017〕47 号）、《长治市创建全国绿色有机旱作农业示范市实施方案》（长政发〔2018〕16 号）和《长治市绿色有机旱作农业封闭示范区建设实施方案》（长政办发〔2018〕6 号）精神，按照市政府要求，决定建立全市推进绿色有机旱作农业示范市和封闭示范区创建工作督查制度，现将有关事项通知如下：

— 1 —

长治市人民政府办公厅文件

长政办发〔2018〕41 号

长治市人民政府办公厅
关于印发长治市推进绿色有机旱作农业示范市
创建 2018 年行动计划的通知

各县、市、区人民政府，市直各有关单位：
现将《长治市推进绿色有机旱作农业示范市创建 2018 年行动计划》印发给你们，请认真贯彻实施。

— 1 —

长治市人民政府办公室文件

长政办发〔2020〕10 号

长治市人民政府办公室
关于印发长治市推进有机旱作农业发展
2020 年行动计划的通知

各县、市、区人民政府，市直各有关单位：
《长治市推进有机旱作农业发展 2020 年行动计划》已经市人民政府同意，现印发给你们，请认真贯彻实施。

— 1 —

长治市人民政府办公室文件

长政办发〔2021〕15 号

长治市人民政府办公室
关于印发长治市推进有机旱作农业发展
2021 年行动计划的通知

各县、市、区人民政府，市直各有关单位：
《长治市推进有机旱作农业发展 2021 年行动计划》已经市人民政府同意，现印发给你们，请认真贯彻实施。

— 1 —

长治市立足特色，制定出台有机旱作农业发展实施方案和年度行动计划，稳步推进全市有机旱作农业发展。

有机旱作农业长治探索与实践

YOUJI HANZUO NONGYE
CHANGZHI TANSUO YU SHIJIAN

长治市农业农村局 编

中国农业出版社
北 京

图书在版编目（CIP）数据

有机旱作农业长治探索与实践／长治市农业农村局
编．—北京：中国农业出版社，2021.12
ISBN 978-7-109-28607-8

Ⅰ.①有…　Ⅱ.①长…　Ⅲ.①有机农业－旱作农业－
农业发展－长治－文集　Ⅳ.①F326.1-53

中国版本图书馆 CIP 数据核字（2021）第 149773 号

中国农业出版社出版

地址：北京市朝阳区麦子店街 18 号楼
邮编：100125
责任编辑：张丽四
版式设计：王　晨　责任校对：刘丽香
印刷：北京通州皇家印刷厂
版次：2021 年 12 月第 1 版
印次：2021 年 12 月北京第 1 次印刷
发行：新华书店北京发行所
开本：787mm×1092mm　1/16
印张：21.75　　插页：14
字数：480 千字
定价：80.00 元

有机旱作是山西农业的一大传统技术特色。山西少雨缺水，保护生态、节水发展是农业的必由之路。要坚持走有机旱作农业的路子，完善有机旱作农业技术体系，使有机旱作农业成为我国现代农业的重要品牌。

二〇一七年六月二十三日习近平在山西省考察工作结束时的讲话

编委会名单

初次踏足长治这片土地，还是三十四年前。

1987年秋，我入职中国农业科学院后的第一个田间试验就是在长治市屯留县高店村的屯绛水库管理站，内容是旱地冬小麦秸秆覆盖和节水补充灌溉技术试验，属"七五"国家科技攻关计划中低产田改造项目旱地农业专题下的一个子专题。从"八五"开始，国家攻关旱地农业试验区迁至晋中市寿阳县，我的科研足迹也逐渐遍布我国北方旱农区16个省（自治区、直辖市）。因此，长治屯留，是我旱地农业科研生涯的起点，也是我为之奋斗终生科学事业的起点，成为我后来挥之不去的记忆。

2021年初冬，当我在人民大会堂再次领取旱地农业国家科技进步奖励时，《有机旱作农业长治探索与实践》即将交付出版，书中记载的长治市各级探索和发展有机旱作农业的思考与实践，恰如获奖成果在生产中应用的鲜活佐证，让三十四年前的一幕幕清晰如昨，历历在目。诚然，经过三十多年的发展，旱地农业科学技术早已脱胎换骨更新换代，但一些旱作技术的优良基因从来就没有改变过，比如有机旱作，比如抗旱物种，比如间作轮作，等等。这些旱作技术精华延绵传承八千年，不断吸收和融合最新科学技术成果，迄今仍然熠熠生辉，闪耀在国家奖成果和旱地农业生产实践中，闪耀着华夏农耕文明的智慧，只是现代生物技术、信息技术和工程技术让他们更加精准、更加高效、更加多功能。

山西是我国农耕文明的发祥地之一，旱地农业、旱作技术有着悠久历史和文化传承。远古有神农氏在长治一带尝百草、制耒耜、种五谷，清代有祁隽藻著书《马首农言》。新中国成立以来，山西涌现出了壶关晋庄、屯留王公庄、昔阳大寨等在全国有广泛影响力的旱地农业发展模式，海绵田、秸秆覆盖还田、蓄水丰产沟等源自生产实践和历史沉淀的有机旱作农业技术，为现代旱地农业技术发展提供了丰富营养、鲜活案例和实体场景。可以说，传统与现代的碰撞、继承与创新的融合，是山西旱地农业发展的基因密码和显著特征，也是留给我们旱地农业科学研究的深刻印记。

2017年6月，习近平总书记视察山西时指出，有机旱作是山西农业的一大传统技术特色。要坚持走有机旱作农业的路子，完善有机旱作农业技术体系，使有机旱作农业成为我国现代农业的重要品牌。总书记的讲话是历史的拷问、时代的考卷，如何传承和创新有机旱作这一传统技术、让有机旱作农业成为我国现代农业的重要品牌，山西要给出答案，全国主要旱农类型区要给出答案，政产学研用也都要给出答案。

《有机旱作农业长治探索与实践》所记载的内容，正是众多答案中的一个缩影。以一个旱地农业科技工作者的视野看，这本书既有政府推动有机旱作农业发展的做法和经验总结，也有有机旱作农业发展模式和技术的创新，还有现代旱作农业经营模式的介绍，反映了长治市在传统与现代碰撞、继承与创新融合中发展有机旱作农业的基层探索和实践，不仅为政府管理和生产经营者提供了有益的借鉴，也为有机旱作技术的研发提供了典型应用场景，值得肯定和推荐。也因此，长治市科技局原局长张天佑先生和农业农村局局长秦志云同志期望我为这本书作序时我欣然应允，倒不是因为我与长治有渊源，而是因为长治在有机旱作农业发展方面的基层首创精神令我敬佩。

梅旭荣

2021年12月

PREFACE 2

序 二

2017年6月，习近平总书记视察山西时指出，"有机旱作是山西农业的一大传统技术特色。要坚持走有机旱作农业的路子，完善有机旱作农业技术体系，使有机旱作农业成为我国现代农业的重要品牌"。

长治创建有机旱作农业示范区，既是深入贯彻习近平总书记重要指示的具体举措，也是山西省委省政府交给长治的重要任务，更是立足市情农情、传承历史、顺应形势推动长治农业农村高质量发展的必由之路。

长治山多地少、缺水少雨，是典型的雨养农业、旱作农业区，在长期的生产实践中，形成了平田整地、精耕细作、轮作倒茬等有机旱作技术传统。20世纪60年代，壶关县晋庄运用"秋耕壮垡、四墒整地"有机旱作技术使农业连年稳产高产的经验做法，成为全国旱作传统和现代技术结合的典型范例在北方地区大力推广；80年代初，屯留区王公庄"秸秆直接还田、机械深耕、适度镇压、机械播种"一整套机械化旱作农业耕作技术在全省推广；90年代中期，全市以秸秆覆盖为主配套优种包衣、抗旱播种、地膜覆盖、保护性耕作、节水灌溉、水肥一体化等田间农艺措施的农田节水农业体系，被农业部专家称为北方农业的发展方向。

进入21世纪以来，长治秉承优势、创新发展，把传统有机旱作农业与特色优势产业、农业标准化、绿色发展理念、生态循环农业有机结合，建设全国农业综合标准化示范市、国家现代农业示范区、全国有机旱作农业示范市，致力打造全省特色现代农业新高地。

2017年以来，按照习总书记的殷殷嘱托和全省发展有机旱作农业的总体部署，长治率先提出整市创建全省有机旱作农业示范区，得到省政府同意和支持。4年来，全市上下坚持把发展有机旱作农业作为战略性基础性工作，"全视角"顶层谋划、"一盘棋"整体联动、"点片线面"立体示范,十大工程全域发展,六大产业全链条推进,研究制定了一系列规划、计划和实施方案,构建起了创建有机旱作农业示范区的"四梁八柱",试验、示范和推广了一批有机旱作农业集成技术,建设了一批有机旱作农业示范基地(园区)和示范县、示范乡、示范村,形成了一批示范性强、可复制、可推广的有机旱作农业生产经营典型模式,打造了"半分耕""上党党参""沁州黄小米""上党高粱""壶关旱地西红柿""长子大青椒""潞城大葱"等一批有机旱作农业区域品牌,初步走出了一条技术集成配套、产业集群发展、生态绿色循环的长治路径。

抢抓发展机遇,推动有机旱作农业向"高"向"优"发展,长治将依托资源禀赋,坚持"特""优"战略,在构建覆盖全区域、全产业、全链条、全要素、全过程的特色有机旱作农业标准体系上再发力,在打造全省有机旱作农业发展创新高地、人才高地、技术高地、产业高地上再攻关,在贯通产业环节、延伸产业链条、推进品牌建设上再提升,在生态循环和绿色高质高效发展上下实功,持之以恒,久久为功,蹚出农业高水平发展、农产品高质量供给的新路。

《有机旱作农业长治探索与实践》结集了长治市有机旱作农业阶段性探索和实践的成果,希望通过此书与广大"三农"工作者进行交流探讨,携手擦亮"有机旱作农业"这一现代农业品牌。

秦志云

2021 年 9 月

FOREWORD 前言

　　长治位于逶迤连绵的太行山深处，是典型的雨养农业、旱作农业区。勤劳朴实的上党人民面对山多地少、土壤贫瘠、水资源匮乏的农业生产条件，在困难中探索方法、在实践中积蓄智慧。早在 20 世纪 60 年代，壶关晋庄就试验总结出了以"秋耕壮垡、四墒整地"为主要内容的有机旱作高产模式，推广后粮食亩产突破 300 千克；80 年代初，屯留县王公庄"秸秆直接还田、机械深耕、适度镇压、机械播种"等一整套机械化旱作农业耕作技术，成为全国有机旱作农业发展的一面旗帜；90 年代中期，全市形成了以秸秆覆盖技术为主要支撑，配套应用优种包衣、抗旱播种、地膜覆盖、保护性耕作、节水灌溉、水肥一体化以及各种田间农艺措施的农田节水农业体系，被农业部专家评为北方农业的发展方向。

　　2018 年以来，长治市贯彻落实习近平总书记视察山西时作出的"坚持走有机旱作农业的路子，使有机旱作农业成为我国现代农业的重要品牌"的重要指示精神，在省委、省政府的坚强领导下，坚持"打特色优势牌、走有机旱作路"的发展理念，抓住实施乡村振兴战略的历史机遇，率先提出了创建全国绿色有机旱作农业示范市的目标，突出区域化布局、标准化生产、封闭化示范、品牌化打造、绿色化发展、主体化引领六大重点，实施了耕地质量提升、农水集约增效、旱作良种攻关、农技集成创新、农机配套融合、绿色循环发展等十大工程，强化组织、资金、技术、激励四大保障，走出了一条技术集成配套、产业集群发展、生态绿色循环的有机旱作农业新路径，为确保粮食安全和重要农产品有效供给提供了坚实保障。

　　本书旨在通过研究总结长治有机旱作农业发展背景、政策引领、实践经验、技术模式等，全面展示近年来我们坚持"特""优"战略，培育优质杂粮、蔬菜、干鲜果、中药材等特色优势产业，集成有机旱作农业技术模式，推进产业集群发展，打造长治有机旱作农业品牌的发展过程，以期为全国干旱半干旱地区农业高质量发展提供借鉴并贡献绵薄之力。由于能力水平有限，书中不妥之处敬请批评指正。

编　者

2021 年 3 月

目录
CONTENTS

目　录

第一章

长治有机旱作农业发展背景

长治山多川少、降水不均匀，形成了精耕细作、纳雨保墒、用养结合的旱作农业技术。2017年以来，长治市委、市政府深入贯彻落实习近平总书记视察山西时的重要指示精神，本着生态优先、绿色发展的理念，立足农业发展实际，着力推进全市有机旱作农业发展。

第一节　长治概况

长治位于山西省东南部，东倚太行山，与河北、河南两省为邻；西屏太岳山，与临汾市接壤；南部与晋城市毗邻，北部与晋中市交界；地处太行山之巅，有"与天为党"之说，史称"上党"，现辖8县4区和1个国家级高新技术开发区，总面积13 955千米²，总人口318.09万人。

长治历史悠久，底蕴深厚。上古时期，炎帝神农氏曾在此"尝百草、得五谷、教民耕种"，实现了人类从游牧到定居、从渔猎到农耕的伟大转折，开启了华夏农耕文明的历史。秦统一中国，分天下为36郡，上党郡为其中之一。明嘉靖八年（1529年），升为潞安府，设长治县，"长治"之名便由此而来。从秦朝设上党郡以来，长治已有2 200多年的建城史，有18个国家级和56个省级文物保护单位，有北魏石刻、唐塔宋塑等一大批堪称东方文化艺术精品的瑰宝，潞安大鼓、民间社火、上党八音会、上党梆子4个项目入选国务院公布的首批国家级非物质文化遗产，中国古代宋元以前地面建筑70%在山西，而山西的50%在长治，有"古文化和古建筑博物馆"之美誉。抗日战争时期八路军总部和中共中央北方局在长治长期驻扎，解放战争第一仗"上党战役"在此打响，这里是"太行精神"的孕育之地。

长治山水壮美，生态良好。太行山绵延八百里，最壮美的一段在长治。长治境内有太行山大峡谷、太行龙洞、大脊山、灵空山等以喀斯特地貌、丹霞地貌为特征的众多自然风景区，壶关太行山大峡谷有"中国最美十大峡谷"之一的美誉。长治市地跨海河、黄河两大流域。其中，海河流域面积11 103千米²，占79.9%；黄河流域面积2 793千米²，占20.1%。年均气温9.7℃，冬无严寒，夏无酷暑，四季分明，被誉为"夏季的无扇之城""中国天气·避暑之城"。全市森林覆盖率31.92%，主城区绿化覆盖率47.3%，有4处国家级森林公园，山、水、城相互辉映、浑然一体。

长治农业生产独具特色，地处北纬 35°50′～37°08′，平均海拔 1 000 米，年平均日照时数约 2 600 小时，年平均降水 549.2 毫米，年平均湿度 61%。水、土、光、热等农业生产和生态优势独特，素有"米粮川"之称。耕地有机质含量高出全省平均水平 0.5 个百分点，是优质小米、特色蔬菜和道地中药材等农产品的最佳产区。长治拥有上党中药材、沁州黄小米 2 个中国特色农产品优势区，平顺潞党参、武乡小米等 14 个地理标志农产品，被中国粮食行业协会授予"中国小米之都"之美誉，是国家现代农业示范区，也是全省首个有机旱作农业示范市。

长治区位独特，优势明显，毗邻环渤海经济区、陇海经济带和中原城市群，具有承东启西，联南接北的优越位置。境内有长邯、长晋、长太、长安、长临 5 条高速公路，207、208 国道纵贯南北，309 国道横穿东西，境内太焦、邯长铁路与国家大动脉京广、陇海铁路线相连，瓦日铁路直通日照港，境内第一条高速铁路——太焦高铁已通车。长治飞机场可起降中小型客机，通航城市 18 个。长治是全国首批老工业城市和资源型城市产业转型升级示范区，已探明的矿藏有煤、铁、硅、大理石等 40 多种，已形成以煤、焦、冶、电等传统产业为基础，以现代煤化工、半导体光电、先进装备制造、医药健康、新能源、新材料、固废利用等新兴产业为支撑，门类较为齐全的工业产业体系。

长治还是全国首批国家智慧城市试点市、首批国家公共文化服务体系示范区、首批全国全民健身示范市、首个中国曲艺名城，是山西省全国文明城市，也是国家卫生城市、国家园林城市、国家森林城市。

第二节　长治有机旱作农业源起

长治属半干旱地区，丘陵山地面积占 84%，旱地占 80% 以上，年降水量 600 毫米左右，且降水分布极不均匀，常常出现春旱、伏旱和夹秋旱，是典型的雨养农业、旱作农业区，有"十年九旱"之说。据文献记载，1959 年全国大旱，长治更是经历了严重干旱。1962 年 1 月，党中央在北京召开了县委书记以上人员参加的七千人大会，大会要求加强对农业生产、特别是粮食生产的领导，调精兵强将充实农业第一线。

长治壶关县积极响应中央号召，县政府组织老百姓开大会、找良方、群策群力，总结采纳传统种植经验，在晋庄采用秋耕壮垡、三墒整地、选用优种、适时播种、精细管理等旱作技术，展开了谷子旱作种植示范。1964 年，壶关县晋庄大队谷子平均亩①产均在 500 斤②以上，亩产翻番。历经 7 年探索与实践后，1971 年壶关晋庄谷子亩产超千斤，名扬千里。

1972 年 9 月，全国谷子经验交流会在晋东南地区（长治）召开。"晋庄干石山区夺高产经验"引起党中央、国务院领导高度重视，并组织专人深入长治视察指导。农业部委托中国农业科学院在河北石家庄召开了"北方抗旱科学技术讨论会"，中国农业科学院专家在屯留县蹲点研究旱作农业技术，国家科学技术委员会在广西南宁召开的全国农村适用技

---

① 亩为非法定计量单位，1 亩＝1/15 公顷。——编者注
② 斤为非法定计量单位，1 斤＝500 克。——编者注

术交流会上把"晋庄有机旱作技术"列为重点攻关项目。

1964—1982 年，壶关晋庄谷子平均亩产稳定在 400～500 千克。"晋庄经验"在探索与实践中得到升华、总结，种养生态循环模式初步形成。1982 年 11 月 1 日，题为《壶关县晋庄大队运用有机旱作技术农业连年稳产高产——中央领导同志认为这项技术在我国北方具有普遍意义要大力推广》的报道在《光明日报》头版刊登，央视新闻节目同步播出，"晋庄有机旱作技术"在北方干旱半干旱地区得以推广。

1983 年，在延安召开的北方旱作农业工作会议上，晋东南地区就有机旱作农业经验作交流发言，国务院领导赞赏"晋庄经验"既有科学性，又有普遍性。20 世纪 80 年代初，屯留县王公庄试验总结出了"秸秆直接还田、机械深耕、适度镇压、机械播种"等一整套机械化旱作农业耕作技术，并在全省推广。长治以壶关晋庄、屯留王公庄典型经验为榜样，推广有机旱作农业技术，有机旱作农业由经验型向理论型、技术型发展。农作物节水、保护性耕作技术被广泛推广。1987 年，屯留 10 万亩冬小麦秸秆覆盖，获得"盖不盖增一百"的良好效果。

1987—1992 年，长治再次遭遇连续 5 年的严重干旱，但晋庄谷子稳产稳收，作家赵树理的《谷子好》唱遍了晋东南地区大街小巷。

进入 21 世纪，长治着眼于发展现代农业，围绕提高耕地综合生产能力，把农田节水工程与发展农业特色产业、农业标准化、生态循环农业有机结合起来，加快了传统农业向现代农业的转变，逐步探索形成并大力推广了玉米整秆半覆盖模式、机械化秸秆粉碎还田和保护性耕作模式、玉米整秆沟埋覆膜聚肥蓄水模式等农田节水保墒模式。农业农村部曾先后两次在长治召开现场会，总结推广长治旱作农田节水经验。

第三节　长治有机旱作农业兴起与发展

2017 年，习近平总书记视察山西，指出"山西的现代农业发展，要打好特色优势牌""要立足优势，扬长避短，突出'特'字，发展现代特色农业""有机旱作是山西农业的一大传统技术特色""要坚持走有机旱作农业的路子，完善有机旱作农业技术体系，使有机旱作农业成为我国现代农业的重要品牌"。习总书记的讲话高瞻远瞩，为长治现代农业发展指明了前进的方向。

2017 年 10 月 13 日，山西省人民政府办公厅批复长治市创建全国绿色有机旱作农业示范市。

长治市委、市政府坚持"打绿色有机牌、走特色产业路"的发展理念，紧抓实施乡村振兴战略的历史机遇，在"特"字上谋思路，在有机旱作上做文章。成立了分管副市长任组长、18 个市直单位负责同志为成员的推进绿色有机旱作农业发展领导小组，形成了政府主导、部门分工配合的强大合力。市、县两级将长远规划与近期目标全面结合，编制了《长治市绿色有机旱作农业发展总体规划（2018—2030 年）》，制定了《长治市创建全国绿色有机旱作农业示范市实施方案》《长治市绿色有机旱作农业封闭示范区建设实施方案》《长治有机旱作品牌整合创建建议书》等一系列部署性文件，分年度印发《长治市有机旱作农业发展行动计划》，划定时间表、制作路线图，层层夯实责任，挂图作战，掀起了有机旱作农业发展热潮。

全市 2 个有机旱作农业重点县、10 个特色县、11 个省级有机旱作农业示范片、12 个市级有机旱作农业封闭示范区、12 个示范乡镇、36 个示范村、167 个市级特色产业示范园区和 200 个县级有机旱作示范基地，带动全市农业全产业发展、全环节升级、全链条增值。有机旱作农业十大工程风生水起，特色产业发展遍地开花，农产品品牌高质量发展。

落实"七字"要领，农业基础显著改善

——实施高标准农田建设 235 万亩，高质量完成 234.1 万亩粮食生产功能区划定。

——实施果菜有机肥替代化肥、秸秆粉碎还田、测土配方施肥项目，测土配方施肥面积 381 万亩，增施有机肥 297 万亩，土壤有机质含量达到 2.13%，化肥农药使用量连续 3 年保持负增长。

——大力发展农业节水灌溉，耕地有效灌溉面积 146 万亩，农田灌溉水有效利用系数达 0.55，农作物水肥利用效率提升了 7 个百分点。

——积极开展良种繁育推广，先后引进推广抗旱节水良种 80 余个，发展蔬菜集约化育苗基地 30 个，建设中药材种子种苗基地 6 366 亩，主要农作物良种覆盖率达 90% 以上，国家玉米产业体系科企合作企业潞玉种业连续 11 年承担了全国玉米种子品种纯度种植鉴定任务。

——逐步强化科技装备支撑，引进推广适宜丘陵山地的特色小型农机具，平川区玉米基本实现全程机械化，农业机械总动力达 129.5 万千瓦，农业综合机械化率达 76.5%。全面推广土地托管、代耕代种等生产托管模式，屯留区"六核心服务、三环节套餐"的托管模式入选全国第二批农业社会化服务 24 个典型案例之一。

——总结推广了壶关绍良旱地西红柿"上中下"（上架防雹网、中搭节水喷微灌设备、下铺银黑双色反光地膜）立体种植集成技术模式、长子县西汉封闭示范区"秸秆＋养殖＋沼气＋沼渣（沼液）有机肥＋绿色有机种植"区域闭合循环模式、武乡上司"质量追溯＋羊肥＋古法种植＋产业化联合体"有机旱作谷子种植模式等 60 项生产技术模式。

——推进农业面源污染防治，秸秆综合利用率达到了 90% 以上，农膜回收利用率达到了 80% 以上，畜禽规模养殖粪污综合利用率达 90%。重点以沼气工程为纽带，把畜禽粪污、农作物秸秆、厨余垃圾、生活污水作为沼气基料处理，涌现出长子县西汉、屯留区王庄、沁县罗卜港等一大批绿色循环农业发展典型。

实施"特、优"战略，农业产业蓬勃发展

——做大做强中药材、小米两大特色产业。在太行、太岳山区建设野生药材抚育基地和仿野生药材种植基地，全市形成了百万亩中药材的产业规模；拥有小米加工流通龙头企业 36 家，2019 年长治市被中国粮食行业协会正式冠名为"中国小米之都"。

——以产业链提升价值链，充分发挥龙头企业引领作用。推进药茶、中药材、酿品、肉制品、粮品、果蔬食品、功能保健品七大优势特色农产品加工产业集群发展，形成了玉米、杂粮、蔬菜、中药材、食用菌等 13 条产业链条，全市农产品加工业销售收入达 316 亿元。

——标杆示范，推动农业产业园区提档升级。申报创建国家级现代农业产业园 1 个、省级现代农业产业园 7 个、市级现代农业产业园及特色产业示范园 167 个，认定国家级农业产业化重点龙头企业 4 家、省级龙头企业 48 家、市级龙头企业 164 家，农产品加工转化率达 63%。

——鼓励创办多元化新型农业经营主体，发展农民合作社 1.141 万家、家庭农场 549 家，山西长清生物科技有限公司玉米深加工产业化联合体等 11 家农业产业化联合体入选省级示范联合体，全市绿色有机旱作农业示范主体达到 340 余个，成为引领有机旱作农业发展的"排头兵"。

打造区域产品，农业品牌享誉三晋

——以标准化促进优质化，制定完善了 60 项易于推广的绿色有机农产品生产地方标准。全市农产品地理标志等级商标达 14 个，"三品"认证有效用标企业 317 家、产品 552 个，绿色食品、有机农产品认证数量较"十二五"末增长了 4 倍。

——聚心聚力打造农产品区域品牌。壶关旱地西红柿、长子大青椒、武乡小米、屯留尖椒、潞城大葱、沁源马铃薯、襄垣油用牡丹等县域特色产业全国知名，"上党党参""沁州黄小米""晋黄羊肥""谷之爱""沁源马铃薯"等农业品牌榜上有名，山西林盛晚秋黄梨、沁州黄小米、浩润蔬菜等农产品出口欧美。

——长治有机旱作"半分耕"区域公用品牌获评全省优秀市域公用品牌。有机旱作"半分耕"品牌旗舰店落地建成，品牌产销联盟、运营团队和品牌服务中心初步建成，依托产业龙头，打造了"数据平台＋企业＋市场"模式，推进新型农业经营主体对接京东、淘宝等大型电商平台，逐步构建了线上线下销售网络。稳步拓展农产品、特色食品、民俗制品等产品进入大市场空间，走出了一条产品安全、环境友好、科技先进的长治绿色有机旱作农业之路。

【附】

壶关县晋庄大队运用有机旱作技术农业连年稳产高产　中央领导同志认为这项技术在我国北方有普遍意义要大力推广

十年九旱的山西省壶关县晋庄大队，运用简便易行的有机旱作技术使农业连年稳产高产。不久前，中央领导同志指出，这项技术在我国北方干旱和半干旱地区有普遍意义，应因地制宜地加以推广。

有机旱作技术是山西省晋东南地区有关农业科技人员和晋庄大队的干部、群众在长期的生产中共同研究出来的。晋庄大队地处太行山区，水源奇缺，连人畜用水也要靠旱井、旱池积蓄雨水。主要农作物谷子，由于干旱特别是春旱影响，往往缺苗断垄，亩产长期徘徊在二三百斤。农业科技人员、干部和群众协作，根据当地秋季雨水多和春季风大、土壤水分蒸发量大的特点，总结出秋耕结合大量施用农家肥、春季多次耱耙等一整套蓄水保墒措施，可以将每年七、八、九月的大部分降雨截留在作物可利用的土层内，从而有效地抗御春旱，保证苗全苗壮。这项技术自 1963 年应用以来，晋庄的谷子亩产均在 500 斤以上，其中有 12 年达 800～1 000 斤。

　　这项技术近几年在山西省许多地区得到推广，均取得显著效果。壶关县推广了这项技术，涌现出一大批谷子平均亩产500斤的公社和亩产800斤的大队、生产队，今年全县在遭受春旱、冰雹等多种自然灾害的情况下，11万亩谷子平均亩产可达400斤以上。晋东南地区在70多万亩谷地上运用这项技术，今年亩产也可达400斤。吕梁、晋中、临汾等地大面积推广这项技术也都取得显著增产效果。近年来，山西省的一些地区还把这项技术应用于玉米、高粱、棉花的种植。今年，阳城、晋城等产棉区在20万亩棉田运用这项技术，也取得良好的增产效果。目前，山西省及许多地、县纷纷举办训练班，进一步深入普及这项技术。有机旱作技术还引起了北方一些省、区干部和群众的极大兴趣，辽、吉、黑、陕等省采用这项技术后，也都出现了一些类似晋庄大队的典型。

　　　　　　　　　　　　　（1982年11月8日光明日报头版，作者：张天佑）

第二章

长治有机旱作农业发展实践

步入新时代，长治市委、市政府加强顶层设计，将发展有机旱作农业作为实施乡村振兴战略、推进农业高质量发展的重要抓手，分类分区高标准推进农业产业化、规模化、特色化和品牌化。

第一节 长治有机旱作农业发展优势及远景

在推进有机旱作农业发展过程中，长治立足资源禀赋，突出特色优势，高位谋划，制定了《长治市绿色有机旱作农业发展总体规划（2018—2030 年)》，全区域、全产业、全链条推进有机旱作农业产业化发展，按下了全市有机旱作农业发展的"快进键"。

《长治市有机旱作农业发展总体规划（2018—2030)》

一、规划背景与意义

（一）规划背景

当前，我国现代农业已进入关键的转型期，同时也进入了加速发展阶段。进一步调整优化农业结构、保障粮食安全、增加优质农产品供给，已成为农业高质量发展的现实选择。

2017 年习近平总书记在山西省视察时指出"山西的现代农业发展，要打好特色优势牌""要立足优势，扬长避短，突出'特'字，发展现代特色农业""要坚持走有机旱作农业的路子，完善有机旱作农业技术体系，大力完善和推广有机旱作农业，使有机旱作农业成为我国现代农业的重要品牌"。

2018 年李克强总理在政府工作报告中指出，要加快建设特色农产品优势区，实施健康中国战略，要让百姓吃得安全、放心。推动质量兴农、绿色兴农、助力脱贫攻坚成为新形势下有机旱作农业肩负的新任务、新使命，有机旱作农业恰逢战略机遇期。

山西省发展有机旱作农业是深入学习贯彻习近平总书记视察山西重要讲话重要指示精神的具体行动，符合山西的省情、农情及发展的客观规律。省委、省政府先后制定出台了《山西省人民政府关于加快推进有机旱作农业发展的实施意见》《山西省加快有机旱作农业发展 2018 年行动计划》等文件，立足农业实际，明确了山西省有机旱作农业发展的布局任务、发展目标和重点工程，推动山西省农业由增产导向转向提质导向，推动特色农业大省向特色农业强省转变。

（二）重大意义

发展有机旱作农业有利于发挥长治市现有资源优势，为全国树立有机旱作农业示范新样板，为广大的干旱半干旱地区农业发展探寻路径、积累经验；有利于示范推广有机旱作农业科技，为促进农业发展开辟新途径，实现"政、产、学、研、用、推"的集合，推进农业技术更新进步，实现农业高质量发展；有利于促进一二三产业融合，为农民增收注入新动能；有利于促进农产品增值，为我国乡村振兴战略提供新典范；有利于加快农业生产组织形态的变革，提高农业生产效率，促进农民增收；有利于加快品牌质量建设，加大"出口"力度，打造长治有机旱作产品品牌，以质量求品牌，以品牌求效益，以效益带动农业综合发展。

二、发展现状与建设基础

（一）资源禀赋

1. 粮食生产。 2017 年，在全市农作物播种比例上，粮食作物占农作物总播种面积的86.25%，全市粮食作物中玉米种植面积较大，玉米、小杂粮播种面积分别占到农作物总播种面积的 72.78% 和 11.61%，小杂粮具有巨大开发潜力。

2. 蔬菜生产。 全市蔬菜发展趋势良好，其中长子县蔬菜种植面积占全市蔬菜种植总面积的 33.97%，是全市蔬菜的主要产区。上党区、屯留区、襄垣县三县区的蔬菜产业发展较其他地区水平较高，所占比例在 10% 左右。在已形成大青椒、旱地西红柿、大葱等露地蔬菜产业区、设施蔬菜产业区及食用菌产业区的基础上，2018 年已建成包含潞州区、上党区、长子县、沁源县、壶关县等 7 个蔬菜封闭示范区，种植面积共 11 467 亩，各区域特色蔬菜生产布局已初步显现。

3. 食用菌。 在设施农业的快速发展中，食用菌出现了前所未有的良好发展态势，初步形成了以壶关为中心的食用菌生产片区，以生产香菇、平菇、木耳等为主，并逐步探索高附加值产品（灵芝）的生产种植。目前夏菇具有广阔市场，主要分布在壶关县、平顺县、长子县。

4. 干鲜果。 2017 年底，全市干果经济林种植面积达到 14 300 公顷，总产量为 1.82 万吨，其中主要为核桃种植。

5. 中药材。 长治市是中药材大市，品种及蕴藏量极其丰富，有文字记载的植物药材就达 300 余种，饮誉国内外的"潞党参"已有百余年种植历史。主要分布在壶关县、平顺县、黎城县、屯留区、长子县、沁源县。

6. 畜牧养殖业。 "郭氏"等龙头企业逐步发展壮大，畜牧业产业化水平稳步提升；与畜牧业发展先进地区相比还存在较大差距，突出表现为规模化养殖程度不高、种畜禽生产能力不强、畜产品加工转化能力较弱、畜禽污染减排压力很大，这些都制约着全市畜牧业的持续健康发展。

7. 加工业。 全市规模以上涉农企业发展到 296 个，其中国家级农业产业化重点龙头企业 2 家（太行紫团、世龙食品），省级重点龙头企业 45 家，市级重点龙头企业 136 家。

太行紫团、佰和园食品 2 家企业被评为全国主食加工示范企业，世龙食品、襄垣林盛、沁州黄小米、振东制药、潞宝金、生有限公司等 8 家企业入选农产品加工"513"工程省级梯次企业，27 家农业产业被列入长治市"千企百强"企业名单。其中，山西紫金创新农产品开发有限公司获得欧美有机认证，对整市推进有机农业发展具有积极意义。加工企业销售额实现连续增长，加工业发展潜力巨大、前景广阔。

8. 休闲业。全市已创建 2 个国家级休闲农业示范县、2 个国家级示范点、2 个中国最美休闲乡村、1 个全国 5 星级休闲农业园区、2 个全国 4 星级休闲农业企业及 15 个省级示范点。2017 年旅游总收入 461.2 亿元，旅游收入占全县生产总值的 31.2％。

（二）经验借鉴

1. 德国有机农业。德国的有机农业是欧洲有机农业的典范之一，经过数十年发展，具有优秀的品质积累，形成了一套严格的有机农业生产模式、快捷便利的加工流程、严格精确的认证体制和完备的市场营销网络体系。除此之外，健全的农业法律法规，全面的有机农业补贴政策，高效、规范运作的有机农业协会组织，是德国有机农业蓬勃发展的有力体现，它还具备精细化的生产管理、严格的有机认证、完善的加工链条、智能的食品追溯、专业化的循环利用技术和市场化的销售体系。

2. 以色列高效节水农业。以色列的山区和沙漠占国土面积的 2/3，人均水资源占有量不足 300 米³，50％面积的降水量少于 150 毫米，人均耕地不足 1 亩，充分利用水资源生产高质量、高附加值的农产品成为以色列发展的重点，并创造了现代节水农业佳绩。调整种植结构，发展耗水低而附加值高的经济作物；利用先进的灌溉技术提高水资源利用效率，农业灌溉用水利用率达到 95％以上，产出翻了五番，出口产品量占据欧洲瓜果、蔬菜市场总量的 40％，被誉为"欧洲果篮"。

3. 上海有机农庄。上海 2005 年出台新政策，计划打造 5～10 个 100 公顷的蔬菜基地，公开面向社会招标。多利农庄提出"强调高品质，打造强动品牌，培育特色品种"的"三品"经营理念，获得 1 750 亩的土地经营权，从田间到餐桌的有机高品质模式为：主要生产标准化、品牌化的优、绿、特农产品，由市民、农民共同组建 CSA 社区支持农业新模式，实行会员定制、双向对接的服务内容，并具有完善的农产品追溯系统作为支撑。多利农庄现已是有机小镇的典范，通过农产品销售服务平台进行生鲜销售，帮助农民拓展有机食品消费市场，实现产、学、研、销、游立体产业升级。

（三）发展优劣势分析

1. 优势。长治市区位交通条件优越、生态环境得天独厚，可形成区域小气候，且粮食生产保持稳定，杂粮、绿色果蔬、道地中药材等特色产业优势明显，蔬菜发展趋势迅猛，农耕文化底蕴深厚，旅游资源丰富，农业产业化步伐稳定提速，是现代农业高质量发展的有力基础。

2. 劣势。农业生产标准化、规范化不足，有机旱作产业链不完整、产品附加值低，特色品牌多而不强，产业聚集和品牌价值有待提升。

3. 机遇。市场有需求，政策有保障，发展有潜力，社会有共识。

4. 挑战。生产者对有机理念认知不足，思想亟待转变，"直接主体"模式较多，农业适度规模经营水平低，分散的农户经济实力较弱，开发规模小而分散，对新型经营主体的培训管理整合亟须加强。

三、建设目标与发展路径

(一)指导思想

以习近平新时代中国特色社会主义思想和习近平总书记视察山西重要讲话精神为指导,以农业供给侧结构性改革为主线,践行创新、协调、绿色、开放、共享五大发展理念,按照山西省建设有机旱作农业发展的总体部署,以原料基地化、生产标准化、产品品牌化、监管全程化、生态优良化、经营产业化信息化为抓手,以提高降水利用率和增强农业抗旱综合生产能力为重点,集聚生产要素、创新发展动力、完善发展机制,统筹推进杂粮、中药材、蔬菜、干鲜果、畜牧养殖、农旅休闲六大产业,着力构建具有鲜明区域特色的有机旱作农业技术体系、产业体系、经营体系。做精做优特色产业,全面提升长治农业现代化建设水平,实现绿色生产、农旅互动、富民兴业,实现全市有机旱作农业的战略转型,打造全要素、全产业、全过程、全区域有机旱作农业发展的新格局。

(二)发展原则

坚持规划先行、因地制宜。将规划的前瞻性与资源禀赋、区位特点、产业基础等因素综合考虑,实行差异化发展,突出特色主导产业,实现增收致富。

坚持科技创新、突破瓶颈。加强以生物和农艺节水为重点的有机旱作农业技术创新,大力提升有机旱作农业的科技贡献率,突破旱作农业发展的技术瓶颈,增强抗旱综合能力,为长治有机旱作农业发展增产、提质、增效奠定基础。

坚持生态循环、绿色发展。落实"绿水青山就是金山银山"的发展理念,以绿色发展引领有机旱作农业发展,科学匹配生产要素,转变农业发展方式,构建农业与环境循环共生的有机旱作农业发展新格局。

坚持经典传承、现代共融。承袭旱作农业经验,以核心的传统有机旱作技术为基础,融入科技元素,将现代农业、智慧农业的精髓引入有机旱作农业的诸多方面,打好现代功能农业这张王牌。

坚持有机特色、品牌突出。坚持大宗粮食作物绿色发展,保证市场供应,特色优势产业向高端有机方向发展,满足高标准消费需求。扩大有机旱作农业产品和基地认证规模,培育绿色品牌,全面激活有机旱作农业发展的内生动力。

坚持政策推动、示范引领。创设扶持政策,增加旱作农业资金投入。结合封闭示范区(点)建设培育、总结凝练有机旱作农业和高效特色产业共同发展相互促进的典型模式,搞好示范带动和引导服务,模式示范,点面结合,整体推进。

(三)战略定位

通过试验示范,建设成为国家有机旱作农业示范区、中国生态经济开发先导区。

(四)发展目标

到 2020 年:初步建立起具有长治特色的有机旱作农业技术支撑体系;主要农产品供给能力和农业生产质量效益有较大提升,农业基础条件得到较大改善。

到 2025 年:初步形成有机旱作农业的标准技术体系、农产品加工体系、市场营销体系,并向山西乃至我国北方地区示范各种技术体系;在全省率先实现生态环境质量优良化、原料生产基地化、生产监管全程化。

到 2030 年：形成高效的现代有机旱作农业生产体系、产业体系、经营体系；有机农产品供给能力和品牌影响力显著提升；具有长治特色的有机旱作农业成为全国现代农业发展的重要品牌。

（五）发展路径

坚持粮经饲统筹、农林牧结合、种养加产销一体、一二三产业融合发展理念，通过"动力创新、产业融合、品牌提升、模式创新"等途径实现由"绿水青山"到"金山银山"的转变，促进产业兴旺、农民增收、乡村振兴。

四、产业体系构建

（一）有机旱作产业体系

按照长治农业产业发展战略目标，以杂粮、蔬菜、中药材、特色林果、畜牧养殖、农旅休闲等特色优势产业为基础，建立长治市有机旱作农业"三级产业体系"，即分别以粮食、蔬菜、畜牧养殖为代表的基础保障产业，以杂粮、中药材、干鲜果为主导的品牌战略产业，以农产品加工物流、休闲旅游为代表的培育提升产业。

（二）特色优势产业培育

1. 打造健康功能杂粮品牌。 以沁县、武乡县等绿色有机谷子封闭示范区建设为契机，依托沁州黄小米集团等龙头企业，打造长治市小米杂粮产业品牌。同时，培育发展沁县酿造高粱等特色杂粮产业。

2. 药食同源——大健康产业。 长治是全国仅有的两个中药材特优区之一。要以上党党参，平顺连翘、苦参、黄芩等道地中药材品种为主导；依托平顺、沁源、黎城、武乡、屯留、沁县、长子、壶关 8 个中药材产业基地，发展培育党参、连翘、柴胡、黄芩、苦参、板蓝根、金银花、白芍、知母、地黄等十几种中药材品种。

3. 发展高附加值特色果品。 以武乡梅杏、玉露香梨等水果经济林和优质核桃、花椒、油用牡丹等干果经济林为主导，按照"新型经营主体＋农业科技＋基地＋农户"的生产经营模式，实现特色林果业提质增效与良种化、规模化、集约化、标准化生产。

4. 让"米袋子"更安全。 以稳定粮食产能为基础，调整优化种植结构，提高单位面积产值。以绿色发展为目标，重点解决传统粮食产业发展过程中的种植废弃物利用以及标准化生产问题。同时，培育发展沁源县脱毒马铃薯。

5. 让"菜篮子"更健康。 围绕长子青椒、潞城大葱、壶关旱地西红柿等特色优势品牌，重点建设壶关县绿色有机蔬菜封闭示范区、屯留区绿色有机蔬菜封闭示范区、沁源县绿色有机马铃薯封闭示范区、上党区绿色有机蔬菜（食用菌）封闭示范区等，推动蔬菜产业绿色发展。

6. 让"肉盘子"更营养。 遵照生态循环的发展理念，以生猪、家禽、肉羊、肉牛、肉驴畜牧养殖为依托，充分利用长治市牧草自然资源和种植资源，以环境承载力为基础，实现肉鸡蛋鸡、生猪等畜禽的生态化养殖，适度发展肉羊、肉驴等特色产业。

7. 树立生态经济发展标杆。 以创建全国休闲农业与乡村旅游示范市为契机，依托长治市区位优势、自然禀赋、历史文化、民俗风情等资源，开发一批集农耕体验、田园观光、教育展示、休闲养生、文化传承等为一体的休闲农业与乡村旅游产品品牌。

五、产业发展与空间布局

（一）总体战略布局

构建"一核、一环、多带"的长治有机旱作农业总体战略布局，引领全市有机旱作农业发展。

1. "一核"——现代农业综合服务核。集中科技、政策和产业优势，重点建设现代农业产业孵化平台、品牌农业建设平台、有机旱作农业研究院，发挥服务全市和县域农业发展的功能（重点布局在市区）。

2. "一环"——生态经济联动环。承载科技研发、文化创意、休闲度假、生产加工的功能。以休闲度假和农耕创意文化为开发重点，集聚农业龙头企业，提升发展核心竞争力和影响力。将生态优势转化为产业优势和经济优势（重点布局在城郊区）。

3. "多带"——发展形成多个产业集聚带。包括特色高效城郊农业带、健康养生功能农业带、有机杂粮与种养循环带、精品果菜与高效粮食产业带、道地药材与休闲农业带、红色旅游与创意农业带。

（二）特色产业发展布局

1. 以有机杂粮、道地中药材、特色蔬菜、精品林果、生态养殖等特色产业为核心，优化有机旱作产业发展布局。

2. 市级层面上，重点培育优势产业，做好产业示范，打造特色品牌。

3. 区县层面上，主抓特色产业，"一县一特"、以点带面，推动全市有机旱作农业整体发展。

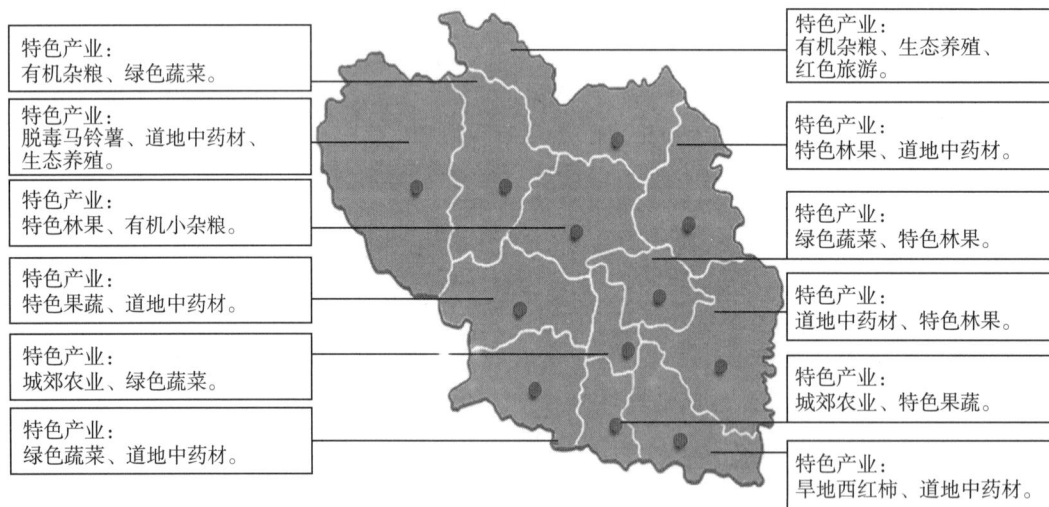

特色产业发展布局图

（三）区县产业发展布局

根据全市产业发展总体布局，因地制宜发展各区县的特色主导产业。

重点建设上党中药材、沁州黄小米、长治小米、特色蔬菜、生态养殖 5 个特色农产品优势区；重点打造潞州区、平顺县 2 个国家级休闲农业示范区。根据各区县产业基础，因地制宜地发展有机杂粮、道地中药材、特色蔬菜、特色林果、生态养殖、农旅休闲等特色优势产业。

扎实推进"一县一特"，重点培育沁县和武乡县有机小米产业，长子县和壶关县特色蔬菜产业，平顺县和黎城县道地中药材产业，潞城区、屯留区和襄垣县特色果蔬产业，沁源县生态养殖产业，潞州区和上党区城郊休闲观光农业。

六、支撑服务体系建设

（一）有机旱作产业体系

保障有机旱作农业发展的支撑服务体系建设，包括有机旱作农业技术体系、农业科技创新与应用体系、农产品质量安全监管体系、农业资源与生态环境保护体系、农业社会化服务与管理体系五大支撑服务体系。

（二）八大有机旱作技术体系

围绕长治有机旱作农业特色，建立抗旱抗病抗逆良种繁育技术、耕地质量提升技术、高效旱作节水技术、化肥农药减施增效技术、病虫害绿色防控技术、农业废弃物综合利用技术、种养结合生态循环技术、农产品精深加工技术八大技术体系，发展绿色防控、种养结合、生态循环。

（三）农产品质量安全监管体系

推进农产品质量安全执法能力建设、建立全程监管与追溯制度、农产品质量检验监测体系建设、推进农产品产地准出制度、农产品质量安全诚信建设制度、建设农业突发事件应急管理体系六大农产品质量安全监管体系建设，保障农产品食用安全，维护社会安定。

（四）农业科技创新与服务体系

建立健全以政府为主导、市场为主体，以农业服务企业和农业经营主体为依托的"一主多元"的长治市农业科技创新与服务体系。

（五）农业资源与生态环境保护体系

实施农业资源环保体系建设工程、基本农田环境质量监测工程、农业面源污染现状调查及治理工程、野生动植物资源调查和保护工程、生态循环农业建设工程五大工程，优化资源利用，推进废弃物资源化，逐步培育和构建符合长治市实际的循环农业产业链。

（六）农业社会化服务与管理体系

1. **建设股份制专业合作社，推动有机旱作产业规模化、标准化发展。**推动"一村一品-合作社"和"一县一业-联合社"发展，形成产业集群，提高合作社的标准化、规模化和产业化发展水平和市场竞争力。

2. **优化土地流转和经营管理体制机制，促进农业提质增效。**围绕转变农业发展方式，建立与现代农业发展相适应的农业经营机制和土地流转机制，发展农村土地股份合作社，推动土地集约化经营和提质增效。

3. **积极推动"有机社区"建设，促进城乡产业融合。**探索"有机农业＋生态旅游＋美丽乡村"的发展模式，大力发展有机种植业、养殖业，建设生态旅游设施和新型民居，发展形成有机社区和乡村生态旅游新模式。通过农村产权制度改革，积极探索工商资本进入农村建设的新路径，变生态资源优势为产业优势和经济优势。

4. 创新农村经济股份合作机制，培育壮大集体经济。一些经济强村、城郊村和发展较好的村庄，按照合作制原则，借鉴股份制形式，把农村集体经济组织改造为经济专业社，按照合作社原则和方式发展，培育壮大农村集体经济。

七、品牌建设与营销策略

（一）品牌现状分析

长治市是"中国小米之都""山西省优质小米强市"，是"上党中药材""沁州黄小米"中国特色农产品优势区和"太行有机小米"省级特色农产品优势区；现有首个地级市农合区域公用品牌"长治神谷"，"上党高粱""上党党参""上党连翘"等市域公用品牌和"武乡小米""长子大青椒""黎城核桃""壶关旱地西红柿""平顺花椒""沁源马铃薯""平顺中药材"等县域农产品公用品牌等。

长治市区域公用品牌众多，但存在品牌建设能力不足的现象，企业、合作社等品牌大多缺乏创建品牌的实力，缺乏公信力、品牌知名度低，存在区域公用品牌滥用现象。建议加强品牌使用监管力度，加快质量监管和追溯体系建设，对优势产业的公用品牌，进行系统梳理整合，重点打造。

（二）产业品牌策略

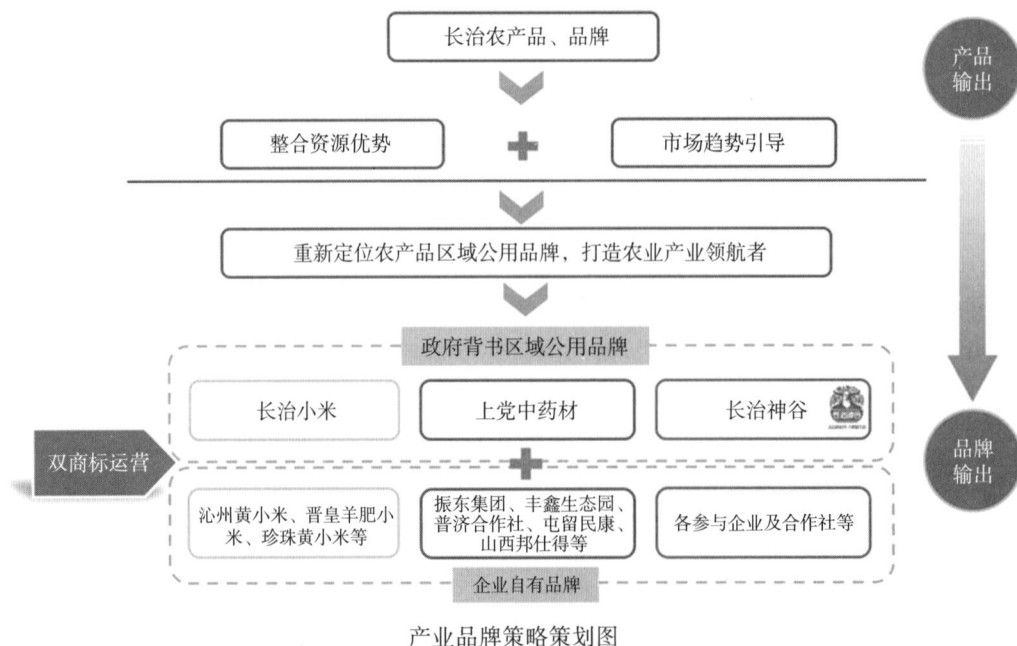

产业品牌策略策划图

（三）产业营销策略

1. 积极推广传统营销模式。现有产业发展平台、龙头加工企业在区域大品牌的建设引领下，积极开拓各地市场，参与中国粮食交易大会、山西粮食产销衔接会和优质粮油产品展销会等特色农产品活动；依托有机旱作农业研究院资源优势，按期举办有机旱作农业永久论坛；利用好节庆假日举办山货节、"长治神谷"年货节，提高品牌线下曝光度；采用经销商、代理商等经营模式，在长治及省会城市设置农产品直营门店（体验店），推广农超、农企特供、农校等产销对接，鼓励新型农业经营主体在市区或近郊区县设立鲜活农产品直销网点；在广告宣传及产品包装中，应体现有机旱作农业的优势特点，提高农产品附加值，打好文化宣传牌；利用好高铁及地铁等宣传媒介，积极参与淘宝、京东等大型电商的线下活动，发挥线下优势，实现线上线下相互引流、相互发展。

2. 推广电子商务新业态新模式，扶持现有电商企业及个人微商。推进大数据、物联网、移动互联网等新一代信息技术向农业生产、经营、加工、流通、服务领域的渗透和应用，促进农业商务与互联网的深度融合。突出典型示范引领作用，打造"数据平台＋企业＋市场"模式，培育新兴小微企业、壮大已有电商企业。加快电商平台中"长治特产馆"建设，探索区域公共品牌的线上营销模式（如对接短视频平台、直播等），监督、引领电商企业及个人线上销售产品，维护好长治特产口碑，打响长治区域公共品牌。

3. 引入大型电商企业开展农产品电子商务业务，为长治市农产品流通服务。加强电子商务公共平台建设，创建一批大型综合性电子商务平台，依托加工物流园建设电子商务集聚区；推进新型农业经营主体对接全国性和区域性农业电子商务平台，如京东、淘宝等电商龙头企业。积极引入大型电商企业开展农产品电子商务业务，积极协调有关部门完善农村物流、金融、仓储体系，充分利用信息技术逐步创建最快速度、最短距离、最少环节的新型农产品流通方式。

4. 结合可操作的营销供给模式。"订单农业"模式，即通过"公司＋基地＋合作社＋农户"的经营模式，吸引广大种植户加入订单式农业产业链，扩宽销售渠道，促进农业增效和农民增收。"农业对接社区"模式，即农民组织生产经济合作社，与消费者组成的社区对接，形成一个公平交流的平台。"后备箱工程"模式，后备箱经济是乡村旅游与休闲农业发展的产物。要积极发展休闲农业及乡村旅游业，拓展乡村自驾游服务设施配套，促进长治特色农产品销售。

八、行动方案与重点工程

按照"规划指导发展，工程支撑规划，项目保障工程"的建设思路，根据长治有机旱作农业发展需求，整合现有农业建设项目，重点抓好六大任务，出台八大行动方案，全面启动二十七大工程建设。

六大任务：强化资源环境，全面提升生态服务功能；推进基础设施建设，保障安全供给能力；构建新型农业经营体系，打造长治农业品牌；推进产业园区建设，发挥示范引领作用；加强农产品加工与营销，提升市场竞争力；拓展农业功能，促进农旅深度结合。

八大行动：有机旱作生产基地建设行动、有机旱作农业技术体系攻关行动、农业绿色发展推进行动、有机农产品加工提升行动、有机农产品品牌塑造行动、有机农产品质量监管长治行动、一二三产业深度融合推进行动、新型经营主体培育行动。

九、环保与可持续发展

（一）农业生态环境保护与治理

强化大气环境保护与治理、水域环境保护与治理、土壤环境保护与治理、优化生态林网建设、强化矿山采空区的植被恢复以及矿区土地复垦的初始阶段采用工程重构。

(二)实施可持续发展

促进农业产业结构的调整，建立生态农业和特色农业，促进农业可持续发展。加强农业生态环境建设和保护，改善农业生态环境条件和基础设施。大力发展科技，积极推广科学技术及技术服务，有效支撑农业可持续发展。利用科学的方法，计算当地的土地承载能力，确定种植、养殖的最大规模及土壤的粪污消纳能力，科学地掌握旱作农业的发展进度。

十、保障措施与政策建议

(一)保障措施

以国家《关于创新体制机制推进农业绿色发展的意见》为指导，强化组织、机制、技术、资金等方面的保障措施，确保有机旱作农业发展技术体系建设尽快取得成效，为有机旱作农业发展提供强有力的支撑。

1. 组织保障。 创建组织领导，成立长治有机旱作农业发展领导小组：各地、各部门要切实提高认识，强化责任落实。领导小组组长由分管农业的副市长担任，成员由相关部门负责人及各县（区）"一把手"担任，主要负责有机旱作农业试验示范区建设的组织、协调和实施监督等工作。成立领导小组办公室。

搭建政府企业平台：围绕重点工程建设，谋划一批有机旱作农业发展重点项目，容纳社会资金发展，要积极创造条件，综合运用税收、金融、价格、补贴等措施，优先落实项目建设有关土地、水电等条件，开展农业PPP项目的建设。

强化宣传培训：组织开展形式多样的宣传培训活动。充分利用报纸、电视、广播、网络及其他现代公共媒体广泛宣传旱作农业在缓解水资源矛盾、保障国家粮食安全、生态安全和农民增收的战略地位和作用。认真总结和深入挖掘各地推进有机旱作农业建设的成功典型，宣传有机旱作农业发展政策、理念、技术和模式，倡导健康消费，提高广大公众的认知度。针对市、县各级政府、村级组织和各类农业生产经营、服务主体等开展专题培训和现场观摩，统一思想，提高认识，形成各级政府支持、全社会积极参与有机旱作农业发展的浓厚氛围。

2. 机制保障。 创新和落实有机旱作农业发展的政策：鼓励和支持回乡、下乡、返乡创业创新，发展新动能、新业态，促进绿色有机旱作农业示范区建设。扶持和引导建立农业专业合作社；在落实各项补贴政策的同时，采取积极的项目支持政策。

推行有机旱作农业标准化生产机制：强化农业标准化生产技术培训，加快建设农业标准化生产基地或园区，培育龙头企业、专业合作社等新型农业经营主体。按照"有标可依、按标生产"要求，加快形成集产地环境、生产过程、产品质量等为一体的标准化生产体系和技术操作规范，大力推行农业标准化生产。

建立健全农业人才培养机制：加强农业绿色发展人才培训。把节约利用农业资源、保护产地环境、提升生态服务功能等内容纳入农业人才培养范畴，培养一批具有绿色发展理念、掌握绿色生产技术技能的农业人才和高素质农民。积极培育新型农业经营主体，鼓励其率先开展绿色生产。

强化督查考核机制：将创建绿色有机旱作农业封闭示范区、有机社区等工作列入年度目标责任制考核范围，制定主要考核指标，对各封闭示范园区实行"目标考核、动态管理、能进能出"的管理机制；建立重点工作督查考核制度，采取日常监督和年底考核相结合的办法进行，督查考核结果将作为发放奖补资金的依据。

3. 技术保障。 依托中国农业大学、山西农业科学院等院校及科研单位优势资源，建设长治有机旱作产业研究院，搭建"政、产、学、研、推"平台，加快引进和转化一批集示范、引导于一体的农业科技成果项目，提升长治市有机旱作农业科技含量。

整合科技创新资源，建立农业科技协同创新机制，加速形成一批农科教、产学研深度融合的农业科技创新中心。加强有机旱作农业技术体系研究。支持农技推广人员与新型经营主体开展技术合作，支持各类社会力量广泛参与有机旱作农业技术的推广工作。

4. 资金保障。 加大市、县两级财政支持力度。完善农业补贴政策，探索有机肥替代化肥、增施有机肥、统防统治、秸秆还田等补贴政策。按照"统一规划、集中投入、渠道不乱、用途不变、各负其责、各计其劳、形成合力"的原则，整合涉农项目，重点投入绿色有机原料生产基地和各类示范园区，生产加工企业废弃物综合利用和环境整治等。充分发挥财政资金引导功能，积极引导金融资本、社会资金加大对有机旱作农业投入，发展特色产业。发展现代特色产业推动农业政策保险提标扩面增品，推进农业信贷担保体系建设，大力扶持农业适度规模经营，保障有机旱作农业的持续推进。

（二）政策建议

市委、市政府应把发展有机旱作农业作为质量兴农、提高农业发展竞争力的重要内容进行顶层设计，出台文件，从政策制度上予以保障。市场、税务、金融、保险等部门要研究出台相关扶持政策，坚持"政策支持普惠"和"重点领域关键环节最惠"的原则，调整支持方向，重点解决有机旱作农业发展的关键环节和突出问题。不断完善扶持政策，使扶持对象、操作程序更为明确具体。丰富支持手段，组合政策工具，强化金融保险，积极探索政府财政资金的杠杆撬动方式，引导金融、保险共同参与，打造新型农业融资模式和农业补贴手段，充分发挥政策的引导作用。

（规划编制单位：北京东方畅想建筑设计有限公司）

第二节　长治有机旱作农业一线实践经验

2017 年以来，长治市整市推进有机旱作农业发展，12 个县（区）牢记习总书记嘱托，紧抓发展机遇，搭乘"全国绿色有机旱作农业示范市创建"快车，以"时不我待开新篇"的发展劲头，走上了高质量发展的农业现代化新路。

抓技术，建机制，树品牌，
蹚出一条有机旱作农业发展新路

长治市地处山西省东南部，东倚太行山，西屏太岳山，全市 537.74 万亩耕地，七成以上都是"靠天吃饭"的纯旱地，是典型的雨养农业、旱作农业区。近年来，长治市认真

学习贯彻习近平总书记视察山西重要讲话重要指示精神，坚持走有机旱作农业的发展路子，聚力提升技术、构建机制、树立品牌，为长治特色现代农业转型升级持续注入新动能。

因地制宜技术体系渐趋完善

长治市有机旱作农业历史悠久。20世纪七八十年代，壶关县晋庄镇的有机旱作农业高产模式就被誉为"北方旱作农业的典范"。在长期的农业生产实践中，长治市的有机旱作农业生产技术在实践中创新，在传承中发展，形成了较为完善的技术体系。

用地养地相结合。在吸收精耕细作、轮作倒茬等传统农业耕作技术的基础上，围绕培肥地力，近年来先后推广了玉米整秆半覆盖、机械化秸秆粉碎还田和保护性耕作、玉米整秆沟埋覆膜聚肥蓄水、地膜秸秆二元覆盖等秸秆还田技术，全市农作物秸秆综合利用率达到近九成。大力推进高标准农田建设，近年来累计建设高标准农田190万亩，耕地质量和农田基础设施水平明显提升，防灾减灾能力进一步增强。连续5年出台配方肥方案，年推广测土配方施肥技术面积360万亩以上；大力实施果菜有机肥替代化肥行动，改善土壤理化性状，全市耕地土壤有机质含量达到2.1%，接近全国平均水平。

集雨节水相补充。针对缺水少雨的立地条件，一方面蓄水节水，以提升土壤蓄水保水能力和减少土壤蒸发为方向，最大限度利用自然降水；在冷凉山区推广玉米地膜覆盖，在沁县、武乡县等地推广渗水地膜谷子穴播技术，有效促进蓄水保墒，提升粮食产量；在经济作物上推广渗灌、滴管等节水灌溉设施，因地制宜发展水肥一体化，提高灌溉水利用率。另一方面躲旱赶雨，正确选择耐旱农作物品种，合理安排播种期。壶关晋庄谷子以纳水保水为中心，采取适时播种赶雨水、清垅中耕节约水、头伏搂地蓄"油水"等措施，使作物生长规律与自然降水规律相吻合，最大限度提高水分利用效率，走出了一条水源缺乏的干旱半干旱地区成功增产的路子。

良种良法相配套。积极开展旱作良种联合攻关和示范推广，依托潞玉、鑫农奥利、沁丰薯业等制种企业，开展玉米、谷子、马铃薯等作物良种繁育，先后引进推广抗旱节水良种80余个，形成了育繁推一体化的种业发展机制。在旱地蔬菜、中药材等经济作物上，以工厂化育苗为方向，发展蔬菜集约化育苗基地30个，建设中药材种子种苗基地6 366亩，保障农业生产和农民需求。结合长治市自然特征，综合考虑品种、播期和田间管理要点，两年来引进渗水地膜机械穴播等先进适用技术20余项，推广有机旱作农业集成技术模式8套、示范作物覆盖十大类47个主导品种，技术推广面积150万亩，初步构建起了覆盖全市主要作物品种的有机旱作农业生产技术体系。

农机农艺相融合。针对丘陵山区多、地块不连片、作物类型多的实际，大力推广耕、种、收、防机械化装备，推进山区地块宜机化改造，全市农业机械总动力达121.7万千瓦，农业综合机械化率达到75.5%。大力培育农业社会化服务组织，全面开展土地托管、代耕代种等农业生产托管服务，屯留区推出的农业生产"三套餐、六服务"等托管模式在全国推广。组织农药械生产经营主体、技术指导单位、农作物病虫害防治组织成立长治市农作物病虫害统防统治服务联盟，连续两年在高素质农民培育中开设无人机飞手班次，促进全市病虫害绿色防控和统防统治推广水平提升。

示范引领推广机制同步构建

长治市是山西省政府确定的有机旱作农业示范区。2018年以来，长治市按照"一年起步示范、三年初见成效、五年基本建成"的发展思路，同步启动有机旱作农业封闭示范区、特色产业示范园和示范县、乡、村创建行动，构建了以点带面、连线成片的有机旱作农业示范推广机制。

打造封闭示范典型。按照"十个全覆盖"的建设标准，每年在各县（区）遴选有稳定区域、有成熟技术、有生产标准、有注册品牌的有机旱作农业示范主体进行重点扶持，通过"点"上提质辐射带动全市有机旱作农业发展上水平。三年来，累计实施封闭示范区建设项目8万亩，总结推广了三大类38项有机旱作农业集成技术和经营模式。在发展效益上，无论是产量还是质量，封闭示范区都明显优于对照田，特别是在去年重大旱情的考验下，封闭示范区农作物长势"灾年无灾相"，取得了经济效益和社会效益双丰收，为面上推广提供了经验借鉴。

创建产业示范标杆。围绕全市粮食、蔬菜（食用菌）、中药材等主导产业，按照"提质一批、扩张一批、建设一批"的思路，突出产业园区在标准制定、品牌打造和链条延伸上的示范引领作用，提出在全市创建100个现代农业产业园、100个旱作粮食高效种植示范片、100个蔬菜（食用菌、花卉）示范园、100个中药材示范园、100个干鲜果经济林示范园、100个畜牧（水产）养殖示范园和100个旱作农业示范村（庄园），着力打造特色产业高质量发展典型。先后认定了"沁县沁州黄小米"等10个市级现代农业产业园，批准创建壶关紫团食用菌等32个市级现代农业产业园和"沁源好乐草莓"等88个市级特色产业示范园；长子等5个县被列入省级现代农业产业园；平顺县被列入国家现代农业产业园创建名单，构建起了国家、省、市、县四级现代农业产业园梯次推进的格局。

夯实区域示范基础。按照整市推进有机旱作农业发展的工作思路，长治市结合各县（区）工作特点，明确了2个重点示范县和10个特色示范县，落实落细组织领导、规划引领、政策扶持、主体带动、产业支撑、技术保障、市场拓展7个方面的工作。沁源县等5个县（区）分别与山西农业大学等科研院所开展"院县共建"，强化农业科技支撑，整建制推进优质农产品生产基地建设。沁县以优质小米、高粱为发展重点，认证有机农产品生产基地12万亩，绿色食品生产基地12.8万亩，成为汾酒集团专用高粱生产基地。同时，还在各县（区）重点打造了12个示范乡镇和36个示范村，推动全市有机旱作农业示范区规划落地。

多措并举品牌形象日趋凸显

长治特色农产品众多，上党中药材、沁州黄小米先后入选中国特色农产品优势区。近几年，长治市把发展有机旱作农业作为实现农产品优质优价的重要抓手，从主导产业、标准规范、龙头带动、品牌推介等方面抓起，打造了长治有机旱作农业系列品牌。

抓特色，强化优势产业布局。以特优区建设为引领，做大做强小米、中药材2个市域特色产业，重点培育壶关旱地西红柿、长子大青椒、武乡小米、屯留尖椒、襄垣油用牡丹、潞城大葱、沁源马铃薯等县域特色产业，构建"一县一特色"产业布局。特别是在中药材产业发展上，充分发挥党参、连翘、苦参等道地药材资源优势，在太行、太岳山区建设野生药材抚育基地和仿野生药材种植，形成了百万亩中药材产业规模，被列入全省"东药材"产业发展布局；以打造山西药茶上党品牌系列为方向，科学规划"两山两网一板块"布局药茶产业布局，加强药茶产业政策扶持、基地建设、科技研发、招商引资、品牌宣传，推进中药材和药茶产业集群发展，打造富民乡村产业。

建标准，树立绿色发展导向。大力推进农业标准化生产，结合长治特色产业发展实际，制定和完善了 60 项易于推广的绿色有机农产品生产地方标准。在实际工作中，长治市把"三品"认证比例作为封闭示范区、特色产业示范园创建的重要考量，促进全市农业标准化生产水平提升。持续开展农业综合行政执法"绿剑护农"专项行动，加大对种子、种畜禽、农药、肥料、兽药以及饲料和饲料添加剂的投入监管，为农产品贴上绿色有机标签。截至 2019 年底，全市"三品"认证有效用标企业 317 家、产品 552 个，产地认证面积近 190 万亩。以沼气工程为纽带，积极构建农牧循环、种养结合的循环农业产业链；积极探索废弃农膜"以旧换新"和农业投入品包装废弃物定点回收处理机制，提升农业废弃物资源化利用水平。

强龙头，构建农企双赢机制。培育壮大农业产业化龙头企业，截至 2019 年底，全市规模以上农业产业化龙头企业达到 309 家，其中，国家重点农业产业化龙头企业 3 家，省级农业产业化龙头企业 48 家。形成了以沁州黄小米为龙头的杂粮产业链、以长子浩润脱水蔬菜为龙头的蔬菜产业链、以振东中药材为龙头的中药材产业链、以太行紫团为龙头的食用菌产业链等 13 大产业链条。发挥农业龙头企业引领示范作用，总结推广了振东"政府引导＋企业服务＋合作社管理＋农户操作"、沁州黄"龙头企业＋专业合作社＋农户"、多维牧业"政府补贴、企业寄养、农户分红"等带动模式。山西长清生物科技有限公司玉米深加工产业化联合体等 11 家农业产业化联合体入选省级示范联合体。

塑品牌，打造优质产品形象。加强农产品质量安全监管，以食用农产品生产企业、农民专业合作社、家庭农场为试点，对上市蔬菜、水果、畜禽、禽蛋、养殖水产品试行合格证制度，建立农产品质量安全"黑名单"，对出现农产品质量安全不良记录的生产主体实施联合惩戒，维护安全优质农产品形象。深入实施品牌强农战略，聘请专业咨询机构对全市农业品牌现状进行分析策划，重点打造了"上党党参""沁州黄小米""上党高粱""上党驴肉"等市域农产品区域公用品牌和 30 个县域农产品区域公用品牌和企业产品品牌。其中，"上党党参"和"沁州黄小米"入选全国农产品区域公共品牌 300 强。加强农业品牌宣传推介，通过政府购买服务的方式，连续三年举办特色农产品新春展销会，积极组织农业龙头企业参加中国国际农产品交易博览会、中国绿色食品博览会、中国（山西）特色农产品交易博览会等展会，扩大长治优质农产品市场影响力。

（作者：长治市农业农村局秦志云，发表于 2020 年第 16 期《农村工作通讯》）

武乡县：万亩旱地变良田　谷浪涌起兴农梦

金秋时节，老区大地千岭铺金、万物丰盈。

阵阵秋风乍起，重重叠叠的山梁上，武乡县有机旱作谷子示范基地里泛起层层金黄色的波浪，一粒粒饱满的谷穗压满枝头，一处处丰收的景象灿然如画。

"有机旱作农业是山西农业的一大传统技术特色，要坚持走有机旱作农业发展的路子，完善有机旱作农业技术体系，使有机旱作农业成为我国现代农业的重要品牌。"习近平总书记在山西视察时的重要指示为山西现代农业发展指明了新方向。

武乡地处太行屋脊，横亘于太行、太岳两山之间，位于北纬 37°谷物黄金生长带，独特的地理气候和生态环境，为农作物生长提供了优越的自然条件。作为"中国小米之都"的核心产区，近年来，武乡县认真贯彻落实习近平总书记重要指示精神，按照省、市发展有机旱作农业部署要求，紧紧围绕"一年示范、两年推广、三年辐射"的发展思路，结合农业发展实际和产业特色，大力发展有机旱作农业，走出了一条具有武乡特色的有机旱作农业可持续发展新路。

高位推动夯实绿色发展

"传统种植每亩能收成 500 斤，遇到旱季，一亩打不了 300 斤，可现如今不一样了，有了渗水地膜谷子穴播技术，既能蓄住天上水，又能保住土中墒，1 亩地最起码能多打 200 斤，谷子的产量和品质有了明显提升！"看着手中金灿灿的谷穗，监漳镇姚家庄村村民姚怀新满是喜悦。

作为生物降解地膜谷子穴播技术市级核心示范区，姚家庄村圪梁上的 1 500 亩谷子选用优质谷种、全生物降解地膜谷子专用肥，实行统一供种、统一机播、统一施肥标准、统一栽培管理、统一病虫防治、统一残膜清除的"六统一"技术，已成为老百姓增收致富的重要支撑。

万顷良田重焕生机，广袤乡村实现蜕变，依托于武乡县自 2018 年有机旱作项目实施以来战略框架的构建。

一是强化组织领导。按照省、市推进有机旱作农业发展行动要求，结合县情实际，制定相关实施方案及规划，成立由分管农业农村工作的副县长任组长，县农业农村、水利、农机、财政、发改等部门组成的有机旱作农业建设工作领导组，统筹协调，合力推进。

二是组建专家指导组。聘请省农业农村厅专家、市农业专家和县级良种、农技、蚕果中心等农技人员组成科技推广团队，为有机旱作农业发展项目提供技术指导和咨询服务。

三是强化政策支持。加大农业基础设施配套及现代装备技术的扶持力度，对"三品一标"认证、品牌创建、农业保险等给予适当补贴。

四是强化宣传培训。通过集中培训、张贴标语、喇叭广播等多种宣传方式，广泛开展宣传活动，让有机旱作农业优势和政府扶持奖补政策家喻户晓、深入人心。

一年接着一年干，一锤接着一锤敲，武乡县有机旱作特色农业版图在不断扩展。

2018 年，建设有机旱作农业封闭示范区 5 166 亩，有机旱作谷子、核桃、梅杏、优质黄豆、有机露地蔬菜充盈其间，示范区采取"企业＋基地＋科技＋农户＋订单"的生产经营模式，惠及贫困户 259 户 794 人，有效带动基地农户平均增收 5 000 余元。

2019 年，主推绿色有机旱作有机肥增施、新品种引进、机械穴播、绿色病虫害防控与统防统治等技术，结合示范项目实施，全县谷子种植面积稳定在 10 万亩，项目实施区实现纯增收 500 万元以上，户均增收 1 200 元以上。

2020 年，全县生物可降解地膜谷子平均亩产 349.33 千克、羊肥小米平均亩产 307.5 千克，累计带动贫困户 500 余户 1 400 余人，人均增收 1 200 余元。

在武乡，有机旱作农业的发展为山窝里的庄稼人带来了希望，旱作技术的革新也让农户们在田地里种出了"金谷子"。

三年来，武乡县合理布局有机旱作特色产业发展，抢抓机遇、立足实际、因地制宜，有机旱作示范规模达 2 万余亩，大力推行间作套种、秸秆粉碎还田、集成推广渗水地膜机械穴播技术、生物可降解地膜技术、增施有机肥替代化肥、实行病虫害统防统治等技术，有机旱作农业支撑体系日趋完善，绿色发展成效显现。

品质提升叫响品牌之名

质量兴农，品牌强农。

"小米加步枪，好米在武乡"。诠释了武乡小米为抗战胜利做出的重要贡献，也成为小米产业打响品牌的有力注解。武乡小米之所以备受欢迎，还在于其特色农业产业的高品质、高效益。

"自从和晋皇羊肥小米公司签订了 300 亩有机小米种植协议，我们通过技术指导、全程监控、产品溯源，让'好收成'变成'好收入'，现在每亩地能增收 500 元以上。"武乡县上司乡岭头村党支部书记张玉堂说道。

"每一份从武乡卖出去的小米都有'网上身份证'，咱买着放心，吃着安心。"老顾客们纷纷点赞。通过"武乡农产品品质追溯平台"，一品一码、全程追溯，确保了武乡小米品质纯正。

武乡农业的"繁茂"，在于其方法的"精细"。紧紧围绕有机旱作的科学内涵，抓牢抓实生态条件、生产管控、追溯体系等基础环节，是武乡县农业产业转型的新途径。

在高效农业发展方面，武乡奠定了坚实的基础。按照有机旱作示范创建要求，武乡县严格划定主要示范区（片）域生产保护范围，面积共 2 万余亩；严格执行国家绿色有机农产品生产标准，将运行体系锁定在统一优良品种、统一生产操作规程、统一投入品供应和使用、统一田间管理、统一收货、统一品牌销售的"六统一"生产管控模式上。

在相关技术运用和产业支撑方面，武乡搭建起了有底气的平台。严格把控质量，建立可追溯的品质保障体系，建立基地农户信息档案，完善田间农事操作记录，配备 24 小时视频追溯管理系统，实时查看基地农事生产活动；成立土壤质量检测小组，购买土壤检测设备，对基地的土壤逐块化验并建立土壤检测档案。

农业标准化建设为武乡小米品牌化、产业化筑牢根基。至此，武乡有机旱作农业发展掀开了崭新篇章。

从管理监督、技术指导、服务指导等方面规范和引导企业提高质量、创优品牌。截至目前，无公害小米认证企业 35 家，认证面积 16.8 万亩；绿色小米认证企业 3 家，认证面积 0.68 万亩；有机小米认证企业 3 家，认证面积 0.73 万亩。全县涌现出"晋皇羊肥小米""老家小米"等知名品牌。2020 年，"羊肥小米"品牌的打造，成功促进了"武乡小米"品牌溢价，带动武乡县以小米为主的有机旱作杂粮增收 5 000 万元以上。

2017年10月26日，"武乡小米"通过农业部农产品地理标志认证专家评审，并于2018年2月正式颁发《中华人民共和国农产品地理标志登记证书》；

2018年10月15日，成功举办中国·武乡首届农民丰收节暨"武乡小米"开镰节；

2019年5月，武乡小米省级现代农业产业园获得批准；

2019年10月13日，第三届中国小米产业发展大会在武乡成功举办，"小米加步枪，好米在武乡"的品牌效应逐渐受到省内外广大消费者认可；

2020年5月，山西太行沃土农业产品有限公司承担的国家有机旱作羊肥小米产业发展标准化示范区成功入选第十批国家农业标准化示范区建设项目；

2020年10月11日，为积极响应国家庆祝丰收节号召，第三届武乡小米·京东农场开镰节暨羊肥小米新品会在上司乡铺上村开幕，进一步扩大区域公共品牌影响力、拓宽销售渠道，充分发挥生态优势、产业优势，为推动老区农业高质量转型发展注入新动力。

……

在武乡这片红色热土上，有关小米的故事仍在续写，品牌小米迈向了更远的征程。

精细发力构建"三大体系"

"路过的家人们，看看我们武乡的农特产品有多好，这里的小米熬着稠，喝着香……"60岁的郭晋萍打开手机，开启了一天的直播销售工作。从2016年做电商至今，农民主播"郭姐"的销售市场越做越大，生意越来越红火。

以创建全省首批国家级电子商务进农村综合示范县为契机，武乡县乘着"互联网＋农业"的东风，奋力打造农业产业发展新引擎。

在推进农业供给侧结构性改革过程中，"三大体系"的构建，引领老区农业高质量发展，实现了由满足"量"向注重"质"的转变。

构建有机旱作农业的产业体系。在满足人民群众生活需要的同时，着力延伸农业产业链，促进一二三产业融合发展。

构建有机旱作农业的技术体系。坚持"依靠科技支撑，提升服务能力，破解发展难题"的工作思路，2018年5月，武乡县与山西省农业科学院签署《院县共建联盟合作协议》，为全县特色优势谷子产业发展提供技术支撑。建立了"科研单位技术把关，技术指导团队现场指导，乡镇农技员跟踪服务"的指导服务机制。

构建新型的农业经营体系。山西首家"京东农场"落地武乡，实现小米生产全过程现代数字化农场管理模式；打造"国家有机旱作羊肥小米产业发展标准化示范区"，实现羊肥小米标准化生产；依托山西太行沃土农业产品有限公司、武乡县老家农业开发有限公司等龙头企业带动，建设小米产品精深加工生产线，研发小米饼干、小米咖啡、小米茶等产品，增加产业附加值，实现集小米种植、旅游、观光等为一体的小米综合体验园区，扩大带动杂粮产业全线发展的影响。

从积极与机关、军营、院校、医院、企业对接形成长期稳定的供销关系，到充分利用电商平台、线上线下融合、"互联网＋"等各种新兴手段加强市场营销；从各企业、合作社相互融合、抱团发展、互利共赢，到以省级龙头企业太行沃土为引领带动，不断优化种地农民与农业龙头企业利益联结机制……这样的有机旱作特色农业发展脉络，在老区大地上尽情铺陈。

蹚出"新路子",跑出"加速度",武乡紧盯脱贫攻坚与乡村振兴有效衔接、农业与生态和谐互惠,实现有机旱作特色农业不断追赶跨越、提档升级。

壶关县:立足实际搞旱作 提质增效促振兴

壶关县属典型干石山区,古县志有"掘地三千尺犹不及泉"的记载,历来春旱严重,伏旱、夹秋旱频繁发生,素有"十年九旱"之说,缺水少雨非常严重。全县总人口 30 万人,其中农业人口 26.4 万人,是一个山区县、农业县和脱贫摘帽县。

近年来,壶关县紧紧围绕长治市创建有机旱作农业示范市总体部署和具体要求,坚持把发展有机旱作农业作为破除农业发展制约瓶颈,转变农业发展方式,推动农业转型升级的必然选择,落实"产品安全、环境友好、科技先进"总要求,创新思路举措,积极探索实践,有力促进有机旱作农业发展。

"一张蓝图",打好规划牌

突出规划引领、试点先行、点面结合,一张蓝图绘到底,稳步发展有机旱作农业。

六大基地定布局。坚持集中连片和规模种植相结合,充分考虑县情、乡情、村情实际,针对不同地区资源禀赋、产业基础和区位优势等,多方征求意见,反复研讨论证,最终确定"在全县打造旱地西红柿、中药材、食用菌、谷子、油用牡丹、玉露香梨六大产业基地"的发展思路。

六大片区立标杆。坚持"政府主导、农民自愿、市场运作"的原则,在店上镇、集店乡、东井岭乡等旱地蔬菜主产区创建 6 个集中连片示范片,大力推广统一优良品种、统一生产操作规程、统一投入品供应使用、统一田间管理、统一组织收购、统一品牌销售的"六统一"生产管理模式,封闭示范区面积达到 1 万余亩,总面积达 3 万余亩,辐射带动全县 6 万亩旱地蔬菜标准化发展。

"两个到位",打好保障牌

坚持把发展有机旱作农业作为重大民生工程来抓,加强组织领导,强化工作举措,细化责任分工,保障创建工作顺利开展。

组织领导到位。县委、县政府连续多年把有机旱作农业创建工作列为全县农业重点项目,同时列入县委书记、县长亲自抓的重大改革事项,实行台账管理,明确责任领导、牵头单位、配合单位,一月一总结,一月一调度。各有关乡镇和部门也把创建工作摆上重要议事日程,与其他工作一同安排、一同推进、一同落实。

资金保障到位。制定出台《脱贫攻坚产业扶贫政策十五条》及《实施细则》,明确了旱地蔬菜、中药材、有机旱作农业封闭示范区等 15 个方面申报补贴程序及认定验收标准。封闭示范区内种植露地蔬菜每亩补贴 1 500 元,种植中药材每亩补贴 400 元,2018—2020 年共发放补贴资金 600 余万元,极大调动了干部群众发展有机旱作农业的积极性和主动性。

"三点发力"，打好有机牌

围绕"找准着力点、聚焦切入点、找准发力点"的工作思路，壶关县以"三点发力"帮助全县种植户改变发展理念、转变发展方式，推进有机旱作农业发展。

以实施化肥农药零增长行动为着力点，夯实有机基础。一方面，积极构建病虫害绿色防控和统防统治系统，统一推广使用杀虫灯、黄蓝板、防虫网等绿色防控新技术，引进无人机、植保坦克等新型植保器具，使用生物农药替代传统农药，确保了农药使用负增长。另一方面，积极推动农家肥、生物菌肥等优质有机肥替代传统化肥，确保了化肥使用负增长。

以建设全程追溯系统为切入点，强化过程监管。积极构建从田间到餐桌的农产品生产全过程追溯体系，邦仕得公司、融科农林公司、紫辉葡萄庄园、阳光合作社、效建合作社等10家新型农业经营主体配备了24小时视频追溯管理系统，用户可对定购产品从翻地、播种、施肥、除草一直到采收进行全程监管，倒逼种植户规范投入、绿色种植。20余家新型农业经营主体试行食用农产品合格证制度，使用合格证5 000余份。

以"三品一标"认证为发力点，推动标准生产。积极推进"三品一标"认证申报工作，目前全县"三品一标"认证品种已达51种，面积10万余亩，其中红叶种植合作社获得有机农产品认证，紫团公司、融科农林公司、绿色希望合作社、佳利种养合作社等10余家经营主体获得绿色食品认证，庄稼园公司、金百润公司和阳光合作社获得加工农产品绿色认证。

紧盯"四个环节"，打好封闭牌

壶关县始终围绕"大封闭"概念，坚持问题导向，打破思维局限，确保"硬封闭"真封闭，"软封闭"真实现。

选址划界环节。充分利用山、水、林、田、路等自然地理条件实行自然封闭，同时进行规划封闭，设置醒目标识标牌，严禁方圆5千米和上风向20千米范围内有工业污染源，杜绝工业"三废"污染和农业面源污染，在示范区外围500米设置隔离区域，严禁使用除草剂及高毒农药，避免交叉污染。

人员管理环节。封闭示范区内各实施主体严格确定生产及监管人员名单，对所有种植户进行封闭集中培训，明确技术规程、监管规范；建立生产台账，对示范区内所有地块统一编号，逐片造册，责任到人，确保专人操作、专人监管。

农资投入环节。建立供应台账，限定封闭示范区内农业生产投入品种类及用量，指定供应渠道，实行封闭供应；建立使用台账，由技术员、内检员全过程监督，确保封闭使用。

流通销售环节。封闭示范区内农产品全部实现了订单销售。山西融科公司分别与太原市鸿新农产品有限公司、隰县广鑫农业科技有限公司签订旱地西红柿销售协议，该公司生产的"紫团牌"旱地西红柿酱成为山西丽华大酒店指定产品。5家蔬菜生产基地与金威超市签订农超对接合作协议，实现了定向生产、定点收购，"产—供—销"封闭服务。山西融科、阳光合作社生产的优质西红柿12枚售价50元，紫辉有机葡萄按不同品种每千克售价在 40～400 元，实现了优质高价。

"五大工程"打好旱作牌

壶关县创新引入"院县合作"机制，以纳水、保水、保肥为核心，一方面传承发扬晋庄"秋耕壮垡，三墒整地"旱作农业经验，另一方面推广新型农业集成技术，主要实施了五大工程。

耕地质量提升工程。通过秸秆粉碎还田、机械深耕、秸秆整秆沟埋、增施有机肥等集成技术对 10 万亩退化耕地进行了综合治理，以物化补贴的方式为项目区种植户发放土壤调理剂，有效提高了土壤有机质含量，加厚了土壤耕作层，改善了土壤团粒结构，土壤蓄水保墒能力明显提升。特别是晋庄旱作谷子示范基地，在机械穴播、渗水地膜覆盖技术的综合作用下，实现了"旱年不减产、丰年更高产"。

旱作良种推广工程。旱地西红柿方面推广了硬粉风暴、日润 1 号、菲腾 1 号、亲喔水果番茄、黑色西红柿、彩色西红柿等抗旱节水优质品种，谷子方面示范种植了长生 13、长生 07 等高产多抗新品种，大豆方面示范推广了长豆 28 号等抗逆高产新品种。

农水集约增效工程。广泛推广间作套种、穴盘无土育苗等新技术，深入实施测土配方施肥和水肥一体化工程。比如在 2019 年 5—6 月旱地西红柿移栽定植、谷子等作物播种期间严重干旱少雨，壶关县采取点水定植、膜下节水灌溉等方式，保证了示范区内作物健壮生长。

农技集成创新工程。充分发挥省、市、县、乡、村五级农技专家和特聘农技员、乡土专家的作用，采取"专家包片区、技术人员包基地"的方式，加强农业集成技术运用指导。省农业科学院先后实施了"旱作蔬菜高效栽培技术示范与推广""谷子优质高产轻简化栽培技术示范推广""壶关旱地西红柿品种鉴选及优质高产栽培技术研究"等项目。市植保站建设了 3 个绿色防控示范区，县蔬菜办推广了渗水地膜、旱地滴灌等新技术，乡镇农技人员、乡土专家深入田间地头提供"面对面、手把手"技术指导，确保集成技术落地生根。

旱地蔬菜立体配套工程。"上"架防雹网，既可防雹、防虫、防鸟，又可遮阳、防晒；"中"搭节水喷灌设备，采用水肥一体化技术可节水 80% 以上；"下"铺可回收银黑双色反光地膜，银色面向上，能促进光照着色，让果实色泽更加亮丽，黑色面向下，能驱虫除草、保温保湿。

今后，壶关县将以习近平新时代中国特色社会主义思想为指引，以推进农业供给侧结构性改革为主线，以打造中国北方优质农产品供应基地为目标，以发展有机旱作农业为抓手，千方百计保障粮食安全，因地制宜调整种植结构，创新模式发展有机旱作，多措并举达到提质增效、实现农业高质高效、农村宜居宜业、农民富裕富足的目标！

长子县：有机旱作农业的长子实践

长子地处太行山区、上党盆地，是一个传统农业大县，旱地面积高达 80%，是典型的旱作农业区域。近年来，长子县认真贯彻落实习近平总书记视察山西重要讲话重要指示，坚持把发展有机旱作农业作为带动农业高质量发展的战略目标，大力开展有机旱作农业示范建设，促进全县农业由粗放向集约、由分散向规模、由传统向现代的转型升级，引领全县率先蹚出一条农业转型发展新路。

顶层设计推进有机旱作示范建设

有机旱作农业是在传统农业的基础上结合现代农业的理念和元素而形成的一种特色农业，是适应山西特点的生产技术。加快发展有机旱作农业，是农业发展的大方向，也是推进农业供给侧结构性改革、发展现代农业的根本路径和实施乡村振兴战略的重大举措。

近年来，长子把有机旱作农业与特色农业、现代农业的发展统筹考虑，将发展有机旱作农业作为乡村振兴、强化"三农"的重要抓手，精心设计，因地制宜，统筹规划，率先在全市编制完成了《长子县有机旱作农业规划》，先后制定了多个绿色有机旱作农业示范创建实施方案，成立了以县长为组长的绿色有机旱作农业示范县及封闭示范区领导组，组建了包括省农业农村厅、省农业科学院专家在内的专家指导组，大力推进绿色有机旱作农业的"1531"发展模式。

"1531"发展模式，即抓住乡村振兴这一"大战略"，实施"五个三"举措（即构建规划引领、科技支撑、政策扶持"三位一体"保障体系，实现植物、动物、微生物"三物循环"清洁生产，提高标准化生产、社会化服务、联盟化推进"三化合一"组织程度，延伸"三产融合"产业链条，助推生产、生态、生活"三生共赢"绿色发展），建成一个整县域的绿色有机旱作农业示范县。

这些顶层设计分年度、分项目，远近结合地确定了全县加快有机旱作农业发展的目标任务、重点工作、保障措施，有力指导了全县有机旱作农业的发展。

目前，长子县已形成了 52 万亩玉米、30 万亩中药材、6.7 万亩蔬菜、360 万头（只）畜禽养殖、3.2 万亩小杂粮、9 300 亩林果、5 500 亩烤烟的农业产业新格局，有机旱作农业呈现出了优、特、新的局面。

示范带动激发现代农业生产活力

数九寒天，室外寒气袭人，但长子县西汉村的现代农业设施蔬菜园区里，却是春意盎然、生机勃勃。

地丰农业合作社的大棚里，一株株西葫芦长势均匀，工作人员正忙于采摘西葫芦。合作社副经理张洋介绍说："绿野新能源有限公司供应的沼渣沼液作为有机肥料，培育出来的西葫芦外皮柔软、口感脆爽、鲜嫩多汁，品质优良，供不应求。"西丰果蔬专业合作社的大棚中，社员们止忙碌着，仔细地为草莓疏花、疏果、选叶。"我们种植的优质奶油草莓主要在长治市场进行批发销售，另外也与电商合作进行网上销售。春节前后，草莓正走俏，每千克能卖到 76 元。"社员李启昌笑着说。

目前，西汉村已经形成养殖和种植良性互动的格局，养殖场粪污和农作物秸秆经处理产生沼气，沼气供农户自用和并网发电，沼渣、沼液制成有机肥又用于周边村庄蔬菜和庄稼种植，形成了绿色农产品种植的循环产业链条。

同时，长子还依托宋村示范乡、鲍店镇两年三作、碾张乡菊花基地、岚水乡泽坤农庄、常张乡大樱桃基地、石哲镇封闭示范区、丹朱镇丹西龙鑫等一批有机旱作农业亮点片区，串点成线，整合有机旱作农业、高标准农田建设、有机肥替代化肥、蔬菜现代农业产业园、绿色防控等方面的项目资金，集中投放，支持其做大做强，进一步强化示范带动效应。

长子立足实际、高点定位，典型示范、整体推进，打造了 1 个 3 860 亩的封闭示范区，创建了 1 个示范乡、3 个示范村，遴选出了 7 类 53 个特色示范园，全面掀起了发展有机旱作农业的热潮，取得了阶段性成效。

质量建设实现全产业链升值

长子县围绕"有机特色如何变产业优势"这个关键问题，瞄准农业质量建设，加强标准化生产，实现全产业链升值。

宋村乡地平水浅，阳光充足，具备发展蔬菜产业的先天优势。该乡引进深圳龙兴天露农业科技有限公司，大力发展西兰花产业，高标准建设 1 000 亩的西兰花种植基地，通过规模化种植、企业化运营，西兰花出口销往东南亚国家，平均亩收入可达 2.4 万元。

惠泽采摘园致力于发展绿色农业、高科技农业，建设绿色有机农业基地，投资引进了自动温控湿度控制设备，种植红龙果、百香果、西梅、车厘子等中高端水果，实现了"南果北种"，同时延伸产业链，进行果肉产品深加工，研制果酒、果酱等系列产品，努力打造长子现代采摘、观光、销售、加工农业的新名片。

长子积极推进农业高质量发展，加强绿色品牌建设，并通过标准化生产推行，促进了农业产业的升级。同时，着眼科技最前沿，与省农业科学院合作，建立了 12 个"院县合作"试验基地，推广应用蔬菜连作、无抗养殖、智慧农场等新品种、新技术、新装备、新模式。李生贵、王书玲等一批乡土专家活跃在田间地头，成为土传病害、品种退化等技术难题的"克星"；蔬菜研究会、蔬菜协会、农资协会等社会组织常年入场、到田、进棚服务于广大农民，成为发展有机旱作农业的"科技平台"。

目前，长子新认证"三品一标"产地 4 万亩、产品 15 个，获得省出入境检验检疫局出口食品原料备案登记 1 个；积极创建"长子青椒""长子河岸红薯""长子小米""长子香菇" 4 个绿色农产品区域公共品牌，长子青椒被评选为 11 个市级农产品区域公共品牌之一，顺兴农牧和大地蔬菜公司被评为省级田头市场示范点，"长子青椒""河岸红薯"成功入选全国名特优新农产品名录，康宝依身轻、浩润蒲公英茶荣获省级功能食品品牌；注册"助民""生贵""潞仙""晋科"等省级著名商标 22 个、地理标志产品 1 个，被确定为省级农产品质量安全县、省级出口蔬菜质量安全示范区，国家级农产品质量安全县、国家级有机肥替代化肥试点县，为有机旱作农业发展奠定了坚实的产业基础。

长子人民以有机旱作农业为抓手，闯出了一条发展新路，谱写了一曲幸福欢歌。一个个带动农民增收致富的农业项目落地生根，一个个承载着希望与幸福的"绿色梦想"如彩练般在山水间延伸，一幅幅充满生机与希望的绿色画卷，正在丹朱大地徐徐展开……

黎城县：奋进在希望的田野上

巍巍太行山，延绵出黎城人民的无尽智慧；滔滔漳河水，流淌出旱作农业的丰收赞歌。金秋时节，地处太行山腹地的黎城县，迎来了空前的农业大丰收。在千亩有机旱作谷子示范基地，首届"谷子开镰节"拉开帷幕，岩井村党支部书记、贵中农林种植专业合作社理事长张贵中脸上溢满了笑容。他拿着一份份购销订单，看着黄澄澄的有机小米，激动之情无以名状。他说："岩井自古就种谷子，但是十年九旱，谷子产量极低，自从采用了'机械穴播＋地膜覆盖'技术，并施以优质有机肥，不仅谷子的产量上去了，生产的有机小米还供不应求，每千克卖到了 16 元以上，亩收入达到 3 000 多元。种谷子还能致富，这是老一辈人想都不敢想的'天方夜谭'。"

千方百计保命脉，在"水"字上求生存

黎城县地处晋东南，属温带大陆性季风气候，春季温暖干燥，夏季炎热多雨，秋季凉爽湿润，冬季寒冷多风，年均气温 10.4℃，适合小麦、谷子、豆类、核桃等多种农林作物生长。但这是一片干旱的土地，雨量分配不均，"十年九旱、靠天吃饭"的现实长期制约着当地农业生产的发展。

"民以食为天"，人的命脉在田，田的命脉在水。20 世纪六七十年代，黎城人民大胆创新，发挥"愚公移山"精神，举全县之力，开山凿洞，修筑了漳南、漳北、勇进三大人工灌渠，把漳河水引入黎城腹地，加上 70 多处小泉小水、机电井站，实现了农民人均 1 亩水浇地的梦想。全县"双千田""吨粮田""条带田"闻名上党，享誉全省。"小麦、油菜"获双红旗县，受到国务院表彰。

然而，水资源的匮乏仍然是当地农业发展的瓶颈。由于有水渠无水源，遇到干旱之年花钱也买不到水。为了提高粮食产量，人们只好大量使用化肥，过量的化肥使用，导致土壤含水量极度下降；含水量的下降，又导致干旱的土壤更加干旱，粮食产量上不去，粮食品质不断下降，农民收入逐步降低，更多人放弃了土地，或者转种节省人工、收成较好的玉米。粮食产量低、品质低、产品结构单一、种植面积缩小等问题，成了黎城农业发展的新困扰。如何走现代农业发展之路，走出黎城农业发展新特色？黎城农民在想出路，黎城农业人在思索……

牢记使命蹚新路，在"特"字上做文章

"忽如一夜春风来，千树万树梨花开"。2017 年，习近平总书记视察山西时指出，"有机旱作是山西农业的一人传统技术特色。山西少雨缺水，保护生态、节水发展是农业的必由之路，要坚持走有机旱作农业的路子，完善有机旱作农业技术体系，使有机旱作农业成为我国现代农业的重要品牌""山西的现代农业发展，要打好特色优势牌，要立足优势，扬长避短，突出'特'字，发展现代特色农业"。总书记的谆谆教导，如一缕春风，为山西省现代农业发展指明了方向，更使黎城铆足了发展农业的干劲。

明标准、建体系、抓示范。黎城县广大农业农村工作者牢记总书记的嘱托，围绕长治

市创建"绿色有机旱作农业示范市"的总目标，结合自身实际，先后出台了《黎城县创建绿色有机旱作农业示范县实施方案》《黎城县 2018 年创建绿色有机小麦封闭示范区实施方案》《黎城县 2018 年省级资金创建绿色有机旱作农业"一乡三村"示范项目实施方案》《黎城县 2019 年创建绿色有机小麦封闭示范区实施方案》和《黎城县绿色有机旱作农业发展行动计划》等规范性文件，为全县有机旱作农业的发展提供了坚强的组织保障。成立了以县政府分管副县长为组长的有机旱作农业协调领导组，农业、发改、财政、统计、国土、扶贫等 16 个县直职能部门以及各乡镇政府为成员单位，统筹协调全县绿色有机旱作农业的建设工作。

一是从基础建设做起，黎城县连续实施地力提升工程，投资 150 多万元，对 2.2 万亩农田进行了增施有机肥物化补贴，并投资 1 500 万元建设高标准农田 1.4 万亩。全县连续进行秸秆还田全覆盖，累计面积达到 20 万亩，财政补贴资金 200 万元。专门用于旱作农业示范基地建设资金补贴累计达到 320 万元，85％以上用于基地建设"六统一"的优种统供、增施有机肥、绿色防护、机械化作业等。二是抓特色产品发展。小麦、谷子、杂粮、核桃、柿子、花椒等都曾是黎城的特色产品，扩大特色产品种植面积，改进特色产品种植方式。2018 年开始以小麦产业为重点，以黎城景欣生态科技服务有限公司为主体，按照"公司＋行政领导＋合作社＋农户＋订单＋品牌＋统一销售"的生产经营模式，在上遥镇沿漳两岸选择东社、西社、正社、上遥、靳曲 5 村为核心，辐射东柏峪、西柏峪、郎庄等 14 个村集中连片打造了 3 010 亩绿色有机小麦标准化生产封闭示范基地，为长治市唯一的优质小麦生产基地插上了腾飞的翅膀。

在小麦的基础上，以科技为引领，提高全县有机旱作水平：千亩有机旱作谷子示范基地采用机械穴播技术，加上地膜覆盖、增施有机肥等，省去了薅谷除草的大量人工费用，提高了产量，改善了品质。千亩有机旱作水果示范基地推广了水肥一体化技术、宽行密集标准化生产，产量品质得到大幅度提高。千亩有机旱作玉米示范基地选用抗旱新品种宽窄行种植以及地膜覆盖等，增产效果十分明显。

黎城县岩井村村民张国红说："我种了十多年谷子，没想到不上化肥也能增产增量，还能卖个好价钱。"

为了在生产中充分发挥科技引领作用，黎城县还多次聘请省农业科学院及省、市技术专家深入有机旱作示范基地、示范村、省级旱作示范片等，就旱作农业品种选择、节水补灌、借墒播种等旱作农业技术进行培训，同时在不同生产季节，深入田间讲解苗期管护、谷子病虫害绿色防控等管理新技术，并根据农时及时组织各镇分管领导、农业技术人员和种植大户先后到大同、朔州、晋中、临汾、运城等地就不同作物的有机旱作典型学习取经。

示范引领谋跨越，在"精"字上谱新篇

有了上遥镇小麦封闭示范区的示范引领，2019 年，黎城县在巩固上遥镇小麦封闭示范区建设的基础上，辐射带动东阳关镇的路通农机专业合作社、停河铺乡的建国农机专业合作社发展绿色有机小麦，共完成 5 000 亩绿色有机小麦标准化示范基地建设。同时，黎城县还在洪井乡实施了 2 个百亩绿色有机中药材示范基地和 5 个百亩绿色有机小杂粮示范基地，在黄崖洞镇小寨村实施 200 亩核桃新品种高接换优，在黎侯镇下桂花村发展了 150 亩

绿色有机葡萄，在程家山乡段家庄村顺利完成 150 亩绿色有机谷子"一乡三村"示范基地建设。黎城县还同步启动了贵中农林种植专业合作社谷子、同安种植专业合作社水果、黎瑞农业生态发展有限公司干果经济林、利民农林综合发展有限公司中药材、程家山乡潞河滩水源保护区的杂粮、德丰种植专业合作社食用菌等示范基地建设。

2020 年，黎城县又重点建设了"一区两片一园"旱作农业示范基地。在继续完善 5 000 亩绿色有机小麦标准化生产示范基地的基础上，秋播示范面积达到 7 000 亩以上；依托黎城贵中农林种植专业合作社，在黎侯镇岩井片区以地方品种压塌楼、晋谷 21 为主建设 1 280 亩省级绿色有机谷子示范片；依托秀灵家庭农场，在黎侯镇麦仓、李庄村集中连片建设 1 200 亩玉米高产高效示范片；以黎瑞农业生态发展有限公司为主体，按照"公司＋合作社＋基地"的模式组织实施市级 5 000 亩干鲜果标准化示范基地建设。

在做大做强绿色有机旱作农业种植的同时，黎城县农业农技人员还在"精"字上谋发展，大力培育品牌产品。黎城路通农机专业合作社把自己生产的旱地谷子、小麦、玉米、葵花籽加工成米、面、油，并注册了商标"忆绕梦香"，每亩地可增收 300 元。合作社负责人徐孝军说："要真正让农业增收富裕，就要延长农产品的产业链条，把'旱'字做强，把'特'字做好。"像徐孝军一样，目前黎城县获得有机食品证书和转换证书并在有效期内的企业 2 个，产地面积 570 亩，产品 8 个；获得无公害产品证书并在有效期内的农民专业合作社 11 家，产地面积 11.041 万亩，产品 11 个；获得绿色食品证书并在有效期内的农民专业合作社 4 家，产地面积 2 325 亩，产品 7 个。"黎景禾""太行山脉"牌绿色优质面粉拉长了产业链条，延伸出饺子粉、全麦粉、面包粉等精细产品。"上党牌"潞党参、晋黎核桃、优质柿饼等也都多次参加农博会、农交会、绿博会等农产品展销会，进一步打响了地方特色品牌。

旱作农业的提质增效，吸引了更多的农民回归土地，旱粮种植面积正在不断扩大，全县玉米的种植面积由原来的 20 万亩已下降为 17 万亩。百舸争流千帆竞，而今，一批批农业农村工作人员正在这块希望的田野上砥砺前行！

沁县：创建旱作农业特色示范县　打造有机旱作品牌新高地

近三年来，沁县县委、县政府坚持以习近平总书记视察山西重要讲话为根本遵循，认真贯彻落实省、市关于有机旱作农业的一系列文件、会议精神，狠抓示范创建，示范了 6 个乡镇 25 个村的 23 997 亩面积，惠及农户 3 424 个 8 731 人。3 个封闭示范区示范了 2 个乡镇的 9 个村，6 264 亩面积，惠及农户 108 个、3 101 人。示范乡镇的次村乡示范了 14 个村，面积 12 000 亩，惠及农户 802 个、3 211 人。3 个示范村示范了 3 380 亩，惠及 945 个农户 2 640 人。6 个"七个 100"示范了 6 个合作社，3 个公司，面积 19 522 亩，惠及 608 个农户 2 120 人。

有机旱作农业"六项工程"成效显著，有机旱作农业沁州黄小米产业的"政府抓品质注重技术创新＋扶主体夯实发展基础＋树形象打造有机旱作品牌＋强保障健全支撑体系"的组织体系、一二三产业融合发展的优势特色产业体系、"市场＋经营带动主体＋专家团队＋合作社＋基地＋农户"的"八统一"产业化经营体系、"有机标准＋地标标准＋投入品管控＋生产过程管控＋追溯体系"的生产体系等深入人心、有序推进,有效示范带动了整体农业产业的转型升级,获得了广泛的经济效益和社会效益,正在形成有机旱作农业的长久运行机制和持续的综合效力。

四大示范模块见成效

集成有机旱作配套示范。山西沁州黄小米集团有限公司示范了四方面有机旱作集成技术:一是耕地质量提升,平田整地;对排水渠进行修缮;购置储水罐。二是旱作良种攻关,开展不同肥料、不同品种试验,抗重茬试验;投入农家肥、黄腐酸钾肥、矮壮素等;试验基地土壤检测、品种品质检测;田间管理。三是农技集成创新。实施了覆膜滴灌种植技术;种子、谷子专用肥、叶面微肥、滴灌管路、机耕播收、飞喷、病虫害防治、覆膜滴灌播种;全程机械化绿色种植技术。四是基地监控设施。为了能清晰直观地实时查看种植区域作物生长情况、设备远程控制执行情况、工人生产情况,远程诊断病虫害原因,及时对病虫害进行处理解决,在种植片区安装监控设备,从而实现科学监测、科学种植,帮助农民抗灾减灾,提高农业综合效益,促进现代农业的转型升级。

种植养殖业内在循环示范。罗卜港村在1 098亩有机旱作示范基地,成功示范了"有机＋地标标准化谷子种植基地轮作倒茬"模式,在山西农业科学院的技术指导下,实施谷子、花生轮作,花生仁榨油,秧壳喂牛,牛粪加工为有机肥,有机肥供给农户种植谷子的技术和模式示范。

"五水"有机旱作农艺科技示范。有机旱作农业特色示范县建设,总结集成了传统旱作的"五水"有机旱作农艺科技。一是秋耕壮垡促进渗水:秋季深耕20厘米以上,进行耙(耢),消灭坷垃,减少水分蒸发,促进土壤熟化,改良土壤结构,结合秋耕进行施肥,增强冬雪消融渗水能力。二是顶凌耙耢促进蓄水:春季风多降水少,土壤水分散失快,通过顶凌耙耱(耢),破除地面龟裂,弥补裂缝,消灭坷垃,切断土壤毛细管,保蓄土壤水分。三是浅耕踏墒促进保水:随着温度上升,杂草萌动发芽,在播前6~10天进行浅耕操作,以除草活土,提温保墒,破碎坷垃,利于播种。四是镇压踏实促进提水:视土壤墒情,坚持压干不压湿的原则,在播前、播后进行一次或多次镇压,使土层下松上实,促进下层水上升,利于出苗。五是中耕松土促进保水:谷子在生长过程中,不断消耗氧气,释放二氧化碳,使土壤含氧量不断减少。通过中耕松土,切断土壤表层毛细管,减少土壤水分向土表运送,减少蒸发散失,使得大气中的氧气不断进入土层,二氧化碳不断从土层中排出,提升谷子的呼吸功能。同时,土壤中的微生物因氧气充足而活动旺盛,大量分解和释放土壤潜在养分;并且能够增大受光面积,土壤吸收太阳辐射热能,使得热量向土壤深层传导,提高土壤温度。通过中耕,使土肥再次得到搅拌而相融,从而促进谷子新根发生,提高吸收能力,繁茂生长,增加分蘖。

"公司＋合作社(家庭农场)＋基地＋科技＋农户"的产业化经营体系实操示范。沁州黄公司联合3家公司、27个谷子种植专业合作社、3个自营生产基地、1个家庭农场、55名谷子种植大户组建了新型农业产业化联合体,发展标准化谷子种植基地4.8万亩,带动农户15 893户,户均收入达到4 800多元。示范县重点工程的新店镇陈庄区域有机＋地标3 449亩标准化谷子基地建设,进行"六关"模式标杆示范,通过"公司＋合作社

（家庭农场）＋基地＋科技＋农户"的产业化经营体系示范运作，将有机、地标标准和相应的操作规程变为现实。一是轮作关。轮作，是小米品质与产量的重要一环，要制定三年一轮作操作规程和制度，轮作作物为薯类、大豆或玉米。二是地块关。确保所有地块生态环境良好、周边没有污染和污染源，土壤中没有重金属和除草剂农药残留，各项指标完全符合国家有机基地标准。三是施肥关。在不得使用高氮复合肥料、腐熟农家肥不得使用含有重金属的鸡粪原料的基础上，全面实施腐熟农家肥和有机肥的测土配方施肥。四是品种关。全面锁定种子品种。根据近年来达到有机、地标小米品质的谷子优质品种与不同基地特点相吻合的实践，锁定沁州黄谷子品种为沁黄 2 号、晋谷 21、晋谷 40、长生 07、长农 35。五是管理关。全面实施有机旱作作业，实施人工或机械间苗除草、苗期浅锄、孕穗前锄搂；同时实施病虫害绿色防控、专业化统防统治行动。六是收获关。蜡熟期收割、就地回熟、专车拉运、净地切穗脱粒、单收单打单保存、专用包装袋统一包装、专车运输、专库储藏，杜绝出现混杂现象，确实作业流程，确保生产环节不受污染、保障谷子品质。

四个坚持攻坚克难找方法

坚持集中连片、示范引领，建成了一批有机旱作农业基地。在有机旱作农业特色示范县创建工作中，统筹考虑县域资源禀赋和产业发展基础，以"优质小米"为重点，加快培育一批特色优势农业产业，初步形成了以农业骨干企业和新型经营主体为龙头的绿色有机旱作农业发展新格局。重点实施了 15 个 3 000 亩以上示范工程，建成了 45 000 亩的有机旱作农业示范基地，辐射带动了 9 个乡镇 128 个村 86 000 亩的有机旱作农业基地。

坚持创新驱动、科技支撑，集成一批有机旱作农业技术模式。充分发挥省、市、县有机旱作农业专家咨询指导组作用，大力推行"行政领导＋农业专家＋农技指导员＋基地＋合作社＋示范户"的包联责任制，行政领导负责项目推进、任务落实、督促检查，专家和技术人员经常性地组织开展指导服务工作。同时，责成示范项目乡镇、村积极组建有机旱作农业发展专家指导组，明确技术负责人，在项目实施区域、明显地段设置示范项目标牌。在关键农事季节，组织现场观摩、技术培训、专家巡回指导等活动。注重搞好新品种、新技术、新模式的试验示范和展示，完善生产记录、档案资料。从技术体系、产业体系、生产体系、经营体系等方面，对小米生产进行全过程封闭管控，严格执行小米成分、色泽与无害成分标准。沁州黄谷子品种限定在沁黄 2 号、晋谷 21、晋谷 40、长生 07、长农 35 5 个品种范围内，种子的纯度、净度、发芽率和水分达到国家质量标准，做到因地定种，地种相适。根据地块属性和谷子品种，科学测试和总结豆类、红薯、胡萝卜、红山药倒茬的谷子三年轮作模式，解决产品质量和产量下降、病虫草害发生和土壤养分流失的问题。探索建立基地环境标准、基地建设标准、谷子品种标准、肥料投入标准、耕作规程标准、过程控制标准、产品品质标准、产品品牌标准和轮作倒茬标准等相关标准模块，逐步形成一套较为完善的沁县有机旱作农业技术标准集成体系。聘请省农业农村厅土肥站副站长赵建明、市农委植保站站长王景盛、市农广校校长武东为首席专家，组建了专家指导组，专题负责培训、指导等工作，为有机旱作农业发展提供技术支撑。

坚持政策扶持、服务推动，强化一批有机旱作农业要素保障。在政策支持上，县政府制定了《沁县省级、市级资金支持绿色有机旱作农业特色示范县创建项目实施方案》，对耕地质量提升、农水节约增效、旱作良种攻关、农技集成创新、农机配套融合和绿色循环发展"六大工程"的推进实施，给予重点扶持。比如，2018年，对集中连片面积达到10亩（含10亩）以上的谷子种植基地每亩给予120元的有机肥补助；对集中连片面积5~10亩（含5亩）的谷子种植基地，每亩给予80元的有机肥补助；对集中连片面积达到5亩以上（含5亩）的谷子种植基地，每亩给予耕种收机械作业40元补助；对推广运用新技术、新模式发展的规模谷子种植基地每亩给予80元的种收机械作业补助；对推广运用新技术、新模式发展的规模高粱种植基地每亩给予40元的种收机械作业补助；对集中连片规模发展的沁州绿辣椒种植基地每亩给予50元的薄膜补助。对获得有机产品认证的企业给予了50%的补助，所有示范项目都获得了国家有机认证。对"有机＋地标"谷子种植和示范区创建项目分别给予资金补助。

在氛围营造上，充分利用新闻媒体，加大有机旱作农业宣传引导，不断凝聚发展共识。开展集中、分散宣传58次，发放宣传材料1 200套。在《沁州报》开辟了"创建有机旱作农业示范县"栏目，积极宣传有机旱作农业发展中的先进典型和经验做法。各项目实施单位在示范区域明显地段设置了示范项目标牌，接受社会监督。

在组织领导上，县政府成立了由县长任组长、分管农业的副县长任副组长、23个职能部门为成员的领导组。先后召开6次专题会议、2次产业结构调整现场推进会，专题研究和协调解决了绿色有机旱作农业发展中遇到的困难和问题。结合实际，出台了《沁县创建有机旱作农业封闭示范区实施方案》，明确了目标任务、责任分解和工作重点，制定了具体的时间表、路线图，推动了有机旱作农业持续、健康、有序发展。

坚持推广了有机旱作农业配套技术。一是加大秸秆粉碎还田力度，增加土壤有机质。全县耕地面积56.1万亩，秸秆粉碎还田面积达到35万亩，粉碎还田率62%。通过推广秸秆粉碎还田，一方面，耕地有机质大量提升，土壤物理性状明显改善，土壤得到疏松，促进了微生物活力和作物根系发育，土壤肥力在农业生产中的贡献份额提高了5个百分点；另一方面，有效制止了秸秆焚烧，保护了环境，降低了火灾的发生率。二是推广地膜覆盖种植，起到了增温、保墒、除草、增产节水作用。每年全县地膜覆盖5万亩左右，主要在玉米、谷子、蔬菜上实施，全县地膜覆盖增产效果明显，增产达到20%以上，特别是在2020年天气干旱情况下，地膜覆盖起到了极为显著的作用。三是增施有机肥。全县增施有机肥面积达到26万亩，主要通过项目带动和农户自购完成，通过增施有机肥，增加了土壤有机质，改善了土壤结构，增加了土壤养分含量，使作物在整个生育期全生育供给，具有持效性；同时还可以改良土壤结构、培肥地力，达到作物增产、品质改善的目的。目前已在牛寺乡桃园、走马岭、申则等6个村建立万亩核心示范区，起到了辐射带动作用。四是机械深松、深耕，加厚耕作层。由于多年旋耕，土壤耕作层变浅，作物根系生长受阻，抗旱、抗涝、抗逆性差，严重制约了农作物产量的提高。深松可以打破犁底层，深耕可加厚耕作层，对提高作物产量和抗逆性增加有明显效果。

沁县农业农村局对示范的3 530亩谷子进行测产后发现，有机旱作特色示范县创建项目的红坡、东岭头、霍沟、赵家沟晋谷 21 号和晋谷 40 的亩产量达到了 187 千克。

政府主体双向驱动创品牌

坚持市场导向、主体运作，打造了一批有机旱作农业特色品牌。持续加大品牌整合、创建、申报力度，巩固提升了沁州黄小米、沁州绿蔬菜、沁州红高粱等一批影响力大、竞争力强、具有沁县特色的农产品品牌。以保护沁州黄品牌为重点，积极探索原产地品牌建设机制，全面开展原产地和高档名米品牌建设、品牌保护、品牌提升行动。建立健全品牌授权使用机制和品牌危机预警、风险规避和紧急事件应对机制。实时监控、评估品牌状态，综合运用协商、舆论、法律等手段打击各种冒用、滥用品牌行为，营造良好的品牌保护环境，提高原产地品牌名米的知名度和美誉度。同时做好品牌宣传推介，充分利用各种媒体媒介做好形象公关，讲好原产地沁州黄名米品牌故事，传播原产地沁州黄名米营养价值，放大原产地沁州黄名米品牌效应。及时总结推广"有机＋地标"有机旱作农业品牌保护、提升的好模式、好做法。围绕保障沁州黄名米品质、提升沁州黄名米品牌、扩大名米市场份额、有利名米长久产出、促进农民增收，引导农民参与品牌创建有机旱作农业的示范，开启了沁州黄小米产业"集成运用有机旱作技术，'质'造中国小米品牌"的新纪元。沁州黄小米入选了国家粮食和物资储备局评选的首批"中国好粮油"产品，2019 年成为中国农业品牌目录 2019 农产品区域公共品牌，沁县被命名为"中国好粮油示范县"。2020年，山西省有机旱作农业技术体系科教电影拍摄组选准了沁州黄小米有机旱作农业技术体系，已全面完成拍摄工作。沁州黄小米国家生态原产地产品保护水平、中国特色农产品优势区建设水平、全国有机产品认证水平、国家级出口食品农产品质量安全示范县水平、中国小米之乡的含金量、全国农业标准化示范水平、全国农产品加工示范基地水平 7 个"国"字号品牌水平明显提升。

屯留区：深化"五个结合"　实现"三大突破"
再创有机旱作农业屯留新经验

屯留是典型的传统农业大县（区），国土面积 1 142 千米^2，辖 14 个乡镇（区）、209个行政村，总人口 27 万人，耕地面积 72 万亩，农业耕种条件得天独厚，素有"米粮川"之称，曾先后获"全国粮食生产先进县""全国农业机械化试点县"等荣誉。特别是 20 世纪 90 年代，秸秆直接还田、机械深耕、适度镇压、机械播种 4 项农业技术曾在全国推广，美国友人韩丁多次亲临指导。屯留跻身全国机械化旱作农业试点县行列，成为全省乃至全国有机旱作农业的一面旗帜，并于 2018 年建成了王公庄全省首家机械化有机旱作农业展览馆，成功举办了全省有机旱作农业现场观摩推进会。

近年来，屯留区深入贯彻落实习近平总书记视察山西重要讲话精神，抢抓有机旱作农业发展的历史机遇，积极探索，主动作为，通过"五个结合"探路径、"三区"示范做引领、"十大工程"奠根基，实现了"三大突破"，探索出了一条符合屯留实际的有机旱作农业发展新路子。

一、抢抓新机遇，"三大措施"夯实发展基础

成立有机旱作农业发展领导小组，制定了《屯留县有机旱作农业示范县建设实施意见》和《屯留县加快有机旱作农业发展行动计划》，上下一心推动有机旱作农业发展。

制定出台辣椒基地、核桃基地和规模养殖基地扶持办法，设立奖励扶持资金，加大新品种引进和推广、农产品品牌培育、市场营销等方面的扶持力度。

以无公害、绿色、有机为质量标准，印发《长治市屯留区主要农作物标准化操作技术规程》，扎实推进耕地质量提升、农水节约增效、旱作良种推广、农技集成创新等"十大工程"，以标准化"精耕细作"提升农产品质量。

二、展现新作为，"五个结合"探索新路径

通过对田、水、路、林进行综合治理，新建高标准农田 8 万亩（包括高效节水灌溉 0.57 万亩），开展 96 个耕地质量定点监测与评价，推广有机肥替代化肥 35 万亩，测土配方施肥 60 余万亩。实现了耕地质量提升与高标准农田建设相结合。

新培育 340 名高素质农民，认定 15 名中级职业农民，建设试验示范基地 3 个，遴选示范主体 90 个，引进、推广农作物新品种 10 个；推广渗水地膜谷子穴播、果树矮化密植栽培、无人机喷施叶面肥、绿色防控技术、统防统治技术、物联网监控等技术 35 万亩次。实现了农技集成创新与农民素养提升相结合。

立足资源优势，发展富硒谷子、富硒核桃、"药食同源"中药材等功能产品 3 万亩；新认证"三品一标"农产品 21 个，面积 107 635 亩；屯留"盘秀山"和"桑之源"药茶入选山西药茶联盟，共建设药茶生产线 3 条，完成投资 420 万元，实现药茶销售 183 万元。实现了功能食品开发与农业品牌培育相结合。

全面推广统耕、统防、统收、统管的机械化"托管"作业服务，全区土地托管半托管面积达到 32 万亩，大型农机具使用面积达到 30 万亩以上，小型农机具推广使用面积达到 15 万亩以上。实现了农机配套融合与土地托管服务相结合。

结合农村人居环境整治六大专项行动，建设了 20 座大中型可腐烂垃圾及畜禽粪污沼气处理站，将农作物秸秆、畜禽粪便和生活垃圾进行沼气化处理，发展高效有机农业 1.2 万亩，构建起了上联养殖业、下联种植业的绿色循环农业发展模式。实现了绿色循环发展与美丽乡村建设相结合。

三、立足新起点，"三大突破"实现新跨越

典型示范，着力在农业标准化生产上实现新突破。重点是发挥好 1 乡（西贾乡）3 村（河神庙乡圪套村、上莲开发区武庄村、河神庙乡姚家岭村）70 个有机旱作农业示范点的示范引领作用，逐渐把全区农业产前、产中、产后的各个环节纳入标准化生产和标准化管理的轨道上来，让农业标准化成为实现农业现代化的助推剂。

技术创新，着力在有机旱作农业技术推广上实现新突破。聘请山西农业大学、市农业农村局专家，与区农业技术人员等组成技术指导组，引进示范谷子、豆类、薯类、蔬菜、果树等新品种 20 个，试验推广宽幅渗水地膜覆盖穴播、水肥一体化、统防统治、绿色防

控、绿色循环农业等新技术 10 项,促进农产品提质增效。

产业延伸,着力在产加销一体化全链条式经营上实现新突破。坚持走"龙头企业＋合作社＋农户＋基地"的现代农业发展新路子,大力发展农产品精深加工,培育壮大 10 家农业龙头企业。同时,采取"企业＋土地托管＋新技术推广"的模式,探索有机旱作农业综合体发展新模式。

四、示范新技术,"两大效益"实现新增长

谷子渗水地膜机械化穴播技术的推广有效解决了低温、缺水问题,使农田蓄水力提升 40%,亩节本 300 余元;蔬菜水肥一体化技术的推广使农作物水分利用效率提高了 3 个百分点,亩节约用水 150 吨,节省费用 100 元以上;绿色防控黄板诱杀技术的推广,降低了农药用量与成本,实现了绿色环保,亩节本 300 余元。

有机旱作农业发展促进了屯留区种植业结构调整,充分利用了现有水利设施,使农村就业岗位增加、促进农村土地适度规模经营并带动第三产业共同发展,使传统农业向标准化方向迈出了坚实的步伐。

沁源县:点燃了农民致富的希望

喜看稻菽千重浪,遍地英雄下夕烟。初秋时节,汽车行驶在沁源县宽敞的柏油马路上,干净整洁的村容村貌、两旁渐绿的树梢与层峦叠翠的远山交相辉映,中药材种植基地里人头攒动,机器轰鸣,村民们正挥舞锄头忙碌着种植党参……一幅"热腾腾"的美丽乡村图景跃然眼前,到处洋溢着农民丰收的喜悦。

沁源县地处太岳山东麓,国土面积 2 549 千米^2,总人口 16 万人,其中农业人口 12 万人。县域空气质量好,天然无污染,得天独厚的自然环境为有机旱作农业发展提供了十分有利的条件。近年来,沁源县深入贯彻落实习近平总书记视察山西重要讲话精神,牢固树立和践行"绿水青山就是金山银山"的理念,按照省委"四为四高两同步"总体思路和要求,大力实施土、肥、水、种、技、机、绿七大工程技术,典型示范、整体推进,划定封闭示范区 7 036 亩,创建 1 个示范乡、4 个示范村、43 个实施主体,全县产业布局和结构进一步优化,企业品牌声名鹊起,"三品一标"量质齐升,绿色发展态势强劲,有机肥代替化肥,现代农业产业园、秸秆综合利用等一批国省字号落户沁源,绿色有机旱作农业取得了阶段性成效,被列为市级有机旱作农业示范县,划定了省级有机旱作农业封闭示范片1 000 亩,走出了一条农牧并举、种养循环的特色现代农业路子,提升了广大群众的获得感和幸福感。

围绕特优战略,实现规模化发展。习近平总书记在山西省视察时指出"要立足本地实际,大力发展特色产业""山西农业的出路在于特和优"。沁源县地处太岳山腹部,山大沟深,气候冷凉,发展特色农业具有鲜明的优势。一是坚持"特""优",发展种养产业。依托独特的气候及资源优势,积极培育道地中药材、太岳山马铃薯、食用菌等主导产业,中药材种植面积 5.6 万亩、马铃薯种植面积 4.2 万亩、乾和源 10 万只规模羊场等推动黑山羊、湖羊等特色养殖产业规模化、产业化发展。二是围绕"精""深",发展特色加工产

业。贯彻落实省委、省政府提出的"农产品深加工十大产业集群",按照市委、市政府的部署要求,培育了药茶加工企业5个,做大做强太岳金色豆豆、丰瑞等特色加工企业,推动沁源县农产品加工精细化、特色化、功能化发展。三是突出"红""绿",发展乡村旅游产业。依托丰富的红色文化资源和绿色生态资源,打造了"隐居乡里·宜居沁源""池上宿集"等精品民宿项目,加快建设灵空山康养小镇、阎寨"水漾年华"田园综合体、社科"丹雀小镇"等三产融合项目,因地制宜开展官滩赛羊会、景凤帐篷节、韩洪马铃薯花开节等乡村旅游节庆活动,加快形成从田间到餐桌的现代农业全产业链格局,构建起了一二三产业融合发展的现代农业产业体系新格局。

依托政策优势,实现高效化发展。大力推动有机旱作农业的发展,按照突出特色、科学规划、示范引领的工作思路,制定出台了一系列政策措施。成立了以县长任组长、常务副县长任副组长的沁源县创建有机旱作农业示范县工作领导小组,明确了各成员单位的工作职责,连续三年制定了推进有机旱作农业发展年度行动计划,申报了市级有机旱作农业示范县和封闭示范区项目,为大力推动有机旱作农业提供了组织保障。先后出台了《沁源县发展特色农业产业奖补办法》《沁源县特色农业产业发展行动方案》《沁源县招商引资招才引智优惠政策及奖励办法》《关于鼓励民宿产业发展奖励办法》等一系列政策性文件,编制了《沁源县农业绿色发展总体规划(2018—2022年)》,组织召开了"迎老乡、回故乡、建家乡"座谈会,举办"沁才回巢"系列活动,吸引沁源籍毕业生、企业家、科技人才等沁商沁才回乡创业就业,涌现出了"特色种植助民富"的王宏伟、"返乡创业办农家乐"的李炎斌、"致富不忘家乡人"的武娟娟、"返乡种植中药材"的孙海峰等一大批沁源籍返乡创业人士,以强有力的政策推动有机旱作农业快速发展。

加强技术合作,实现科技化发展。沁源县坚持以科技引领有机旱作农业发展的原则,着眼技术前沿,聚焦科技创新,推动持续发展。一是在技术引进上,与中国农业大学签订了有机旱作农业技术合作协议,积极争取2021年农业面源污染治理项目,大力实施畜禽养殖污染治理工程、化肥农药减量增效工程、农作物秸秆资源化利用工程等"八大工程",率先蹚出现代农业绿色化发展新路径。二是在品种选育上,建立了中药材、马铃薯两个博士工作站和专家工作站等产业发展科技服务体系,规划了15个试验示范基地、3个实训基地,选育出了晋谷29、晋谷40、长生13、晋薯16、青薯9号、希森6号等适合沁源的优质品种。三是在科技推广上,围绕测土、配方、配肥、供肥、施肥指导5个关键环节,大力推广配方施肥技术和增施有机肥;在赤石桥乡、沁河镇、法中乡以膜下滴灌为重点模式,推广马铃薯和中药材育苗水肥一体技术,面积达到2 000亩。四是在技术集成上,马铃薯推广了全程机械水肥一体化和"宽垄密植+农机农艺配套+一晚四深+绿色防控";高寒蔬菜推广了"越夏播种+地膜覆盖+绿色防控";谷子推广了渗水地膜机械穴播技术,达到了良种良法配套、农机农艺融合的效果;中药材推广了机械平栽、密植;中药材育苗采用了机械化起垄、覆膜、滴灌一体化技术,为全县有机旱作农业发展提供了产业技术支撑。

打造沁源名片,实现品牌化发展。品牌化是农业现代化的标志,是促进农业发展的重要推动力。近年来,沁源县加大功能农产品品牌推选、绿色有机农产品和农产品地理标识认证力度,全力打响沁源有机旱作农业品牌。目前,共完成"三品一标"认证25个,获得食品生产、加工许可（SC、QC）的企业 6 家，已注册商标的农产品有 35 个。同时，沁源县依托"太行韵""沁兰舒""沁参源""沁怡茗"等品牌，以及"太岳山马铃薯""沁源黑山羊"等标志性品牌，着力打造了灵空山康养特色小镇和沁河镇韩洪沟村、灵空山镇黑峪村、景凤乡社科村等一批休闲农业和乡村旅游示范村，开发药食同源产品 20 余种，发展有机农产品生产基地 2 015 亩，建设灵芝、松茸等食用菌设施 40 座，通过特色农业产业发展带动乡村旅游振兴，形成了集旅游观光、餐饮服务、农产品销售于一体的特色农业链。

经过几年来的积极探索与实践，沁源县在有机旱作农业发展上取得了良好的成效。一是绿色种植面积规模不断壮大，达到 24 万亩；二是循环农业产业链基本形成，实现了三产融合，种养加一体化发展；三是农民收入大幅增长，2020 年农民纯收入达到 17 676 元，点亮了农民致富的希望，为巩固提升脱贫成果、推动脱贫攻坚与乡村振兴的有效衔接奠定了坚实的基础。

转型发展正当时，砥砺奋进谱新篇。"十四五"开局之年，沁源县将以党的十九届五中全会为指引，认真贯彻落实习近平总书记视察山西重要讲话重要指示，以创建有机旱作农业示范县和农产品质量安全示范县为主要抓手，开拓创新，奋力拼搏，推动转型促雏形，蹚出一条山区有机旱作农业高质量发展的新路径。

潞城区：五措并举形合力　有机旱作具雏形

潞城区认真贯彻落实习近平总书记视察山西重要讲话精神，立足实际，通过封闭示范区、示范乡镇、示范村、产业园、特色示范园的创建，建成了一批地域优势明显、比较优势突出的资源节约、生态友好、生产高效农业主导产业，农业生产水平得到较大提高，有机旱作农业取得了阶段性成效，培育了潞城大葱，成家川旱地西红柿、姜黄小米、西流红薯、潞艾等一批有机旱作农业高产稳产典型和优质特色农产品。实现了农业增效、农民增收、农村发展。

一、统筹规划、主体引领、示范带动

2017 年 6 月，习近平总书记在山西考察时指出"加快推进农业现代化，山西要大力发展有机旱作农业"。潞城区全面启动实施有机旱作农业，编制了《潞城区创建绿色有机旱作农业示范区实施方案》，成立了有机旱作农业领导组、技术专家组，编写了《推进绿色有机旱作农业示范区创建 2018 年、2019 年行动计划》，制定了《潞城区绿色有机旱作农业核桃（小杂粮）封闭示范区实施方案》等，围绕提升特色产业集中度，在全区规划推进了 4 个板块的特色产业发展。目前，全区粮食播种面积 25 万亩以上，特色产业种植面积达 3 万亩以上。一是绿色小杂粮生产板块。充分发挥潞州区独特气候条件，依托圣堂醋业、嘉禾聚醋业、凤栖桥酿业、嘉丰农业开发公司等农业经营主体，探索"企业＋公司＋基地＋农户"的小杂粮种植、加工、销售发展模式，带动新型经营主体及农户发展绿色小杂粮 1 万亩以上，实现了真正意义的小杂粮全程机械化生产。二是露地蔬菜生产板块。依托鑫熬兴种植有限公司和"熬脑大葱"农产品地理标志，在合室乡发展种植 3 000 亩有机大葱，带动店上镇、史回镇发展有机大葱 5 000 亩以上，探索了"企业＋公司＋基地＋农户"的发展模式，大葱亩产达到 4 000～5 000 千克。目前大葱种植实现了全程机械化，从播种到育苗再到收获当年完成，改变了头年育苗第二年定植的种植习惯。依托山西聪和食品有限公司实施大葱深加工，打造特色优势品牌，提高市场知名度。依托神泉村幸福山庄专业合作社，建设了 1 000 亩旱地西红柿示范区，带动成家川办事处发展旱地西红柿、豆角等露地蔬菜 2 000 亩以上，提高旱地蔬菜集约化、标准化生产水平。三是设施蔬菜生产板块。依托东天贡芝田种植专业合作社部级蔬菜标准园，探索设施蔬菜生产、种植、服务、销售、经营的新思路，依托潞华办事处美味美农业开发有限公司，建立了高标准有机蔬菜试验示范园，完善有机蔬菜种植生产技术、操作规程。四是中药材生产板块。依托店上镇惠众种养殖专业合作社、辛安泉镇老犁头种植专业合作社、史回镇各村股份经济合作社和山西潞艾健康有限公司等经营主体，打造了邱壁村 500 亩苦参、石梁村 1 000 亩瓜蒌（柴胡）、史回镇 8 000 亩柴胡、微子镇 1 000 亩艾草种植示范区，建设中药材标准化生产基地，推进中药材种植规范化发展。

二、政策推动，三级示范，树立典型

2017 年以来，潞城区连续 4 年出台农业产业调产扶持政策，为全区农业生产发展指明了方向，优化了农业产业结构。按照"一年起步封闭示范、两年推广初见成效、三年辐射全面发展"的路径，出台相关政策，集中分级示范。一是区级主抓封闭示范区创建。2018 年以来，连续 3 年开展有机旱作农业封闭示范区创建，2018 年以南马村为主，建设示范区面积 3 400 亩，其中包括 2 000 亩优质核桃（坡地），1 400 亩优质杂粮、蔬菜。2019—2020 年，通过推广带动，规划形成了"一区一带一山两轴"，实行"1 个示范区＋9 个合作社＋3 个撤并村"，形成近 1 万亩的绿色有机果蔬杂粮基地框架；探索了近 3 年的示范区建设，通过"龙头企业＋合作社＋基地＋农户"的产业发展模式，绿色有机旱作种植流程实现了规范化，推广增施有机肥实现了全覆盖，示范区种植基地初步形成，示范区内农户有机旱作意识和水平得到进一步提高。二是乡级主抓示范村。2019 年潞城区确定了小天贡、西南山、神泉 3 个区级示范村，其他乡镇也分别明确了重点示范村（店上邱壁、史回迪口、合室张家河、微子镇和合、黄牛蹄南桃等），形成了乡乡有重点的示范格局，集中连片开展耕、种、收、管、防全程机械化集成技术试验；推广应用农牧循环技术，开展秸秆综合利用和残膜回收利用工作，发展绿色循环农业，培育绿色有机旱作农业典型，秸秆综合利用率达 96％以上，残膜回收率达 65％以上。三是区、乡共抓示范园。近年来，通过区乡创建了福禄寿禽业有限公司、绿满佳乐生态种植专业合作社、山西圣堂食品有限公司和红山种植专业合作社 4 个市级产业园，打造了山西潞艾健康科技公司、潞城天锦开发有限公司、潞城鑫熬兴种植有限公司、潞城福红种植专业合作社等一批特色示范园，在潞城有机旱作示范区形成星火燎原之势。

三、"特""优"为引，齐抓共管，扎实推进

2020 年，潞城区在巩固提升辛安泉万亩有机旱作农业封闭示范区创建成果的基础上，围绕"酿品、药品、调味品"，集中打造"万亩小杂粮（高粱、谷子）、万亩中药材（柴

胡、连翘、艾草、黄芪）、万亩调味品（大葱、生姜、辣椒、旱地西红柿）"3 个"万亩"特色产业示范区，推进有机旱作农业纵深发展。工作中，潞城区确立了"四抓工作法"，即抓基地、抓链条、抓网售、抓品牌。抓基地方面，以南马村绿色有机旱作封闭示范区为核心，辐射带动全镇 21 个村集体股份经济合作社完成土地流转规模种植，打造万亩多品种果蔬杂粮区。目前，线椒、花生、红薯采收已基本结束，售价、产量均创新高。抓链条方面，依托辛安泉镇农产品加工孵化园，引进核桃分选机、脱皮机等初加工机械 9 台，花生烘干、翻炒机械 4 台，实现农产品产业链条初步延伸；与山西德济药业达成协议，准备建设中药材初加工项目，实现示范区内的中药材就地加工存储转运。抓网售方面，依托微信建立了"潞城绿色有机"产品平台，线上展示、销售花生、葡萄、红薯等 7 个品种，拓宽了销售渠道；同时，西南村等农村经济合作组织依托抖音、快手直播平台，进行自酿酒、辣椒酱、红丝菜等特色农产品展销，实现了农产品"从种到收"的全程网络展示和移动平台支付购买。抓品牌方面，通过注册"辛安泉"商标，对示范区内的核桃、花生、红薯、葡萄、小杂粮、中药材等农产品进行了绿色认证，实现统一商标、统一包装进入市场。

四、集成技术，产业应用，全面推广

发展有机旱作农业，重点实施有机旱作农业八大工程，围绕耕地、节水集水、旱作良种、农技集成等要素，推广了多项旱作技术。一是推行秸秆粉碎还田。3 年来，结合护林防火，潞城区以奖代补推进秸秆还田作业，大秋作物还田率达到 100% 以上。二是集成推广旱作技术。大力推广绿色大葱全程机械化种植技术、绿色旱地西红柿生产技术、小杂粮全程机械化生产技术，推广面积近 2 万亩。三是推广抗旱作物品种。微子镇试点示范艾草种植，店上、潞华示范苦参，翟店示范菊花、红麻，史回示范种植柴胡等抗旱作物。

坚持标准化生产，一是推广农业标准化生产技术，减少化肥、农药、农膜等使用量，坚持有机肥替代化肥，实现化肥、农药零增长；二是提高秸秆综合利用率，增肥了地力，增加了土壤有机质含量；三是严格控制工业"三废"进入农田，从源头上确保绿色生产，防止面源污染，每年邀请省环保站对潞城区农业进行检测，加强污染监管力度；四是加强农产品投入品检查，确保使用安全和计量安全。此外，每年出台方案宣传推介全区适应的农作物优良品种及推广的农业先进技术。

五、力创品牌，三产融合，抱团发展

目前，潞城区有市级龙头企业 11 家，围绕绿色有机谷子、高粱、大葱、食用菌、中药材、干鲜果等特色产业技术标准进行试验、示范和推广，以点带面，规模发展，重点支持有品牌、有基础、有特色的重点龙头企业、专业合作社等，通过权威机构新认证无公害、绿色、有机"三品"标识产品 30 个以上，认证面积达 13 万亩以上。

组织媒体深入绿色食品生产基地，大力宣传绿色有机食品生产，鼓励支持营销企业按照"统一规划、统一形象、统一推介"的原则进行品牌建设。近年来，涌现出了唐宫悦酒、圣堂醋业、姜黄小米、潞艾、鑫百味油、辛安泉核桃等一批农产品知名商标品牌；利用媒体以及农博会、展销会、招商会、网络营销、专题报道等多种营销手段，进行品牌的整合宣传，加强品牌宣传推介和市场开发。依托潞盈农业直销店，广泛开展品牌农产品进社区、进企业、进学校、进机关、进饭店行动，提高品牌农产品本地市场占有率。

今后潞城区将在农业设施、社会服务化、品牌效应等方面，继续探索新技术、试验推广新模式，奋力谱写有机旱作农业新篇章。

上党区：特色农业助发展　产业兴旺乡村兴

2018年以来，上党区认真贯彻落实习近平总书记视察山西时的重要指示，在省、市的大力支持下，立足全区的资源禀赋，以"创新、协调、绿色、开放、共享"发展理念为统领，以农业供给侧结构性改革为主线，以市场需求为导向，以优化供给、提质增效、农民增收为目标，以绿色有机旱作农业封闭示范区建设为载体，以科技创新、体制创新、政策创新为支撑，坚持粮经饲统筹、农林牧结合、种养加产供销一体、一二三产业融合发展理念，做大做强绿色有机品牌，促进绿色有机旱作农业快速发展，走出了一条具有上党特色的产出高效、产品安全、资源节约、环境友好、科技先进、融合发展的现代化农业之路。

一、出台好政策，激发新活力

自推进有机旱作农业工作开展以来，上党区委、区政府高点定位抓布局，成立了以分管副区长为组长，财政和农口各单位、乡镇全面参与的有机旱作农业示范创建协调领导组。领导组先后多次深入乡镇、村调研，实地了解基层发展有机旱作农业的实际情况，协调解决工作推进过程中的困难和问题。组织专家学者多次对全区有机旱作农业发展进行专题调研、督促检查、把脉问诊，对全区特色产业发展进行区划和布局，加速农业产业升级。

一是出台惠农政策，支持农业发展。为确保有机旱作农业各项工作做实做好，上党区紧扣绿色发展，围绕做好有机旱作农业这篇大文章，相继出台了《关于加快有机旱作农业发展的实施意见》和《加快有机旱作农业发展行动计划》，全方位推进有机旱作农业发展。2018年和2020年出台强农惠农补贴政策，对特色种植规模化发展、农业基础设施配套、现代装备技术、"三品一标"认证、品牌创建等方面给予资金扶持，两年来已拨付奖补资金6130万元。一系列惠农政策的出台，对引导和帮助涉农企业、合作社延伸产业链、促进一二三产业融合发展、优化农业发展外部条件、提升农业发展保障能力等方面给予了更大支持。

二是完善服务体系，引领科技创新。在推进绿色有机旱作农业发展方面，上党区秉承坚决打通农业技术服务"最后一公里"的原则，从多个方面提升农民科技素质。与山西省农业科学院果树研究所签订了为期3年的战略合作协议，充分发挥省果树研究所在科技支撑、技术培训、理论研究等方面的优势，3年累计为上党区开展了农业科技决策与咨询、科技服务、农业科技成果推广、新品种、新技术研发与推广等服务工作120余次；从本土筛选出20余名乡村技术人才，依托山西省农业科学院果树所专家团队进行培育和技术提升，造就了一支适应上党区农业发展需要的新型科技人才队伍；大力推行"农业专家＋农技指导员＋基地＋合作社＋示范户"的包联责任制,在关键农时季节,组织现场观摩、技术培训、专家巡回指导等活动;定期举办果树、蔬菜高素质农民培训班和农村实用人才培训班,扩大有机旱作农业技术的推广力度,全面提升农户的科技水平,以科技引领有机旱作农业发展。

二、创建示范园,引领新发展

上党区立足于自身的自然资源优势,大力推进农业产业结构调整,坚持用工业化理念抓农业,推进集约高效发展,打造现代农业强县,按照"一年起步、三年初见成效、五年基本建成"的有机旱作农业发展思路,坚持肥、水、土、种、技、机六大要素综合施策,集约利用农水资源,大力提升耕地质量,开展典型创建,突出示范带动。培育壮大了一批以绿油油合作社、神农种养园合作社、柳苑桃树种植合作社、农之道合作社等为代表的规模干鲜果示范园,打造了一批以红都合作社、南莎姆葡萄酒庄为代表的产加销一体化农业产业园,做大做强了一批以茂森养殖、凤凰岭养殖等为代表的种养循环利用示范园。目前,全区种植干鲜果经济林3.2万亩、蔬菜2.5万亩、中药材0.5万亩,培育现代农业产业园36个,新成长起农业企业、农业专业合作社250余家。

2018年创建了封闭示范区。2018年,上党区以长治县红都生态种植专业合作社为示范带动,在苏店镇规划创建了规模3 000亩蔬菜(食用菌)有机旱作封闭示范区,示范区从有机肥替代、节水抗旱技术、病虫害绿色防控、农业标准化生产等方面进行了示范推广。

2019年创建了封闭示范区和示范县。2019年,上党区以苏店镇西申家庄神农生态种养园为龙头,创建了3 000亩有机旱作农业干鲜果封闭示范区。示范县创建主要围绕果树、蔬菜、小杂粮等产业,以示范合作社为引领,采用"1＋2"发展模式(即1个龙头合作社联合本乡镇相邻2个合作社形成千亩示范片),在南宋乡、西池乡、北呈乡共建设了3个绿色有机旱作农业千亩示范片,5个示范园,1个示范乡镇(八义镇),2个示范村(荫城镇琚寨村、北呈乡须村)。

2020年创建了封闭示范片(区)。市级有机旱作农业封闭示范片实施单位为韩店镇柳林村柳苑桃树种植专业合作社,实施面积1 500亩。市级有机旱作农业封闭示范区创建项目由长治县农泰种植有限责任公司、神农生态种养园专业合作社两家实施单位共同实施,建设面积4 000亩,其中农泰公司创建1 000亩,神农生态种养园巩固创建3 000亩。

同时,上党区还把农业调产与发展绿色有机旱作农业结合起来,调动农业调产实施单位投资发展有机旱作农业的积极性,加大在政策、资金方面的扶持力度,涌现出神农生态园、贾掌会里绿油油合作社、韩店桥沟村艺鑫专业合作社、南宋五丰种植专业合作社等一大批管理好、辐射带动能力强的新型经营主体,通过这些示范点的带动作用,以点带面,引导全区绿色有机旱作农业向纵深推进。

三、培育好产品,打造新品牌

在推进有机旱作农业发展中,上党区集成有机旱作农业技术模式,主打特色、优质品牌,加快培育优质小杂粮、特色蔬菜、水果、中药材等特色优势产业,在"需"的方向用心、"供"的方向用力，积极发展有品质的绿色旱作有机农业。

一是扎实推进"五个统一"。按照地理条件、流域规模、区域优势，在选址规划、主体确定、土地流转、品种示范和技术推广等方面严格准入，封闭管理，建立"五统一"（统一规划、统一技术、统一标准、统一服务、统一销售）的运行管理机制，确保封闭区内农产品真正绿色、有机、无公害。

二是品牌叫响省内外。以长治县绿油油种养殖专业合作社为例，该合作社围绕"有机旱作，提质增效，生态循环，立体种养，社会化组织服务"的观念，转变生产方式，即从省钱向省力转变，从分散向规模转变，从清耕制向生草转变，从复杂技术向傻瓜式简单化转变，从传统大化肥生产向有机旱作转变。同时，推行立体循环种养模式，即树上结果，树下养殖，果树间的生草为家禽提供饲料，家禽为果树提供肥料，做到"草—家禽—害虫"控制模式，生物除虫，减少化肥和农药的使用量，品质有机，节约成本，循环发展。该合作社种植的"玉露"香梨叫响省内外。红都农业合作社生产的"晋美东贾"西红柿经过无公害、绿色双认证，产品果质沙瓤细腻，酸甜可口，深受消费者青睐，已登陆山东28家大型超市，2020年每千克售价12元，比传统种植西红柿的价格翻了一番。合作社通过签约订单和电商平台销售，每天西红柿的出货量超过2吨，农民收入有了很大提高。

三是开展"三品一标"认证。以项目实施为抓手，要求所有有机旱作项目实施单位的农产品要全部纳入"三品一标"认证范围，并加强认证后的监管执法力度，在示范园、区率先建立农产品质量安全追溯系统，健全生产管理档案制度，确保产品质量有保障，全程可追溯。2018—2019年，全区29个涉农企业的32个品种通过了无公害农产品认证，8个涉农企业的9个品种通过了绿色农产品认证，现均已取得了相应证书。

四是注重技术创新。在有机旱作示范创建过程中，还特别注重技术创新，针对土、肥、水、种、技、机、绿等核心要素进行技术推广和升级改造，努力提升旱作农业发展水平，促进农业提质增效，在生产中推广增施农家肥、商品有机肥；技术上使用滴灌、水肥一体化、铺设地膜保墒、测土配方施肥、秸秆覆盖等旱作技术，以改装提升耕地土壤质量；管理上采用绿色防控技术，使用黄色粘虫板及杀虫灯，以生物防治为主，减少农药使用量；推广使用新型农机具，大大提高了生产效率，实现农机农艺高度融合。

3年来，上党区农业不断深化改革、创新与发展，正由以单一玉米种植业为主的传统农业，迈向多样化、组织化、产业化和生态高效的干鲜果、蔬菜、中药材等现代农业，发展活力增强，发展势头强劲。

让农业强起来，成为有奔头的产业；让农村美起来，成为安居乐业的美丽家园；让农民富起来，成为体面的职业，这一梦想正在变成现实。有机旱作农业的发展，有效解决了1 430余个贫困人口和2 760余个农村剩余劳动力的就业问题，农民人均年增收2 030元。站上新起点，迎接新挑战，和着赶超发展的主旋律，上党区已奏响加快有机旱作农业发展的最强音，现代化有机旱作农业必将在上党这片充满希望的沃土再结硕果，走向更加辉煌的明天。

襄垣县：多措并举　真抓实干　打造绿色
有机旱作农业襄垣范式

襄垣县下辖 8 镇 3 乡和 1 个省级经济技术开发区，311 个行政村，总人口 28 万人（其中农业人口 19 万），耕地面积 60 万亩（其中旱地占 80% 以上），粮食总产量全年稳定在 3.4 亿斤左右。全县境内属半山丘陵地区，大陆性气候，四季分明，平均气温 8~9℃，全年无霜期 166 天左右，年降水量 550 毫米左右。

自 2017 年被确定为全市绿色有机旱作农业试点县以来，襄垣县立足县情、科学规划、示范引领、稳步推进，以封闭示范区带动绿色有机旱作农业发展为基础，以全面提升农业基础水平为总抓手，在机制、规划、科技、品牌和标准上下功夫，取得了初步成效。2018 年全面完成省、市下达的封闭示范区任务 2 300 亩；2019 年在原有基础上新增了馨宝公司玉露香梨示范基地 2 700 亩、王村镇谷子示范基地 5 000 亩；2020 年继续扩大示范基地引领带动作用，申报省级示范基地 1 个，发展有机旱作示范尖椒 1.05 万亩、水果树 1 万亩、丹参 1.3 万亩、谷子 1.5 万亩，全县绿色有机旱作农业面积达到 4.85 万亩以上。

部门联动。按照《长治市创建全国绿色有机旱作农业示范市实施方案》要求，襄垣县以创建绿色有机旱作农业示范市、县为目标，着力构建具有鲜明区域特色的有机旱作农业产业技术体系和市场品牌体系，明确了"创新闭环机制，试点试出一流"的目标定位，提出了"打造示范区、扩大示范面、创建示范县"的总体思路，成立了襄垣县绿色有机旱作农业封闭示范区创建工作协调领导组和包联专家组，详细制定了连续 3 年的示范区创建地点、规模、措施，并明确各成员单位职责。2018 年县委、县政府提出了县、乡、村三级书记抓示范项目建设，农、林、水等相关部门共同协调，探索推行了"三包三联""六统一"等工作法。

谋定而动。为将有机旱作农业工作深入推进，县委、县政府按照《长治市有机旱作农业发展总体规划（2018—2030 年）》要求，制定了详细的种植规划和行动计划，并结合乡村振兴总体规划，以示意图形式制作版面进行展示。2019 年，为扩大特色产业种植积极性，提升全县有机旱作农业抵御自然灾害的能力，县委、县政府出台了《襄垣县推进有机旱作农业特色产业保险补贴试点工作实施方案》，将梨树、谷子、尖椒等地方特色农产品纳入保险范围；2020 年，为做大做强有机旱作农业，县委、县政府出台了《襄垣县推进乡村产业振兴实施方案》，重点在全县打造以尖椒、谷子、米槐、丹参、连翘、水果树为主的地方特色产业，出台了相关补贴政策，全县共发展尖椒 1.05 万亩、米槐 0.86 万亩、连翘 0.78 万亩、水果树 1 万亩、丹参 1.3 万亩、谷子 1.5 万亩，同时加大招商引资，新建尖椒烘干场 1 处、丹参精深加工场 1 处、小米加工厂 2 家。

创新驱动。为将有机旱作农业生产规范落到实处，封闭示范区通过强化示范片创建技术服务指导，积极探索生产托管、专业服务等社会化服务机制，严格推进"农业专家＋行政领导＋农技推广员＋基地＋合作社＋示范户"的"三包三联"责任制，严把田间管理、技术操作规程。借助林盛果业博士工作站和省果树研究所等相关部门，依据林盛果业等示范园区生产实际，制定出台了"晚秋黄梨"和"玉露香梨"田间管理采摘收获、加工包装、运输销售等一系列生产管理标准体系；依托潞玉种业公司等先进技术，在王村镇、下良镇、夏店镇、虒亭镇、西营镇、王桥镇、北底乡等乡镇创建 300 亩以上小杂粮标准化生产基地 14 个，重点推广了渗水地膜覆盖技术、谷子膜侧栽培技术以及谷子提纯复壮等关键技术。

绿色推动。为提高全县有机旱作农业生产标准，县政府组建了有机旱作农业专家组，制定出台了地方标准《有机梨生产技术规程》，并连续多年出台了《襄垣县渗水地膜覆盖谷子穴播技术标准化生产基地建设实施方案》《2018 年襄垣县谷子品种繁育基地实施方案》《测土配方施肥标准》《投入品管理制度》等相关文件。各项目实施主体严格按照专家组制定方案要求，开展了有机旱作农业操作，重点推广了有机肥替代化肥、秸秆还田、绿色病虫害防控等相关农业配套技术措施。3 年来，全县共推广优良品种 40 万亩、各类农艺技术措施 150 项，实现农业机械化使用率达到 80% 以上，极大地提升了襄垣县的农技技术措施，项目区耕地土壤有机质含量提高了 0.2 个百分点，有机肥利用率达到 85% 以上，节水率提高了 25 个百分点以上，推动了农产品可持续发展。

龙头带动。加大"三品一标"认证和基地面积认证，全力支持做大做强"林盛果业""天下襄手工挂面"两个特色品牌，培育出了"张林梨王""王村富硒小米""绿园玉露香"等一大批特色品牌龙头企业，截至目前，"三品一标"农产品认证 56 个。项目区依托"晋襄林盛"梨出口美国平台和侯堡镇"沟里人家"、虒亭镇"岭上全谷"、王村镇"晋香斋"等农村电商销售方式，拓宽了绿色有机产品的销售渠道，叫响了襄垣县特色有机旱作农业品牌。

平顺县：咬定绿色生态　收获金山银山

平顺县位于太行山南麓，晋冀豫三省交界处，全县面积 1 550 千米^2，耕地保有量仅有 19.8 万亩且连片比例较小，石多土少，沟壑纵横，条块分割。在地理区域受限的情况下，农业如何实现新的突破，平顺县委、县政府牢记总书记嘱托，按照省、市工作要求，结合全县实际，确定了"咬定绿色生态、高扬旅游龙头、农旅联袂发展、收获金山银山"的新思路、新理念，以有机旱作的标准和思维指导、统领平顺农业，推动平顺农业高质量发展。

高起点站位，着力谋划平顺有机旱作农业发展新格局

一分部署，九分落实。面对习近平总书记的殷切希望，平顺县委、县政府高度重视，主要领导多次调研有机旱作农业工作，成立了以分管农业副县长为组长的领导组，从"认识有机旱作农业"到"发展好有机旱作农业"，在广泛调研、分析研判、专家论证的基础上，确定了全县有机旱作农业发展的思路：靠绿色扬特色，靠基地占高地，把发展旱作农业与开发旅游产业、康养产业、功能食品产业结合起来，以实现农业增产、农民增收、乡村振兴。

根据这个思路，平顺搭建起绿色有机旱作农业发展的"四梁八柱"，确定了四大片区七大类型的绿色有机旱作示范乡（村）、园区、实施主体的创建工作。一是东南山区，包

括龙溪、杏城、东寺头、虹梯关 4 个乡镇，以中药材和马铃薯为主；二是西部台地，包括北社、苗庄两个乡镇，以蔬菜、水果、养殖为主；三是北部河谷，包括北耽车、阳高、石城 3 个乡镇，以花椒（花椒芽菜）等干果经济为主；四是中部百里滩，包括西沟、青羊、中五井 3 个乡镇，以中药材和杂粮为主，发挥区域优势和示范作用。

与此同时，县委还将此项工作列入全面深化改革历年重大改革项目之中，制定工作计划，职能部门按季汇报，形成了县委、县政府督导，行业部门主抓的工作监督机制，确保了有机旱作农业有序有效推进。

全方位推进，着力探索平顺有机旱作农业发展新路径

找准路径，才能得到更好的发展。近年来，平顺结合全县实际情况，把发展绿色农业、保护生态放在优先位置，集聚全县之力，汇集百姓之愿，群策群力，多管齐下，让传统农业与现代科技紧密结合，探索出了具有平顺特色绿色科学的有机旱作之路。

政策引导。出台了《平顺县加快发展绿色有机旱作农业实施方案》《平顺县绿色有机旱作农业封闭示范区创建实施方案》《平顺县支持贫困户产业发展奖补办法》。持续加大对有机旱作农业的投入，积极发展县域特色产业，引导激励企业、合作社等经营主体参与有机旱作创建。

示范引领。围绕"四大片区七大类型"，以"公司＋合作社＋村＋农户"的模式，积极实施有机旱作封闭示范区、示范片、示范园、示范乡镇、示范村创建和特优农产品示范片、示范园创建工作，将"八大工程"和"六统一"贯彻到每一个主体和每一个园区、每一户，探索工作方法，做好示范引领。

技术服务。平顺县农业农村局聘请国内知名农业学者，组建平顺农业博士工作站，与省、市农业技术专家对接，与省中医药大学签订合作协议，并抽调骨干力量组成技术指导组，分别对接各示范园区、示范主体、示范村镇，随时随地提供培训指导和技术服务。目前，平顺中药材产业探索出党参套种玉米的"粮药"套作、紫苏套种柴胡"药药"套作模式，提炼出党参覆膜育苗栽培技术、党参覆膜横栽技术、防野生上架种植技术；果蔬产业探索出种子编绳播种技术、老树桥接增龄技术；马铃薯产业探索出起垄施肥覆膜播种技术等。这些都对发展高质量、高产量农业发挥了积极的作用。

严格标准。根据县域优势农副产品品类，制定出党参、连翘、线椒、西红柿、北瓜、马铃薯等生产技术操作规程，对选种育苗、田间定植、大田管理、病虫防治、成熟采收、仓储运销的各个环节进行规范化管理，科学化操作。同时，平顺还先后制定出台了《废弃地膜回收项目实施方案》等文件，向封闭示范园区经营主体免费安装农产品质量安全溯源系统，严格对农业投入品备案农药经营行为进行监督检查。

延伸链条。大红袍公司依托大红袍花椒开发的系列调味品、系列辣酱逐步走进了更多消费者家庭；正来制药依托潞党参研发的潞党参口服液列入处方药目录，效果得到了市场和用户的认可；振东制药牵头实施的连翘药茶正逐步打开市场。将来，随着国家中药材产业园区的持续发力，平顺更多优势农产品的新品种、新技术也将为当地群众脱贫致富带来福音。

绿色发展。依托平顺县达盛种养有限公司绿色无公害生猪养殖，实施种养加循环农业

发展，投资 500 余万元上马的潞党参专用有机肥生产线投入运营，年产有机肥可达 5 万余吨，为地方发展循环农业打造了样板，开创了针对平顺潞党参种植特点进行测土配方的先河。

大力度突破，着力构建平顺有机旱作农业发展新体系

有机旱作农业要有新发展、新成效，必须在体系上有所创新。平顺把有机旱作农业同脱贫攻坚、乡村振兴结合起来，同部署、同推进，力争实现有机旱作农业的价值最大化。

以助推乡村振兴为目标，创新有机旱作农业发展模式。农村群众增收致富不仅靠产业，更离不开脚下这片土地。近年来，平顺通过抓主体、建基地，按照绿色有机旱作农业"六统一"的要求在车厢沟中药材示范种植园区先行先试并取得创建经验，成功申报 1 个市级示范乡镇、3 个市级示范村、2 个市级示范产业园区，2019 年又着力打造 9 个"县级示范村"和 3 个"县级示范园区"，进行绿色有机旱作农业推广。目前全县 22 个实施主体都建立了绿色有机旱作农业"扶贫工厂"，共吸收和就地转化农村剩余劳动力 6 000 余人，在为他们提供就业增收机会的同时，同时也为他们搭建起了学习、运用、传播绿色有机旱作农业种植、管理技术的平台，为今后全县大力推广绿色有机旱作农业培育了人才、奠定了基础。

与此同时，平顺还立足"专＋精"，大力实施地膜覆盖、节水灌溉、耕地治理、良种覆盖、绿色农业、生态建设工程，辐射带动全县有机旱作农业种植面积达到 5 万亩；立足"强＋大"，坚持品牌化战略、产业化实施、集聚式发展、市场化推进、信息化服务，发挥示范基地、优势品牌引领带动，形成了"行政领导＋指导专家＋种植基地＋合作社（企业）＋示范户"的有机旱作模式；立足"严＋细"，建立了政府主导、部门协作、职责明确、合力推进的工作机制，形成农科教结合、产学研协作，省内外知名专家和"土专家"融合的技术服务模式。

以促进农民增收为根本，彰显有机旱作农业发展效益。近年来，平顺县牢牢把握"绿水青山就是金山银山"的发展理念，提出了建设"全国一流中药材基地特色县"、打造"太行山道地中药材第一品牌"的目标，走出了一条中药材种植与脱贫攻坚紧密结合、产业发展与贫困群众密切相连的特色产业扶贫之路。

路家口村村民王爱玲通过流转土地费、基地务工费和自家药材收入，一年收益达到 2 万余元，附近 8 个行政村 4 754 口人随之受益，其中 1 715 名贫困群众年人均增收 4 500 元。

龙溪镇佛堂岭村通过成立潞党参种植专业合作社，与药企签订了保底收购协议后，全村潞党参种植面积从 10 年前的 10 余亩发展到 300 亩，2019 年总产量达 15 万斤，收入 200 多万元。

以培育高素质农民为动力，增强有机旱作农业发展后劲。借高素质农民培育工程培育新型经营主体、职业农民，扩大有机旱作农业队伍。三年来，全县共培训高素质农民 2 000 余人，培训新型经营主体带头人 350 人。通过培训，一大批新型经营主体致富带头人脱颖而出，他们在各自的岗位上影响和转变群众的传统思维。西赛村的王爱香 2018 年参加培训后，由一个农村妇女变成了一名合作社负责人，带动本村村民发展黑小米实现了稳定脱贫。搞蔬菜种植销售的东青北村梁余妮、搞药材收购加工的石门口村宋建红、善于研发新产品的老马岭村刘军平、勇于闯市场的羊老岩村刘明伟，他们的事迹在中央电视台、山西新闻频道等众多媒体被宣传报道，让更多的群众看到了从事绿色有机旱作农业的益处，增强了他们发展绿色有机旱作农业的信心。

以打造品牌建设为载体，擦亮有机旱作农业发展名片。平顺县委、县政府 2019 年 4 月 23 日正式启动"平顺农谷"农产品区域品牌设计大赛，同年 8 月"平顺农谷"区域公共品牌正式对外发布，平顺农产品知名度和农产品市场占有率得到进一步提升。截至目前，平顺已在北京新发地、太原、晋城、平顺开设了 4 家"平顺农谷"优质农产品线下体验店，同时努力做好线上推广和线上入驻商场活动，先后开展 6 次县长直播带货活动，并入驻平顺电商、山西乐村淘线上商城、山西新闻联播晋品晋味线上商城、中国食品工业协会贫困地区优质农产品线上商城。线上、线下的有效融合为今后的农产品销售搭好了平台。同时，为实施好"质量兴农、绿色兴农、品牌强农战略"，平顺狠抓"三品"认证，目前新认定面积 3.5 万亩，总认定面积达到耕地面积的 30.25%，新认证产品达到 8 个，其中豆王和辣椒获得绿色认证。

三年实践，平顺走出了一条"规划先行、政策引导，科学施策、分类实施，典型带动、品牌引领，群众增收得实惠"的特色有机旱作之路；三年奋斗，平顺初步营造了"产业分布清晰、辐射示范有效、种植操作有标、品牌建设跟紧、产业链条延伸、群众思想转变、增收效果明显"的有机旱作农业的发展氛围；三年攻坚，平顺绿色有机旱作农业的理念已经深入人心，病虫害物理防控、人工除草、增施有机肥、化肥零增长等一些实实在在的措施已全面普及。打造全国安全健康农产品基地，为消费者食品安全、健康生活做贡献，助力健康中国战略，已成为每个平顺人的共同心愿。

截至目前，全县有机旱作农业涉及 22 个主体，涵盖全县 12 个乡镇、7 个农业产业板块，基地面积达到 5 万亩；拥有平顺大红袍花椒、平顺连翘、平顺潞党参 3 个国家农产品地理标志，"新三品"认证 22 个；成功打造了平顺农谷区域公共品牌，自主品牌 50 余个、知名品牌 3 个。平顺农村常住居民人均可支配收入达到 6 848 元，增速 12.6%。

潞州区：提升有机旱作水平　加快现代农业发展

潞州区属半干旱地区，耕地面积 17.3 万亩，其中旱地占 80% 以上，年降水量 600 毫米左右，且降水分布极不均匀，常常出现春旱、伏旱和夹秋旱，是典型的雨养农业、旱作农业区。作为长治市主城区，人口城镇化率达到 90.5%，受长期产业发展导向影响，农业产业在三次产业结构中占比仅有 0.42，基础薄弱，主导产业不明显。与此并存，交通便利、信息发达、人流物流资金流相对集中的良好区位优势，也为发展以绿色理念为引领、以科技创新为支撑的现代农业提供了广阔空间，蕴藏着潜力巨大的消费市场。

一、发展成效

鉴于以上情况，2018 年以来潞州区深入贯彻落实习近平总书记视察山西重要讲话精神,按照省、市发展有机旱作农业的总体部署和具体要求,以农业供给侧结构性改革为牵引,立足优势,扬长避短,有力推进了绿色有机旱作农业发展,在提升现代特色农业发展质效上进行有益探索,并取得了积极成效。

1. 明定位,发展思路日臻完善。 立足全区农业农村发展实际,强化组织领导,成立了由分管副区长为组长,农业、财政、发改、自然资源、科技、农机等部门组成的创建有机旱作农业示范区工作领导小组。在此基础上,借力长治市创建有机旱作农业示范市的政策机遇,着眼乡村振兴引领区和生态文明示范区建设目标,面向市场需求,依托农业产业化龙头企业和新型经营主体,遵循绿色有机农产品制度规范,坚持"政府引导、市场主导、多元投入、绿色兴区"原则,在完善有机旱作农业技术体系基础上,按照装备设施化、原料基地化、生产标准化、经营产业化、产品品牌化、监管全程化、生态优良化的发展方向,确立了"走产出高效、产品安全、资源节约、环境友好、科技先进、融合发展之路,把潞州绿色有机旱作农业打造成全市乃至全省现代农业重要品牌和发展典范"的工作目标,为加快农业转型发展,促进农业增产增效、农民增收致富、农村繁荣发展的奠定了坚实基础。

2. 抓示范,发展规模逐年扩大。 2018年以来,按照"一年起步封闭示范、两年推广初见成效、三年辐射全面发展"的思路,连续三年出台创建《实施方案》和年度《行动计划》,全面推进绿色有机旱作农业封闭示范创建。先期启动封闭示范片创建,以潞植农业、盘古农牧、绿康蔬菜等农业公司和专业合作社为主体,发展蔬菜示范产业;稳步推进示范镇创建,以步云生态农业、贡村裕馨园和黄碾镇东旺村委为主体,发展莲藕、甜糯玉米和绿色有机旱作玉米;大力实施示范村创建,西白兔南村开展了谷子、玉米轮作示范,黄碾镇故北村开展了高粱生产示范,堠北庄镇坡栗村开展了鲜食玉米和甜糯玉米生产示范。截至目前,建成雨之林农业、山诚种养殖专业合作社、众丰农业公司3个市级绿色有机旱作农业示范园,创建示范镇1个、示范片1个、示范村3个。

3. 夯支撑,发展基础不断巩固。 2018年以来,潞州区着力构建全方位立体化支撑体系,全力支持有机旱作农业示范创建。有序整合省、市各项惠农资金,捆绑使用支持绿色有机旱作农业发展,集中用于新型经营主体和村集体物化投入、社会化服务、品牌创建、技术推广,确保了全区创建工作顺利推进。深入开展"三帮三送三促进"活动,因地制宜开展技术指导,为创建工作夯实了技术保障。遴选33个农业种植主导品种和15项主推技术,遴选农业科技示范主体30户,建成1个农业科技试验示范基地。与此同时,努力改善农田基础设施,大力实施耕地质量提升工程,投资1 517万元建设高标准农田1.065万亩,绿色有机旱作农业发展的基础条件得到大力改善。

4. 拓内涵,发展质效稳步提升。 三年来,潞州区着眼建设农业经营体制机制创新试验区、农业主导产业集聚区的目标,坚持高起点规划、高标准建设、高水平管理,示范创建内涵得到不断拓展。通过无公害认证企业12家,认证产品25个,8家17个产品获得并有效使用无公害标志,绿色供给能力显著提升。组织开展农产品品牌目录征集工作,筛选出14个具有一定影响力的农业品牌,鼓励各类经营主体依规、依标统一使用区域公共品牌,将分散农产品生产者联合成利益共同体。大力推行"六统一"管理,芦笋、甘蓝、西红柿、萝卜、辣椒、茄子及高粱、谷子等特色优势主导产业基本实现绿色有机标准化生产。全面探索构建"绿色有机旱作农业技术＋特色产业发展""龙头企业（合作社）＋基地＋农户""新型经营主体＋科技服务组织＋农户"等产业模式，有力带动了农民增收致富，潞植农业年产蔬菜杂粮达到6800吨，实现产值360万元，农业综合效益初步显现。

二、存在的突出问题

近年来，潞州区有机旱作农业发展在取得成效同时，也遇到诸多瓶颈。

1. 深层次的科学认知尚未形成。 有机旱作农业要求以增施有机肥料、提高土壤有机质含量、改善土壤理化性状为中心环节，通过采取水土保持、轮作绿肥、实行深耕深松土壤等措施，增强土壤纳雨蓄水和抗御干旱能力，以实现稳产高产。长期以来，潞州区优越区位优势给农民拓展了较为便捷的就业渠道，对农业生产重视度相对偏低，特别是在传统农业种植模式影响下，习惯于化肥作业，在有机肥替代化肥上动力不足，加之当前有机旱作农业优势尚未充分显现，导致多数农民参与有机旱作农业发展的激情不高。

2. 强有力的技术支撑尚未形成。 发展有机旱作农业，目的是因地制宜地建立用地养地结合的耕作制度，不断提高土地肥力并配合一系列抗旱耕作法，这需要农业生产技术由经验向科学转变，用现代科学技术和科学管理方法来进行支撑。但从目前看，专业技术人才严重短缺，全区高层农技人员队伍建设滞后，农技站所服务功能弱化，一些经营主体靠临时聘用人才进行技术指导，存在无法保证及时解决问题的弊端，难以提供稳定有效的技术支撑。同时经营管理人才缺乏，也很大程度上制约了示范创建工作开展。

3. 是全方位的联动合力尚未形成。 绿色有机旱作农业不是有机农业与旱作农业在概念上的简单叠加，而是要遵循绿色发展理念，有效提高旱作地区农业生产的资源利用效率、土地产出效率、干旱抵御能力和市场竞争能力。这需要各级农业、科技、自然资源、农机、农经、水利等部门利用自身掌握的政策信息和行政资源，加强联动、同向发力，快速构建起一个合理、高效的旱作农业生产系统。但从现实情况看，各级行政资源在纵向和横向上协调不足、联动不够，部门合力尚未有效凝聚。

有机旱作农业作为一种高度开放的高效化、集约化、可持续的生产模式，其生产目标是由自给转向商品化，向消费市场提供绿色无公害的有机农产品。但是好的产品，需要好的市场来支撑。全市绿色无公害的有机农产品消费市场尚未完全成熟，导致经营主体在具体的生产环节难以产生更大的投资驱动，大多数农民缺乏更大的绿色有机标准化生产热情，农业企业、专业合作社等新型经营主体缺乏"三品认证"的热情，绿色有机旱作农业高效永续发展缺乏强劲动力。

三、未来发展路径

路径一：强化政策保障，加大资金扶持。按照省委、省政府《关于加快推进第一产业高质量发展实施方案》要求，探索完善以绿色生态为导向、促进农业资源合理利用与生态环境保护的农业补贴政策体系和激励约束机制，创设有机肥替代化肥、良种繁育、增施有机肥等补贴政策，推动农业政策保险"提标、扩面、增品"，大力扶持农业适度规模经营。加强现有项目资金的整合，重点支持示范区农业科技推广示范、节水灌溉、新型农民培训。充分发挥财政资金引导功能，鼓励金融资本、社会资金加大对绿色有机旱作农业的投入，大力营造有机旱作农业发展的政策环境。

路径二：链接优势资源，推进品牌打造。深入学习全省国家标准化综合改革试点工作推进会议关于积极推进标准化有机旱作农业发展的精神，按照省委把发展有机旱作农业作为带动农业高质量发展的战略目标的部署要求，以品牌战略为着眼点，瞄准有机标准，面向市场需求，制定推进农产品品牌建设的意见。建立农业品牌目录，培育一批国家级、省级名牌农产品、地理标志产品、区域特色品牌，重点依托全国首个农合区域公共品牌——"长治神谷"，在绿色蔬菜、中药材、特色农产品加工等领域积极培育知名品牌，重点提升潞植、雨之林、众丰、山诚等农业科技公司、专业合作社的高粱、生姜、芦笋、甘蓝及甜糯玉米等特色农产品的影响力。

路径三：夯实基础支撑，提升发展质效。落实好山西省《关于加强农业种质资源保护与利用的实施意见》，依托山西省农业科学院储备的优势种质资源，结合潞州区自然条件，筛选优质高产、抗旱节水、适合机械化、抗病抗逆、省肥省药的资源节约型新品种，进行大力推广。加强现有新型经营主体与山西省农业科学院谷子研究所的合作联系，建立良种繁育基地和生产示范基地，扩大优良品种覆盖率。构建有机旱作农业机械化产、学、研、推相结合的研发创新体系，探索高效、适宜性强的机械化有机旱作农业技术。鼓励成立村"两委"牵头或主导的农机专业合作社，鼓励农机服务主体与家庭农场、种植大户、农业企业等建立机具共享的生产联合体。

路径四：突出优势供给，完善产业体系。积极融入山西省"南果中粮北肉东药材西干果"农业产业发展战略，在稳定粮食生产的基础上，因地制宜发展小杂粮、干鲜果、蔬菜、食用菌、中药材特色产业，增加绿色有机农产品供给。打造各具特色的种养业全产业链，完善供应链，提升价值链，加快形成一批有竞争力的特色产业集群，促进农村一二三产业融合发展。依托紫坊农产品市场、昌隆农贸批发市场、马厂集贸市场和老顶山农贸市场等农产品物流园区，大力培育市场流通体系。依托猪八戒网，引导新型经营主体发展农产品电子商务、直销配送、农超对接等新型营销模式，参加省内外的相关展会，开辟多层级、区域性、市场化的绿色有机农产品专项展、特色展。

路径五：加强宣传引导，扩大公众认知。组织开展形式多样的宣传培训活动。充分利用报纸、电视、广播、网络及其他现代公共媒体，广泛宣传潞州区绿色有机旱作农业发展政策、理念、技术和模式，大力倡导健康消费，提高广大公众对绿色有机农产品的认知度和首肯度。认真总结和深入挖掘潞州区及周边先进县（区）推进绿色有机旱作农业建设的成功典型，进行大力宣传推广。针对各乡镇（街道）、村级组织和各类农业生产经营、服务主体等开展专题培训和现场观摩，统一思想，提高认识，推动形成政府大力支持、全社会积极参与的绿色有机旱作农业发展格局。

潞城区：春种一粒粟　今秋乐开怀

又是一年金秋时，秋风吹麦浪，稻香满田间，丰收的喜悦随着金色的秋风将笑容洒在潞城大大小小的田间地头。过去的一年里，农业调产、特色种植、土地流转、成立农业合作社……潞城的农民们用自己的智慧与力量,逐渐蹚出了一条具有"潞城特色"的农业发展之路。

特色种植促增收携手前进奔小康

因地制宜发展特色农产品种植是潞城农民们紧抓的一本"致富经"。黄牛蹄乡将乡村振兴与农业调产紧密结合,全力打造花椒、连翘、软籽石榴、小米椒、小杂粮5个千亩特色产业种植基地,带动越来越多的农户增收致富,携手奔向小康生活。黄牛蹄乡下黄村的村民王双勤依靠黄牛蹄乡千亩小杂粮特色产业种植基地,不仅让一家人摆脱了经济窘迫的困境,更是让日子一天比一天红火了起来。这红红火火的好日子得来不易,种植辣椒之前,王双勤一直在外地靠打工谋生,但母亲和妻子相继得病,让本不富裕的家庭入不敷出。为了能增加收入,2017年他承包了20亩地开始种植辣椒,成为村里的辣椒种植大户之一。更让王双勤高兴的是,这些辣椒全部都是订单种植,农业龙头企业提供种苗培育、田间管理、统一收购等各类服务,收购价格更是随行就市,这一系列措施都让椒民们的收入有了极大的保障。

店上镇温村红山油料种植专业合作社的千亩油料作物2020年也迎来了大丰收,在村民们的共同努力下,黄土地上产出了百姓的"致富油"。记者见到红山油料种植专业合作社理事长张爱国时,他正和附近的几位村民一起挥舞着镰刀,忙着收割芝麻,大家割杆、搬运、装车,秩序井然,一片秋收忙碌的景象。一粒粒小小的芝麻不仅让张爱国看到了发展的希望,也让当地农民实现了增收致富。张爱国是个土生土长的店上镇温村人。2015年,他牵头创建了红山油料种植专业合作社,流转了温村和周边村1 000多亩荒山荒地,陆续种上芝麻、油葵、胡麻、大豆等油料作物。2016年,张爱国又创办了潞农现榨油坊,购置了脱粒机、榨油机,打造出一条从油料作物种植到加工的完整产业链,开始批量生产芝麻油、菜籽油、黄豆油等,通过零售和批发,将健康无添加产品推向市场。张爱国表示,2020年合作社种了100多亩的芝麻,亩产能达到260斤。芝麻出油率能达到40%,芝麻油能卖到45元/斤;油葵、油菜、黄豆和亚麻籽的出油率有30%~40%,油料所产的成品油年收入可达300余万元。

将特色种植搞得红红火火的还有产销两旺的神泉村旱地西红柿、粮食中药两不误的史回镇柴胡中药材基地……为促进农业全面升级,狠抓农业调整,潞城各乡镇街道紧紧围绕农业增效、农民增收、农村增绿的目标,因地制宜地走高效生态农业和特色种植产业发展之路,为扩宽农民增收渠道、发展壮大集体经济提供了不少新思路、新办法。

农业合作促发展,致富蹚出新道路

近年来,根据区委、区政府加快农业产业结构调整、推进农业产业化发展的要求,立足区位和产业优势,潞城区多个乡镇、村纷纷采用"股份合作社＋农户"的模式,以点带面推进农业产业结构调整,大力推动现代农业产业发展,以村民们最认可的方式实现农业提质、农民增收。

正值丰收时节,合室乡儒教村的,一片片蔬菜园红绿交织地映入眼帘,辣椒、大葱、旱地西红柿……农作物长势喜人,村民们收秋热火朝天,整个田间一片丰收的繁忙景象。

自 2020 年以来，儒教村通过土地流转、集体机动地回收、宅基地复垦等方式，腾退出土地 500 余亩用来种植尖椒、大葱、旱地西红柿等经济作物。村"两委"积极转变发展思路，通过"合作社经营管理＋农户参与务工＋公司市场销售"的模式，让专业公司加入，因地制宜地发展订单农业，一举打通了产供销的发展瓶颈。儒教村村委主任杨海军介绍道："全村闲余劳动力在农闲时间来合作社进行栽苗、除草、采摘等田间管理，可以增加2 000 余元收入，仅采摘一项，每人每天采摘 100～120 斤就能收入 1 000 多元，村集体也可增加 5 万～6 万元。"

在距离儒教村 10 多千米的合室村鑫熬兴种植公司也是一派忙碌景象。眼下正是大葱收获的季节，工人们正忙着将采摘下来的大葱剥皮、成捆、装车。近年来，鑫熬兴种植有限公司大力发展大葱种植项目，将村民的土地承包后统一进行大葱种植，同时全部引进新、特、优大葱新品种，打破传统田间管理模式，实现机械化种植，全力带动合室乡周边村庄调整产业结构，吸引周边村的群众参与大葱种植，共同走上郁郁"葱葱"的脱贫致富奔小康之路。鑫熬兴种植有限公司经理孙兴旺表示："贫困户将土地承包给我后，在我这里打工。一年也能挣到 1 万多元。"截至目前，全乡已形成大葱 5 000 余亩、谷子 3 000 余亩、扫帚 1 000 余亩、马铃薯 2 000 余亩、尖椒 600 余亩的种植规模。

辛安泉镇也结合实际"量体裁衣"，以创建绿色乡镇为目标，在南马村大力发展绿色有机旱作农业，线椒成为主打产业。南马村集体经济股份合作社采取"公司＋股份合作社"的模式重点自主经营发展辣椒、蔬菜特色种植基地。村集体以流转土地和人工入股形式，与长治市兴农农业科技开发有限公司合作，由公司提供种苗、技术和市场服务，通过绿色有机操作实现了辣椒基地每年亩产成品椒 3 500 斤。辣椒市场均价每斤 1.5 元，实现了村集体经济股份合作社年增收 10 万余元，同时解决了本村和周边村庄闲散劳动力务工问题，种植和采摘季日均解决务工人员 150 余人，解决贫困户务工 30 余人。

如今的潞城正以实施脱贫攻坚和农商协作战略为契机，紧紧围绕农业增效、农民增收的目标，积极探索新道路，促进土地集约规模经营，多措并举做好产业结构调整和土地流转，在现代农业发展、农民增收致富和农业产业化的道路上齐头并进。

壶关县：旱作农业富壶关

昔日壶关：飞沙走石，岩石裸露，水土流失，草木稀疏。

如今壶关：太行美景，郁郁葱葱，绿意满眼，林茂粮丰。这是一个让全县百姓赞颂的奇迹！

自 1963 年起到 1973 年，壶关县干部群众坚持实施发展旱作农业，实现了晋庄村旱作谷子稳产高产、叫响全国，成为北方旱作经验的一面旗帜。接着，全县干部群众下定决心对所有可以改造的耕地和荒山进行了深入开发，用几代人的心血和汗水实现了全县优越的生物配置和城乡生态。

从一个十年九旱、生态恶化的不毛之地，到一个山清水秀、林茂粮丰的宜居家园，是什么力量推动这里发生了翻天覆地的变化？

熟悉壶关的人都知道壶关有三缺。

缺地：全县总面积 1 013 千米²，约合 151.9 万亩。其中，荒山沟坡面积 106.7 万亩，占到 70.2%，且大多数是只有 10～20 厘米的贫瘠山丘，还有约 1/4 岩石裸露的不毛之地，耕地仅 30 万亩，人均只有 1 亩。

缺水：壶关素称"干壶"，地质组成属奥陶纪岩层，在 300～700 米的石灰岩地层里，极不容易储水，县志记载有"掘地三千尺犹不及泉"之说。

缺树：到 1978 年，全县天然林残存 5 万余亩，人工造林 2.8 万亩，林木覆盖率只有 7%，只是全国林木平均覆盖率的一半。

就是这"三缺"带来的巨大生态和社会问题成为壶关贫困的"病根"，也成为全县上下多年来立志改变家乡面貌的原动力。

面对气候干旱、风沙肆虐、土壤贫瘠等恶化的生态环境，该如何下手，可不是光有决心就可以解决的。在全县人民的殷切期望下，众多全国著名的生态学专家纷沓而至，一遍遍地论证、试验、培训，科学的力量为壶关的改变注入了强大力量。

壶关县的生存在田，环境在山，根本在人。曾经，壶关十年九旱，水贵如油，农林各业靠天吃饭。如何在这样一个太行山巅的"旱带子"实现土地生金、旱作农业稳产高产？中华人民共和国成立以来，历任县委书记和县长一直把旱作农业工程作为首要工作来抓，一任接着一任干，一张蓝图绘到底。全县人民更是在县委、县政府的带领下，咬定土地不放松，大干苦干搞旱作，一步步实现了旱作农业技术的一次次提升。

1951 年，壶关县晋庄村老农阎扎根在老坟凹种的 3 亩谷子，平均亩产 700 斤，引起了县领导的注意。阎扎根有一套自己总结出来的种地经验：产量高不高，全在耕作好不好；粪少，管理粗糙，春耕墒跑掉，减产少不了；庄稼是个宝，没粪好不了；人哄地皮，地哄肚皮；巧耕作胜过多上粪；有苗三分收；三伏不出头，割上喂了牛，等等。这些总结成为壶关县传统旱作农业技术的宝贵经验。

1963—1973 年，是壶关县旱作技术的成熟期。该县以晋庄村 1 000 亩谷地作为旱作试验田，依据全年全县春旱且降水量多集中在 7—9 月 3 个月的实际情况，总结出旱作农业谷子"秋耕壮垡、三墒整地、小满播种"的经验。

秋耕壮垡，即秋后施肥耕作，熟化土壤、避免蒸发，提高了土地抗旱能力；播种前三墒整地，即作物出苗前耢耙保墒、浅犁踏墒、镇压提墒，确保了有限墒情不损伤；小满播种，即把作物出苗营养生长期控制在叶面蒸腾量较小的雨季之前，而把作物生殖生长期叶面蒸腾量较大的时间选在了 7 月、8 月雨季，有效适应了干旱地区利用自然条件节水、用水从而达到作物健康生长的目的；10 月前，秋高气爽，阳光普照，昼夜温差大，正是果实成熟季节，又实现了果实干物质的有效形成，大大提高了单产质量效益，谷子亩产从 300 斤增加到了 1 000 斤。

1972 年 5 月 5 日，《人民日报》发表了壶关晋庄《给谷子摘掉'低产帽'的经验》，同年 9 月 19 日，全国旱作谷子现场经验交流会在晋东南地区召开。1983 年 6 月，国家科学技术委员会在广西南宁召开"全国农村适用科技成果交流会"，壶关县旱作技术被列为全国重点推广项目之一；1993 年，山西省标准局将"旱地谷子高产栽培技术规程"以"DB1400B5001-93"作为地方标准发布。持续到 20 世纪末，壶关县继续实施旱作农业新技术创新——地膜覆盖、秸秆还林、休闲农业等，使太行山区的矸石山坡条田实现了年年丰产。1998年，全县粮食产量首次突破1亿公斤历史大关。

造林难题破解成就壶关绿色奇迹，30年完成了第一次升华。1970年，时任壶关县盖家川村生产队副队长、生产小组组长的王五全自告奋勇担任村林业队队长，在晋庄旱作谷子经验的基础上思考：旱作经验实现了农业谷子高产，难道说不能实现林木成活、绿化荒山吗？他经过近10年的苦心探索，1978年，他创造出干旱矸石山油松"一季育苗，三季移接"等成套的油松常年移植造林技术。适地适树，解决了幼苗环境适宜问题；保护根系，解决了苗木成活率低的症结；反坡形、制造小阴坡等，有力攻克了干旱对新栽苗木的威胁。这项旱作绿化技术，攻克了矸石山特别是阳坡因干旱造林不易成活的难题，成活率高达85%以上，成为旱作大农业的一个成功范例，被林业部专家誉为绿化奇迹。时任林业部科技委主任的董智勇说："全国没突破的，壶关突破了。专家们没攻下的课题，农民攻下来了，王五全的确是一个奇人。"

从1981年一直到20世纪末近20年的时间里，王五全运用这一技术，带领群众绿化荒山6 000多亩。自此，壶关县掀起了绿化荒山高潮，30余年来，累计绿化荒山103万亩，栽植树木10亿株，森林覆盖率达到56.9%，实现了整个版图面积上森林郁郁葱葱、连绵不断的绿化效果。

21世纪前后，壶关县从建设旱作农业县到生态农业、生态林业、生态经济县，10年完成了第二次升华。1995—2005年的10年间，壶关县始终在旱作农业、生态绿化上坚持"几道将军一道令，一张蓝图绘到底"，不断创新，将低层次的生存林业、生态林业推向了更高层次的生态经济县。

坚持不懈的旱作推广与升华，形成了很多观光农业、观光林业、观光旅游的精美景点。目前，以绿色为特征的太行山大峡谷，已成为国家4A级旅游景区、国家森林公园、国家地质公园、国家攀岩基地、中国十大最美峡谷。每年有大量游客前来观光旅游，2017年1—8月游客达到63.3万人次，门票收入950万元，社会总收入14 242万元。

一颗小小西红柿，从丰富"菜篮子"到品牌旱作农产品，这第三次升华真是不简单。聪慧的壶关人在县西北部太行山支脉老顶山西麓的屋脊头村开始了又一项旱作农业的伟大创举——旱地西红柿种植。

20世纪末，经过改革开放30年的发展，壶关县基本解决了温饱问题，但是"菜篮子"里仍然是土豆、萝卜、大白菜"老三样"。个别群众为丰富"菜篮子"，在庭院里种植了旱地西红柿，并且掌握了育种、栽植、管理的相关技能，一些种植较多的村民开始出售西红柿。屋脊头村人就想：能不能把庭院里种的西红柿，引种到大片的旱地里，实现效益最大化！2001年，他们大胆地进行了尝试。

他们模仿近郊菜农的方式，在谷雨时节低温少雨时，利用设施农业温室育种，规避了壶关县干旱少雨种子难以保活、出苗率低的问题，把住了育苗关；小满季节正是气温升高节令，柿农利用旱作农业原理，把前一年秋耕壮垡和此前遇雨施粪后旋耕踏实铺膜保墒的旱地，利用拉运水源对西红柿苗进行开穴栽植，并进行点浇，一次栽植成活；之后利用春夏之交的少量雨水成活，让西红柿幼苗在与旱作谷子相应的营养生长期，做好配方施粪和田间管理，让根系和植株健康生长；到了7月底进入初伏后，当地汛期来临到了丰水期，西红柿即进入生殖生长期，恰巧进入了挂果时令，可以大量吸收雨水，开花挂果；接近9

月时，雨量减少，阳光充足，昼夜温差大，非常有利于西红柿果实干物质和糖分的形成，实现品质上乘、增产增效。

如今，壶关县的旱地耕作技术已经非常成熟，西红柿生长在太行山区的山坡梯田，光照充足，通风良好，昼夜温差大；施用农家肥料，旱作管理过程成熟并融入了标准化技术，又有着壶关县全国生态示范区和每立方厘米超 35 000 个深呼吸小城负氧离子的特定气候条件，所产西红柿入口沙甜，品质卓越，有着不可复制的地理地域化独特品质。

2000 年以来，壶关县经过十几年的大力度技术资金扶持（最高时每亩扶持达到 1 000 元），目前，旱地西红柿已经发展到 10 个乡镇 170 个村，有种植专业协会及合作社 167 个、2 万余个家庭进行种植，种植面积达到 5 万亩，总产值达到 7.5 亿元，成为壶关县的重要种植业项目，在全县精准脱贫中起到了重要作用。

2016 年，壶关县旱地西红柿获得"国家地理标志商标"认证，成为农产品驰名商标。旱地西红柿商标的使用，解决了长期以来当地优质西红柿没有品牌"身份证"难以准入等"卖难"问题，有了品牌、声誉，跻身全国农产品知名商标、驰名品牌，为壶关县旱地西红柿走出大山开辟了一条路径。

2017 年，壶关县粮食产量达到 12.2 万吨；农村常住居民人均可支配收入完成 5 715 元，比上一年增长 9%；刘寨村成为省级美丽宜居示范村，河西村、北行头村成为市级美丽宜居示范村，桥上、大河、前脑、沙滩、紫团成为市级美丽宜居乡村集中连片村；全县杂粮面积达到 3.09 万亩，新发展设施蔬菜 550 亩、露地蔬菜 3 000 亩、食用菌 200 亩、花卉500 余亩。全县 15 家企业 20 个品种通过"三品"认证，农产品加工业销售收入完成25.62 亿元，销售额 500 万元以上的农产品加工企业销售收入 25.6 亿元，农产品精深加工销售收入 6.33 亿元。截至 2020 年底，全县有机肥施用面积达 15 万亩，测土配方施肥技术推广面积达到 23.6 万亩，高标准农田建设面积达 1 万亩。

壶关县以几十年、几代人的努力改善县域生态环境，探索发展旱作农业，到今天突破了自然环境的束缚，走上了旱作农业现代化、多元化、规模化的大发展之路。壶关人民敢于挑战、勇于奋进的精神，以旱地农业发展的辉煌成就为标志，向历史诠释了壶关特有的旱作农业精神！

壶关旱作农业的奇迹，告诉我们一个颠扑不破的真理：贫穷并不可怕，可怕的是没有战胜贫穷的勇气。面对贫穷，壶关人不怨天尤人，为了家乡的美丽，他们用自己的双手和汗水，奋斗不息，在壶关大地上创造了数十、上百亿元的绿色财富。

山上青松盖帽，山间果树缠腰，山下良田万顷，山沟刺槐涌涛。今日的壶关县形成了组合得当、结构合理、效益最佳的发展模式，实现了生物素质、生物产量和经济收入三者之间的良性循环。1998 年，全县粮食生产首次突破 1 亿斤大关后，近年来又三次突破历史水平。同时，壶关县还是全省唯一的"无疫病清净县"和"养殖基地县"，"环林型""环农型"绿色食品企业不断增多，7 种产品通过国家绿色食品认证，还被联合国教科文组织评为生态环境"全球 500 佳提名奖"。

壶关旱作农业精神，造就了大地田野生金、高山绿色连绵不断，这是壶关进行曲中最雄浑、最激越、最美丽的乐章！壶关，已成为镶嵌在太行山上的一颗绿色明珠。

长子县：整县推进多点发力　撬动有机旱作农业新活力

近年来，作为农业大县，长子县紧紧围绕"绿色兴农、科教兴农、质量兴农、品牌强农、特色产业富农"的工作思路，坚持县乡村、点片园分区分级分类示范与整体推进相结合，以增加绿色有机农产品供给为目标，以项目建设为抓手，着力夯实农村产业基础，多措并举，多点发力，全面掀起了发展有机旱作农业的热潮，涌现出了丹朱镇丹西龙鑫、岚水乡阡陌现代农业、宋村乡龙兴天露千亩西兰花等一大批有特色、成规模、有前景的有机旱作农业亮点片区，全县有机旱作农业发展取得了阶段性成效。

思深方益远，谋定而后动。推进有机旱作农业既是县域农业发展所需，也是推进农业高品质建设的一项系统工程，长远的科学规划和强有力的组织领导则是实施这项系统工程的"第一道工序"。在推进有机旱作农业发展过程中，长子县坚持科学制规、精准制规，组织农业专家多次深入田间地头、农户家中走访调研，最终依托"院县合作"平台，聘请山西农业大学专家率先在全市编制完成了《长子县有机旱作农业规划》，为全县有机旱作农业乃至全市同地区、同类型有机旱作农业发展提供了发展经验。

先后制定出台了《长子县2018、2019、2020年绿色有机旱作农业示范县创建实施方案》《长子县2019年绿色有机旱作农业封闭示范区创建实施方案》等文件，通过成立以县长任组长的绿色有机旱作农业示范县及封闭示范区领导组，组建了包括省农业农村厅、山西农业大学专家在内的专家指导组，让"政府支持＋科学引导"成为有机旱作农业推进过程中的"双保险"。继2018年全省有机旱作农业现场会在长子县观摩后，2020年成功申报创建省级绿色有机旱作农业封闭示范片和市级绿色有机旱作农业示范县，为长子县有机旱作农业注入了发展活力。

有了科学的发展规划和强有力的组织保障，如何高质量创建、高标准推进，让惠农政策落实落地，真正激活创建主体的发展活力和潜力至关重要。在有机旱作农业推进过程中，长子县先后出台《长子县2018年强农惠农扶持项目》《长子县2019年强农惠农扶持项目》《长子县2020年强农惠农扶持项目》，研究出台强农惠农扶持政策20余条，特别是针对绿色有机旱作农业发展，专门出台了《长子县2018年绿色有机旱作农业奖补办法》，在三年时间内，对有机肥替代化肥、新技术新品种推广、水肥一体化及绿色防控、农业综合服务、优质优价等项目进行奖补，鼓励引导全县大力发展绿色有机旱作农业，鼓励引导全县大力发展绿色有机旱作农业。同时，全县坚持以点带面，示范先行，整体推进，在2018年全县建成3860亩封闭示范区的基础上，2019年新发展至1万亩，2020年继续将封闭示范区种植规模辐射拓展到3万亩以上，先后创建出1个示范乡、3个示范村，遴选出7类53个特色示范园。

把农业高新技术融入有机旱作农业发展过程中，推进资源最大化利用，是长子县创建过程中追求的目标。在长子县有机旱作农业示范区内，黄蓝板、防虫网、防虫灯等绿色防控技术和水肥一体化设施成为推动示范区高质量发展和园区正常运行的重要保障，示范区依托长子县绿野新能源公司沼气产业年产沼渣沼液20万米^{3}的资源优势，通过转化，其全部成为封闭示范区内的有机肥，亩减少化肥使用量50～60千克、节约用水46%，亩增加收益 300～500 元。

同时，2021 年以来，为提升数字农业应用水平，针对农业园区空间广、支撑点少、物联网设备复杂的特殊布网环境，长子县开始在封闭示范区着力建设智慧农业物联网监控数据中心，以视频监控系统搭建作为依托，融合高带宽光纤技术和无线网桥技术，灵活解决了农田面积广阔、采集点分散、数据收集难度大等问题。目前，数据中心已建设成功并投入试运行。该数据中心进一步奠定了现代农业数字化发展基础，建立健全了农田网络基础设施，实现了智慧农业信息实时采集应用。

三级联动，多点发力，有机旱作农业呈现出"芝麻开花节节高"的发展趋势。在持续巩固西汉封闭示范区发展的基础上，长子县以丹西龙鑫现代农业产业园为核心，通过建设 2 000 亩有机旱作农业封闭示范片，辐射带动周边 3 个村农户。示范片以绿色有机为种植理念，着力打造设施蔬菜种植、智能化育苗，反季节香菇、黑木耳生产，露地蔬菜生产，有机菜花、网棚青椒加工，草莓采摘、玉米迷宫观光采摘等一二三产业融合体，进一步开展智慧农业物联网建设，实行绿色农产品线上线下同步销售，形成独具特色的现代化智慧田园综合体；在推进示范县创建过程中，按照全市"七百"示范园创建要求，遴选出 53 个有机旱作农业示范实施主体，其中 9 个入选为市级示范园，依托宋村乡千亩西兰花、鲍店镇两年三作、碾张乡菊花基地、岚水乡阡陌现代农业、常张乡大樱桃基地、丹朱镇丹西龙鑫等一大批有机旱作农业亮点片区，串点成线，打造出一条有机旱作农业精品线；在示范乡和示范村建设上，宋村乡以西王内村、东郭村等 8 村为创建核心，辐射带动 3 000 亩蔬菜种植和 2 000 亩特色农作物种植，全面推广地膜覆盖、增施有机肥、绿色防控等绿色有机旱作农业技术；石哲镇房头村建成 800 米^3 果蔬保鲜库，新建一座 50 亩绿色有机蔬菜大棚，开启绿色蔬菜种植、采摘"私人定制"新模式；丹朱镇东寺头村重点推进高标准农田建设，增施农家肥和有机肥，实行水肥一体化，集水增效模式；碾张乡关村推行农业标准化生产、测土配方施肥、病虫害绿色防控等有机旱作技术，强力打造黄明湖环湖观光旅游和绿色有机旱作农业发展一二三产业融合发展模式，通过持续巩固示范区建设，全力推进示范县创建和示范乡、村建设，全县有机旱作农业发展处处开花结果，呈现出蒸蒸日上的发展态势。

经过几年的大力推广和经验总结，长子县探索出一系列形式新颖、技术先进、适应性广的创新发展模式，如西汉村依托种、养、沼产业，形成了"秸秆＋养殖＋沼气＋沼渣（液）＋有机肥＋种植业"的区域闭合循环模式；丹西龙鑫现代农业产业园封闭示范片通过完善"棚地产"经营方式、创新"夏错峰"种植模式，形成复合式、立体化、全天候的绿色有机旱作农业生产体系模式。此外，碾张乡蒲公英种植基地、宋村乡千亩西兰花蔬菜基地、丹朱镇阳光科技现代农业、岚水乡泽坤农庄、岚水乡阡陌现代农业等一批有机旱作农业典型成为全县有机旱作农业发展的新标杆。

三年的创建，长子县有机旱作农业发展模式趋于成熟，农业发展品牌林立。全县先后建成 12 个"院县合作"试验示范基地，示范展示玉米、谷子等新品种 36 个，示范引进新品种 78 个，示范推广谷子轻简化栽培、蔬菜高效集成栽培等技术 26 项，制定青椒、西葫芦等蔬菜省级生产规程 4 条。同时，在第二届"院县共建"产业扶贫交流现场会上，长子县作为全省 5 个典型发言县区之一，进行了经验交流发言。强化安全监管，让农产品有产量更有质量。全县将 124 家农产品生产种植企业、435 家生产经营主体全部纳入监管名录，建立了县级农产品质量安全溯源监管公共服务云平台；将 83 家农资门店、210 家生产经营主体全部纳入追溯范围，追溯点首批配备了电脑、速测仪等相关设备 16 台（套），质量追溯手段和能力得到显著提升。2019 年长子县荣获"国家级农产品质量安全县"荣誉称号。同时，全县积极推进"三品一标"申报创建，截至目前，全县认证无公害农产品 45 个、绿色农产品 5 个、地理标志 1 个，认证产地 36 万余亩，创建了省级蔬菜现代农业产业园 1 个、市级现代农业产业园 5 个、市级特色产业示范园 6 个，农业标准化、现代化水平稳步提升。

"潮头登高再击桨，无边胜景在前头。"经过三年创建，长子县有机旱作农业取得了阶段性成效，也积累了一些值得推广的经验和做法。下一步，长子县将紧紧围绕"叫响农业品牌、提升农业技术、实现销售联动、打造示范标杆"目标，充分利用好"院县共建"、农村电商、农特产品展销等平台，持续巩固有机旱作农业发展模式，探索适应县域发展实际，具有长子特色的区域有机旱作农业发展新模式，不断提升全县农产品知名度和竞争力，着力实现农产品有产量更有质量，有特色更有内涵。

沁县：实施有机旱作农业标准规程
做靓优势特色农业"沁"字品牌

近年来，沁县县委、县政府深入贯彻落实习近平总书记视察山西重要讲话精神，紧抓多种优势叠加的难得机遇期，按照省、市给沁县"创建全国有机旱作农业特色示范县"的定位，把有机旱作农业作为农业供给侧结构性改革和脱贫攻坚战、实施乡村振兴战略的重要抓手，因地制宜、高位推动，做到了机构、区域、地块、作物、主体、政策"六落实"，有机旱作农业发展取得了初步成效。

搭建起了绿色有机旱作农业发展的"四梁八柱"

有机旱作农业特色示范县创建涉及范围广、环节多、任务重，为切实抓实抓好此项工作，县委、县政府统筹谋划、科学施策，搭建起了"四梁八柱"。在加强组织领导方面，县政府成立了领导组，由县长任组长，分管农业的副县长任副组长，政府办、农业农村、财政、扶贫等 23 个部门为成员单位，职责严明、合力推进。在具体实施方面，领导组设立了专门办公室，具体负责项目组织、协调、规划、方案制定和项目实施、监督检查、日常管理工作，制定了时间表、路线图，以倒逼机制，确保示范区创建工作顺利推进。在系列科技推广方面，领导组成立了专家指导组，聘请省农业厅土肥站副站长赵建明、市农委植保站站长王景盛、市农广校校长武东为首席专家，县农业农村局的一名研究员、5 名高级农艺师、3 名农艺师按照片区及产业的分工负责制进行培训、指导等工作。在创建操作方面，出台和实施了《沁县创建全国有机旱作农业特色示范县实施方案》《沁县创建有机旱作农业特色示范乡镇实施方案》《沁县创建长治市有机旱作农业特色示范村实施方案》《沁县创建有机旱作农业封闭示范区实施方案》。在运行体系方面，探索出了五个方面的模式体系，即四环封闭体系、"六统一"管控体系、"七统一"标准体系、"农技农艺融合封闭式"技术控制体系,"全程可追溯的品质封闭"保障体系。

营造起有机旱作农业发展的浓厚氛围

创建工作开展以来,通过多种宣传方式,不断提高广大干部群众对有机旱作农业示范创建工作的认识,形成了良好的社会氛围。工作推进中适时开了5个会,即生产前期培训会、观摩学习互促会、经验交流现场会、标准执行评比会、履职成效报告会,通过"五会",形成了履职到位、齐抓共管、比学赶超的常态氛围。采取集中、分散宣传的办法,发放宣传材料1 200套;制作了有机旱作农业6项技术、作物品种生产管控操作规程、有机产品价格等宣传资料;编制印刷了集封闭操作规程、逐日记录为一体的《标准实践操作指南和生产过程记录、追溯簿》和村级生产过程记录台账;编写印刷了《创建全国有机旱作农业重要品牌培训讲稿》1 400册,组织开展了有机旱作农业政策解读体系、六大技术体系及标准操作体系、先进经验、有机农业发展趋势、国家"三农"战略规划等专题培训;创办了乡村振兴"产业兴旺"讲习所。同时,在《沁州报》等宣传媒体开辟了"创建有机旱作农业特色示范县"栏目,先后刊登发表《全力创建绿色有机旱作农业》宣传专题12篇,大力宣传了创建中的先进典型和经验做法,充分发挥了新闻媒体的褒扬作用,扩大了创建示范区的影响力。各项目实施单位在实施区域明显地段设置了示范项目标牌,接受上级和社会的监督。

凝聚齐抓共管的强大合力

大力推行"行政领导+农业专家+农技指导员+基地+合作社+示范户"的包联责任制,行政领导负责项目推进、任务落实、督促检查,专家和技术人员经常性组织开展指导服务工作。政府安排60万元专项用于有机旱作农业建设,农经中心先后协调流转土地322亩。示范项目乡镇、村同步在关键农事季节,组织现场观摩、技术培训、专家巡回指导等活动,规范了生产记录、档案资料,形成了县、乡、村同伸一双手、共使一把劲的强大合力。

建成了一批有机旱作农业基地

开展创建国家有机旱作农业示范县工作以来,全县建成高标准农田17.4万亩,建成有机产品生产基地32万亩,测土配方施肥面积达到32万亩,认证有机基地120 141.35亩。7个企业加工认证沁州黄小米、沁州白小麦面粉等产品55 796.097吨;绿色产品认证面积124 509亩,其中沁州黄公司认证6万亩、檀山皇公司8 000亩、聚生源公司1万亩、晋汾高粱公司认证绿色高粱4.1万亩、唯思可达公司1 637亩、田园香公司1 547亩、沁谷香公司2 325亩。沁州黄小米、沁州核桃、沁州南瓜子地理标志登记保护229 900亩。剔除三者客观重叠因素,全县品牌农业基地认证和登记保护面积269 205.35亩,占到了全县总耕地面积536 349.55亩的50.19%。成功创建了"中国特色农产品优势区""国家级出口食品农产品质量安全示范区""中国小米之都长治核心区""中国好粮油示范县"。

有机旱作农业示范引领方兴未艾

县委、县政府强力狠抓"创建全国有机旱作农业示范县目标"样板示范，引领发展。紧紧围绕"沁州黄"小米原粮谷子、"沁州白"面粉原粮小麦、"沁州红"汾酒高粱、"沁州绿"辣椒四大优势产业，创建了示范面积 57 629 亩。先后在山上人家、定昌镇东岭头、红坡和南里乡中里 4 个区域，新建了 2 个有机旱作农业封闭示范区；在市级有机旱作农业示范乡次村乡，精准打造了郭村镇元王、郭家庄和漳源镇罗卜港 3 个有机旱作农业示范村；实施了 9 个有机旱作"七百"示范项目，总面积 15 954 亩。通过抓样板创建，沁县以点带面，点面结合，在带动全县有机旱作农业全面发展的同时，扩大优势产业示范项目对脱贫户的覆盖面，增加贫困人口收入，巩固和提升了优势特色产业脱贫成果。

屯留区：组建托管服务联盟　健全农业社会化服务体系

2017 年以来，屯留区探索总结出适合当地农业生产托管发展的"保姆式"全托管、"菜单式"半托管，推出"三套餐""六服务"的服务模式，实现协会、金融、保险合力撬动农业社会化服务完整链条的屯留区农业生产托管的"屯留模式"。截至 2020 年，全区托管面积达 60 万亩，服务小农户 4.87 万户，占全区家庭承包经营户的 84.5%，实现粮食每亩节本增收 500 元，服务主体收入增长 23%，农机手单季作业增收 1 万元，释放全区劳动力 80%。

"谁来种地"——成立社会团体，
构建全产业链农业生产托管服务体系

一是成立农业生产托管服务中心，打开农业生产产业链条的第一扇门。自 2017 年屯留区承担农业生产托管试点工作以来，依托当地农机合作社、农业龙头企业开展托管工作，当年就顺利完成托管面积 5.6 万亩，并取得了明显成效。2018 年 2 月，屯留区农经中心根据农事特征果断决定成立"长治市屯留区农业生产托管服务中心"，农业生产托管服务中心的成立极大地鼓励了服务组织的积极性。

二是成立托管、粮食两大协会，实现全链条服务的"闭环发展"。2020 年屯留区农业生产托管 60 万亩，全域托管促进托管工作大发展。为解决农业托管生产面临的融资难、融资贵、融资慢，缺信息、缺途径、缺商机等瓶颈。5 月 30 日，长治市屯留区农业生产托管服务协会、长治市屯留区粮食行业协会同时挂牌成立，标志着屯留区的农业生产托管实现了产前、产中、产后全产业链的农业社会化服务。

"怎样种地"——行业协会、
金融保险齐发力，为农业生产托管服务保驾护航

一是托管协会引领产前托管进程。农业生产托管服务协会会员为各新型经营主体，协会为会员协调种子、化肥等农资的统购、统销，降低农业生产成本，促进市场良性竞争；同时助力服务主体完成农业机械装备的提档升级。

二是托管服务中心为产中生产环节服务发力。通过整合各农民专业合作社、农业企业等服务主体，设立不同的服务团队。农田服务组，负责为托管的土地提供各项专业技术服务，如合理调配农机、标准化田间作业、日常记录等；农技服务组，负责推广种肥同播新技术（种肥同播技术可减少种子、肥料的投放量，提高种、肥利用率，提高农作物的产量，既节约了人工成本，又增加了农民收入），合理调整种植株行距、合理配比肥料投放，避免肥料裸露在地表，损失养分；生防服务组，合理调配农药，提供现场指导，做到统一药物、统一配置、统一喷洒，提高防治效果、降低用药成本、减少农药污染。

三是提供农业生产托管的产后烘干、储藏、加工、销售等服务。延伸产业链，提高价值链，提供全产业链服务，让农民享受更多产业增值收益。完成农业生产托管的产后服务，开展粮食收购、储藏、烘干运输、销售的体系建设，解决了服务组织服务费回笼难的问题，实现了粮食不落地收购，保障了服务组织的利益，避免了农户赊欠服务费的弊端。

"怎样种好地"——托管服务全链条，屯留模式再创新

一是建立健全风险防控机制，为农业生产托管保驾护航。保险承保、协会发力、金融助力，为农业生产托管筑起坚固的防线。

二是协会推荐、邮储考察、农担参与，确定授信额度。2020年最高授信额度200万元；2021年将进一步增强与邮储银行的合作，贷款额度提升50%。

三是保险让贷款零风险。保费0.18%，即贷款100万元保费1800元，确保金融放贷无风险。

四是保险保托管示范田稳增产。为促进小农户广泛接受农业生产托管，推出托管高产示范田，以起到示范引领作用。并建立经营风险预警防控机制，积极运用市场化手段防范和化解风险，开展"托管高产示范田玉米收入保险"试点工作，2020年太平洋保险公司减免50%，财政补贴21%，服务主体承担29%，可最高享受500千克（900元）的保额。2021年将玉米产量提升至650千克，服务主体或农户承担的保费保持不变，地方财政保费仅增加2元/亩；同时增加"高粱完全成本险"，服务主体或农户承担保费30.5元/亩，保额800元/亩。

五是金融团队助力托管，农业生产托管锦上添花。继邮储银行助力托管工作以来，2021年为加大金融支持力度，中国建设银行山西省分行安排资金不低于20亿元的农业生产托管服务融资额度，用以支持保障全省农业生产托管领域的融资需求，屯留区作为首批试点县区将享受到最低利息的金融支持。目前，此项工作前期进展顺利，运行后将极大缓解协会会员的各项贷款需求；同时，为解决部分服务主体农业生产托管过程中资金短缺的燃眉之急，4月底协会与农商银行屯留分行达成协议，注入快捷、便利的短期融资，资金最高上限可达500万～800万元，月息5.45厘，目前已完成首批11家服务主体的资格审核工作，完成8家1500万元的短期贷款需求。

"屯留模式"——实现了经济、社会、生态效益齐发展

一是经济效益提升，实现农业节本增效。粮食增产：秸秆还田、深松50厘米，玉米主根系扎根2.5米，粮食亩产由托管前传统种植的400～600千克提升至800～900千克，

2020 年托管高产示范田达到 900～1 000 千克。农户增收：平均每亩可至少实现节本增收
500 元。其中，统一购买农资可以节支 30 元/亩；种肥同播可节支 60 元/亩；机收、秸秆
还田、深松深耕、旋地等 6 个环节可以减支 60 元/亩；增产 150～250 千克/亩，增产部分
可增收 350～500 元/亩。

二是社会效益明显，农户打工挣钱两不误。青壮年劳动力可安心在外打工，释放的
80％劳力发展第三产业，在确保承包地收入不变甚至增加的情况下，人均可额外增加收入
2 万～5 万元/年。

三是生态效益显著，促进绿色有机循环农业发展。推广种肥同播、深松深耕（深松≥
50 厘米、深耕≥30 厘米），重点解决秸秆还田薄弱环节，减少了秸秆焚烧带来的环境污
染，通过秸秆还田改良了土壤团粒结构，提高了土壤肥力。推行农药统购、统供、统配、
统施"四统一"模式，合理调整化肥、农药比例，减少了化肥、农药对环境的污染，提高
了农作物品质。

第三章

长治有机旱作农业技术模式

在生产实践中，长治市组织成立了有机旱作农业专家指导组，建立了专家包县包片服务机制，依托实施主体抓典型创建，以"有机"定性和引领，以"旱作"技艺注入和支撑，开展技术创新，加大有机旱作农业良种攻关、农技集成、农机配套等研发力度，着力在土、水、肥、种、技、机、绿相结合上实现突破，在实践中培育和完善了60个极具长治区域特色的有机旱作农业技术集成模式，并通过七个100示范园区建设，以点带面不断扩展应用区域，使这些技术模式在更大范围内得到推广和延伸，形成了一批以村或新型经营主体为单元，有稳定区域、有成熟技术、有生产标准、有注册品牌的有机旱作示范典型，成为引领我市现代农业高质量发展的重要标志和关键技术支撑。

第一节　粮食类作物有机旱作技术模式

粮食是国之重器，粮食安全是实现经济发展、社会稳定、国家安全的重要保障。保障国家粮食安全，提高粮食生产全要素生产率，技术是关键。长治全面实施"藏粮于地、藏粮于技"战略，提升科技转化率，全市粮食生产能力稳定提升。

黎城县食为天种植加工专业合作社：
绿色优质小麦集成技术模式

食为天种植加工专业合作社成立于2014年7月，占地13亩，总投资2 000万元，兴建有现代化的办公场所及万吨通用小麦粉生产线，注册有"黎景禾"小麦面粉品牌。2018年，该合作社按照"合作社＋基地＋示范户"的模式，结合绿色有机小麦生产标准，率先在上遥镇的沿漳两岸，依托山、林、路等自然隔离建立了3 000余亩绿色有机小麦封闭示范区以推广绿色优质绿色小麦集成技术。截至目前，已辐射带动黎侯镇、东阳关、停河铺等乡镇发展绿色优质小麦标准化示范基地1万余亩。

一、技术模式

专用优良品种＋精制有机肥＋配方肥＋巧浇四水＋一喷三防

二、主要技术内容

1. 基地选择。绿色小麦生产基地应选择在无污染、生态条件良好、土壤有机质和有效氮磷钾含量符合绿色产品生产标准的生态区进行布局。

2. 良种推广。根据黎城县近年来试验示范观察并结合当地生态条件、基础设施，选择推广高水肥品种济麦 22、舜麦 1 718，中水肥品种中麦 175、良星 67。

3. 科学施肥。依托黎城县测土配方施肥项目实施成果，按照土壤养分特点和作物需肥规律，制定"精制有机肥＋专用配方肥"的科学施肥方案，指导示范片农户确定肥料品种、施肥数量、施肥时期、施肥方法。具体方法为：每亩施用 750 千克精制有机肥＋40千克小麦专用肥。全部作为基肥结合播前整地一次性施入。

4. 适期机播。适期播种有利于协调小麦穗粒结构，实现优质高产。项目区最佳适宜播种期在 9 月 25 日至 10 月 5 日，适期内亩播量 10～12.5 千克。如果错过播种适期，要适当增加播种量，每晚播一天播量增加 0.5 千克。

5. 巧浇四水。一是根据土壤墒情，播前浇好底墒水，确保足墒播种。二是提前限量冬浇（30 米³），可提高土壤含水量，加速秸秆腐烂，压实悬虚土壤，促进冬前分蘖和次生根发育，提高冬前分蘖成穗率和产量。冬浇时间由传统昼消夜冻（12 月中下旬），提前到冬小麦三叶期以后（11 月中下旬）。三是拔节期增量灌水（60 米³），有效预防晚霜冻害和低温冷害。四是视土壤墒情轻浇杨花水（30 米³）。

6. 病虫防控。实施以"统防统治"为形式的小麦病虫害绿色防控技术，重点抓好灌浆期"一喷三防"施药技术以预防小麦病虫和干热风。一般采用"亩用 10％苯醚甲环唑20 毫升＋10％吡虫啉可湿性粉剂 30 克＋99％磷酸二氢钾 40 克"的配方，对水 40 千克均匀喷雾防治。

7. 适时收获。在小麦腊熟后期适时收获，其标准是小麦植株全部变黄，茎节微绿，籽粒变硬，种沟带绿时可及时进行机械收割。小麦收获打籽后要及时晾晒，当达到入库标准水分时方可入库。

三、生产经营特点

一是合作社按照"合作社＋农户＋订单＋品牌＋统一销售"的生产模式，与示范区农民签订了每千克高于市场价 0.2 元的收购订单，按每亩 400 千克计算，亩增收 80 元，示范区仅此一项就可增收 80 万元。

二是在示范区内实行"六统一"生产管理标准，即统一优良品种、统一生产操作规程、统一投入品供应和使用、统一田间管理、统一收获、统一品牌销售，保障了基地产品质量。

三是为扩大示范效应，2018 年以来，在上遥镇绿色小麦封闭示范区连续举办了 3 届"小麦文化节"。活动的举办以及市、县新闻媒体的宣传报道，提升了绿色有机小麦生产基地的知名度。

四、效益分析

以合作社为龙头示范带动，在示范区实行统一管理，耕、种、防、收一体化机械服务面积逐步扩大，种植效益明显提升。全县 1 万亩绿色优质小麦基地，总产量 439 万千克，每千克按定价 2.8 元计算，总收入为 1 229.2 万元，比对照亩增收 49.2 千克，亩增收 137.76 元，总增收 49.2 万千克，总增效 137.76 万元。同时，以黎景禾、太行山麦等为品牌的一批绿色小麦面粉畅销周边省、市，进一步提升了黎城县绿色优质小麦生产基地的声誉。

五、适宜区域范围

适用于长治市各县（区）具备水浇条件的冬小麦生产区域。

六、整理单位、整理人

黎城县农业农村局　樊美忠

黎城县停河铺乡下台北村：旱地小麦农艺农机融合技术模式

停河铺乡下台北村位于县城东北 4 千米处，全村 53 户 130 人，耕地 288 亩，是一个典型的农业村。该村土壤肥沃，交通便利，主要种植作物为玉米、小麦，其中小麦面积达到 200 亩，收入占生产性收入的 71％以上，已成为农民增收的支柱产业。2007 年，该村成立了黎城县建国农机服务专业合作社，拥有各类农业机械，还购进了面粉加工设备，为小麦生产提供了极大的方便。2019 年，该村参与了黎城县绿色有机小麦封闭示范区建设项目。

一、技术模式

全程机械化作业＋有机肥＋抗旱优种＋绿色防控

二、主要技术内容

1. 秸秆还田。小麦或玉米成熟收获后，及时采用大功率机械进行秸秆还田，保证秸秆粉碎彻底，提高还田质量。

2. 施用有机肥、配方肥。每亩一次性施用 20 - 15 - 5 型小麦配方肥 60～80 千克，同时亩施用优质农家肥 1 000～1 500 千克，精制有机肥 40～80 千克。

3. 精细整地。由于长期的旋耕播种，大部分麦田土壤在 12～15 厘米处形成了坚硬的犁底层，造成土壤耕层过浅，小麦根系难以下扎，形不成壮苗。因此，每隔 2～3 年要进行一次土壤深耕或深松，深度 25～30 厘米，以打破犁地层，增厚耕作层。在秸秆还田和深耕的基础上，使用大功率机械整地，使整地质量达到土壤细碎、绵平、无长度大于 5 厘米的秸秆残茬，为小麦的生长发育创造良好的土壤环境。

4. 优种选用。选用高产、稳产、品质好、抗旱、抗病、抗倒伏能力强的中麦 175、晋麦 87 为主栽品种。

5. 适时机播。适播期 9 月 25 日至 10 月 5 日，在适播期内，采用半精量播种，每亩用种量 10～12.5 千克。每推后一天，亩播量增加 0.25 千克，采用机播宽窄行种植，播种深度 4～5 厘米。播种后根据墒情进行镇压。

6. 田间管理。（1）小麦出苗前注意破除板结，帮苗全出苗。（2）冬前集中对麦田进行镇压，以抑制小麦狂长。（3）返青前进行顶凌耙麦或耱麦，破除板结，疏松表土，透光增温，促苗早返青快长。（4）土壤解冻后及早重镇压一次，压实表层土壤、破除板结，弥补裂缝，提高了土壤耕作层的底部墒情，又促进和保证了麦苗尽快返青转壮。

7. 病虫害绿色防控。小麦白粉病、锈病、蚜虫、吸浆虫是黎城县小麦的主要病虫害，干热风是主要的气象灾害。加强病虫测报，并根据病情、虫情及气候特点，选用生物农药或高效低毒低残留的农药，开展病虫害的统防统治，有效降低病虫害与干热风的危害程度。

8. 及时机收。在小麦腊熟后期（其标准是小麦植株全部变黄，茎节微绿，籽粒变硬，籽粒如蜡质状可以用指甲切断、种沟带绿时）可及时进行机械收割。小麦收获打籽后要及时晾晒，当达到入库标准水分时方可入库保存。

三、生产经营特点

一是以"行政村＋合作社＋农户"为生产模式，与示范户签订每千克 2.4 元的收购订单。生产出的小麦入库保存，合作社将其加工成面粉，以低于市场价的价格卖给村民及周边老百姓。

二是在提升地力上采用"秸秆还田＋农家肥＋有机肥＋配方肥"的施肥模式；充分采用统一供种、统一技术指导、统一机械作业、统一管理、统一病虫防治"五统一"管理模式，推广全程机械化作业、秸秆还田、施用有机肥和配方肥、选用抗旱优种、病虫害绿色防控等关键技术，实现有机旱作小麦规范化生产。

四、效益分析

黎城县停河铺乡下台北村的每亩小麦投入包括机械作业、有机肥、配方肥、农药、种子等费用，共计 500 元。小麦总产量 72 吨，平均亩产 360 千克，按每千克 2.4 元计，亩产值 864 元，亩纯收入 364 元。小麦亩单产较前三年增加 35.4 千克，平均亩增收 84.96元。采用"五统一"管理后，较前三年亩节约成本 65 元，两项合计每亩共增收节支149.96 元，总增收节支 29 992 元，实现了小麦生产的优质高效。

五、适用区域与范围

适用于长治市中熟麦区旱地麦田种植区。

六、整理单位、整理人

长治市农业技术推广中心　宋华平　秦雷波
黎城县农业技术推广中心　徐凌雅

山西潞玉种业股份有限公司：
潞玉 1525 抗旱高产种植技术模式

山西潞玉种业股份有限公司成立于 1999 年，注册资金 1 亿元，总资产 1.8 亿元，是中国农业发展集团成员企业、中国种业信用骨干企业、山西省农业产业化经营省级重点龙头企业。通过多年的匠心践行，公司逐步形成了育繁推一体化的玉米种子产业体系。近年来，公司利用常规杂交育种技术与现代生物技术相结合，选育出了适应机械耕作需求，高产、耐密、苞叶薄、后期蓬松和籽粒脱水速度快的玉米新品种潞玉 1525，并探索出了与之相配套的抗旱高产栽培技术。

一、技术模式

抗旱高产品种＋玉米专用肥＋机械播种＋封闭除草＋适时收获

二、主要技术内容

1. 品种特点。 潞玉 1525 于 2013 年冬季在海南组配成功。该杂交种融合了 Reid 类群种质玉米籽粒长、出籽率高、耐密植、脱水快、宜机收，以及亚热带 78599 种质抗病性强、耐旱的特点。潞玉 1525 春播生育期 127 天，幼苗叶鞘紫色，株形半紧凑，株高 270 厘米，穗位 110 厘米。果穗筒形，穗长 23.8 厘米，穗行数 16～18 行，籽粒黄色，半马齿形，出籽率 88.7%，穗轴红色。

2. 整地施肥。 运用播种、覆土、镇压一体机进行播种，播深 3～5 厘米，亩播量 1 千克左右，播种后使种子与土壤紧密接触，确保苗全、苗齐、苗匀、苗壮；并根据土壤化验结果、玉米需肥规律以及目标产量，推广测土配方施肥技术，定制氮、磷、钾比例适当的"加利沃"玉米专用肥，以提高产量。

3. 机械播种。 地温稳定在 10～12℃时可以播种，采用地膜覆盖机械化播种，根据种子发芽率实行单粒播种，一穴一粒，亩留苗在 4 200 株左右，根据播种机行宽确定株距。

4. 封闭除草。 用甲乙莠或异丙草胺 100～120 克，每亩兑水 30 千克均匀喷施地面，进行封闭除草。

5. 查苗补苗。 玉米出苗后，要及时进行查苗、补苗，确保田间留苗密度在 4 200 株左右。

6. 中耕施肥。 在播种后 60 天左右 11～12 片时施拔节肥，配合中耕亩施尿素 40 千克，施肥要深埋入地下或选择在下雨前进行。

7. 防治病虫害。 苗期主要虫害是地老虎，它会咬断幼苗的根茎部，导致植株死亡、缺苗断垄，其间可用 50% 巴丹可湿性粉剂，搅拌炒香的米糠或者麦麸，比例为 1∶50，然后撒于玉米地块诱杀幼虫。

8. 适时收获。 玉米籽粒变硬、籽粒水分降至 25% 左右时，用籽粒收获机收获。收获的籽粒直接进入烘干机进行烘干，水分降至 14% 以下时进行精选加工标包。

三、生产经营特点

一是采用"公司＋基地＋农户"模式，通过签署订单做好订单农业基地的"耕、种、管、收"托管服务，包括土壤养分测定、作物配肥方案、春耕春旋等耕作内容，机械化播种等播种内容，定期进行田间观察、病虫草害绿色防治等田间管理服务以及机械化统一收获。

二是作物收获后统一收购，鼓励农户进行存粮，并利用专业的加工设施进行粮食脱粒、烘干、清选、分类、包装，保障农户储粮安全。

三是做好产销对接，利用传统渠道、粮食银行平台实现线上线下适时销售，让农户最大限度获得收益，最终实现农业生产年度的全程服务和闭环运行。

四、效益分析

一是通过使用潞玉 1525 抗旱高产品种及配套综合栽培技术，每亩可增产粮食 150 千克以上，按每千克 1.3 元计，每亩可增收 195 元，年订单种植 4 万亩，可为农民增收 780 万元。

二是公司统一进行收购，实现了专一品种定向销售，每千克粮食可提高收购价格 0.1 元，农民每亩可增收 50 元。

三是通过全程机械化模式，可在耕地、播种等环节减少田间作业工序，缩短作业时间，提高农机具效率，达到降低劳动强度、节约用工的成效。

五、适宜区域与范围

适用于长治市各县（区）有机旱作农业区。

六、整理单位、整理人

山西潞玉种业股份有限公司　姚生才
长治市植物保护植物检疫站　李柯澄

黎城县建国农机服务专业合作社："玉米割苗＋双色地膜"旱作技术模式

黎城县建国农机服务专业合作社位于黎城县停河铺乡下台北村，成立于 2007 年 8 月，合作社托管土地 14 000 多亩，流转土地 1 300 亩，有农机具 24 台（其中大型农机拖拉机 13 台，玉米收割机 3 台，小麦收割机 2 台，播种机 6 台）、技术人员 2 人。合作社主要以提供机耕、机播、机收、机械秸秆还田等作业为主要内容，服务于周边村农户，解决了农民种地难的问题。2019 年，该合作社以玉米旱作高产栽培技术示范为主，建立双色地膜全覆盖种植地 500 亩、推广玉米割苗高产种植示范地 50 亩，在大旱之年取得了明显效果。

一、技术模式

优良品种＋配方施肥＋双色地膜＋机械割苗＋病虫统防统治

二、主要技术内容

1. 选用优良品种。 在历年试验示范基础上，重点推广农华 178、中元 999、先玉 1141 三个品种。

2. 测土配方施肥。 采用测土配方施肥技术，在秸秆还田的基础上，亩施农家肥 500 千克做底肥，播种时再随播种机施生物有机肥 40 千克、复合肥 20 千克做种肥，在大喇叭口期再追施复合肥 10 千克。

3. 双色地膜覆盖。 双色地膜采用银灰色与黑色双色组合地膜，上为银灰色，下为黑色。黑色地膜具有弱透光性，可防止杂草生长，从而减少甚至不使用除草剂；而银灰色地膜具有较强的反射光照性能，对蚜虫、白粉虱等常发害虫有一定的驱逐效果。

用双色地膜栽培玉米，应选用厚度 0.015 毫米、幅宽 80 厘米的银黑双色地膜，铺膜时黑面朝下，银面朝上，用 2MB－1/2 全铺膜精量播种机一次完成地膜覆盖、播种、施肥等作业。

4. 玉米割苗技术。 在玉米苗期进行割苗处理，可以使玉米更好地蹲苗，促进根系生长，提高抗旱、抗倒伏、抗早衰能力，同时使玉米节间缩短，株高和穗位降低，玉米整齐度明显提高，穗形更加均匀。

割苗时间以玉米长到 5～6 个叶时最好。方法是用玉米割苗机割去玉米上部 1/3～2/3 的长度，阻断玉米生长势头，从而起到促进根系生长的目的和蹲苗的作用。

割苗机具应采用电力驱动割盘作业，切面应尽量割平割齐，使伤口平整光滑，避免粗糙不平。如割完苗后裸露伤口大，很容易感染病害，造成死苗缺苗。另注意割苗后不能再打除草剂，否则药液易从伤口侵入造成药害，导致死苗现象。

5. 统防统治。 采用无人植保机施药技术，在玉米大喇叭口期一次施药兼治多种病虫，以解决玉米中后期病虫害防治难题。

三、生产经营特点

1. 合作社与山西省农业科学院签订合作意向，通过"合作社＋科研技术＋农户"的推广模式和土地托管、土地流转、联合耕种等多种方式，建立玉米高产种植示范基地，重点推广抗旱良种、机械精播、秸秆还田、深松深耕、施用有机肥＋配方施肥、绿色防控＋统防统治、地膜覆盖等有机旱作农业技术，提高农户玉米种植收益。

2. 合作社内部实行理事长负责制，根据运行需要，下设财务部、技术部、市场部、办公室等职能机构，建立和完善了管理制度和质量管控制度。

四、效益分析

1. 玉米割苗后，整株玉米高度与未割苗相比平均矮 20～30 厘米，玉米的穗位也比未割苗玉米平均降低了 20～30 厘米，在不喷洒矮壮素的情况下，就提高了玉米植株的抗倒伏能力。

2. 在干旱年份，割苗玉米植株的根系比未割苗玉米根长出 10 厘米，割苗玉米植株的根系数量比未割苗玉米多出 15% 左右。

3. 割苗玉米与未割苗玉米产量相比，可增产 20%～30%，具体表现为穗轴饱满，秃尖少。

4. 减少虫草危害。玉米割苗与双色地膜相结合，可通过双色地膜抑制杂草生长，避免了除草剂药害和对土壤的污染。割苗后幼苗期玉米叶片上着卵量减少，在一定程度破坏了害虫的生存环境。银色地膜面还有一定的驱虫作用。

五、适宜区域范围

适用于长治市具备机械作业的玉米种植区。但无霜期太短的寒冷山区应慎用，因为玉米割苗后再重新发叶，生长期短会影响营养生长和穗分化前营养体干物质积累量。

六、整理单位、整理人

长治市农业资源工作中心　樊志新

黎城县建国农机服务专业合作社　赵建国

长治市绿科源种植专业合作社：甜糯玉米周年栽培模式

长治市郊区绿科源种植专业合作社位于长治市潞州区堠北庄镇坡栗村，成立于 2010 年 10 月 24 日，现登记注册 110 户，社员出资总额 100 万元，带动周边农户 300 户。合作社主要经营甜糯玉米，社员种植面积 500 亩，带动周边农户种植面积 1 000 多亩。在扩大规模的同时，合作社以引进种植、加工销售、技术合作为基础，实行规范化办社、科学化管理、社会化服务，按照"市场＋合作社＋基地＋农户"的发展模式，建立健全利益联合机制，提高了种植效益，促进了合作社的健康发展，先后被评为市级、省级、国家级合作社，荣获"科技示范基地""现代农业企业"等称号。

一、技术模式

分期播种＋科学管理＋周年上市

二、主要技术内容

1. 分期播种。 根据长治市的气候特点，从 4 月 10 号开始播种第一茬，以后每隔 10 天播种一茬，直到 6 月 20 号前播最后一茬，实行分期播种周年上市。

应选择土层深厚疏松的沙壤土，精细整地深 10～15 厘米，达到上松下实、表面平整。播种前施足底肥，施农家肥 3 000 千克、玉米专用复合肥 100 千克。

春播时要地膜覆盖，可提早播种以达到提前上市目的。不同品种播期要错开 20 天，让花期错开。

2. 品种选择。 选用金冠 218、双色 318、花糯 100 等优良品种。一般在 4 月 10 号左右、5 厘米地温稳定在 12℃时就可开始播种。要选择正规厂家生产的种子，同时进行种子包衣。

3. 宽窄行种植。 大行行距 120 厘米，小行行距 40 厘米，株距 16 厘米左右，高定苗 4 000～4 500 株。选用甜糯玉米专用播种机，将播种、施肥、覆膜、喷药四项作业同时完成。播种机根据要求设定株距，单粒精量播种，种肥同播，使用玉米专用复合肥 10 千克/亩，肥料与种子间距 15 厘米。播种机后面要有覆膜及喷药设备，以完成覆盖地膜和喷洒除草剂作业。

4. 田间管理。 苗期从出苗到拔节前一般 30 天左右，长短与品种、气候有关。苗期对肥水要求不高，主要做好放苗工作。播种 10 天后，检查出苗情况，当 90％ 以上发芽出土时应及时抠开地膜放苗，放苗口不能太大以防跑墒降温。放苗一周左右，甜糯玉米可基本适应外界环境。苗期不需定苗、移栽、补苗，查苗后如发现双苗现象，要拔除弱苗，减少养分消耗。

拔节期要注意清除杂草。除草方法有人工除草和化学除草两种。由于甜糯玉米耐药性差，化学除草要按照说明书或在专业技术人员指导下安全使用。喷药时要压低喷头，尽量不喷到茎、叶片上。拔节期如果甜糯玉米有分蘖，要除去分蘖。

喇叭口期是甜糯玉米营养生长和生殖生长并进时期，根茎叶旺盛，相互争夺养分，要及时追肥，防治脱肥。每亩施尿素 30 千克、硫酸钾 20 千克。一般采用沟施方法，施肥深度 5～8 厘米，距离植株 10～15 厘米，以提高肥料利用率。

喇叭口期需水量和蒸发量大，是需水关键时期，要在施肥后立即浇水，以提高肥水利用率。

喇叭口期植株生长过旺，可使用化控调节剂如抗倒酯、玉米健壮素等，有平衡营养和防倒伏作用，可使玉米株高穗位降低 15％～20％。如喷后 8 小时内遇下雨，可酌情减量重喷。

从抽雄到成熟为玉米花粒期，大约经历 50 天，营养生长停止，要养叶保叶，提高光合效率，以防早衰、防缺粒、增加粒重。开花和灌浆期是需水临界期，如田间持水量低于 70％ 就得浇水，可随水追施尿素 10 千克。

5. 病虫害防治。 坚持预防为主，综合防治的原则是以农业、生物、物理防治为主，化学防治为辅。

对于玉米螟，可采取播前焚烧处理带卵秸秆的方法来消灭虫源，大喇叭口期用 Bt 颗粒剂或 1％ 辛硫磷颗粒剂加 5 倍田土或细砂拌匀、撒入喇叭口内。

对于大小斑病，可在玉米抽穗前后、病情扩散前用百菌清或甲基托布津进行预防。

对于小地老虎，要及时清除田间地头杂草，同时利用糖醋液（按红糖水、醋、酒、水 2：1：0.1：1 比例配）和黑光灯诱杀成虫，还可采取撒施毒土、毒饵诱杀、药剂喷根茎等方法进行防治。

6. 适时采收。 鲜果穗籽粒中蛋白质、粗纤维、可溶性糖含量比成熟籽粒高，当果粒色泽鲜亮、籽粒饱满、粒中流出乳状物时开始采收。由于灌浆较快，采收应在 2～3 天完成。机械收割要调整合适，使收获物果穗完整不破损。鲜食玉米保鲜期短，易腐烂，要及时用真空包装保鲜。

三、生产经营特点

1. 合作社实行统一购种、统一种植标准、统一技术服务、统一产品销售的"四统一"管理，通过覆盖地膜和机械化精量播种等技术，实现提早上市、周年供应。

2. 采用"公司＋基地＋农户"模式，开展实用技术推广、农民培训及产品销售组织和信息服务等，带动周边农户通过科学管理方式和优质高效技术模式，使甜糯玉米生产向集约化、规模化、标准化迈出一大步。

3. 合作社加强品牌建设，2014 年注册了"坡栗绿源"商标，并取得了"甜玉米无公害认证"，产品销售到本地和北京、南昌、厦门等市的批发市场，满足了市民对优质无公害产品的需求。

四、效益分析

1. 甜糯玉米周年生产，平均亩产值可达4000元左右，可实现总产值600万元。采用无公害种植技术，增加了有机肥施用量，减少了农药、化肥投入，鲜食甜糯玉米亩增产值500元，提质增效20%。

2. 采取"公司＋合作社＋基地"的生产经营模式，安置当地农民15人到园区务工，带动周边100多户农户开展甜糯玉米生产，有效提高了农民的科技意识和科学种田水平。

3. 以绿色有机旱作技术为核心，利用有机肥替代化肥、病虫害绿色防控、测土配方施肥，有效降低了化肥、农药污染，为绿水青山增添了一分色彩。

五、适宜区域范围

适用于上党盆地地力条件较好、有灌溉条件的区域。

六、整理单位、整理人

长治市潞州区农业农村局　范舍玲　刘晚兰
长治市农业资源工作中心　樊志新

襄垣县平安农机服务专业合作社：玉米全程机械化种植模式

襄垣县平安农机服务专业合作社成立于2008年8月，位于夏店镇刘家庄村，现有固定资产149万元，总占地1450米²，办公房4间110米²，培训教室90米²，车库9间370米²，维修车间80米²。合作社自有土地81亩、流转土地132亩，拥有各类农业机械15台/件、配套机具53台，常年开展农机规模化作业、技术培训、技术交流活动。

一、技术模式

机械深耕＋精密播种＋植保飞防＋机械收获＋秸秆粉碎还田

二、主要技术内容

1. 机械深耕深松。 玉米生长需要耕层深厚、结构良好、疏松透气、保水保肥的土壤条件。适时适度进行深耕或深松，能破除犁底层，疏松土层，增厚活土层，使土壤的水、肥、气、热诸因素趋于协调，对抗旱增产具有关键作用。

（1）深耕应在前茬作物收获后立即进行，使土壤有较长的熟化时间，利于接纳秋冬雨雪，踏实土壤。一般耕深以22～25厘米为宜。早春耕地，耕深不能超过原耕层深度，作业后的土壤应细碎、平整，表土层松软并有适宜的压实度，以利于提墒。

（2）机械深耕主要有两种方式。一是翻地作业，就是以铧式犁、圆盘耙、钉齿耙、镇压器等配套组合的作业方式，先进行翻地，然后进行耙地和耢平，主要适用于平播作业。

二是联合耕整地作业，就是采用具有旋耕、灭茬、深松和起垄功能的耕整地联合作业机，一次完成根茬粉碎、土壤旋耕、耕层松土和起垄作业，适用于起垄播种。

（3）翻地作业机具主要有牵引犁和悬挂犁，目前生产中多数使用的是悬挂犁，可将根茬翻到下层。此外，应大力推广双向翻转犁，作业后没有开闭垄，减少了耙地的能源消耗。

（4）深耕后土壤表面起伏不平，土壤粉碎不匀，跑墒严重，要及时耙耱。耙耱的主要作用是碎土、平地、轻压、保墒。秋季耙耱应随耕随耙，春季耙耱应在土壤表层夜冻昼消时进行。

（5）深松作业疏松而不翻转土层，可有效打破犁底层，实现耕层与底层交融，使土壤毛细管上下贯通，有助于玉米根系深扎，获得深层养分、水分平衡供给。深松还可有效接纳、贮存天然降水，建立和修复土壤水库，还可减少因降水造成的地表径流或积水，实现降水有效贮存和旱时供给。

2. 机械精密播种。机械化精少量播种施肥是用机械将优选的种子定量、定距、定深播到土壤中，并覆盖以湿土，同时进行施肥和适度镇压，实现种肥同播、分层施肥，使种子获得良好的发芽生长环境。

播种时应选用适宜的颗粒状、无结块化肥。春季 5～10 厘米表土层温度稳定在 10℃以上、土壤含水率 12％～20％时，用玉米免耕播种机播种，播种深度 5～6 厘米，施肥深度 10 厘米以上，亩播量 2～3 千克。亩施肥量应根据地力来确定，一般要施 40 千克粒状硝酸磷肥。如播种时地表有干土层，则应深开沟、浅覆土，保证种子种在湿土上。

3. 机械化学除草。玉米播种后如墒情较好，应在出苗前选用自走式喷杆喷雾机进行土壤化学封闭除草。药剂选用"乙草胺""异丙草胺"与"阿特拉津"的混剂，通过喷雾在地表面形成一层药土层，从而达到杀死杂草的目的。如玉米出苗后早期仍有杂草，则在玉米 3～5 叶期进行化学防除，选用"烟嘧磺隆"系列除草剂，从而控制田间杂草危害。

4. 植保无人飞防。如生长中后期发生黏虫、红蜘蛛、大斑病等重大病虫害，则采用无人机植保飞防，使农作物病虫害从地面防治变为空中防治，以有效解决玉米生长后期病虫防治难的问题。

5. 机械收获。粒用玉米一般在完熟中期收获产量最高，一般用乳线消失作为籽粒成熟的标志，此期收获一般增产 10％左右。

玉米机械收获分背负式收获机和自走式联合收获机两种。背负式收获机只完成收棒作业，需要再对玉米进行剥皮脱粒，适用于丘陵区面积较小的地块；联合收获机可一次完成对玉米的茎秆切割、摘穗、剥皮、脱粒、秸秆处理等作业，适用于地面平整、面积较大的地块。

玉米收获后应充分暴晒或烘干处理，使其达到安全水分标准。一般籽粒水分要低于 16％才可安全贮藏。贮藏库房应干燥通风，并经常检查，防止虫蛀、鼠害和霉变。

6. 机械秸秆粉碎直接还田。用秸秆粉碎机将摘穗后的玉米秸秆就地粉碎，均匀地抛洒在地表，随即翻耕入土，使之腐烂分解，增加土壤肥力。

三、生产经营特点

1. 合作社按照"自愿互利"和"民办、民管、民受益"的原则，引进新农机具和种植新技术、新品种，组织玉米全程机械化作业，开展农机技术培训、技术交流活动，为农民提供技术指导和服务。

2. 合作社在做好农业机械服务的同时，还组织采购和优惠供应种子、化肥、农药等农业生产资料，降低了农民生产成本。

3. 合作社通过培训和示范的形式，使农民对深松整地、精量播种、中耕植保、机械收获、秸秆综合利用等新技术有了进一步认识，推进了玉米全程机械化技术的普及。

四、效益分析

1. 机械播种与传统的犁开沟手溜籽相比，一般每亩可省种 1.5 千克；与条播机相比，省种 1 千克。机械播种株行一致，出苗整齐，每亩可省间苗工 0.3～0.5 个。机械播种开沟小、失墒少，比人畜力播种一般出苗早 3～4 天，且苗齐、苗壮。

2. 机播加全程机械作业，植株分布均匀，田间通风透光好，群体动态合理，能提高成穗数、穗粒数和千粒重，一般增产在 10% 以上。

3. 合作社统一组织机械作业，提高了农机利用率，降低了农机户的投入成本，同时节省了劳动用工，提高了作业效率，达到了降本减工、提质增效的目的。

五、适宜区域范围

全市平川及丘陵玉米种植区。

六、整理单位、整理人

长治市农产品试验示范场　韩永国
长治市农业技术推广中心　杜忠东

潞城区：玉米机械化保护性耕作模式

潞城区地处山西省东南部，属典型的大陆性温带半干旱气候，十年九旱。有耕地面积 34 万亩，平川、丘陵、山区等各占耕地面积的 30% 左右，其中旱地面积 28 万亩，占耕地总面积的 82.8%。主要作物有玉米、小麦、谷子、大豆，其中玉米种植面积最大，占到粮田面积的 80% 左右。降水除时空分布不均外，径流流失的水量就达到年总降水量的 17% 左右，渗入土壤后又继续下降为地下水和蒸发损失的水量，占年降水量的 60% 以上，真正被土壤积蓄和被作物利用的水分仅占 20% 左右。春旱及"卡脖子旱"严重制约着当地农业的发展。

1996 年，潞城引进中国农业大学和澳大利亚国际农业研究中心合作项目——机械化保护性耕作，其技术要点是作物残茬覆盖土地表面，尽可能少耕，减少机具进地次数，降低土壤的压实程度，减少水土流失，保护土壤养分。该技术在引进试验初期，就遇到了困难：一是越冬秸秆防风、防火难；二是春季机播下种难；三是秸秆覆盖部分地温低，玉米苗期生长难；四是消除秸秆缝隙滋生的杂草难。针对以上困难，工程技术人员结合本地实际，改革工艺流程，寻求实施保护性耕作的新途径，探索出具有潞城特色的保护性耕作新措施，被称为"潞城模式"。概括起来讲，该模式就是在中澳合作项目技术要求的基础上，对秸秆还田后的地表进行浅耙或浅旋处理，使部分秸秆和表土混合，既不进行深耕，也不进行镇压；次年春季，用免耕播种机直接播种或旋耕后用普通播种机播种。这样既满足了秸秆覆盖要求，又能防风防火，还有利于提高地温和消除杂草。

截至目前，潞城区每年稳定实施保护性耕作涉及全区 9 个乡镇、街道的 160 余个行政村，面积达 15 万亩，占全区可实施保护性耕作面积的 75％。全区拥有各类保护性耕作机具 1 300 余台（件），发展农机专业合作社 12 个、农机大户 80 余个，形成了以农机合作社为龙头、农机大户为主力的服务体系。

一、技术模式

保护性耕作技术"潞城模式"分为两种技术体系：

1. 保护性耕作少耕技术体系：秸秆粉碎覆盖＋浅旋＋硬茬播种施肥＋化学除草＋蜡熟期收获；

2. 保护性耕作免耕技术体系：秸秆粉碎覆盖＋硬茬播种施肥＋化学除草＋熟蜡熟期收获。

二、主要技术内容

1. 秸秆还田。 玉米收获后，选准时机趁青、趁湿粉碎。当秸秆含水量在 30％以上时实施切碎效果最佳。趁青粉碎可减少糖分损失、加快秸秆腐烂分解，作业时间为 10 月 1—15 日。秸秆粉碎得越碎越好，长度在 10 厘米以下，一般以 5 厘米为宜。

2. 旋耕。 根据土壤墒情，掌握土壤适耕性，一般土壤含水量以 15％～20％为宜，耕深在 5～8 厘米，不重耕、不漏耕。秸秆粉碎后根据土壤墒情，立即进行旋耕作业，旋耕后地表秸秆覆盖率高于 35％。

3. 深松。 深松可打破犁底层，熟化生土层，改善深层土壤物理性状，有利于根系生长。深松后不打乱土层，只增加了土壤空隙，增强了透水性和通气性。根据土壤板结情况，一般 2～3 年深松一次，以减轻土壤板结，一般在秸秆还田后进行。深松深度大于 30 厘米，深松后可根据地表情况进行耙糖，以保证地表平整。

4. 播种。 播种作业时宜将玉米种子播入土壤 5 厘米深，播种量 1.6～2.1 千克/亩，化肥要施到土中 7 厘米深处，推荐施用硝酸磷肥 20～30 千克/亩；将肥料与玉米种子用土隔离 5 厘米，种子覆土厚 3～4 厘米。种子要选择颗粒饱满、高产、优质的良种，净度不低于 98％，纯度不低于 97％，发芽率达到 95％以上，并对种子进行包衣或其他药物处理。施用化肥应选用颗粒肥，如尿素、硝酸磷等，粉状化肥容易结块，活动性差，会影响施肥效果，播前应对化肥进行检查，不允许有大于 0.5 厘米的结块加入肥箱，以免堵塞排肥管。玉米适时播期为 4 月 18—25 日，播种时土壤 5～10 厘米，表层温度应稳定在 11℃，0～10 厘米土壤层的含水率在 15％～18％。播种机具推荐选用山西新绛机械厂生产的 2BMF 系列免耕施肥播种机。

5. 杂草控制与病虫防治。阿特拉津用量为 0.25～0.35 千克/亩，根据气温和风力而定。当气温稳定在 10～15℃且风力小于 3 级时，便于喷除草剂；当气温低于 10℃时效果不佳。杂草控制除采用化学除草外，也可进行人工或机械锄草，应在秸秆覆盖地块播种后至出苗前喷洒除草剂，后期田间管理控制杂草以人工锄草为主。在 5 月中下旬玉米 3～4 片叶期，要结合间苗定苗管理作业进行人工锄草。在玉米生长至喇叭口期的 6 月下旬至 7 月上旬，可结合玉米追肥进行中耕除草作业。

6. 其他农艺要求。定苗坚持"四去四留"，株距不一定是等距离，可控制在 1 米长度内留 3.2～3.7 株。玉米大喇叭口期追肥，亩追尿素 10 千克，要求人工集中点追至离玉米根部 5 厘米以外的土壤中，并及时培土，以达到充分利用肥效的目的。

三、生产经营特点

1. 实现"统耕分管"的保姆式管理。统耕，即统一秸秆还田、深松、旋耕、播种，分管，即分户管理间苗、锄草、收获。组织农户签订作业合同，按照玉米生产各个环节制定详细的作业计划，解决了土地分包到户后地块面积小、造成机械作业效率低的问题。

2. 依托农机专业合作社和农机大户，根据村情实施"土地托管"和"土地流转"。其中土地托管面积达到 2 万余亩，土地流转面积达到 3 万余亩，提高了适度土地规模经营，进一步解放了生产力。

四、效益分析

1. 土壤含水量提高。免耕覆盖能增强蓄水保墒能力，提高对自然降水的利用率。1998 年 4 月，经对示范区土壤含水量测定显示，0～10 厘米土壤含水量 16.7%，10～20 厘米土壤含水量 17.0%，20～30 厘米土壤含水量 14.2%，30～40 厘米土壤含水量 13.65%。与传统的深耕深翻耕作模式相比，该模式使土壤含水量提高了，能充分保证作物苗期的生长发育。

2. 土壤有机质含量增加。秸秆粉碎覆盖还田能有效培肥地力，取消了深耕翻地，也避免了降水冲蚀和径流造成的养分损失，有机质含量年均增长 0.063%～0.09%。

3. 作业成本下降。与秸秆直接粉碎还田、机械深耕、机播、镇压 4 项技术相比，"潞城模式"耕作法减少了机械镇压和负荷最大的深耕作业，机械作业费可降低 50%，总成本减少 25%。

4. 粮食产量增加。1998 年实施的 5 万亩玉米，平均亩产达到 606 千克，与传统的深耕深翻耕作模式相比，净增 19 千克，提高 3.2%，投入产出比为 1∶3.9，生产效益显著提高。2020 年，全区实施保护性耕作面积 15 万亩，玉米平均亩产达到 850 千克。

5. 保护环境。该技术利用作物残茬覆盖地表，为裸露的农田营造了良好的植被，从而减少了冬春两季对农田表土的风蚀；同时，残茬的利用彻底解决了焚烧秸秆问题。

五、适用区域与范围

适宜一年一作旱作玉米种植区域，气候条件为年平均气温 7℃以上，大于 10℃积温

2 900℃以上，无霜期 135 天以上，年降水量 400 毫升以上。

六、整理单位、整理人

长治市潞城区农业机械中心　李云波

山西太行沃土农业产品有限公司：羊肥小米绿色有机种植模式

山西太行沃土农业产品有限公司成立于 2016 年，注册资金 1 000 万元，是中国首家高端羊肥小米私人订制服务商，省级农业产业化龙头企业。公司成立 4 年来，依托"公司＋基地＋农户"的产业模式，在上司乡、韩北乡、丰州镇 3 个乡镇创建晋皇羊肥小米标准化生产基地 15 000 余亩，并从 2018 年开始在上司乡建设绿色有机旱作农业封闭示范区 2 400 亩，晋皇羊肥小米产品销量稳步攀升，产品深受广大消费者青睐。

一、技术模式

轮作倒茬＋羊粪肥＋适期播种＋精细管理

二、主要技术内容

1. 轮作倒茬。 谷子不宜重茬，连作病害严重，杂草多，土壤营养要素消耗量大，易造成"歇地"。合理轮作倒茬利于谷子丰产丰收，较为适宜的前茬依次是豆类、马铃薯、甘薯、小麦、玉米等。

2. 整地施肥。 秋季深耕可以熟化土壤，改良土壤结构，增强保水能力。加深耕层，利于谷子根系下扎，使植株生长健壮，从而提高产量。秋深耕应在 20 厘米以上，结合秋深耕最好一次施入基肥，以羊粪肥为主，每亩以 3 米³ 羊粪肥为宜。秋季整地要作好深翻、保墒工作，才能保证谷子发芽出苗所需水分。

3. 适期播种。 适期播种是保证谷子高产稳产的重要措施之一。品种选用"晋谷 21 号"。一般在 5 月上旬（谷雨前后）播种为宜。播种方式有沟播、平作、垄作。沟播也称垄沟或平沟种植，在旱坡地上采用较多，优点是保水、保肥、保土。

4. 精细管理。 谷子籽粒小，一般播种量大，出苗后幼苗密集。一般在 3～5 叶期疏苗，6～7 叶期定苗。一般栽培条件下，中等旱地和水浇地以每亩 2.5 万～3 万株为宜，肥力较高的以 3 万～3.5 万株为宜，肥力较差的旱地以 1.5 万～2 万株为宜，坡地以 1 万株为宜。间苗要留大不留小，留强不留弱，留壮不留病，留谷不留莠。

如果谷子籽粒较小，出现干旱时容易缺苗而断垄。一般在出苗后 2～3 片叶时进行查苗补种，可用催过芽的种子补种，也可结合间苗移栽补苗。移栽时在需补苗的地方开浅沟，浇满水，将谷苗浅插湿泥中，再撒上一层细土以防板结。移栽谷苗以 5 叶期最易成活。

对生长过旺的谷子，在 3～5 叶时压青蹲苗、控制水肥或深中耕，促进根系发育，提高谷子抗倒伏能力。

谷子中耕管理大多在幼苗期、拔节期和孕穗期，一般进行 2～3 次。第一次中耕结合间定苗进行，兼有松土除草双重作用，中耕要掌握浅锄、细碎土块和清除杂草。第二次中耕在拔节期间，要深中耕，拉断部分老根，促进新根生长。第三次中耕在封行前进行，中耕深度 4～5 厘米为宜，并进行高培土，以促进基部茎节发生次生根，防止倒伏。

5. 病虫防控。依托京东农场在示范区内建立的两座虫情监测站，依靠虫情监测数据，为示范区基地内农作物种植提供有效数据和信息支撑。在示范基地内依据各种植区域面积分点设立太阳能物理杀虫灯，以有效防止病虫对农作物的侵害。

6. 收获贮藏。谷子收获期一般在腊熟末期或完熟期最好。这时的谷子颗粒饱满，含水量低，品质好，产量高。谷子脱粒后要及时晾干，籽粒含水在 13% 以下时进行精选分级包装入库。

三、生产经营特点

1. 公司与农户签订《绿色农作物种植产销合同》，在羊肥小米种植基地建立稳定的订单式生产关系，为农户提供腐熟发酵的羊粪肥，并推行谷子轮作技术并给予补贴；在第二年轮茬种植玉米或豆类时，为防止轮种造成农户收入降低，公司给予农户每亩 400 元轮茬补贴、40 元秸秆还田补贴，且与农户签订保价收购协议，承诺每年谷子的收购价格不低于 10 元/千克。

2. 公司实行整村有机生态建设推进模式，全面推行"五统一（统一良种供应、统一肥料管理、统一病虫防控、统一技术指导，统一加工销售）、一补贴（对片区内种植户给予适当轮茬补贴）、三不准（不准使用农药、不准使用除草剂、不准使用化肥）"种植加工管理办法，严格按照绿色有机谷子种植规程，遵循生态规律实行轮茬种植，引入 24 小时视频追溯管理系统，有力保证了小米的优异品质。

四、效益分析

1. 羊肥小米种植基地共带动上司乡、丰州镇、韩北乡 614 户 1 687 人脱贫致富，合作农户平均亩增收 400 余元。

2. 通过"羊肥小米"品牌打造，促进了"武乡小米"品牌溢价，带动武乡县以小米为主的有机旱作杂粮增收 5 000 万元以上。

五、适宜区域范围

适用于长治地区丘陵旱地。

六、整理单位、整理人

山西太行沃土农业产品有限公司　张楠
长治市植物保护植物检疫站　董炬轩

武乡县龙晖种植专业合作社：渗水地膜谷子机械穴播种植模式

武乡县龙晖种植专业合作社位于故县乡十里坡村，注册资金 50 万元，现有社员

50 户，其中贫困户 38 户，拥有小米加工、包装车间、储存恒温库和养猪、养羊场，谷子种植集机耕、机播、机收、飞防、技术指导服务为一体，形成了"新型农业经营主体＋科技＋基地＋农户"的生产经营模式，促进全县小米产业向优质、高产、高效稳步发展。

一、技术模式

渗水地膜＋谷子机械穴播＋病虫绿色防控

二、主要技术内容

1. 首抓"二早一增"。早秋深耕增施有机肥，接纳秋雨冬雪，蓄水纳墒，加深活土层，熟化土壤，改良土壤结构；早春早旋耕或耙耱，当地表刚化冻时顶凌旋耕或耙耱，切断土壤表层毛细管，耙碎坷垃，弥合地表裂缝，为谷子播种奠定基础。

2. 选用优种。选择高产、优质、抗逆性强、生育期 120～125 天的优良品种，如晋谷 40 号、晋谷 21 号搭配长生 07 号等。

3. 适时晚播。根据近年来气候变化，早霜推迟，宜在 5 月 28 日至 6 月 10 日播种，适期内冷凉干旱区抢时、抢墒并重，温热区宜晚不宜早，遇持续干旱可干播等雨。

适时晚播能够使谷子需水规律与自然降水规律相一致。苗期处于干旱少雨季节，有利于蹲苗，谷苗长得更壮实；拔节期生长发育快，需要水分多，这时雨季开始；幼穗分化期正是多雨季节，抽穗期赶在雨季高峰期；开花灌浆期雨季高峰过去，降雨量减少，日照增多，昼夜温差增大，有利于开花授粉和干物质积累，灌浆饱满，秕谷减少。

4. 精量机械穴播。采用精量机播、宽窄行穴播技术，亩播量 0.35～0.5 千克，每穴播种 8～12 粒谷种。选用 0.01 毫米×1 650 毫米或 0.01 毫米×800 毫米的生物降解膜，使用 2MB1/4 或 2MB1/2 谷子专用穴播机械进行机播，播种时速度要保证在 1.5～2.5 千米/小时，覆土厚度 5～10 毫米，覆土宽度 5～10 厘米。亩播 7 000 穴左右，每穴留苗 5～7 株，亩留苗 3 万～3.5 万株。铺膜要做到铺平、铺正、拉紧、压严、紧贴地面，达到不跑温、不漏气、风揭不动、草顶不起。

5. 播后防风固膜。北方春季大风天气较多，地膜谷子一般 4～5 天出苗，出苗后要及时查苗压膜，发现苗孔错位时，要在谷子 3 叶期及时放苗。放苗时注意闪苗现象，可在苗芽位置用手抠孔放苗，并在谷苗周围用土覆盖，将膜孔压严。放苗时间应选在上午 10 点前或下午 4 点后，以避免烧苗。播种后如遇雨，应及时采取镇压方式打破苗孔上面的板结土层。两边覆土较厚、影响出苗的，可将多余的土层刮除，露出黄芽的用土覆盖，以防烧苗。如有覆膜不严或大风掀起的要及时压膜，避免风掀跑墒，穴内谷苗超过 10 株的应将多余部分拔除。5～6 叶期要中耕除草，穴周培土，防止后期出现倒伏。拔节期如发现苗生长过旺要喷施生长调节剂，杨花灌浆期缺肥要叶面喷施磷酸二氢钾。

6. 病虫害绿色防控。密切关注病虫害发生动态，适时开展病虫绿色统防统治。农业防治选用抗病品种，实行 3 年以上的轮作，及时拔除田间"灰背""白尖"等病株并带出田外深埋。化学防治白发病，可用 25％瑞毒霉可湿性粉剂按种子重量的 0.3％或用 35％

阿普隆可湿性粉剂按种子重量的 0.2% 拌种；黑穗病，可用 2% 立克秀可湿性粉剂按种子重量的 0.3% 拌种；谷瘟病，可用 6% 春雷霉素 500 倍液或 70% 甲基硫菌灵可湿性粉剂 1 000 倍液喷雾，每间隔 7 天喷 1 次，连喷两次；虫害防治，可用 3% 阿维菌素乳油、高效氯氟氰菊酯 2 000 倍液，或 25% 快杀灵乳油 1 000 倍液，于上午 10 点前或下午 4 点后叶面均匀喷雾。

7. 适时收获。 当谷穗变黄、谷码变干、籽粒变硬，呈本品种固有颜色时即可收获。收获后秋深翻前，为防止残膜破坏土壤理化性状，造成作物根系吸收水分和养分困难，要采用有效手段进行残膜清除。

三、生产经营特点

1. 合作社对谷子基地实行倒茬，每年种植谷子 3 000 亩，玉米、高粱、大豆等 3 000 亩，并应用选用优种、秸秆还田、羊粪代替化肥、增施有机肥、病虫害绿色防控等有机旱作技术，有效控制病虫害发生和危害。

2. 合作社引进渗水地膜谷子机械穴播栽培技术，具有较好的渗水、保墒作用，又提高了田间管理效率，起到了省工、节水、省籽、保苗的作用，对谷子机械化生产、规模化种植及产业化发展起到极大的促进作用。

3. 合作社在种植基地采取统一耕作、统一播种、统一管理、统一收割、统一销售模式，生长全过程专人指导，适时收获，统一标准，高价回收。所收谷子通过统一加工包装后的小米销售到北京、天津、太原、石家庄、黑龙江等地。

4. 合作社辐射带动故县乡五里坡、赵家凹、牛家庄、东关、五村 200 余户种植谷子，并应用渗水地膜穴播技术，农户户户增产、家家增收。

四、效益分析

1. 该合作社 2020 年 1 500 亩渗水地膜谷子平均亩产 349.33 千克，比普通田平均亩增产 102.18 千克，增产率可达 41.3%，1 500 亩共增产 15.327 万千克，可增收 107.289 万元（按 7 元/千克计算）。

2. 渗水地膜穴播技术。每亩可节省间苗等管理用工 5 个工作日，1 个工作日按 80 元计算，相当于亩增收 400 元，除去比普通田亩多投入的地膜与机播费用 100 元，1 500 亩可增纯收入 152.289 万元。

3. 该技术机械铲土、铺膜、打孔、播种、覆土、镇压一次完成，解决了农村劳动力缺乏的问题，促进了谷子机械化生产、规模化种植及产业化发展。

五、适宜区域范围

适用于丘陵山地、自然降雨量少的区域种植。

六、整理单位、整理人

武乡县农业技术推广中心　赵映峰
长治市植物保护植物检疫站　李柯澄

屯留区渔泽镇岗上村：旱作谷子全程机械化种植模式

渔泽镇岗上村位于屯留区渔泽镇东偏南 3 千米处，北与王庄、长钢接壤，西邻常村矿，309 国道从村前通过。全村耕地 2 930 亩，均为煤矿塌陷区复垦后的新土地，能满足谷子生长的土壤要求。2017 年，岗上村与中乔大三农实业股份有限公司签约种植富硒谷子，每年种植面积在 1 500 亩以上。村里依托北岗联友农业机械专业合作社，推广有机旱作谷子全程机械化种植技术。该合作社拥有大中小型拖拉机 14 台、播种机 16 台、旋耕机 7 台、大型收割机 7 台、谷物收割机 2 台、装载机 2 台、无人喷药机 2 台，为实现谷子全程机械化提供了保障。

一、技术模式

谷子新品种＋全程机械化作业＋机械收获＋残膜回收

二、主要技术内容

1. 机械化深耕。 前茬作物收获后，及时用拖拉机带栅条犁进行秋深耕，一般 25～30 厘米，栅条犁可以把秸秆和杂草全部扣在 20 厘米以下的泥土中，耕过的土地平整且不会有大的土块，比传统犁碎土效果更好。

2. 机械化旋耕。 结合施用复合肥，播种前 10 天进行机械化旋耕、耙耢，旋耕深度 15 厘米，把表层土壤旋转、打碎，达到疏松表层土壤的目的。

3. 机械化施肥。 秋耕时每亩随耕作施入腐熟优质农家肥 1 000～2 000 千克。春耕时一般施复合肥 40～50 千克或缓控释肥（28 - 12 - 5）40 千克。施肥旋地后及时耙耱整地，最终达到地面平整、土壤细碎、无坷垃、无根茬等播种覆膜要求。

4. 播前机械镇压。 整地后播种前，用镇压机全面镇压一遍地块，压平地面，压实土壤，利于保墒和机械铺膜作业，更利于谷子等小籽粒种子吸水萌发、顶土出苗。

5. 机械播种。 选用晋谷 40 号、长生 07 号、长生 13 号、晋谷 59 号、长农 35 号等优质高产、抗旱抗病抗倒伏能力强的品种。种子全部包衣，在 5 月 25 日至 6 月 10 日机械抢墒播种。

6. 机械化管理。 主要包括机械中耕和施肥施药。

（1）机械破除板结。播后常遇板结，影响顺利出苗。利用机械破除板结效率高、效果好。

（2）机械中耕培土。谷子 4～6 叶期进行机械中耕培土，也可结合进行追肥，不仅可以疏松土壤、清除杂草，更利于次生根的下扎生长。

（3）无人机喷药防治病虫害。无人机喷药技术的应用，实现了省时、省工、低成本、高效能和人体免受药害等多重目的。

（4）机械喷施富硒肥。喷施富硒肥是获得富硒农产品的重要措施。机械喷施富硒肥更精准、更均匀，更利于降本增效。

7. 机械联合收割。 传统的收割、晾晒、脱粒、分选等谷子收获模式既费时又费力，采用谷子联合收割机收获，可以一次性完成所有收割工序，解决谷子秋收效率低的问题。

8. 机械谷草打捆。 谷草是一种优质饲草，适宜牛、羊、驴等大中型牲畜养殖，通过机械谷草打捆，既处理了田间谷草秸秆，又生产了优质饲草，有利于发展畜牧业。

9. 机械残膜回收。 地膜残存会在土壤中形成阻隔带，破坏土壤生态系统，影响农作物的生长发育。人工回收地膜费时费力。残膜回收机有滚筒式和弹齿式，一般与 66.15 千瓦以上拖拉机配套，作业时会将耕地中残存的地膜和根茬铲起来，集堆收集，统一处理，收尽率能达 80% 以上。

三、生产经营特点

1. 对全村复垦耕地实行"统一规划、集中连片、突出优势、整体推进"，谷子与向日葵等其他作物合理轮作，既快速熟化了土壤，又提高了土地收益。

2. 依托北岗联友农业机械专业合作社，谷子种植实行统一供种、统一机播、统一施肥标准、统一栽培管理、统一病虫防治的"五统一"模式，着重在控肥、控药、控水"三控"上下功夫，严禁使用高毒高残留农药，杜绝施用硝态氮肥，建议使用微生物缓控释肥，使产品达到优质和绿色。

3. 与中乔大三农实业股份有限公司合作，所生产的富硒小米全部由中乔大三农公司组织销售，市场销路好、价格高。

四、效益分析

1. 全村谷子基地全部实行全程机械化作业，平均亩产达到 320 千克，增产 55 千克以上，亩节本 220 元，亩增收 385 元。

2. 旱作谷子全程机械化技术，使精细整地率达 98%，精量播种率达到 98%，选用优种率达 100%，有机肥替代化肥达 100%，科学管理地块达 100%。

3. 全生物降解地膜和残膜回收技术的应用，解决了地膜对土壤及环境的污染，实现了绿色生态环保、资源高效利用、生产效能提升。

五、适宜区域范围

适宜长治谷子春播中晚熟区推广。

六、整理单位、整理人

长治市农业技术推广中心　杜萍
屯留区农业技术推广中心　陈丽

屯留县珍珠黄御膳贡米有限公司：旱地谷子种植技术模式

屯留县珍珠黄御膳贡米有限公司成立于 2004 年 12 月，位于屯留县河神庙乡姚家岭村，注册资金 312 万元，占地 1 万米²，生产、仓储面积 3 000 米²，拥有员工 56 名及年生产加工能力 5 000 吨的谷子冷加工生产线 1 条。公司以"珍珠黄"小米为主导产品，是集种植、加工、销售于一体的农业产业化企业。基地面积 1 万余亩，并购置了先进的农机设备和水利设施。其产品销往华北地区十多个大中城市，被评为市级农业产业化龙头企业，2016 年获无公害农产品认证，2019 年获绿色食品认证。

一、技术模式

优良品种＋精细整地＋覆膜穴播＋增施有机肥＋病虫绿色防控

二、主要技术内容

1. 选用优良品种。 结合本地生产条件、生态特点，确定晋谷 21 号、长生 07 号、长农 35、晋谷 41 号、晋谷 59 号为主导品种。通过统一供种，使良种在示范区覆盖率达到了 100％。

2. 精细整地。 在上茬作物秋季收获后，按照清理秸秆根茬→深耕→平整→耙耢的顺序整地，达到净、深、透、细、平，即根茬净，犁深在 25 厘米以上，犁透，耕层无明暗坷垃，地面平整。播前 7～15 天将秋耕壮垡后的地块再进行浅旋耕，深度 6～8 厘米，随即重耙耢并进行镇压，使土壤上虚下实，创造一个适宜谷子出苗的环境。

3. 地膜覆盖机械穴播。 在 5 月 15—25 日，使用铺膜播种机适时抢墒机械覆膜穴播，播量 0.3 千克，每亩 7 000 穴，每穴播 5～7 粒。

4. 增施有机肥。 小米口感与谷子品种有关，也与肥料有着很大关系。根据示范区土壤养分特点，亩施用腐熟羊粪肥 1 000～1 500 千克，肥料全部均匀底施。

5. 病虫害绿色防控。 根据当地气候特点，结合项目区近年谷子病虫发生情况，加强谷子病虫预测预报，及时掌握田间病虫害发生情况，选择合理时机进行防治。应用农业、物理、生物等措施防治，严禁使用化学农药。

三、生产经营特点

1. 采取"公司＋基地＋农户"的运营模式，以合同和信誉实现利益联结，实行统一种植、统一管理、统一服务、统一回收、统一储藏、统一销售"六统一"服务。农户按照企业的技术规程规范生产；企业对农户生产的合格产品实行保护价收购，农户按合同把生产的产品出售给企业。

2. 企业为农户提供新品种、配套技术、农资配比、市场信息及产品销售五方面的服务，农户摆脱了单家独户分散经营的状态。

3. 聘请山西省农业科学院谷子研究所专家对农民进行技术培训和现场指导，建立了产前、产中、产后全程技术服务体系。专家组根据品种特性和本地区生态条件，细化完善栽培技术内容，确保了技术的针对性。

四、效益分析

1. 基地按照标准化操作规程从事谷子生产，比普通农户自发种植亩增收 300～500 元。

2. 公司基地涉及周边共 12 个村面积约 1 万亩，促进了当地产业结构调整和农民增收。

五、适宜区域范围

长治市丘陵旱地谷子种植区域。

六、整理单位、整理人

长治市植物保护植物检疫站　李钱钱

屯留县珍珠黄御膳贡米有限公司　呼玉庆

山西沁州黄小米（集团）有限公司：
谷子膜下滴灌水肥一体化技术模式

沁州黄小米是沁县著名特产，中国四大名米之一。山西沁州黄小米（集团）有限公司是以沁州黄小米为基础产业，以小米深加工产品为主导方向，集良种繁育、基地种植、科研开发、产品加工、市场营销于一体的省级农业产业化龙头企业。公司成立于1989年，下设5个控股子公司，注册资金1.5亿元，现有员工400名。公司坚持不懈抓科研、建基地、上项目、塑品牌、拓市场，"沁州"牌沁州黄小米相继获得了国家绿色认证、有机认证，被评为中国名牌农产品、国家生态原产地保护产品、中国好粮油产品；"沁州"商标被认定为中国驰名商标。公司基地主要分布在次村乡、段柳乡、新店镇、漳源镇、定昌镇等乡镇，所生产的小米颗粒圆润、色质金黄、口感香甜绵软、营养丰富，深受广大消费者喜爱，产品分布全国、远销海外。近年来，公司在烟立基地示范推广谷子覆膜滴灌水肥一体化技术，取得了很好的效果。

一、技术模式

地膜覆盖＋膜下滴灌＋水肥一体化＋全程机械化

二、主要技术内容

1. 品种和地块选择。沁黄2号谷子品种，是公司从当地农家品种自主选育的，是目前公司的主打品种。该品种的主要特点是：生育期115天左右，抗旱耐瘠薄，抗病性强，田间综合性状好。小米颗粒饱满、米色金黄鲜亮、圆润剔透，口感浓香、香甜绵软、适口性好。该品种对地块及生长环境要求严格，应选择地势高燥、排水良好、土层深厚、结构良好、质地松软、有机质含量1%以上、pH 6.5～8的壤土或沙壤土，忌连作，需轮作倒茬，轮作品种最好是豆类、薯类、玉米。

2. 机械化播种

（1）播种时间：以每年小满前后一周（即5月21日）为宜。因红土地土壤碱性大，应根据墒情适当早播种。机播亩播量1.2～1.4千克，播种深度5厘米左右，最多不超过6.7厘米。

（2）机械铺膜播种：公司引进2MBJ系列机械式精量铺膜播种机，集铺膜、铺设滴灌带、播种于一体。采用地膜覆盖垄沟精量穴播，开沟、覆膜、沟内压土、精量穴播、镇压一次完成。开沟时将干土挖出后传送到后边进行压膜，保证种子播在湿土上。一膜 4 行（可调），平均行距 45 厘米、穴距 17 厘米，每亩 1 万穴左右，平均每穴留苗 2～3 株，每亩留苗 2.5 万～3 万株。也可与宽窄行谷子种植农艺技术相结合，宽行 60 厘米，窄行 30 厘米，株距 0.5～0.6 厘米，亩留苗 35 000 株左右。

3. 滴灌供水。根据土壤环境和养分含量状况及谷子不同生育期需水需肥规律，通过滴灌系统定时定量供应水分和养分，有效提高了水资源和化肥利用率，降低了农业生产造成的环境污染。

4. 机械中耕除草。公司引进背负式、手推式两种谷物中耕除草机械，用于开沟培土除草作业。根据配置不同，还可以实现旋耕、起垄等功能，具有体积小、重量轻、稳定性好、操作简单方便、安全可靠及油耗低、相对功率大、生产效率高的优点，适合多种地形环境作业，一机多用。沁县种植谷子地块大多为丘陵和山区，地块小，起伏不平，田间适宜使用小型机具，该机器极大节省了田间中耕作业的用工用时量。

5. 无人植保机喷施叶面肥。公司新购无人植保机，在谷子不同的生育阶段进行病虫害防治及叶面喷施。植保无人机相较于人工打药，可省时省力，并可节省农药和水资源，避免重复喷洒，提高施药效率，减少对土地的污染。

6. 机械收获。谷子收获最佳时间为：当 95％以上颗粒变黄断青、籽粒硬化或稍白、秕谷略黄时。如收获过早，籽粒尚未完全成熟，会造成秕粒或不饱满颗粒；如收获过晚，遇大风时穗粒会因相互摩擦造成落粒，遇阴雨天气时则易引起穗粒发芽，影响谷子品质。公司购买久保田 688Q 全喂入履带式谷物联合收割机，实现了对谷子的收割、脱粒、清选、茎秆粉碎一次性完成，收获快，损耗少，效率高。

三、生产经营特点

1. 采取"公司＋基地＋农户/合作社/家庭农场＋标准化＋品牌"的运作模式，与全县 10 个乡镇 80 多个村 5 000 余农户签订种植合同，订单种植谷子达 2 万多亩。

2. 综合运用抗旱品种、膜下滴灌水肥一体化种植、合理密植、机械化田间管理等技术，在基地实行"五统一"管理，即统一规划地块、统一种植品种、统一技术规程、统一配方施肥、统一订单收购，实现了谷子的优质高产。

四、效益分析

1. 覆膜滴灌水肥一体化谷子每亩前期投入包括租地、旋地整地、化肥、有机肥料、薄膜、滴灌带、机械化种植、田间管理、机械收获等，约 1 300 元左右，谷子平均亩产可达 300 千克左右，按市场均价每千克 7 元计算，亩产值 2 100 元；传统种植谷子每亩少投入薄膜、滴灌带和后期两次滴灌水肥费用共约 300 元，平均亩产 150 千克左右，亩产值 1 050 元。二者相比覆膜滴灌水肥一体化谷子可增加收入 1 050 元，除去前期投入多出的 300 元，每亩净增收 750 元左右。

2. 用传统方式灌溉，谷子灌溉 3 次用水 200 米^3，滴灌模式 3 次用水 90 米^3，亩可节水 110 米^3，节水率 55％。

3. 用传统方式施肥，基肥需一袋谷子专用肥 40 千克配施 2 袋有机肥，滴灌模式基肥是传统施肥量的一半，追肥水溶肥用量含量又是前期基肥含量的一半，肥料用量减少 25%。

4. 采用滴灌技术，浇水时间比灌溉时间每亩减少 2 个小时，缩短了灌水周期。同时通过地膜覆盖，抑制了杂草生长，减少了田间除草用工。

五、适用区域范围

适用于半干旱及水资源缺乏地区的谷子种植。

六、整理单位、整理人

山西沁州黄小米（集团）有限公司　宣达龙　张君

山西山上人家农业科技有限公司：谷子有机种植模式

山西山上人家农业科技（集团）有限公司位于段柳乡尚义山庄，成立于 2012 年 7 月，注册资本 3 000 万元，拥有员工 288 名，是集谷子种植、小米加工、市场营销、小米农耕文化于一体的农业产业化龙头企业。公司注册"山上人家"商标，从 2012 年起建设有机谷子基地，到 2020 年，已建成和认证有机谷子基地 27 622.65 亩，认证有机谷子 1 350 吨，认证加工有机小米 878 吨，成为沁县创建"国家有机农产品示范县""中国特色农产品优势区""中国好粮油"的示范企业。近年来，公司承担了段柳乡东寨和荆村两个有机旱作农业封闭示范区的创建，根据 GBT 1.1.19630—2019 有机产品生产、加工标准，在挖掘、收集、凝练沁州黄谷子传统有机旱作农耕农艺的基础上，有针对性地注入现代有机旱作农业技术，形成了旱作谷子有机种植集成技术模式。

一、技术模式

全封闭生态基地＋无化学物质投入＋有机旱作配套技术＋"统一体系"运营

二、主要技术内容

1. **基地选择。** 根据谷子生物学特性和有机谷子生产标准要求，基地选择须具备 7 个方面的条件：一是远离城区、工矿区、交通主干线、污染区及污染源、垃圾场；二是生态环境条件好，具有生物多样性，符合 GB 3095 环境空气质量标准；三是四周有山脉、林地的自然缓冲带，隔断外来污染物的漂移，保持区域环境的净化；四是立地条件在海拔 1 000～1 200 米，且光照充足、通风条件好的坡岭地或二级地；五是土质为红壤土或红黄黏土，中性或微碱性，符合谷子生长对土质的要求和 GB 15618 农用地土壤污染风险管控标准；六是前二年种植作物为玉米、大豆、薯类；七是上年秋季对耕地进行 25～30 厘米的深耕耙糖，蓄水保墒，清除虫卵。

2. **施肥整地。** 早春惊蛰过后土壤刚解冻，趁气温尚低、土壤水分蒸发慢的时候，亩施入有机肥或腐熟农家肥 500 千克或"卧羊"（晚上把羊集中在地里至次日清晨，一亩地需 200 只羊"卧"一夜），当即浅犁耙糖镇压踏墒，达到无圪垃土壤绒、无杂草地面净，同时进行地堰整修除草，待到小满节令播种时土肥融合。

3. 种子选择。统一使用由公司指定的具有种子经营资质单位通过鉴定的沁黄 2 号、晋谷 40、晋谷 21、晋谷 29、长生 07、长农 35 等品种，其纯度不低于 99%、净度不低于 95%、发芽率不低于 95%。

4. 种子处理。播种前晒种，然后用 1∶13 的盐水浸种，漂洗种子中的秕籽、草籽，再用清水洗去种子上的盐水，反复清洗 2～3 遍后，将种子均匀铺放在清洁消毒的木板上 2～3 厘米厚晒干备用，可提高种子发芽率和出苗率，预防白发病和黑穗病发生。杜绝使用药剂拌种和有机禁用物质和方法处理种子。

5. 播种。在小满节令前后 10 天左右，当地温稳定在 12℃以上时播种，以避开谷子开花期的连阴雨天，同时防止孕穗胎里旱，避免抽穗前后的卡脖旱和防治谷温病发生。以亩留苗 2.9 万～3.2 万株为标准，亩播种量 0.5 千克左右。墒情好要浅种，最深不超 6.7 厘米，墒情不好要深播，覆土 3～5 厘米。使用新研制的精播耧播种，既防污染，又避免跑墒，行距 20～23 厘米，株距 8～10 厘米，播前镇压保墒，播后砘压 1～2 次。

6. 田间管理。苗高 4～5 叶时开始间苗，以株距 8～10 厘米为标准，1～3 天完成，同时进行表面松土，破碎土块，消除幼草，对谷苗进行扶正围土。谷子拔节开始时及时锄地，深度 7～8 厘米，松土通气，切断部分侧根，促进根系发育，控制基部茎节伸长，促使茎秆发育粗壮，防止后期倒伏。同时消灭杂草、病株、谷秀，以提高整齐度和透光度。谷子抽穗后，如发现病株要及时拔除，并远离基地深埋或烧掉，同时去杂去劣。

7. 病虫害防治。一是在基地周边设置鸟、害虫等栖息场所，以提高生物多样性和自然控制力；二是设置灯光、色板诱杀害虫，机械捕捉害虫；三是病虫害严重时，酌情使用生物农药加以防范。

8. 谷子收获。当谷穗变黄断青、籽粒变硬时及时收获，严防因刮风使谷穗随风互摩脱籽（俗称磨谷）而造成损失。收获后的谷子实行单脱粒、单储存，在自然光下风干入库。严禁在公路上脱粒和翻晒，更不允许在水泥晒场上暴晒和用火坑焙烤，避免引起污染和品质下降。谷子储存采取公司集中仓储和农民分散缸储相结合的方式，保障通风干燥，使用物理方式防鼠、防虫害，杜绝使用任何防腐剂和化学用品。

三、生产经营特点

1. 采取"公司＋基地＋农户"的产业化运营模式，与 21 个村 1 840 户农户签订协议进行有机谷子生产，统一生产管理，订单收购。

2. 采取全封闭运行管控，对基地以周边山、水、林、田、路等自然地貌屏障隔离，在经营上采取统一组织领导、统一规划设计、统一合格培训、统一有机标准、统一确定良种、统一投入供应、统一操作规程、统一病虫防控、统一检查管控、统一检测检验、统一收获储藏、统一加工销售、统一质量追溯、统一申请认证的"十四个统一"封闭管控措施。

3. 实施"五水"旱作节水，一是秋耕壮垡，充分接纳秋冬雨雪；二是早春顶凌耙耱破除地面龟裂，保蓄土壤水分；三是播前 6～10 天浅耕活土，提温保墒，破碎坷垃；四是按照压干不压湿的原则，在播种前后镇压和砘压踏墒，促进下层水上升；五是锄地松土，切断土壤表层毛细管，减少水分散失，促进土壤空气交换。

四、效益分析

1. 经济效益。 两个封闭示范区谷子平均亩产较上年分别增加 44 千克和 48 千克，且都通过有机农产品认证。

2. 社会效益。 一是示范作用显现，有机旱作被广大群众所认识、掌握和应用。二是有机农产品生产、加工、消费的多元参与机制，营造了有机生活环境，带动了和谐社会的持续攀升。三是有机种植生产管控过程，影响了人们的行为方式，潜移默化地陶冶了人们的情操。

3. 生态效益。 通过科学合理施肥，提高了自然降水的利用率，改良了土壤质地，改善了项目区域气候，促进了生态效益农业的发展。

五、适宜区域范围

适用于干旱半干旱没有灌溉条件区域的谷子种植管理。

六、整理单位、整理人

长治市农业质量品牌发展中心　李国栋
沁县创建有机旱作农业示范县领导组办公室　刘耀清

长子县向阳沟农林种植专业合作社：
谷子"渗水地膜＋远程喷灌"栽培模式

长子县向阳沟农林种植专业合作社成立于 2014 年 12 月，有社员 56 人，其中贫困户16 人，谷子基地辐射长子县王峪景区管理中心辖区 6 个行政村。合作社办公及加工场所位于田家沟村，晾晒场 932 米²，加工车间 320 米²，办公室 80 米²，有小米低温加工流水线 1 条。近 5 年来，合作社与谷子基地农户签订收购订单，为种植户提供种子、肥料等生产资料，基地面积不断扩大，并注册了商标，认证了无公害农产品，先后获评市级和省级示范合作社。2019 年以来，合作社引进渗水地膜谷子精量穴播技术，并把渗水地膜与移动式远程喷灌相结合，目前已推广 600 余亩，取得了很好的效果。

一、技术模式

深耕整地＋渗水地膜＋精量穴播＋远程喷灌

二、主要技术内容

1. 深耕整地。 选用地势较为平坦、地块较大、土层深厚、土质疏松、中上等肥力、保肥保水能力较强的地块。秋季前茬作物收获后及时灭茬深耕，耕后耙耱保墒。如前茬是地膜覆盖的地块，秋季可不整地，到春季播种前 1～2 天耕地，耕后及时耙耱镇压。结合整地每亩施优质农家肥 1 500～2 000 千克和相当于氮（N）12～15 千克、磷（P_2O_5）6～8 千克、钾（K_2O）3～5 千克的化肥。

对于地下害虫严重的地块，春季整地时每亩用 40%辛硫磷乳油 0.5 千克加细沙土 30 千克拌成毒土撒施；对于杂草严重的地块，整地后用 50%的乙草胺乳油兑水全地面喷雾。

2. 种子处理。 播前清除种子中的瘪谷种、草籽、杂质等，并选用不同药剂拌种。对白发病，用 35%甲霜灵（又名瑞毒霉）拌种剂或 25%甲霜灵可湿性粉剂，按种子重量的 0.2%～0.3%拌种。对黑穗病，用 40%福•拌可湿性粉剂或 50%多菌灵可湿性粉剂，按种子重量的 0.2%～0.3%拌种。白发病和黑穗病混发时，用 35%甲霜灵拌种剂与 40%福•拌可湿性粉剂按 1∶2 或 2∶1 混配，并按种子重量的 0.3%拌种；或用甲霜灵（35%甲霜灵拌种剂或 25%甲霜灵可湿性粉剂）与 50%克菌丹按 1∶1 混配，并按种子重量的 0.5%拌种。

3. 渗水地膜覆盖穴播。 当 5 厘米地温稳定通过 10℃时即可播种，长子县结合农时一般在 5 月中下旬播种。采用一膜 4 行波浪形沟穴播种植模式，使用 22～30 千瓦拖拉机牵引谷子专用 2MB-1/4 铺膜覆土播种机，或是采用 11～18 千瓦手扶拖拉机牵引谷子专用 2MB-1/2 铺膜覆土播种机，一次性完成探墒开沟、铺膜、打孔、精量穴播、覆土和镇压。渗水地膜幅宽 165 厘米，一膜 4 行，用量 3.5～4.5 千克/亩，膜间距控制在 30～40 厘米，播种器的穴距 20～25 厘米、行距 35～50 厘米，条带间距 40～50 厘米，一般播种 6 000～7 000 穴/亩。

4. 移动式水源远程喷灌。 采用卧式塑料水桶放置于农用三轮车中作为移动水源，选用 168F 柴油机抽水泵，流量 7～30 米^3，进出水口径 50 毫米，选用涡轮农业灌溉喷头，喷头用三脚架固定在田间，水源与柴油机水泵采用钢丝软塑料管连接，柴油机抽水泵与喷头采用聚氨酯水管带连接，连接处采用加厚镀锌管箍进行固定。当土壤干旱需水的情况下，以移动式水罐车为水源，借助柴油吸水泵和管道把具有一定压力的水喷到空中，散成小水滴形成弥雾降落到作物、地膜和地面上，与穴播渗水地膜相结合。喷灌水落在地膜上，既可迅速下渗又能防止蒸发，抗旱节水效果明显。

5. 生育期管理。 膜孔错位造成出苗不畅时，需要人工辅助放苗。2 叶 1 心期，穴出苗率小于 75%时需人工补种。

6. 病害防治。 对谷子锈病，当病叶率达 1%～5%时，可用 15%的粉锈宁可湿性粉剂 600 倍液第一次喷药，隔 7～10 天后酌情再进行第二次喷药。对谷瘟病，可用敌瘟磷（克瘟散）40%乳油 500～800 倍液或 50%四氯苯酞（稻瘟酞）可湿性粉剂 1 000 倍液、或 2%春雷霉素可湿性粉剂 500～600 倍液等喷药防治。如防治叶瘟可在始发期喷药，如防治穗颈瘟，可在始穗期和齐穗期各喷药 1 次。

三、生产经营特点

1. 合作社建立了农业气象监测系统，种植全过程应用小型农业气象站（即农业物联网平台）收集空气温湿度、降水量、风速、风向、气压、光照、光辐射量、蒸发量、土壤温湿度等重要农业数据，根据数据开展节点农事。

2. 合作社配备了测土配方仪器，结合测土配方施肥技术，紧紧围绕测土、配方、配肥、供肥、施肥指导 5 个关键环节对土壤进行监控。

3. 合作社用谷子有机肥替代化肥，以畜禽粪便为主要原料生产有机肥，替代部分化肥与荒地不上肥料的情况。

4. 合作社选用晋谷21号抗旱品种，实施旱地谷子"一优一膜二简化"的渗水地膜覆盖机械穴播技术，生长期间可通过远程喷灌设施在极度干旱情况下进行补充灌溉，使谷子生长过程土壤水分有了保障。

5. 合作社除自有谷子基地外，还积极带动贫困户种植谷子，并采用两种方式与种植户形成稳定的链接关系。一是参股模式，贫困户以土地、务工入股合作社，合作社提供种子、肥料、地膜等物资及播种、脱粒、烘干等服务并计算价值，收获后按价值比例分红。二是订单模式，合作社与贫困户签订种植协议，以成本价向贫困户发放种子，贫困户按照合作社种植规范进行管理，谷子收获后合作社收购。

四、效益分析

1. 与普通地膜比较，渗水膜可大大提高光温利用率，再运用远程喷灌与渗水地膜精量穴播技术，旱地谷子生长期的水分利用率可提高到90%以上，谷子出苗率可达95%以上。

2. 农户入股模式效益：土地入股300元，务工8个计640元，共计入股价值940元，占股67.6%；合作社提供农资及服务合计450元，占股32.4%。谷子成熟后按目标产量300千克/亩、均价7元/千克计算，每亩毛收入2100元，农户分红1420元，合作社分红680元。

3. 农户订单模式种植效益：农户除务工、土地外，每亩投入农资大约450元，按产量300千克/亩、均价7元/千克计算，每亩谷子净利润1650元。

4. 合作社谷子基地年生产谷子240吨，每亩地较玉米增收620元，还吸纳当地劳动力务工，成为促进当地农户增收致富的主导产业。

五、适宜区域范围

适用于长治市干旱与半干旱谷子种植区。

六、整理单位、整理人

长治市植物保护植物检疫站　李柯澄
长子县向阳沟农林种植专业合作社　马敬岳

黎城贵中农林种植合作社："压塌楼"谷子集成技术模式

黎侯镇岩井村位于黎城县的东山之上，温差大，海拔高，土壤有机质含量高，是传统的农业山区，适宜种植谷子。黎城贵中农林种植专业合作社成立于2014年9月，是以张贵中为法人代表的相互参股合作模式。合作社选用地方谷子品种——压塌楼，从2018年起示范推广谷子地膜穴播技术，因其操作技术简单、省工省力、抗旱能力强深得群众喜爱。目前，已辐射洪井乡、停河铺乡、程家山等5个乡镇，种植面积达到1000余亩。

一、技术模式

地方良种＋秋耕壮垡＋三墒整地＋油饼肥＋机械地膜穴播＋病虫防控

二、主要技术内容

1. 全面推广"秋耕壮垡"与"三墒整地"。秋季前茬作物收获后及时深耕，耕深20～25厘米，耕后耙糖；春季在秋耕壮垡、早春壮垡的基础上，着力推广耙糖保墒、镇压提墒、浅翻塌墒"三墒"整地系列抗旱耕作技术。播前要做到地平、土绒、上虚下实、底墒好、无坷垃、无根茬、无杂草。

2. 秸秆还田＋施用有机肥料。通过秸秆还田、增施有机肥等土壤培肥方式，增加土壤有机质，提升耕地地力等级。谷子种植区每年秋季全部实施秸秆粉碎还田，并施用油饼、羊粪、花椒籽压碎作为基肥。每亩施用油饼100～150千克，不仅为当年提供了足够的养分供应，而且很好地培肥了地力，实现了化肥零使用量。

3. 地方品种和高产新品种相结合。2019年根据订单要求主栽适口性好、群众喜欢的地方品种"压塌楼"，同时引进山西省主推品种"晋谷21号"，示范种植"长生13号"谷子新品种。

4. 农艺节水与地膜覆盖相结合。为提高自然降水的利用率，一方面在不方正梯田积极推广沟垄种植、深翻深松蓄水等技术措施，另一方面在方正的农田积极推广地膜覆盖打孔穴播种植技术。采用130厘米宽双色（黑／银）地膜，一膜3行，行距60厘米，穴距20厘米，每穴5～8株；膜与膜之间距离80厘米，亩用种子1.6～2千克，亩留苗3.5万～4万株。

5. 新型农机设备与传统农艺措施相结合。购置了专业性机械设备，采用机械化耕作、播种和收获技术。引进打谷机，改传统的场上晒、碾谷子为机械化打谷，提高了谷子清洁度。

6. 严格选地与轮作倒茬。谷子不宜重茬，种植谷子的地块前茬适合种植的农作物是豆类、马铃薯、玉米等。谷子地膜覆盖地块要求是土层深厚、土质疏松、保水保肥能力强、肥力中等以上的旱平地。

7. 病虫绿色防控。苗期重点要抓好粟灰螟（谷子钻心虫）及粟茎跳甲（粟叶甲）防治。剥根茬看羽化率达45％时撒毒土防治，方法是每亩用50％的辛硫磷乳油50～75克拌细干土20千克，制成毒土撒在谷苗根际。对白发病，要用35％甲霜灵可湿性粉剂按种子重量的0.2％拌种，生长期间及时拔除田间"灰背""白尖"等病株，并带出地外深埋。对黑穗病，要用2％立克秀可湿性粉剂按种子重量的0.3％拌种。对谷温病，要用2％春雷霉素叶湿性粉剂500～600倍液、70％甲基硫菌磷可湿性粉剂1 000倍液喷雾，每7天喷1次，连喷两次。

三、生产经营特点

1. 合作社与湖北谦益农业有限公司签订小米产品订单，每年生产的压塌楼小米，全部由湖北谦益农业有限公司回收，收益甚好。

2. 基地采取集中连片的方式，便于管理。目前基地以岩井及周边 7 个村为主，种植面积达到 1 000 余亩。

3. 在技术上依托市、县农业技术人员，编制相关技术资料，对合作社成员开展技术培训、指导和服务，针对生产过程中遇到问题，及时提供技术咨询。

四、效益分析

机械化地膜谷子穴播技术，减轻了农民间苗、除草等务工投入，提高了工作效率。示范区种植 1 000 亩谷子，2019 年大旱之年平均亩产达到 224.3 千克，较历年常规种植亩产 198.5 千克亩增产 25.8 千克，亩增收 154.8 元（按每千克 6 元计算），总增收 15.48 万元；亩节本增效 100 元，示范区节本增效 10 万元，累计增收 25.48 万元。

五、适宜区域范围

适用于海拔 800～1 200 米、年降水量在 500～600 毫米、年均气温 10℃左右的雨养农业种植区。

六、整理单位、整理人

黎城贵中农林种植专业合作社　张贵忠
黎城县农业技术推广中心　路云亚

山西圣堂食品科技有限公司：
高粱"三位一体"机械精播种植模式

山西圣堂食品科技有限公司地处长治市潞城区翟店镇南天贡村，是长治市市级农业龙头企业，主要从事老陈醋、酱油等调味品的生产，年销售收入近千万元。2018 年创建圣堂醋业绿色有机现代农业产业园，现有基地 1 000 余亩，拥有现代农机具 8 台，采用"地膜覆盖＋施肥＋探墒播种"高粱"三位一体"机械精播模式，通过与合作社、农户签订高粱种植订单，实行"五统一"管理，为公司的酿造食品提供了绿色优质原料。

一、技术模式

优良品种＋深翻整地＋"三位一体"机械精播＋无人机飞防作业＋机械收获

二、主要技术内容

1. 品种和地块选择。 公司多年与山西省高粱研究所合作，在品种对比试验的基础上，选用了产量高、适应性强、抗旱性效果好的晋糯 3 号为主要种植品种。

高粱对土壤适应性强，抗旱耐涝能力强，在光照条件好的地块均可种植。高粱根系发达，吸肥力强，适宜机械化作业。

2. 整地施肥播种。 采用"三位一体"地膜全覆盖探墒精播技术，铺膜、施肥、探墒播种作业一次完成。在播种前进行深翻整地，要求耕深 20 厘米左右，结合播种亩施复合肥50千克作底肥；选择0.01毫米厚、1.2米宽的地膜，膜与膜之间不留间隙，实行地膜全覆盖；将播种机的行距调整为40～45厘米，株距调整为20～25厘米，亩留苗7 000～9 000株，每亩播种量0.79～1千克，播种深度3～5厘米。

3. 田间管理。实行机械耕翻旋耕整地、机械精量播种、无人机飞防病虫害、机械化收获等作业。出苗后，及时查看出苗情况，视墒情及时查苗补种。生长后期重点防治蚜虫等病虫害，优先使用生物农药、高效低毒低残留农药，减少农药对土壤和生态环境的污染。

4. 收获脱粒。高粱收获期为10月1日前后，此时叶子变黄，籽粒饱满、变硬，淀粉含量高，采取机械收获脱粒，及时晒干，保证储藏不变质。

三、生产经营特点

1. 按照"公司＋合作社＋农户"的模式，依托潞城市露田农副产品专业合作社与周边农户签订高粱种植订单，实行"五统一"管理（即统一整地、统一供种、统一播种、统一管理、统一收割），对签约农户实行最低收购价保护政策，充分保护了签约农户的权益。

2. 公司以山西省农业科学院高粱研究所为技术支撑单位，制定绿色食品生产操作规程，对种植户开展专项技术培训和指导，对种植大户采取个性化服务，从源头保证主要生产原料的自给和绿色安全。

3. 高粱种植基地实行地膜全覆盖播种，不用化学除草剂，推广以有机肥、醋糟替代化肥，既提高了酿造下脚料醋糟的利用率，又保证了酿醋原料的绿色无公害，还能省去大量的人力物力，为公司原料的供应提供了强有力的保障。

四、效益分析

1. 公司与潞城市露田农副产品专业合作社签订高粱委托种植合同，实行最低保护价收购（2元/千克），种植基地的高粱每亩纯收益比其他品种高粱要高出100元以上。

2. 公司辐射带动200余户农户从事高粱种植，不仅可以缓解企业收购高粱难的矛盾，保证企业原料质量，而且对粮食产量稳定增长、增加农民收入具有现实意义。

五、适宜范围

适用于长治市高粱种植区域。

六、整理单位、整理人

长治市潞城区农业农村局　　王双泰　张国华　王永红

沁县利沁农农业综合开发有限公司：
酿酒专用高粱生产技术模式

沁县是山西省最重要的酿酒高粱种植基地，也是山西汾酒集团酿酒优质高粱生产四大基地之一。沁县利沁农农业综合开发有限公司成立于2018年3月，位于定昌镇中陈村，主要从事农作物种植、林木种植、农产品加工销售等，现有员工 16 人，有铺膜播种机 5 台、播种机 2 台、收获机 6 台、抛粪车 3 辆等农机具共 16 台（辆）。公司酿酒专用高粱基地位于沁县城南段柳乡段柳和闫家沟 2 个村，共 600 亩。那里地势平坦，交通便利，气候适宜，水肥充沛，适合大型机械作业。基地生产的"沁州红"高粱，经过专家鉴定，口感最好，味道最纯，被确定为汾酒一号专用原粮。

一、技术模式

引进新品种＋全程机械化＋机械收获＋公司收购

二、主要技术内容

1. 选地与整地。高粱对土壤适应性强，基地应选择远离污染源，近两年未种过高粱，土层深厚、腐殖质较高的沙质壤土或壤土地。实行秋耕壮垡，早春时进行浅犁和耙耱保墒，以减少坷垃，疏松土壤，确保一播全苗。

2. 配方施肥。在秋季前茬作物收获后，立即清除根茬，深耕 25 厘米以上。春季亩施腐熟优质农家肥 4 000 千克、山东产的嘉安磷控释肥 30 千克，耕后耙耱保墒，以达到根茬净、底肥足、耕翻透、地平整的要求。

3. 适时播种。高粱发芽适宜温度为 5 厘米土层日平均温度 12℃左右，沁县一般在 4 月底 5 月初适时播种。播种过早，地温低，出苗慢，容易粉种和烂种，影响出苗率；播种过晚，土壤墒情差，会造成出苗不齐、不全，影响高粱正常生长。在生产上要做到低温多湿看温度，干旱无雨抢墒播种。

播种方法主要是机械精播或半精播，进度快、质量高，一般亩播 0.75～1 千克。播种深度要掌握在 3～4 厘米，播种后要及时用镇压器镇压，使种子和土壤紧密结合，确保全苗出土。

4. 优种选择。基地示范推广汾酒一号高粱，其田间生长较整齐，植株茎秆坚硬，亩植 7 000～8 000 株，高产稳产，抗倒伏能力强，对丝黑穗病免疫，抗逆性强，适应性好。经汾酒厂实验表明，该品种出酒率高，被汾酒厂定为汾酒专用品种。

5. 种子处理。晒种 2～3 天，播前将种子放在浓度为 10％～15％的盐水中，捞去上面漂浮的秕籽和杂物，然后再捞出下沉种子，用清水洗 2～3 遍，晾干后用 2％立克秀按种子量 0.3％、50％辛硫磷乳油按种子量 0.3％拌种，防治高粱黑穗病和苗期地下害虫。拌种时先拌杀菌剂后再拌杀虫剂，拌药后种子堆闷 4～6 小时后阴干播种。

6. 加强田间管理。

（1）苗期管理。重点是促进根系发育，培育壮苗。幼苗出土后 3～4 叶时间苗，5～6 叶定苗，间苗、定苗也可一次完成。要注意去掉病、小、弱苗，留苗均匀，一般亩留苗 7 000 株左右。拔节前中耕一次，清垄除草，促进根系下扎。

（2）拔节孕穗期管理。重点是以促为主，使植株生长健壮。拔节孕穗期是高粱生长最旺盛时期，对养分需求大，如肥水不足会造成植株营养不良。一是在 9 叶期前后进行一次追肥，一般亩追尿素 10 千克左右；二是在 10 叶期进行化控，用乙烯利剂（13～15 毫升兑水 20 千克）喷洒，有缩短茎节、增加抗性、防止倒伏的作用。

（3）抽穗灌浆期管理。重点是增强根系活力，以根保叶，促进有机物质向穗部转移，力争粒大饱满，提早成熟。生长后期可叶面喷洒磷酸二氢钾等，以提高植株糖分，促进早熟，增加粒重。后期注意抗旱、防涝和防治高粱蚜虫危害。灌浆初期用1000毫克/千克乙烯利液喷到植株上，可促其早熟7天左右，具有防止霜冻、提高品质和增加产量的效果。

7. 病虫害综合防治。高粱病害主要有紫斑病、黑穗病、叶斑病，地下害虫主要有高粱蚜、蛴螬、蝼蛄、金针虫等，要采取选用抗病品种、轮作倒茬、种子处理等预防性措施。发病初期，可用甲基托布津、百菌清、多菌灵药剂喷雾，连续使用2～3次。

8. 高粱收获与贮藏。高粱的适宜收获期是蜡熟末期，一般在9月25日后，当籽粒变硬、籽粒颖壳变成深褐色，不论茎叶是否青绿，都应当适时连杆割倒，在田间蹲棵20天，然后再切穗脱粒。

高粱脱粒后要及时筛选或风选，然后筛簸干净晾晒，将其含水量降到13%以下时，在避光、低温、干燥、防虫害和鼠害的容器内贮存，严禁与有毒、有害、有异味的物品混存。

三、生产经营特点

1. 公司采取"企业＋合作社＋基地＋农户"的运作方式，建成5个小杂粮绿色有机种植基地，达到促农增收、企业增效。

2. 在关键技术环节推进机械化生产，不仅可有效争抢农时，减轻农民的劳动强度，而且可以确保农艺措施到位，实现高粱生产节本增效。

3. 公司重点同沁县晋汾高粱开发有限公司开展合作，订单种植酿酒专用高粱，产品全部供应汾酒集团。

四、效益分析

1. 基地600亩高粱亩产达到675千克，总产量40.5万千克，亩增产130千克，总产量增加7.8万千克。2020年高粱价每千克4元，农民可增加产值31.2万元，经济效益十分显著。

2. 酿酒专用高粱生产技术的推广应用，促进了高粱产业的健康发展，成为当地农民增收致富的重要渠道。

五、适宜区域范围

适宜于长治市高粱春播中晚熟地区推广。

六、整理单位、整理人

长治市农业技术推广中心　王翠萍
沁县农业技术推广中心　任焕珍

山西潞玉种业玉米科学研究院：高粱产业全程机械化种植模式

山西潞玉种业玉米科学研究院是山西潞玉种业股份有限公司独资成立的研发中心，是经山西省民政厅、科技厅批准注册成立的科研机构，注册资本 500 万元，采用企业模式运作管理，主要从事玉米、高粱、谷子等作物的研究开发推广、成果转化与转让、科技咨询服务与普及业务，具有丰富的玉米、谷子、高粱种植管理经验，是长治市有机旱作新品种筛选试验示范基地。从 2019 年起，研究院在富村建立 1 000 亩标准化高粱研发生产基地，广泛收集高粱材料与品种，构建引进技术示范展示平台，对全市高粱产业发展起到了积极的推动作用。

一、技术模式

种子包衣＋地膜覆盖＋耕种收管机械作业＋无人机喷药

二、主要技术内容

1. 精细整地。 开展耙耱保墒、浅犁塌墒或镇压提墒，增施专用肥，经过"三墒整地"使地块达到土壤细碎无坷垃、上虚下实（陷鞋底不淹鞋帮）、地面平整的标准。

2. 种子处理。 全部使用符合有机旱作农业的抗性好的包衣种子，或用 6％戊唑醇与 35％甲基异柳磷拌种，防治土传病害和地下害虫。

3. 精准播种。 运用播种、覆土、镇压一体机进行播种，播深 3～5 厘米，亩播量 1 千克左右，播种后使种子与土壤紧密接触，确保苗全、苗齐、苗匀、苗壮。

对地膜覆盖种植的地块，覆膜要做到"直、紧、严"，即铺膜的走向要直，膜面应紧贴地面，埋土要严防跑风漏气。

4. 苗期管理。 如播种后、出苗前遇雨，应破除板结、防止"捂盖"，助苗出土；地面覆盖田，应检查幼苗是否从播种孔长出，如苗在膜内，必须扶出膜外，并用细土封严播种孔，防止热气腾伤幼苗。

出苗后 3～4 叶时将过密和发育不良的幼苗拔除，到 5～6 叶时按"去大去小、留匀留壮"的原则进行定苗，留苗密度 7 000 株/亩左右。结合定苗第一次中耕，浅锄 5～7 厘米，防除杂草。

5. 拔节孕穗期管理。 拔节孕穗期，应根据土壤墒情适时浇水，使土壤水分保持在适墒状态。结合浇水二次中耕，深耪 10 厘米左右，切断浅土层部分根系，使新根向下深扎，同时要剔除分蘖和杂草。

6. 花粒期管理。 在花期遇旱，应该适量浇水，防止需水临界期脱水；灌浆期要及时清理病株病叶，防止病害蔓延；根据长势实施根外追肥，防止早衰。

7. 病虫防治。 用无人机喷施高效、低毒、低残留农药进行防治。抽穗前在试验地周围加装防鸟网、杀虫灯，防治鸟害。

8. 机械收获。 蜡熟末期收获，即当籽粒变硬呈固有粒色和粒形时，及时进行机械化收获。

三、生产经营特点

1. 山西潞玉种业玉米科学研究院以做优品种为目标，与山西农业大学高粱研究所建立科研战略合作联盟，通过科技研发优选酿造专用高粱品种，目前已有酿造型高粱品种潞杂 3 号、潞杂 9 号、潞杂 22，还从欧洲引进了优质饲用型品种 FU007，具有较大市场潜力。

2. 通过"企业＋合作社＋基地"的订单生产模式，实现种植管理"五统一"，打造规模化、集约化、标准化高粱生产基地 1 000 亩。

3. 以"上党高粱"地理标志为载体，构建"绿色有机旱作技术＋特色产业"发展模式，大力推行绿色高粱规范化生产、农机农艺配套融合、病虫害绿色防控等现代农业先进技术，提高了品牌的知名度和影响力。

四、效益分析

1. 通过集中连片种植和机械化作业，减少田间作业工序、缩短作业时间、提高农机具效率，以达到降低劳动强度、节约用工的成效，每亩为农户节支增收 50 元。

2. 1 000 亩基地总产量 600 吨，实现产值 200 余万元，并辐射带动周边 300 余户农户增收致富。

五、适用区域范围

适用于北方半干旱高粱种植区。

六、整理单位、整理人

长治市潞州区农业农村局　郭永兵
山西潞玉种业玉米科学研究院　李超

平顺县慧拓农产品种植专业合作社：
高寒山区马铃薯宽行高垄种植模式

马铃薯是平顺县四大特色优势农产品之一，其中尤以东南山区（龙溪镇、杏城镇和东寺头乡）最为出名，年种植面积在 2 万亩左右，年产量达 3 万吨，一度是晋东南地区及周边省、市、县的种薯和商品薯供应地。因气候冷凉，昼夜温差大，土壤疏松肥沃，有机质含量高，所产马铃薯个大、沙绵，淀粉含量高，深得广大消费者的青睐。

平顺县慧拓农产品种植专业合作社是一家集规模化种植、标准化管理、市场化经营于一体的综合性专业合作社，成立于 2018 年 3 月，位于龙溪镇新城村，注册资金 300 万元，基地面积 1 000 余亩，已建成马铃薯淀粉加工、粉条生产包装车间及仓储库 1 800 米³、冷库 1 200 米³。2020 年 4 月合作社产品取得了马铃薯绿色食品认证。现在合作社年收入 150 万元左右，带动农户 200 户，每户可增收 1 500 元。

一、技术模式

优选品种＋种薯处理＋深耕细耙＋宽行培高垄＋割秧晾薯收获

二、主要技术内容

1. 优选品种。通过多年的栽培实践，选用抗病、抗逆性强、适应性好、淀粉含量高、商品性优、高产、耐贮的脱毒优良品种晋薯 16 号。

2. 种薯处理。

（1）种薯催芽。播种前 20 天将种薯放置在 15～20℃的室内，摊开 2～3 层，每隔 3～5 天翻动 1 次，随时淘汰病、烂薯，种薯经 10 天左右即可萌芽。当芽长至 3～5 毫米时，把种薯放到 10～15℃有散射光的室内壮芽，芽变紫、粗壮时播种。

（2）切块。将健康无病种薯，于播前 7 天切成 30～50 克的薯块，每块带 1～2 个芽眼。切刀切到病、烂薯时，用 5％高锰酸钾溶液或 75％酒精浸泡 1～2 分钟或擦洗消毒。

（3）高巧拌种。用吡虫啉一瓶（30 毫升）＋两袋安泰生（50 克）或吡虫啉（30 毫升）＋戊唑醇（25％水乳剂 2 瓶），兑水 0.5～7.5 千克搅拌均匀，拌 100 千克种薯，均匀喷洒在切好的马铃薯薯块上，边洒边搅拌，使每个薯块上均匀着药，晾干后即可下种。也可用塑料布抬起抖匀，放在阴凉处待切口水分晾干后播种。此法既可以防治病虫危害，还可以调节、促进马铃薯生长，使马铃薯获得高产。

3. 深耕细耙。马铃薯是深根作物，应采取"两早一深一浅"耕作法：秋季早耕翻，消灭地下害虫，熟化土壤，减少来年杂草；春早耙，土壤解冻，将肥料（亩施腐熟农家肥 2 000 千克）耙入中层（12～14 厘米）；秋耕要深（30～40 厘米），为来年结薯打下基础；春耙要浅（12～14 厘米），防止草籽耙出地面，增加草害。经耙耱保墒、平整土地后，地面平整，无秸秆，无明暗坷垃。

4. 宽行播种。4 月中下旬，按大行距 60～65 厘米、小株距 30～35 厘米进行开沟播种，同时施入 200 千克商品有机肥和 20 千克马铃薯专用肥。种植密度要掌握"肥地稍稀、瘦地稍密"的原则，一般亩保苗 2 800～3 000 株。

5. 高培土起垄。当幼苗出土 5～10 厘米时，进行第一次中耕，深度 10 厘米左右，破除土壤板结和消灭行间杂草，不培土；15 天后，进行第二次中耕，宜稍浅，这时要把行间走道的土拥向苗眼浅培土；封垄前进行第三次中耕，要高培土，形成高 25 厘米、底宽 30～40 厘米、上顶宽 10 厘米左右的胖大垄，这样既可保水保墒提高地温，促进多层结薯，又能避免田间地块内雨多积水，减少病虫危害和薯块腐烂。

6. 割秧晾薯收获。茎秆橘黄，指示块茎成熟，要进行割秧，促块茎木栓化，减少薯皮碰伤，5～10 天后刨收，在田间晾 3～4 小时，随后堆于阴凉处加速块茎后熟。

阴凉 4～5 天后，挑出病、损、不完整薯块，按照大、中、小薯的标准进行分级检装，达到薯皮干，无病、烂、伤口、破皮、冻块、泥土杂物的"一干六无"标准。

7. 做好窖贮。马铃薯如果不能及时出售，要做好贮藏工作。贮藏窖最好用新的，如果用旧窖，窖内壁要铲去 3～6 厘米土并消毒。封闭窖口时要在窖口马铃薯表面铺上一层干草或旧麻袋片，以利吸湿。贮藏期间要经常检查，保持通风换气。

三、生产经营特点

1. 采用"合作社＋基地＋农户"的生产经营模式，与周边马铃薯种植户签订合同，按照统一供应农资、统一技术培训、统一标准化生产、统一保护价收购的"四统一"服务机制，强化管理，严控品质，真正生产出天然、无污染、绿色、优质的马铃薯。

2. 马铃薯出售前箱装或袋装，内外放贴标签，标明产地、级别、种植户，不仅使产品的商品化升级，还增加了产品质量的透明度，并可进行质量的责任追踪。

3. 合作社还建成了马铃薯加工淀粉、粉条生产线，马铃薯提档升级，年用原料 500 吨，可年生产马铃薯粉条 50 吨，净利润 20 万元，解决了种植户的后顾之忧。

四、效益分析

1. 2020 年，宽行培高垄种植的马铃薯，长势旺，发病率低，薯块腐烂少，亩均产 2 200 千克；而平畦种植的马铃薯，前期长势不错，但后期由于雨水较多，晚疫病发生严重，薯块腐烂较多，亩均产只有 1 500 千克左右。宽行培高垄马铃薯比平畦栽培亩均增产 700 千克，每千克以市场价 1.5 元计，亩均增收 1 050 元。

2. 马铃薯宽行培高垄栽培模式，行间通风透光，减少了病虫害发生，也避免了因积水造成薯块腐烂问题。同时，施用有机肥，既改良了土壤，还不会对生态造成影响，真正实现了马铃薯绿色、环保、无污染生产。

3. 实行"合作社＋基地＋农户"的经营方式，与周边农户签订购销协议，带动周边种植规模达到 3 000 余亩。

4. 合作社"产＋加＋销"一体化服务，解决了当地 200 余人就业，带动贫困户脱贫致富。

五、适宜区域范围

适用于马铃薯一作区夏季雨水较多的地区。

六、整理单位、整理人

长治市农业技术推广中心　崔继君

长子县大辛庄股份经济合作社：露地早熟马铃薯种植模式

长子县鲍店镇大辛庄、南常、东万户、小辛庄、东王坡等十余个村，由于土壤肥沃、疏通透气、排水良好，又有传统的"两年三作"的习惯，近年来早熟马铃种植面积达到 15 000 亩。大辛庄股份经济合作社成立于 2020 年，固定资产 110 万元，全村耕地 2 570 亩，其中马铃薯种植面积 1 000 亩。合作社目前拥有现代化种植机械 132 台（辆），其中深松机 4 台、犁地机 9 辆、马铃薯播种机 6 台、马铃薯收获机 6 台、杀秧机 2 台、手扶式覆膜机 6 台、手扶式铺管机 5 台、手扶式起垄机 4 台、配送车 90 辆。生产上采取"合作社＋农户"的方式，推广马铃薯新品种、高垄栽培和全程机械化技术，实现了集约化、科技化、产业化和信息化。

一、技术模式

早熟品种＋提早播种＋双色地膜＋高垄双行＋绿色防控＋机械收获

二、主要技术内容

1. 机械整地。秋季前茬农作物收获后，对土地进行全方位深耕，深度在 20 厘米以上。马铃薯播种前结合增施有机肥进行整地，耙深在10～15厘米，要求深浅一致，为马铃薯的播种创造良好的条件。

2. 品种选择。 选用抗病虫、抗寒、耐热、抗逆性强、适应性强、商品性好、高产、耐贮的品种，目前已引进和种植品种有福田3号、中薯5号、中薯7号、冀张薯226、福田90。

3. 种薯处理。 马铃薯播种前十几天要进行晒种催芽，如果采用整薯播种，要剔除薯块顶端的密集芽眼，保证种薯质量在50克左右。如果切薯播种，播种前一两天应该把种薯切成25～50克的薯块，每块薯块上必须带1～2个芽眼。切薯块的刀具应用酒精或高锰酸钾消毒后使用，用药物浸种的薯块需阴干后方可进行播种。

4. 机械播种。 当10厘米地温稳定在5～7℃时，种薯幼芽即可萌发和伸长，播种时间应根据土温情况进行调整，在当地大概在3月下旬到4月上旬。播种时将处理后的种薯、滴灌管、银黑双色地膜准备好，使用马铃薯种植机进行播种，可一次性完成开沟、播种、起垄、铺管、铺膜等环节。

5. 高垄栽培。 高垄栽培减轻了田间病害发生和烂薯、绿头薯和畸形薯比例，提高了马铃薯单产和商品性。采用单垄双行机械化垄作栽培模式，沿等高线起垄，垄宽120～130厘米，垄上行距30厘米，垄间行距90厘米，株距23～28厘米。播种起垄高10厘米，播深12～13厘米，出苗后进行二次培土，垄高可达到20厘米以上。

6. 绿色防控。 在做好种薯处理、高垄栽培和合理田间管理的基础上，可安装太阳能杀虫灯和黄色粘板对害虫进行诱杀。

7. 机械收获。 当马铃薯中有80%的茎叶发生枯黄萎蔫时，可使用杀秧机除去地上的部分茎叶，以便进行机械挖掘。一般在割去茎叶的6～10天后便可以进行收获。机械收获时要按要求进行，做到伤薯率低、挖净率高。

三、生产经营特点

1. 采用"合作社＋农户"的方式，通过精细管理、施用有机肥、生态治理、品质控制，实现了马铃薯的绿色和优质，提升了马铃薯的种植效益。

2. 合作社与河北、河南等地马铃薯收购商建立了联系，解决了种植户的后顾之忧。

3. 采取"一年两作"或"两年三作"模式，马铃薯收获后再种植白菜、红萝卜、小麦等作物，提升了土地利用率。

四、效益分析

1. 将种植早熟马铃薯和种植传统玉米做比较：每亩马铃薯的前期投入包括种薯、机械化种植、有机肥、地膜、滴管等约1 000元，按平均亩产4 000千克、市场均价1.2元/千克计算，共计收入4 800元，除去前期投入，每亩利润在3 800元左右。玉米按平均亩产750千克、市场均价2.2元/千克计算，共计收入1 650元，除去每亩投入600元，亩均收入1 050元左右。种植早熟马铃薯的收入是玉米的3.6倍。

2. 采取"合作社＋农户"的方式，带动全村150余户农户种植马铃薯，辐射周边农户种植面积达6 000余亩。通过露地早熟马铃薯全程机械化种植，实现农民人均增收

6 300元。

3. 施用有机肥、机械化种植、病虫害绿色防控技术的推广应用，既可改良土壤，培肥地力，减少污染，又提高了产品的质量和市场竞争力。

五、适宜区域范围

适宜于长治市中等肥力及旱地种植。

六、整理单位、整理人

长子县鲍店镇大辛庄村　赵静　潘国立

沁源县沁丰薯业公司：马铃薯一级种薯标准化种植模式

马铃薯是山西省第四大粮食作物和重要的经济作物，是沁源县的第二大作物。沁丰薯业有限公司作为晋东南地区最大的马铃薯种薯生产企业，集种薯繁育、新品种推广、商品薯加工销售为一体，实行"公司＋合作社＋农户＋基地"的产业化经营模式，带动全县马铃薯区域化布局、专业化生产、规模化经营、现代化发展，形成了马铃薯一条龙产业链。目前，公司拥有800米^{2}的无菌标准化脱毒种苗组培实验室、2 800米^{2}的原原种智能化生产温室，以及储存200万千克种薯的储藏窖，建设原种钢架式生产网棚60座，具备年生产马铃薯原种500万粒、原种100万千克的生产能力。

一、技术模式

优良品种＋配方施肥＋起垄栽培＋绿色综合防控＋机械化收获

二、主要技术内容

1. 优良品种。 主要推广中晚熟鲜食专用品种，无霜期110～135天，主栽晋薯16号、冀张薯12号、青薯9号。

2. 选用优质原种。 全部采用优质原种，保障一级种薯的质量。

3. 深松整地。 根据土层的厚度，在前茬玉米收获后，及时深松耕30～35厘米，平整土地，同时修建排水渠，防止水土流失。

4. 配方施肥。 推广测土配方施肥技术，亩平均施用充分腐熟的羊粪等有机肥2 000千克以上，补充施用史丹利马铃薯专用复合肥（N：P_2O_5：K_2O＝17 - 6 - 22）40～60千克。以基肥为主，追肥为辅，增施钾肥。

5. 垄作栽培。 播种期土壤墒情好时，进行起垄播种，否则平播，开花前中耕培土2次，垄高25～30厘米，呈梯形宽垄，防止匍匐茎和块茎外露。

6. 宽行密植。 有一垄单行和一垄双行种植方法。

（1）一垄单行种植：晋薯16号、冀张薯8号每亩种植密度3 500株左右，行距80厘米；青薯9号每亩种植密度3 000株左右，行距90厘米；克新1号每亩种植密度3 500～4 000株，行距80厘米。

（2）一垄双行种植：垄距 120 厘米，小行距 30 厘米。

7. 病虫草害综合防控。重点防治晚疫病和地老虎、蛴螬、二十八星瓢虫，贯彻"预防为主，综合防治"的方针，建立预测预报体系，提倡病虫防控关口前移，优先采用农业、物理和生物等预防手段，科学使用化学防控技术。

（1）切刀消毒：切块刀具用 75% 的酒精或 0.5% 的高锰酸钾水溶液消毒，做到一刀一蘸，每人两把刀轮流使用。发现病烂薯要及时淘汰。

（2）药剂拌种：60% 吡虫啉悬浮种衣剂（高巧）30 毫升＋卫福 20% 胶悬种衣剂 40 毫升，兑水 0.3～0.4 千克，拌种 75～100 千克。

（3）地下害虫防治：应用频振式杀虫灯诱杀地老虎等害虫的成虫，灯高 1.5 米，每盏灯控制 30～60 亩。对地下虫害严重的地块，可结合耙耱整地，亩用 50% 辛硫磷乳油 100 毫升，加水 4～5 千克，拌入 20～25 千克细干土（沙）制成毒土（沙），均匀撒在地表，通过耕耱整地，翻入土中。幼苗期虫害危害严重时，可开展局部或全田普防，每亩喷施 50% 辛硫磷乳油 40 毫升 1000 倍液，与炒熟的麻油饼 20 千克，或谷子 20 千克，或灰藜等鲜草 80 千克拌匀，于傍晚撒在幼苗根部附近进行诱杀，或进行灌根处理。

（4）二十八星瓢虫防治：摘除卵块。于上午 10 点前和下午 5 点后人工捕捉二十八星瓢虫。

（5）晚疫病防治：第一次用药，要在气候条件有利于发病或始见中心病株时，每亩用保护性杀菌剂 75% 代森锰锌水分散粒剂 128～192 克进行喷雾预防。第二次用药，可每亩喷施保护兼治疗性药剂 72% 霜脲·锰锌可湿性粉剂（克露）100～120 克；第三次用药，可每亩喷施内吸性治疗药剂 50% 烯酰吗啉可湿性粉剂 42 克或 687.5 克/升氟吡菌胺·霜霉威悬浮剂（银法利）60～75 毫升；第四次用药，要在病害流行期每亩喷施 687.5 克/升氟吡菌胺·霜霉威悬浮剂 60～75 毫升等耐雨水冲刷的杀菌剂。视天气和病情 7～10 天喷一次药；植株快速生长期或雨水频繁、晚疫病流行期，用药间隔期应缩短为 5～7 天。喷药时应注意在雨前及时用药；选择无风、晴朗天、无露水时喷药；植株上下、叶片正反面应均匀喷雾，确保药剂均匀覆盖植株，前期可进行行间喷雾，每次喷雾作业从不同垄向开始；多种药剂交替使用。

8. 机械播种收获。耕作机械应推广适合山区的中小型机械。播种机采用 2 厘米-2 型马铃薯施肥播种机播种；收获采用中机美诺生产的 1804 型杀秧机，先割秧，使薯皮老化，以便在收获时减少损失，再用中机美诺生产的 1600 型马铃薯收获。

三、生产经营特点

1. 实行"公司＋合作社＋农户＋基地"的产业化经营模式，公司与合作社签订生产合同，合作社组织本村有种植意愿的农户进行生产，既解决了公司没有能力有效组织农民进行生产管理的难题，又能保证马铃薯种薯生产技术的有效执行。

2. 公司按照"五统一"模式进行生产管理，即实行统一确定品种、统一提供原种、统一田间技术指导、统一病虫害防治、统一回收种薯。尤其是针对马铃薯晚疫病，公司组织专业防治队伍，从 7 月中旬开始共进行 4 次统一防治，确保种植基地没有发生大面积的流行病害。

四、效益分析

1. 根据近三年来统计，全县马铃薯平均每亩产值达到了 1 450 元，平均每亩可以增加经济收入 490 元以上，高于玉米、谷子等大田作物。

2. 这种方式播种、中耕、起垄、收获全部实现了机械化，生产效率显著提升。

3. 公司加强了对临时用工人员和合作社成员的培训，通过他们将公司先进的生产技术和理念带到了全县马铃薯种植区，带动了全县马铃薯种薯产业的技术升级。

五、适宜区域范围

适用于长治地区无水浇条件的种薯生产区。

六、整理单位、整理人

沁源县农业农村局　范向丽
沁源县农业技术推广中心　史晓东　田建新　郭利伟

武乡县三里湾种植专业合作社：黑花生种植模式

武乡县三里湾种植专业合作社位于浊漳河畔的监漳镇监漳村，成立于 2007 年 1 月，注册资金 500 万元。合作社参与农户 2 830 户，种植基地 1 万余亩，拥有杂粮加工厂 1 座，建筑面积 6 600 米^2，有各种设备 62 台（套），加工产品有石磨面粉、黄小米、黑小米、黑花生、红花生、小杂粮、手工挂面、杂粮面粉等，产品远销北京、太原、济南、温州、青岛、洛阳等地。为了充分挖掘武乡县花生生产潜力，合作社积极引进和集成推广黑花生优良品种及高产高效配套栽培技术，促进农艺农机结合、良种良法配套，推动了花生品质提升和产值增加。

一、技术模式

选用优种＋种子处理＋适期播种＋田间管理＋适时收获

二、主要技术内容

1. 选用优种。 选择汾黑 1 号花生作为当地种植推广品种。

2. 种子处理。 在播前 10～15 天晒种，2～3 天剥壳精选、备种，播前用 3% 辛硫磷拌种。

3. 适期播种。 当 5 厘米地温稳定在 15℃时即可播种，武乡县中部地区 4 月 20 日前后播种。机播亩播量为 15～18 千克种仁，人工 13～15 千克。播种深度 5～7 厘米，行距 40～50 厘米，穴距 15～16 厘米，每穴 2 粒，每亩 9 000～10 000 穴。

4. 加强田间管理。 花针期管理主攻目标是花早针多，稳健生长。当花生主茎达 10 厘米以上形成花蕾时用磷酸二氢钾叶面施肥。7 月是蚜虫、红蜘蛛多发期，每亩可用 1.8% 阿维菌素 10～20 毫升兑水 30～40 千克喷雾。中耕除草 3～4 次。当雨涝时要防止植株徒长，必要时选择晴天将花生秧苗踩倒以缩短果针与地面距离，达到控秧促根、控上促下的目的。

结荚成熟期管理主攻目标是控上促下多结荚，协调营养和生殖生长的矛盾。后期应叶面施肥保叶防早衰、多中耕除草以改善通风透光条件。

5. 适时收获。当花生植株上部叶片变黄、茎枝变为黄绿色、花生果网纹清晰、籽仁饱满时即为成熟期，一般在 9 月 20 日前后收获。

三、生产经营特点

1. 合作社将传统花生种植经验与现代农业技术组装配套，组织种植户通过实际操作、观摩试验示范样板来提高采用先进技术的积极性，起到了很好的示范辐射作用。

2. 大力推广"五统一"配套技术，即推行统一整地播种、统一品种、统一施肥管理、统一病虫防治，促进良种与良法组装配套，提高了黑花生生产的科技含量和组织化程度。

3. 组建专业化统防统治队伍，组装实施农业防治、生物防治、物理防治、化学防治等技术措施，控制病虫危害。

4. 合作社与武乡县晋昌农业公司、武乡县银牛农机合作社、武乡县供销合作社结成合作伙伴，形成组合团队，做到农超对接、零距离销售，带动合作社成员共同富裕。

5. 合作社实施品牌战略，"翻得高"牌系列产品先后获得"山西省十佳特色品牌产品""全国农产品最佳绿色奖"等称号，合作社被评为"中国 50 佳合作社"。

四、效益分析

1. 经测产，合作社黑花生示范田平均亩产 262.4 千克，比对照平均亩产 223.5 千克，亩增产 38.9 千克，增产率为 17.4%，成为武乡县花生高产优质的典范。

2. 充分发挥合作社的辐射、带动和示范作用，黑花生产量和品质不断提升，提升了武乡县油料综合生产能力，带动了农民增收致富。

五、适宜区域范围

长治市肥力中等偏上、上虚下实、疏松透气的沙壤土均可种植。

六、整理单位、整理人

长治市植物保护植物检疫站　王晨霞
武乡县三里湾种植专业合作社　暴永清

第二节　果蔬类作物有机旱作技术模式

近年来，长治在蔬菜、食用菌、干鲜果的生产上，充分发挥比较优势，突出区域特色和优势品种，在稳定现有规模的基础上，着力研究推广旱作节水技术，总结推广了一批适用性强的新技术。

山西欣荣懋农业科技有限公司：
露地西兰花"一年两茬"种植模式

山西欣荣懋农业科技有限公司位于长子县宋村乡宋村，注册资金1000万元。公司以西兰花种植为主，在长子县宋村北建设有1000余亩集中连片的西兰花示范种植园区，并建设有配套的水肥一体化设施。另有10余座大棚用于西兰花育苗，还有加工、冷藏等配套设施，产品主要出口港澳地区，是高标准的绿色有机供港蔬菜基地。

一、技术模式

优良品种＋一年两茬＋水肥一体化＋微喷灌＋病虫绿色防控

二、主要技术内容

1. 一年两茬。 西兰花性喜冷凉环境，耐低温霜冻，适宜温度15～25℃，在5℃左右即能生长。温度过高反而会由于生长太快容易老化，品质变差，因此生产上应避开夏季高温季节栽培。西兰花生长期80～90天，一年可种植两季。按照栽培季节不同而分为春夏茬（春季播种、夏季采收）和夏秋茬（夏季播种、秋季采收）。春夏茬品种选用比较耐热的品种，如"炎秀"，视温度情况于3月中下旬开始陆续定植，到6月份开始陆续收获；夏秋茬选择比较耐寒且成熟快的品种，如"优秀"，于7月中下旬播种，9月底至11月初采收。

2. 穴盘基质育苗。 西兰花基质穴盘工厂化育苗，用量少，占地面积小，能够缩短苗龄，节省育苗时间，能够尽可能减少病虫害发生。采用105孔穴盘育苗，叶龄4～5叶，一般春夏茬秧龄45～50天，夏秋季秧龄28～35天。

3. 整地施肥。 于定植前15天旋地，旋地前每亩全田撒施腐熟有机肥1000千克或商品有机肥100千克、尿素10千克、过磷酸钙50千克、钾肥10千克、硼肥（基施型）1.5千克；未施有机肥的田块，耕前每亩全田撒施复合肥35千克左右、硼肥（基施型）1.5千克。整地要求深沟高畦，春夏季西兰花畦宽连沟1.2米，夏秋季西兰花畦宽连沟1.5米。

4. 覆盖地膜。 西兰花在整个生长过程中需水量较大，尤其是叶片旺盛生长和花球形成期更不能缺水，即使是短期干旱，也会影响产量。覆盖地膜可以保湿保墒，在旱地种植西兰花非常重要。如选用银黑双色地膜，还可以起到除草驱蚜虫的效果。薄膜要选用抗戳拉能力较强的产品，规格为厚度0.004毫米、宽度80厘米。盖膜（尤其春种西兰花）时要四周用土封严实，铺膜后定植，植株周围也要用土封好；如畦面松散、土壤干燥的田块，应先定苗，待墒情好转时再盖膜并破膜出苗。一般每亩定植3000～3300株，一垄双行，株距0.33～0.37米。定植时大小苗要分开，植后浇定根水。

5. 水肥一体化微喷灌技术。 西兰花整个生长期间需要保持比较湿润的环境。利用水肥一体化微喷灌技术可将灌溉与施肥融为一体，还可以保持田间一定的湿度，满足西兰花生长对温湿度养分的要求。定植后3～4天内要每天浇一次水，待成活后控制浇水，之后保持土壤见干见湿；无雨天一般要 5～6 天浇一次水。大雨过后应及时排水，结球期要保持土壤湿润。

西兰花喜肥不耐肥，生长期间一般追肥 3～4 次，随微喷灌进行。第一次在定植后 10 天每亩施尿素 10～15 千克；第二次在第一次施肥后 10～15 天，每亩施尿素 10 千克＋氯化钾 10 千克，现蕾时每亩施 45％复合肥 30 千克＋氯化钾 10 千克；结球初期再施 1 次。

6. 病虫绿色防控。 西兰花病虫害主要有黑腐病、软腐病、小菜蛾、菜青虫、甜菜夜蛾、斜纹夜蛾和蚜虫，春季气温回升后就要及早抓好病虫防治，以减轻后期防治压力。种植上除利用覆膜驱虫除草外，还要利用粘虫板诱杀、性诱剂诱杀等方法灭虫，再配合施高效低毒低残留农药防治病虫害。粘虫板、性诱剂诱杀要在定植早期进行，以确保防治效果。

三、生产经营特点

1. 实行"公司＋生产托管"的经营模式，与深圳龙兴农业科技有限公司强强联手，引进了拖拉机、植保机、旋耕施肥、铺膜播种、中耕追肥除草等机械，基本实现了全程机械作业，减少了劳动用工，降低了生产成本。

2. 种植西兰花以供港为主，生产过程坚持绿色有机发展理念，推进农机农艺配套融合、有机肥替代化肥、病虫害绿色防控、统防统治、水肥一体化等技术的使用，建立了农产品质量安全追溯系统。

3. 发挥示范、引领作用，引进筛选了一批适应当地种植的优良品种，总结出了一套适宜推广的高效栽培模式，并将新品种、新技术向周边农民推广，推动了西兰花在其他县（区）发展。

四、效益分析

每亩种植西兰花 3 000～3 300 株，一年两茬，每年每亩纯收入在 5 000～8 000 元，不但给公司增加了收入，同时能够带动周边农民进行种植，对农民脱贫致富起到了积极推动作用。

五、适宜区域范围

适用于上党盆地土地平坦、地力较好、有灌溉条件的地区。

六、整理单位、整理人

长治市植物保护植物检疫站　王景盛　秦玉李

长子县丹朱镇东寺头村：紫皮大蒜地膜覆盖栽培技术模式

长子县丹朱镇东寺头村位于县城西北 2.5 千米处。该村地平水浅，土地肥沃，有 21 眼机井，配套 90％的土地能水浇，是长子县著名的蔬菜生产基地。东寺头紫皮大蒜早在

20 世纪 30 年代就有种植，由于气候凉爽，昼夜温差大，病虫害少，土质为红沙土，水质良好，灌溉时不会产生次生盐碱化，为紫皮大蒜生长提供了优越的条件，所产紫皮大蒜以蒜瓣肥大、汁多、辛辣气味浓郁、捣烂成泥不变味而颇负盛名，在市场上很受人们的喜爱。近年来，该村在传统种植的基础上，试验总结出了大蒜地膜覆盖栽培技术，增加了产量，提升了效益。

一、技术模式

小高畦＋地膜覆盖＋传统留种＋施用有机肥

二、主要技术内容

1. 选种。 选择大头、少瓣、抽薹力强、蒜头一般在 50 克左右的种蒜，根据气候情况，在惊蛰前后播种。

2. 整地整畦。 精细整地，一次性施足有机肥。大蒜的根是从蒜瓣基部的茎盘上发生的，为弦线状须根，主要分布在 5～20 厘米土层中，吸水肥能力较弱，地膜覆盖后，可提高大蒜的吸肥力。地膜覆盖一般用 15～20 厘米的小高畦，畦宽 85～90 厘米。

3. 覆膜。 一般先播种后覆膜，膜要盖严压紧，做到膜紧贴地，无空隙，无皱褶。

4. 苗期管理。 覆膜后及时浇水，以促蒜瓣扎根，5 天后浇二次水，以利幼苗出土顶膜，同时保持土壤水分充足且不积水，确保出苗整齐。

蒜薹伸长期要加强水肥管理，要连续浇水，保证畦面不干，以水促薹，促进叶片生长。蒜薹采收前 2～3 天停止浇水，增强其韧性，以利抽薹。

蒜头膨大期要保证畦面不干，忌暴晒，直到收获前 5 天停止浇水，以促进叶部的营养物质加速向蒜头转运。

5. 病虫害的防治。 选用抗病毒种子，加强田间管理，实行轮作种植，控制田间温度，及时清除病株残体和落叶，改变虫源、菌源寄生环境，以减少病虫害发生。在蒜叶上和根部撒草木灰，可以有效防蒜蛆；也可用 80％的敌百虫粉剂拌种，或用 90％敌百虫粉剂800～1 000 倍喷雾防治，预防早期虫害。

三、生产经营特点

1. 东寺头村委会高度重视农业结构调整，积极发展蔬菜产业，近年来实施高标准农田建设，完善了田间道路和水利设施，为蔬菜基地发展奠定了基础。

2. 东寺头紫皮大蒜以农户种植为主。种植户自留种，在当年大蒜收获时即选择大头、少瓣的蒜头作为种蒜，留待下年播种时用。

3. 东寺头村已是长子有名的蔬菜基地，紫皮大蒜在当地知名度较高，大蒜收获季节即有客商小贩上门收购，种植户没有后顾之忧。

四、效益分析

1. 地膜覆盖改善了环境条件，可提高地温 2.6～3.7℃，大蒜幼苗生长快，植株生长量大，叶面积大，为大蒜丰产奠定了基础。据测产，地膜覆盖大蒜可增产蒜薹 20.35％，增产蒜头 18.8%。

2. 地膜覆盖降低了土壤水分蒸发量，有利于土壤保墒防旱，减少浇水次数，同时避免了因浇水而降低地温。

3. 地膜覆盖后增强了土壤保肥力，提高了养分利用率；保持土壤疏松，防止因浇水过多造成地面板结，有效地改善了土壤环境条件。

4. 地膜覆盖阻挡了种蝇向蒜根周围产卵，减少了根蛆为害，抑制了杂草发生。

5. 地膜覆盖大蒜抽薹期可提前 6～10 天，成熟期提前 5～8 天，可提早腾地，有效调节下茬作物的栽培期。

五、适用区域范围

适用于长子县及周边县市。

六、整理单位、整理人

长子县植保植检站　许雪莉　张步辉

长治市浩润食品有限公司：HRYC－6 蒲公英种植模式

长治市浩润食品有限公司成立于 2002 年 9 月，注册资金 500 万元，坐落于长子县经济技术开发区，是山西省农业产业化龙头企业，总资产 8 000 余万元，年销售收入 5 000 万元。公司已通过 ISO9001 质量管理体系认证、HACCP 体系认证、ISO22000 食品安全质量体系认证、国际通用的 BRC 认证、犹太洁食 Kosher 认证，国内市场与顶新集团（康师傅）、白象集团、娃哈哈集团形成了长期稳定的合作关系，国际市场产品已远销美国、加拿大、俄罗斯、沙特阿拉伯等国家。

蒲公英是多年生宿根性植物，广泛生长于中、低海拔地区的山坡草地、路边、田野河滩等。公司与河南省科学院签订共同选育蒲公英优良品种的协议，经过 5 年时间精心培育出了产量高、病虫害少、口感好的 HRYC－6 蒲公英野菜品种。该品种从春季到秋季均可栽种，可采取露地种植、春秋棚种植和暖棚种植等多种栽培方式，在长子县及周边县区得到推广应用。

一、技术模式

整地起垄＋浅沟播种＋地表覆草（膜）＋中耕除草＋分批采收

二、主要技术内容

1. 种子准备。蒲公英是多年生宿根植物，野生条件下一年生植株就能开花结籽，次年春末夏初为开花结籽期，开花后 13～15 天种子即成熟。花盘外壳由绿变为黄绿，种子由乳白色变褐色时即可采收，切不要等到花盘开裂时再采收，否则种子易飞散失落损失较大。采种时可将蒲公英的花盘摘下，放室内存放后熟一天，待花盘全部散开，再阴干 1～2 天，用手搓掉种子尖端的绒毛，然后晒干种子备用。

2. 整地施肥。 选疏松肥沃、排水良好的砂质壤土种植。亩施有机肥 2 000～3 500 千克，混合过磷酸钙 15 千克，均匀撒到地面上。深翻地 20～25 厘米，整平和细，做平畦宽 1.2 米，起 20 厘米高小垄。

3. 播种繁殖。 蒲公英繁殖采用种子繁殖。种子无休眠期，成熟种子从春到秋可随时播种。播种前先整地作畦，在畦内开浅沟，沟距 12 厘米、沟宽 10 厘米，然后将种子播在沟内，上覆土厚 0.3～0.5 厘米，然后稍加镇压。播种可采用温水烫种催芽处理。播种时要求土壤湿润，如土壤干旱应在播种前两天浇透水。春播最好地膜覆盖，夏播雨水充足可不覆膜，但需盖麦秸或茅草保湿，待苗出齐后扒去盖草。

4. 田间管理。 出苗前保持土壤湿润，出苗后应适当控制水分，防止徒长和倒伏。叶片迅速生长期要保持田间湿润，以促进叶片旺盛生长。蒲公英出苗 10 天左右进行第 1 次中耕除草，以后每 10 天中耕除草 1 次，直到封垄为止。结合中耕除草进行间苗定苗，株距 3～5 厘米，撒播者株距 5 厘米。冬前浇 1 次透水，然后覆盖马粪或麦秸等，以利根株越冬和翌年春季较早萌发新株。秋播者入冬后，在畦面上每亩撒施有机肥 2 500 千克、过磷酸钙 20 千克，既起到施肥作用，又可以保护根系安全越冬。翌春返青后可结合浇水施用尿素 10～15 千克、过磷酸钙 8 千克。

5. 分批采收。 蒲公英可在幼苗期分批采摘外层大叶供食，或用刀割取心叶以外的叶片食用。每隔 20～25 天割 1 次，也可一次性割取整株上市。一般每亩每次收割可产 1 500～2 000 千克。采收时可用钩刀或小刀挑挖，沿地表 1～1.5 厘米处平行下刀，保留地下根部以长新芽。先挑大株收，留下中、小株继续生长。

三、生产经营特点

1. 公司业务范围涵盖优质种苗培育、无公害绿色有机蔬菜及山野菜的种植、加工、储藏和销售、特色养生快餐、市场销售、技术推广与培训服务等。

2. 公司承担优质蔬菜加工和经营销售、统一制定生产计划和技术标准等职责，为合作社、家庭农场提供产前、产中、产后技术指导和服务，以高于市场的价格集中组织蔬菜机收、分包加工、仓储物流和市场销售等。

3. 成立"长子创为农业产业化联合会"，浩润食品有限公司为理事长单位，与各蔬菜合作社及蔬菜种植家庭农场合作，实现三大主体融合，利益均享，风险共担，以提高蔬菜经营主体的整体竞争力和经济效益。

四、效益分析

1. 年度产销蔬菜及蔬菜加工制品 1 万吨，产值 5 000 万元，带动农户 300 多户，直接解决就业 1 000 人，亩均增收 600 元。

2. 蒲公英平均每茬每平方米可产 2～3 千克，每年可收 6～7 茬，农民种植蒲公英效益可观。

五、适宜区域范围

长治市全域范围均可种植。

六、整理单位、整理人

长治市植物保护植物检疫站　刘林柏

长治市浩润食品有限公司　王洪州

长子县丹西龙鑫现代农业园区：早春大棚胡萝卜栽培模式

长子县丹西龙鑫现代农业园区建于 2016 年，占地面积 500 余亩，先后被评为全国农村创新创业基地、山西省省级蔬菜标准园、山西省青椒病虫害绿色防控示范基地、山西省农科院蔬菜研究所直属基地。园区实行公司化管理，严格把控农业投入品，大力推广农业科学化生产、农机农艺配套融合和有机肥替代化肥、病虫害绿色防控、统防统治、水肥一体化、农作物废弃物综合利用等技术，示范带动了周边农户的蔬菜质量和生产效益提高。2019 年，从山东引进早春大棚胡萝卜种植技术，在园区 8 个春秋大棚里试种成功，并取得了很好的经济效益，为提高春秋大棚利用率探索出了一条新的途径。

一、技术模式

塑料大棚＋耐寒品种＋提早播种＋覆盖保温＋分批采收

二、主要技术内容

1. 品种选择。胡萝卜早春大棚种植要选择生长期较短、耐寒性较强、春季栽培不易抽薹的品种。如"新黑田 5 寸人参""春秋三红五寸人参""超级红冠"等。

2. 整地施肥。由于胡萝卜肉质根入土较深，选择土质疏松、土层深厚、排灌良好、富含有机质的沙壤土或壤土种植。冬前深翻整地，翻耕深度在 25～30 厘米，播种前结合施基肥再翻耕一次。

胡萝卜施肥以基肥为主，追肥为辅。基肥用量为每亩施用腐熟农家肥 3 000～4 000 千克，另施硫酸钾复合肥 50 千克、钙镁磷肥 50 千克及硫酸钾 25 千克，要求均匀施入距表土 6 厘米以下土层；播种前要对翻耕的土壤进行纵横细耙 2～3 遍，耙细整平后晒土。

3. 高垄播种。胡萝卜属半耐寒性及长日照型蔬菜，4℃以上种子即可萌动发芽。针对长子县和山东地区温度的差异，采取塑料大棚内再加扣小拱棚栽培。早春大棚 1 月中下旬种植，2 月上中旬出苗，在选择适宜品种的前提下，提早播种可以尽早提前上市。

胡萝卜种子小，不容易定植均匀，早春大棚播种时温度低且发芽缓慢，采用编籽技术把种子按适宜间距均匀编在绳子里，播种前起高垄种植，用人工或专用机械播种，保证出苗整齐，大小均匀。

4. 出苗前后管理。胡萝卜适宜的出苗温度为 18～22℃，长治市 1—2 月温度较低，因此早春大棚种植出苗前要保温促早苗、齐苗。出苗后如遇温暖的晴天，白天适度揭膜通风，防止形成徒长苗或高温烧苗。在胡萝卜 3～4 片真叶期进行第一次间苗，去除弱苗、过密苗、畸形苗。

5. 保温与通风。3 月以前，早春大棚外界气温较低应以保墒、保温增温为主，四周棚膜应晚揭早盖，以后逐渐早揭晚盖，尽量延长光照时间提高昼温；进入 4 月后，气温回升较快，揭除小拱棚膜，加强通风换气，保证棚内温度不超过 30℃。4 月下旬早春大棚外界气温稳定升高以后，需要揭除大棚膜，让其露地生长，以利光照，积累更多的同化物质，促使肉质根迅速膨大。生长期结合中耕适当将细土培至根头，防止肉质根根头膨大后顶出地面变成绿色，形成绿肩而降低品质。

6. 肥水管理。胡萝卜苗期需水量不大，不宜浇水过多。幼苗 3～4 片真叶时，结合浇水每亩追施硫酸钾复合肥 15 千克；5～6 片真叶定苗时，结合浇水每亩追施磷酸二铵 15 千克、硫酸钾复合肥 3～4 千克；在胡萝卜肉质根明显膨大期即 8 叶期，充分浇水，始终保持土壤湿润，结合浇水每亩追施磷酸二铵 15 千克、硫酸钾复合肥 5 千克。注意肥水均匀，防止裂根。如遇地上部分生长过盛，喷施浓度为 20 毫升/千克的多效唑 1～2 次，间隔时间 10 天。

7. 病虫害防治。早春胡萝卜病虫害较少，据观察除了苗期有蛴螬危害以外，基本无其他病虫危害。防治蛴螬可用敌百虫、辛硫磷与麦麸配制成毒饵，于傍晚前撒于垄沟。

8. 适时采收。春种胡萝卜一般在播种后 90～100 天收获，可根据市场价值及肉质根大小于 5 月中旬起分批采收，在 6 月高温来临之前采收完毕，以避免高温对胡萝卜品质的影响。也可短期预冷，贮于 0～3℃冷库中随时供应上市。

三、生产经营特点

1. 园区与山东泽田农业科技有限公司合作，引进早春胡萝卜品种，并由山东泽田农业科技有限公司提供技术指导，产品收获后由山东泽田农业科技有限公司负责回收，主要供应南方沿海城市。

2. 园区与建源合作社、赵庄园区、小蚯蚓、大李村等经营主体结成联合体，优势互补，在抱团采购、产品营销等方面赢得了话语权，实现了效益最大化。

3. 通过高素质农民培育对农户进行集中培训，并组建长期稳定的微信群，不定期组织农户到园区观摩学习，新品种、新技术能很快推广到种植户。

四、效益分析

1. 试验种植早春胡萝卜亩产 4～5 吨，5—6 月价格相对稳定，每千克按 2 元计算，亩可收入 8 000～10 000 元，经济效益明显。

2. 在不降低收入的情况下可解决塑料大棚换茬问题，把上市时间提前到 5 月中下旬，价格有优势，还不误下茬青椒定植，在长子大棚种植区具有推广价值。

五、适宜区域范围

适用于上党盆地春秋塑料大棚早春栽培，要求土壤肥沃深厚、质地疏松、有机质含量高及排水良好的壤土或砂质壤土。

六、整理单位、整理人

长治市农业资源工作中心　刘巧英

长子县蔬菜研究会　李强

长子县小蚯蚓种植专业合作社：
"生贵式"大棚甜椒与西葫芦轮作栽培模式

长子县小蚯蚓种植专业合作社位于丹朱镇西寺头村，成立于2014年2月，合作社股东6人，有员工16人。合作社在草坊村建设436亩"生贵式"大棚蔬菜种植示范园区，并完善了水、电、路等设施。采用"合作社＋基地＋农户"的模式，在大棚重点推广了甜椒和西葫芦轮作栽培，取得了较好的效益。

一、技术模式

"生贵式"简易大棚＋甜椒和西葫芦轮作

二、主要技术内容

1. 棚体形式：塑料大棚。

2. 一年两茬。前茬种植甜椒，1月中旬育苗，4月初定植，7月中下旬拉秧；后茬种植西葫芦，7月下旬至8月初直播或8月初定植。所轮作的品种应适应于大棚生长条件，前茬和后茬有相互促进作用。

3. 甜椒栽培。

（1）品种选择：前茬种植甜椒时外界温度较低，应选用较耐低温、耐贮运、高产、商品性好的品种。

（2）育苗：选用基质穴盘育苗方式，壮苗指标为5～6叶一心，茎秆粗壮，茎叶完整，叶片肥厚，节间短，根系发达，侧白根多，无病虫。

（3）整地施肥定植：定植前7～10天整地施基肥。每亩施用充分腐熟的有机肥4 000～5 000千克，加100千克复合肥。起垄10～20厘米，一膜覆盖1～2行滴灌管或滴灌带。每亩定植2 800～3 200株，晴天上午定植。

（4）定植后管理：定植后4～5天内，温度白天25～30℃，夜间10～15℃。缓苗后中耕除草，温度白天25～28℃，夜间15～18℃。当外界气温较高，中午前后根据天气情况放风降温。花期整枝疏果，开花坐果期白天22～25℃，夜间20℃左右。后期喷施植物生长调节剂，保花保果。采收期后期，加强肥水管理，每10天左右随水施1次复合肥。

4. 西葫芦栽培。

（1）前期准备：甜椒拉秧后，及时清洁田园。结合翻晒土壤，亩施硫酸亚铁10千克、硝酸磷钾肥50千克。起垄10～20厘米，覆膜，覆盖滴灌管或滴灌带。

（2）品种选择：后茬西葫芦正处于高温季节，应选用长势强、瓜色翠绿、坐瓜率高、抗病毒病、白粉病能力强、抗逆性好的西葫芦品种。

（3）播种方法：采用直播方式播种，每亩栽培面积用种子量180～300克。播前浸种催芽，浸种4～5小时，25～28℃催芽，待种子出芽80%时，即可播种。采取大小行或等行距种植。每亩播 800～1 000 穴。挖穴后直接将干籽或催出芽的种子放入穴中，一穴放 1～2 粒种子，盖上湿润细土。也可基质穴盘育苗，壮苗指标为 1～2 叶一心，子叶完整，叶片肥厚，株形紧凑，根系完好，无病虫。

5. 田间管理。

（1）直播后管理：加强中耕，实时通风换气，前期减少 32℃ 以上高温条件，降低棚内湿度。当瓜坐稳后，开始浇水，10～15 天随水施氮磷钾复合肥 10～15 千克。选择滴灌栽培的，当瓜坐稳后，早晨或傍晚时分开始浇水，每株浇水约 450 毫升；追肥应少量多次，10～15 天每亩每次随水施 2.5～3 千克浓缩速溶肥料。依棚室条件合理使用植物生长调节剂保花保果。

（2）定植后管理：每亩定植 800～1 000 株。定植后浇透水，7～8 天再浇缓苗水，中耕锄草。

6. 采收。采收前 7 天禁止用药。甜椒果肉变厚、坚实，色深有光泽时开始采收；西葫芦长到 200～400 克时即可采收。

三、生产经营特点

1. 采取"棚地产"模式，合作社出资承租农民土地，建设简易大棚，并配套完善水肥一体化等基础设施；农民承租建好大棚直接进入生产，前期不需要投入。

2. 合作社负责技术指导、农资供应、产品销售等服务，并实行统一建设、统一模式、统一防控、统一商标、统一销售的"五统一"管理。

3. 合作社积极与山西农业大学园艺学院、山西省蔬菜研究所等有关蔬菜教学、科研和技术推广部门合作，对园区进行技术指导，使生产中遇到的具体问题能迅速得到解决。

4. 通过以合作社带园区、园区带基地、基地带农户的形式，已带动全县 1 万多亩简易大棚应用此技术。

四、效益分析

1. 农民承租建设好的大棚，不需要投入即可直接生产。种植户每年种植纯收入在 1 万～1.5 万元。合作社每年仅扣除相应的租地和建设投资及管理费用，种植户第一年销售后上交 3 000 元，第二年上交 2 500 元，第三年之后每年上交 2 000 元。这种大棚管理物业化的模式，不仅解决了农民缺少资金的问题，而且使合作社与基地、农户的结合更加紧密。

2. 在同一大棚里，采用一年两茬轮作模式，既提高了土地利用率，又能减轻连作障碍，青椒和西葫芦平均产量比常规种植提高 12% 左右。

五、适宜区域范围

适用于"生贵式"简易大棚、钢结构塑料大棚等春秋大棚栽培。

六、整理单位、整理人

长子县农业农村局　程旗开
长子县小蚯蚓种植专业合作社　李强

潞城鑫熬兴种植有限公司：平川区大葱全程机械化种植模式

大葱是潞城区特色农产品，尤以熬脑大葱最为有名。熬脑大葱主要分布于云崖山一带的合室乡、史回乡等4个乡镇50多个自然村。因产地气候独特、环境优良，熬脑大葱身量粗长、齐整水嫩、营养丰富，2011年获农业部农产品地理标志。目前，潞城区大葱种植面积1 000余亩，其中，合室乡约600亩，史回乡约250亩，成家川街道办160余亩。

潞城鑫熬兴种植有限公司是一家以机械化作业、规模化种植、企业化管理、市场化经营为模式的新型农产品种植加工企业，2018年3月注册成立，位于合室乡桥堡村。公司固定资产500万元，占地15亩，拥有大葱种植机械33台（辆），其中大葱开沟机2台、撒粪机3辆、大葱播种机1台、大葱移栽机2台、培土机4台、空压机1台、钩膜机1台、配送车3辆，其他涉农机器设备及初加工机器15台。公司建有大葱示范种植园450亩、培训基地1个、2个大葱加工包装车间、1个储存恒温库和1座大葱连栋育苗棚，5架日光大棚确保一年四季有鲜葱出售。

一、技术模式

引进新品种＋大棚育苗＋全程机械化作业＋净葱上市

二、主要技术内容

1. 品种和地块选择。选用抗病虫、抗寒、耐热、适应性强、商品性好、高产、耐贮的品种，目前已引进和种植日本黑秀、玉秀、华夏、惠和、皇家一本、优创一号、二号6个新品种。

大葱对土壤的适应性较强，但因其根系较短、根群小、不发达，故宜选择在土质肥沃、土层深厚、光照适宜、排灌良好的地块。

2. 机械化播种。3月在连栋棚内开始播种育苗，在平畦内按10～20厘米行距用旋耕机整地开沟，顺沟亩撒播腐熟农家肥3 000千克，再浇足播种水。平畦条播工作效率高，出苗后易于进行锄草、施肥等农作管理。播种后畦面要覆盖地膜，有利于保墒和提高地温，确保早出苗和出全苗，出苗后要及时撤除地膜，以防高温烧苗。

3. 机械化定植。清明节后用开沟施肥机按行距80厘米开沟，同时每亩施入100千克商品有机肥和10千克大葱专用肥。当苗高30～40厘米、茎粗约0.5～0.8厘米时即可定植，将每2.5千克左右的葱苗扎成一捆，用切叶刀将上部多余叶子切除，以便于机播时不缠绕。将加工后的葱苗置于移栽机上，由两人整齐摆放，便于顺利移栽。

4. 喷灌浇水＋机械化培土。采用喷灌技术浇水，保证浇水均匀，用施肥培土机进行培土操作，共培土3～4次，每次培土至心叶以下。机械培土还可覆盖杂草，避免人工除草，提高工作效率。

5. 机械收获。7月即可陆续收获，采用大葱收获机进行收获。大葱品种不同，采收时间也不同，特别是生长速度快的品种，过晚采收会出现老化或冻害，导致商品性降低；生长速度慢的品种，过早收获则产量不高。收获后应抖净泥土，按收购标准分级，保留中间

4～5片完好叶片。每10千克左右为一捆，用绳分3道扎实，不能紧扎，以防止压破葱叶。

三、生产经营特点

1. 采用"公司＋基地＋农户"的方式，与周边1 200余户大葱种植户签订种植合同，通过精细管理、施有机肥、生态治理、品质控制，真正实现了大葱的绿色和优质。修建大葱加工车间和冷库，实现净葱上市，提升了大葱的种植效益，解决了种植户后顾之忧。

2. 改变了大葱多年来在山丘地生长的特性，采用平川土地种植大葱品质更优，巩固了"熬脑大葱"地域品牌，提高了市场竞争力。

四、效益分析

1. 以种植大葱和种植玉米来比较，一亩大葱的前期投入包括租地、旋地整地、葱秧培育、机械种植、有机肥料等约2 600元，按亩产平均5 000千克、市场均价1元/千克计算，共计收入5 000元，除去前期投入2 600元，利润在2 400元左右。如大葱后期加工，每千克葱折合工时投入0.05元，加上机器设备等投入损耗每千克0.05元，0.5千克可加工成品葱0.35千克，5 000千克可加工成品葱3 500千克，投入工资、机械损耗1 500元。加工后每千克大葱产值2元左右，除去投入4 100元，纯利润2 900元。玉米种植按平均亩产600千克计算，除去每亩投入600元，亩均收入600元左右。种植大葱收入是玉米收入的4倍多。

2. 采取"公司＋基地＋农户"的方式，与周边十余个村1 200余户签订了种植合同，种植大葱达1万余亩，通过大胆尝试平川种植大葱全程机械化技术，实现农民人均纯收入增长1 500元。

3. 公司通过机械化示范种植，施用有机肥料，不喷洒农药，既可改良土壤、培肥地力、减少污染，又提高了大葱的质量和品质。

五、适宜区域范围

适宜于中等肥力及旱肥地种植。

六、整理单位、整理人

长治市潞城区农业农村局　牛风英　赵海燕

平顺县融鑫家庭农场：旱地西红柿高垄栽培模式

平顺县融鑫家庭农场位于平顺县北社乡东禅村，2003年开始经营，2017年工商注册登记，2019年被山西省农业农村厅认定为省级示范家庭农场。经过十几年的发展，该农场现有良田60余亩，种植西红柿、豆角等旱地蔬菜。近年来，围绕旱地西红柿种植，农场不断改进技术措施，摸索出了一套可推广的种植模式。

一、技术模式

高垄栽培＋节水滴灌＋病虫绿色防控

二、主要技术内容

1. 优选品种。近几年与方兴育苗公司合作引进该公司西红柿新品种欣粉998，具有果形好、生长旺盛、抗病虫害能力强、硬度好耐运输、货架时间长、耐寒耐旱等特点，无论山地丘陵或平地均可种植。近年来通过农场示范应用，并对周边种植户进行技术指导，欣粉998已在本地区得到推广，农户反应较好。

2. 高垄栽培。高垄栽培是在常规栽培的基础上，把栽培行做成20～30厘米高的垄，将西红柿种在垄上。第一，高垄栽培适宜密植，西红柿种在垄上，叶片上冲，较深的垄沟变成通风透气的走廊，能促进作物发挥群体增产优势。第二，高垄栽培改变了地面灌水方式，由大水漫灌改为小水沟内渗灌，可节约用水30％～50％。第三，高垄栽培消除了植株根部土壤的板结现象，有利于作物生长发育。第四，高垄栽培便于田间管理，方便了生长后期疏花疏果、病虫防治和采收。第五，高垄栽培将土壤由平面改为波浪形，扩大了土壤表面积，从而增加了太阳光能的截获量，白天升温快，夜间降温也快，更有利于有机物的转化和积累。

3. 滴灌节水。滴灌系统主要由首部枢纽、管路和滴头三部分组成，是利用塑料管道将水通过直径为10毫米毛管上的孔口或滴头送到作物根部进行局部灌溉，将水与作物需要的养分一滴一滴地均匀而又缓慢地滴入作物根区土壤的灌溉方法。滴灌不破坏土壤结构，土壤内部的水肥气热经常保持适宜作物生长的良好状况。滴灌不产生地面径流，蒸发损失小，并且没有深层渗漏，不会造成水资源的浪费。因此，滴灌是旱地蔬菜最有效的一种节水灌溉方法，水的利用率可达95％，同时可以结合施肥提高肥效一倍以上。

4. 病虫害物理防治。喷药防治病虫害，其缺点是污染环境，蔬菜农残超标，不利于绿色产品的生产。采用物理防治方法，挂黄板、蓝板两种粘虫板诱杀害虫，每亩悬挂20～30片，并均匀分布，悬挂高度超过植株顶部，并随植株生长提高黄板的位置。悬挂半月后，平均每个黄板可诱虫1万只左右，整个生长季节可减少用药次数5～6次。

三、生产经营特点

1. 以家庭适度规模性、盈利性为基础，引进新品种和推广新技术，努力打造旱地蔬菜技术集成示范展示区和综合性农业科技服务区。

2. 积极组织农场员工参加各类技术培训，学习他人的先进经验，还多次聘请县级农业专家到田间地头现场指导，不断提高员工的蔬菜种植水平。

3. 在立足种好旱地西红柿、豆角的基础上，逐步向流通领域扩展，每年周边种植户销售蔬菜1 250吨。

四、效益分析

1. 农场种植旱地西红柿30亩、豆角30亩，每亩产值约1万元，除去人工、种子、化肥等成本，每亩净利润约5 000元，年利润30多万元。

2. 辐射周边地区增加旱地蔬菜种植面积6 000余亩，实现产值6 000万元，带动种植户脱贫致富，走上了富裕的小康路。

五、适宜区域范围

适宜于长治市丘陵旱地西红柿种植。

六、整理单位、整理人

长治市植物保护植物检疫站　董炬轩
平顺县融鑫种养结合家庭农场　马志强

山西余吾农业科技有限公司：
辣椒膜下滴灌水肥一体化种植模式

山西余吾农业科技有限公司成立于2015年1月，位于屯留县余吾镇余富村北，总投资1 100万元，规划流转土地1 000亩，主要从事蔬菜种植、经济林、养殖、农副产品加工等。公司引进湘研117号线椒品种，以"公司＋基地＋农户"的订单生产为主要模式，建立了统一规划、统一育苗、统一种植、统一管理、统一收购、统一包装的"六统一"管理机制与服务体系，并建有加工厂房1 600多米²，新建冷库1处，使尖椒的推广种植形成规模化、标准化。

膜下滴灌水肥一体化是把滴灌技术与地膜覆盖栽培相结合，借助压力灌溉系统，将可溶性固体肥料或液体肥料配兑而成的肥液与灌溉水一起，均匀、准确地输送到作物根部土壤，利用滴灌施肥的节水节肥作用，配合地膜覆盖的增温保墒作用，从而达到节水、节肥、增产、增收的目的。与传统灌溉和施肥相比，滴灌施肥具有节水、节肥、省工、高效、优质、环保等诸多优点。公司把膜下滴灌水肥一体化作为辣椒种植的关键技术，在种植基地推广应用，取得了很好的效果。

一、技术模式

膜下滴灌＋水肥一体化＋绿色防控

二、主要技术内容

1. 设施安装与使用。 水肥一体化系统一般包括四部分：供水系统、供肥系统、过滤混合系统和灌溉系统。供水系统由供水管网、过滤器及阀门组成，根据水源情况设计灌溉面积；供肥系统包括施肥器、阻塞阀、压力表、入口阀和出口阀等装置；过滤混合系统主要由筛网和过滤器等组成；灌溉系统由田间管网和滴灌管线组成。设备在辣椒苗移栽定植前安装铺设完毕，主管和支管在尾部采用打结封堵。

2. 起垄栽培。 辣椒要起垄栽培，大垄双行密植，垄面宽60厘米，垄高12～15厘米。先铺膜提温3～5天，膜下铺设滴灌带，滴头朝上，滴孔间距20厘米。在膜上打孔定植，株距 20～25 厘米，每亩定苗 4 500～5 000 株。定植过稀，植株不能封垄，易引起辣椒病毒病和日烧病；定植过密，易造成田间通风透光不好，导致田间湿度过大，引起辣椒各种病害的发生。

3. 科学浇水施肥。辣椒根系较浅，既不耐旱也不耐涝。定植后第三天即可利用水肥一体化灌溉系统浇缓苗水，水要浇足浇透，滴灌湿润深度一般 30 厘米。滴灌要求是少量多次，以 7～10 天灌溉一次为宜，每亩每次灌水量 5～8 米^3。浇水要注意几点：一是辣椒初花期不浇水，以防辣椒落花落果而徒长；二是辣椒在坐果盛期要小水勤浇，以促辣椒茎叶生长和果实膨大；三是温度高时，宜在早晨、傍晚浇水，以降低地温，温度超过 30℃时严禁浇水；四是多雨季节注意排水。

辣椒喜肥耐肥。首先要施足基肥，一般亩施优质农家肥 2 500 千克、硫酸钾 50 千克、过磷酸钙 40 千克。基肥施用后对土地进行深耕平整起垄。水肥一体化追肥，要选用液态或固态速溶肥，先用容器定量稀释溶解于水中，一般每立方米水溶 0.5 千克肥料纯养分。追肥前先滴水 20～30 分钟，然后通过文丘里施肥器随水施肥进入土壤，追肥结束后再滴水 20～30 分钟，以冲洗管道。追肥原则是轻施苗肥，稳施花蕾肥，重施膨果肥，勤施采果肥。要根据辣椒需肥规律，在辣椒生长发育各个时期，按照养分要求增施不同种类和数量的肥料。

4. 绿色防控。采取杀虫灯、性诱剂、色板等物理防治措施，以及农业防治、生物防治、生态控制等预防性措施，结合喷施农药对病虫害进行综合防治。

三、生产经营特点

1. 公司与上海张世纪辣椒酱加工厂签订合同，以"公司＋农户"的模式种植湘研 117 号，对 5 000 亩线椒种植基地的产品全部回收，并进行打碎包装初加工，供应上海张世纪辣椒酱加工厂。

2. 公司还拟流转土地 500 余亩，发展苹果、核桃等经济林种植和生猪、羊、土鸡等养殖项目，开展农业休闲旅游观光，可带动剩余劳动力就业 200 余名。

四、效益分析

1. 线椒每亩产量平均达 2 500 千克以上，每亩投入 1 200～1 300 元，每千克平均售价 3 元，每亩收入 6 300 元左右，辐射带动周边农户 300 多户，为全镇农业产业结构调整、农业产业化发展提供了方向和基础。

2. 5 000 亩线椒种植基地全部安装膜下滴灌系统，实现了"三节三省三增长"，即节水、节肥、节药，省工、省力、省心，增量、增收、增效。采用膜下滴灌水肥一体化技术，比常规种植节水 45%、节肥 30%、增产 15%，还节省除草人工费 40 元，节省浇地人工费 60 元。

3. 在尖椒果实的膨胀期，采用大水漫灌容易发生灰霉病，导致果实腐烂，使尖椒产量降低，采用膜下滴灌水肥一体化技术可有效避免此种情况。

五、适宜区域范围

灌溉条件较好，且水质好、符合微灌要求，并已建设或有条件建设微灌设施的蔬菜种植区域。

六、整理单位、整理人

长治市植物保护植物检疫站　郭凯翔

山西余吾农业科技有限公司　郭文良

壶关县佳利种养专业合作社：旱地西红柿网膜双覆盖技术模式

壶关县佳利种养专业合作社位于店上镇中桥村，成立于2009年，流转土地78亩，并配备钢架春秋棚、水肥一体化滴灌、防雹网、自动化起垄覆膜机等设施，主要从事旱地蔬菜（西红柿、豆角、辣椒）的生产和技术推广，年收入达到200万元。网膜双覆盖技术是壶关县科技工作者通过多年探索创造的简易节水增效技术，近年来在合作社旱地西红柿种植中广泛应用，取得了很好的效果。

一、技术模式

垄面覆盖银黑双色地膜＋空中架设防雹网

二、主要技术内容

1. 品种选择。 选择健康饱满、抗病、优质、高产及连续结果能力强、耐贮运、商品性好、适合市场需求的品种，如谷雨日润一号、硬粉风暴、硬粉王子等。

2. 整地施肥。 选择二年以上未种茄科类作物且富含有机质的地块，每亩施优质腐熟有机肥4 000～5 000千克，硫酸钾20千克，三元复合肥50千克，深翻整平，一般耕深25～30厘米。

3. 起垄覆膜。 定植前起垄覆盖地膜，地膜覆盖前清除垄面的残茬和树枝等。按大行距80厘米、小行距60厘米起垄，畦高15厘米，垄底65厘米。起垄后，采用80厘米银黑双色地膜将垄面覆盖严实，覆盖时要保证地膜黑色面朝下、银色面朝上。定植时期应在5月20日后，每亩栽苗3 000～3 500株。

4. 防雹网搭建。 防雹网覆盖时间不能过早，也不能过迟，原则在小暑前后搭建好防雹网。搭建过早会影响西红柿植株采光，弱光易导致西红柿植株幼嫩、徒长；搭建过晚，小暑后强光直射西红柿植株，易导致日灼或高温抑制生长，不利于西红柿优质高产。

首先，选用2.7～3米的水泥立柱（钢管、木棍），按照4米×4米的间隔埋好防雹网支撑架，要求埋设深度0.6米，地面上2.1～2.4米，四周夯实。其次，立柱顶端纵横架设3毫米热镀锌钢丝，热镀锌钢丝绑缚在立柱顶端，要求绑缚牢固，防止大风晃动。周边的立柱必须在不受力的方向架设地锚线，防止立柱倾斜或折断。最后，将0.8厘米孔径的防雹网架设于热镀锌钢丝上，要求防雹网无破损、拉平、绷紧，不能随风来回晃动。风大的地区还要在防雹网上面架设防风绳。

5. 病虫害防治。 选用抗病品种，严格轮作倒茬，应用黄板诱杀蚜虫，黑光灯、频振式杀虫灯诱杀棉铃虫，应用核多角体病毒和齐螨素、新植霉素、农用农药链霉素等生物防治病虫害。选用高效低毒低残留农药，严格控制农药安全间隔期。

6. 分批采收。 及时分批采收，减轻植株负担，确保商品质量，促进后期果实膨大。

三、生产经营特点

1. 合作社采取"五统一"模式，即统一品种、统一投入品供应、统一技术指导、统一分级包装、统一品牌销售，最大限度保证了蔬菜的产品安全、品相优良。

2. 合作社通过分级包装、统一品牌销售，很大程度提高了品牌知名度和经营效益。

四、效益分析

1. 旱地西红柿栽培中采用银黑双色地膜替代普通白色地膜，起到了良好的节水抗旱、提高地温、抑制杂草作用。生长中期高温炎热，距地面 2.5 米高架设防雹网，起到预防冰雹、防止高温日灼和减少水分蒸发的作用。据试验，采用网膜双覆盖技术，与传统采用白色地膜不覆盖防雹网比较，可增产 10%，商品率提高 10%，最终实现增效 15%。

2. 采用网膜双覆盖技术，大幅度降低了季节性干旱、高温季节强光直射等因素对旱地蔬菜的不良影响，极大程度改善了旱地蔬菜生长环境，减轻了病虫害发生程度，可减少喷洒农药 3~4 次，大幅度降低了农药的使用量，减轻了农药对土壤、水体、环境的污染。

五、适宜区域

适用于长治市越夏茄果类蔬菜栽培区域，尤其是周边的平顺县、潞城区、上党区。

六、整理单位、整理人

长治市植物保护植物检疫站　李惠丽
壶关县佳利种养专业合社　郭利兵

长治县红都生态种植专业合作社：设施西红柿水肥一体化模式

长治县红都生态种植专业合作社位于苏店镇东贾村、太行山农产品物流园区南侧，成立于 2007 年 10 月，注册资金 100 万元，有社员 102 户。合作社以设施蔬菜种植为主，从 2009 年起共投资 5 000 余万元，流转土地 1 500 亩，建造冬暖式日光蔬菜大棚 500 余座。合作社集蔬菜种植、加工、配送为一体，带动东贾村村民人均纯收入增至 23 000 多元，全村劳动力全部实现就业，先后荣获"省级示范社""国家级示范社"等称号。

近年来，合作社把节水滴灌与水肥一体化集成技术应用于设施蔬菜生产，以灌溉水为载体，在灌溉的同时进行施肥，一是利于节省成本，减少浇水、施肥等用工 50% 以上；二是滴灌加肥，利于肥料效果最大化；三是根据作物不同生长期所需营养成分进行科学施肥，有利于促进作物生长，增强抗病能力，提高蔬菜品质。

一、技术模式

节水滴灌＋水肥一体化＋西红柿茬口＋滴灌施肥制度

二、主要技术内容

1. 系统组成。该技术由水源、水肥一体化设备、输水管道和滴管四部分组成。水源包括地表水和地下水；水肥一体化设备包括潜水泵、加压泵、逆止阀、过滤器、压力表、排气阀、施肥器、施肥罐等；输水管道包括主管和支管两级管道。

2. 铺设滴管带。西红柿定植前将土地深翻整平，底施精制有机肥 2 500～3 000 千克/亩，氮、磷、钾三元素复合肥 75 千克/亩，集中施入后浅翻与土混匀。采用滴灌施肥时一般起高垄，垄上双行种植，垄面宽 60 厘米、高 15 厘米，每垄栽 2 行，行距 50 厘米、株距 25 厘米，过道宽 90 厘米。每行铺设 1 条滴灌管，将滴灌带顺垄沟平铺并接通搅拌池，滴灌带铺设应喷滴均匀，使每株蔬菜获得相等的水肥。

3. 灌溉施肥。根据西红柿需肥需水规律，将肥料溶入水中定时定量直接输送到作物根区。灌溉施肥前须先计算每亩肥料用量，然后先向施肥罐内注水，加水量为肥量的 1～2 倍，再把称好的肥料倒入施肥罐内，搅拌均匀待用。灌溉施肥分三步：一是选用不含肥的水湿润约 5 分钟；二是打开施肥开关，通过调整施肥器主管道上的球阀调整施肥速度，控制在 10～15 分钟内施完肥料为宜；三是关闭施肥器，用不含肥的水清洗灌溉系统残余肥料最少约 5 分钟。

4. 肥料选择。滴灌肥料应有以下特点：全水溶性，全营养性，各元素之间不会发生拮抗反应，与其他肥料混合不产生沉淀；不会引起灌溉水 pH 的剧烈变化；对灌溉系统的腐蚀性较小。常用肥料有水溶性好的固体肥或高浓度的液体肥，如尿素、磷酸二氢钾、硝酸钾、硝酸铵、氯化钾等，或者滴灌专用肥。施用液态肥料时不需要搅动或混合，固态肥料需要与水混合搅拌成液肥，使用过程要避免出现沉淀。施肥要掌握剂量，注入肥液的适宜浓度大约为灌溉流量的 0.1‰。如灌溉流量为 50 米^3/亩，注入肥液大约为 50 升/亩；过量施用可能会使作物致死以及环境污染。

5. 系统维护。每次灌溉结束后要及时清洗过滤器，以备下次灌溉时使用，水肥一体化施肥罐底部的残渣要经常清理。在灌溉季节，定期将每条滴灌管的尾部敞开，相应加大管道内的水压，将滴灌管内的污物冲出。尽量避免在生长期用酸性物质冲洗，以防滴头附近的土壤 pH 发生剧烈变化。

6. 西红柿茬口。日光温室冬春茬西红柿一般 12 月底至 1 月上旬育苗，2 月初至 2 月下旬定植，大棚春茬西红柿育苗和定植期要推迟 1.5 个月。日光温室秋茬西红柿一般 8 月初左右定植。大棚秋茬西红柿定植日期提前 1 个月左右。

7. 滴灌施肥制度。冬春茬（春茬）西红柿定植时滴灌 10～12 米^3/亩，秋冬茬（秋茬）定植时灌水 12～15 米^3/亩，缓苗后开始滴灌施肥，每 5～10 天 1 次，每次灌水 5～8 米^3/亩，每次施用 3～5 千克/亩滴灌专用肥（N：P_2O_5：K_2O＝26：12：12）；西红柿坐果后每 5～7 天滴灌 5～8 米^3/亩，追滴灌专用肥 5～8 千克/亩（N：P_2O_5：K_2O＝20：20：20）；盛果期每采一次果都要滴灌施肥 1 次，灌水 6～10 米^3/亩，施滴灌专用肥 6～10 千克/亩（N：

$P_2O_5:K_2O=19:8:27$），结果末期灌溉施肥量逐渐降低。春季随着气温的升高和蒸发量的增加，灌溉间隔时间要逐渐缩短，秋季则相反。

三、生产经营特点

1. 采取"合作社＋基地＋农户"的经营模式，按照《红都生态种植专业合作社章程》规定规范运作，分步有序实施土地流转，建设现代农业基地，进行规模化种植。

2. 合作社在设施蔬菜种植的产前、产中、产后服务上实行"五统一"，即合作社统一规划、统一供种苗、统一采购生产资料、统一技术管理、统一销售，形成了"以合作促产业、以产业促增收"的良性循环模式，有效提高了农民进入市场的组织化程度和抗御风险的能力。

3. 合作社采取补贴农药、种子等生产资料的形式，进一步降低了种植户的投资风险，也避免了假冒伪劣农资造成的经济损失，切实维护了农民群众的切身利益。

4. 合作社积极培养骨干成员和科技示范户，让合作社成员乃至周边群众直观地看到科技应用的效果，从而加快新技术在农业生产中的推广应用。

四、效益分析

1. 运用水肥一体化与节水滴灌集成技术模式，利于节省成本和肥料效果最大化，每亩蔬菜增产400~1000千克，增加纯收益2000元以上，经济效益显著。

2. 滴灌施肥可使灌溉水利用率达到90%，氮肥当季利用率达60%。与地面灌溉相比，节水30%~50%，节肥25%~30%，减少了水向深层的渗漏及移动性强的营养元素如氮素的淋洗流失，减轻了对地下水的污染。

3. 合作社所在的东贾村以蔬菜产业为龙头，积极打造绿色旅游观光村，使蔬菜生产与农产品加工、销售、餐饮、休闲以及其他服务业紧密结合，最终实现农业产业链延伸、产业范围扩展和农民增加收入。

五、适宜区域范围

适用于全市各个设施蔬菜种植基地。

六、整理单位、整理人

上党区农业农村局　王晓强
长治县红都生态种植专业合作社　陈雪亮

山西晋三红农业科技有限公司：高辣819种植模式

山西晋三红农业科技有限公司位于襄垣县北底乡冯村，2017年12月成立。近三年来，公司引进高辣819并在全县大力推广，在古韩镇、王桥镇、夏店镇、侯堡镇、虒亭镇、西营镇、下良镇、王村镇、善福乡、北底乡、上马乡11个乡（镇）种植高椒5000余亩，按照种植规模化、规范化、特色化的思路，培育了一批重点示范基地，形成了高椒产业快速发展的态势。

一、技术模式

优良品种＋高椒专用肥＋地膜覆盖＋蘸根移栽＋叶面喷肥

二、主要技术内容

1. 品种特性。高辣 819 品种经过近几年在襄垣县试验试种，证明具有优质、抗病、耐寒等特点，色泽、亮度、光度、辣度、油性及市场占有度均好。

2. 重施底肥。施肥以底肥为主，追肥为辅，有机肥为主，化肥为辅，平衡测土配方施肥。春季整地前一次施入优质农家肥 3 000 千克、高椒专用肥 100 千克。切记不适合用硝基肥或含氯的肥料。

3. 移栽定植。育苗时间在 3 月 1 日前后，苗龄 60 天左右。辣椒是喜温作物，在晚霜过后、地温稳定在 10℃以上、夜间气温稳定在 5℃以上时，方可定植。根据襄垣县气候特征，一般在 5 月中上旬定植移栽完毕。一般行距 45 厘米、株距 33 厘米，每亩定植苗数约 3 300 株。定植前一周起垄，用黑色塑料薄膜覆盖，起到增温保墒作用。覆膜一周后膜侧移栽定植，穴深 10～12 厘米，穴内浇水。趁水未渗下时，即将苗栽于穴底的泥土里，叫"坐水栽""水稳苗"，这样成活率高。移栽一般在晴天上午，最忌雨天移栽。移栽苗时尽量药剂蘸根，蘸根药剂"嘧菌酯＋亮盾＋碧护"兑 15 千克水。有条件的可以移栽后普灌水一遍。

4. 看苗追肥。追肥在开花结果期（6—7 月），可每亩追高钾复合肥 12.5～15 千克，8 月以后以喷施叶面肥为主。辣椒对氮的需求量最大，占 50％；钾次之，占 30％；磷为 20％。在不同的生长发育期，需肥的种类和数量也有差异，应灵活掌握。

5. 椒果采摘。色泽深红，手摸椒果发软、椒皮发皱时才是完全成熟。高椒为无限开花习性，蕾、花、果同时并存，成熟不一。田间分批摘收可以减少养分消耗，增加产量，提高品质。若椒果红熟后不及时收摘，一是会影响上层结果；二是老熟果长在植株上会使养分外流；三是成熟后遇到阴雨天气，椒果可能纵向开裂，炸皮霉烂，失去商品价值。所以应分次收摘，成熟一批，收摘一批。摘后要及时烘干，以防霉变。根据市场情况，高辣 819 宜无把摘收烘干，商品价值高，易销售。

三、生产经营特点

1. 核心示范区选择区域较平坦便于机械化操作的地块，采取土地流转的方式，便于对示范区进行统一规划、统一种植、统一管理。

2. 对种植专业合作社、零散种植户采取订单生产方式，公司与其签订种植收购合同，设立收购最低保护价。公司主要采取"二免一订购"的方式，"二免"即免费提供技术指导、免费提供技术培训，"一订购"即公司与种植户签订种植收购协议，实行"价格保护、产量保额、质量保障"的双向制约机制，解决农民后顾之忧。

3. 公司在每个乡镇重点区域内培育和发展了 1～2 个规范化种植示范基地，辐射带动周边群众。

4. 襄垣县出台高椒种植补贴政策，对种苗和高椒专用肥给予每亩 600～1 000 元的补助，带动了高椒产业的发展。

四、效益分析

1. 春椒亩产 400 千克左右，亩毛收入 4 800 元。除去每亩种苗 612 元、肥料 280 元、农膜 60 元、病虫害预防药 25 元及人工投入外，亩纯收入在 3 000 元左右。全县 11 个乡镇 5 000 余亩高椒，共生产干椒 1 000 余吨，总产值 1 500 余万元。

2. 三年来的高椒种植，示范带动很多贫困户脱贫摘帽，有效提高了山区半干旱区域农民收入，在襄垣县农业生产发展中起到了主导作用。

五、适宜区域范围

适用于上党盆地旱平地。

六、整理单位、整理人

襄垣县农业技术推广中心　李永宏

沁源县好乐草莓庄园种植有限公司：草莓高架基质栽培模式

沁源县好乐草莓庄园种植有限公司成立于 2012 年 5 月，由山西好乐农业开发有限公司投资，注册资金 1 000 万元，现有员工 40 人。目前，红源基地占地 500 余亩，建成草莓种植大棚 276 座，有草莓科研办公楼 800 米^2，草莓分选包装车间 900 米^2，冷库 150 米^2，库房 400 米^2，水肥一体化系统 4 套，草莓育苗基地 200 亩，具备 500 万株草莓苗生产能力。公司起草山西省地方标准 2 项（DB14/T 934—2015，DB14/T 2022—2020），起草长治市地方标准 1 项（DB1404/T 030—2018），审定草莓品种 2 个。好乐草莓认证为绿色产品，被评为省级名牌产品，连续获得中国第十一届、十三届草莓文化节草莓金奖称号。目前开发出了电商、商超、烘焙、礼品等系列产品，产品远销北京、上海、广州、深圳、郑州、西安等大中城市。

一、技术模式

高架基质栽培＋病虫绿色防控＋冷链储藏运输

二、主要技术内容

1. 高架基质栽培。 公司针对草莓连作障碍，引进日本高架栽培技术，结合沁源实际情况，摸索总结出自己的一套草莓高架栽培生产技术体系。该技术在 7 月、8 月利用高温、灌水的环境对基质进行物理消毒，解决了连作问题。高架距离地面 1 米高，方便工人采摘，降低了劳动强度。同时摆脱了土壤对种植的束缚，可以在河滩地、盐碱地等不利于农业生产的地方生产，不与粮食作物争抢土地。

2. 病虫绿色防控。 坚持"预防为主、综合防治"的原则，优先采用农业防治、物理防治、生物防治，科学使用化学防治。

（1）农业防治。选用抗病、丰产品种和脱毒种苗，合理轮作，培育壮苗，加强杂草管理和园区卫生清理，及时将老叶、病苗清除烧毁或深埋，科学施肥，合理灌溉。

（2）物理防治。棚内悬挂黄色粘虫板诱杀蚜虫和白粉虱，悬挂蓝色粘虫板诱杀蓟马；在棚内风口处设置 0.18 厘米白色防虫网，防止蚜虫和白粉虱等害虫侵入；园区定点设置太阳能杀虫灯，捕捉害虫；配制糖醋诱杀液诱杀夜蛾；通过麦麸和敌百虫毒饵诱杀地下害虫等。

（3）生物防治。根据棚内病虫害的种类，释放天敌或使用生物制剂进行防治。如用白僵菌防治地下害虫，用苏云金杆菌防治夜蛾类害虫，用捕食螨防治红蜘蛛等。

（4）生态防治。开花和坐果期要控制好棚室环境条件，温度控制在 23～25℃，空气湿度控制在 40%～50%。

（5）化学防治。严格按照绿色食品农药使用准则施药。注意轮换用药，合理混用；在采果期，优先采用烟熏法和粉尘法，严格遵守农药使用安全间隔期规定。

3. 冷链储藏运输。传统农产品收获以后，没有合适的储藏条件，不方便远距离运输，销售价格无法提升。公司通过多年实践，总结出草莓冷藏运输的方法：草莓采摘 2 小时以内进入冷库冷藏降温，然后在恒温环境中进行草莓分拣，分拣完毕后再进入冷库打冷，确保草莓降温至 5℃ 以下，然后通过冷藏车配送到超市或者机场，这样就确保了草莓的品质，从而销往北京、上海、广州等一线城市。

三、生产经营特点

1. 公司组成草莓标准化领导组，常年聘请山西省农业科学院专家进行生产指导，同时按照标准化工作进行农业生产和企业管理，企业逐步进入正规化、规范化生产。

2. 公司实施"品牌战略"，积极申报各类产品认证，以产品的行业标准、国家标准、国际标准或国外先进标准为依据，制（修）定并实施产品的企业标准和相关管理、技术、工作标准，提高了企业农产品生产、加工、销售全过程的组织化和标准化程度。

3. 公司先后注册了"HAOLE""烘焙鲜""农庄鲜""莓丽鲜"等商标，"HAOLE"品牌已经成为草莓行业的知名品牌，2017 年获得了山西省名牌产品称号，有力地促进了公司产品的销售。

4. 公司委托有资质的机构——谱尼测试集团、山西省农产品质量安全检验监测中心、山西省农科院土肥所，每年定期对园区的水质、大气、噪声、土壤等环境质量进行监测，并参照国家、山西有关标准，生产环境全部符合绿色食品生产要求。

5. 公司自行开展草莓农药残留、草莓硬度、草莓糖度等指标自检自查，同时每年外送委托相关单位依据国家标准对草莓产品外观、重金属、可溶性固形物等 25 个项目进行检测，产品质量连续 3 年符合标准。

四、效益分析

1. 以冬季草莓为例，每亩投入草莓苗、有机肥、化肥、农药、人工、地膜、滴管带等 39 595 元，每亩产出草莓 2 000 千克，销售收入 6 万元以上，每亩纯利润可达 2 万余元。

2. 公司吸纳当地 70 多户贫困户在园区就业,为当地提供了 150 个就业岗位,人均增收 8 000 元以上。

3. 公司着力进行技术人员的培训和培养,带动周围农民掌握了草莓全程种植技术,有的农民已经受聘到其他农业园区担任草莓技术员,获得了较高的工作报酬。

4. 公司充分发挥自身在农产品生产、加工、销售等方面的龙头作用,带动沁源县 3 家企业、5 个农户种植草莓,辐射和促进了整个沁源县草莓产业的发展。

五、适宜区域范围

适用于有温室大棚的地区。

六、整理单位、整理人

沁源县好乐草莓庄园种植有限公司　李祥　王涛
长治市植物保护植物检疫站　郭凯翔

平顺县瑞丰达种植专业合作社:香菇栽培技术模式

平顺县瑞丰达种植专业合作社位于龙溪镇村西关节掌村,气候适宜,植被茂盛,昼夜温差大,适宜香菇生长。香菇大棚投资 600 余万元,占地 90 余亩,建有香菇大棚 88 个,其中养菌棚 20 余个,年产菌棒 100 余万个,产品销往长治、郑州等地。合作社积极探索并形成了适应当地气候的香菇栽培技术模式,2016 年以来已解决建档立卡贫困户 18 户 30 余人就业,人均年收入 1.7 万元。

一、技术模式

大棚温室发菌＋简易棚出菇＋专用绿白膜覆盖＋架式栽培＋机械化拌装料

二、主要技术内容

1. **原料准备。**苹果木质致密,利用苹果树枝木加工成木屑作为香菇栽培料,既能使香菇高产优质,又能变废为宝。培养料主要选用新鲜无霉变、且在阳光下充分晒干的苹果木屑,占比为 78％。此外,还要加入 21％麸皮和 1％生石膏,对培养料起着重要的营养调节与平衡作用。

2. **场地选择。**基于当地海拔 1 200 米左右、昼夜温差大、夏季气候清凉、冬季气温偏低的气候特点,合理布局原料储备场地、拌料与装袋场地、灭菌场地、接种场地、发菌场地。环境要清洁,远离垃圾场或污染。地势要较高,便于保温、排水和通风。场地要便于机械操作,减少搬运装卸和菌袋破损,提高工作效率和菌棒的成品率。

3. **拌料装袋。**培养料配方为 78％苹果木屑＋21％麦麸＋1％石膏,拌料时料与水比要合理,含水量在 65％左右,即用手捏料有水滴渗出,但不形成水流即可。用拌料机搅拌均匀,再用布料机将料传送到装袋机。

选用 18 厘米×60 厘米×0.75 毫米的低压高密度聚乙烯塑料袋，拌料后立即装袋，防止因夏季高温导致培养料酸败。装袋时袋内料的松紧度要适中，以用手托住装好的袋中央没有松软感、料袋两端不下垂为标准。

4. 灭菌接种。 利用小锅炉进行菌棒的常压灭菌，当蒸汽室温度达到100℃以上（或温度不再上升）开始计时，保持36小时，之后封火后再闷3~5小时。

料袋与接种工具要用消毒粉熏蒸消毒1~1.5小时。灭菌后的料袋及时接种，在无菌接种室接种，用打洞器或小木棍制成的铗形打穴器在料袋正面等距打3~4个接种穴，打孔后立即放入菌种，用灭过菌的塑料袋套在外面。整个过程要注意防止杂菌污染。

5. 菌丝生长与管理。 发菌最重要的是保持发菌场所的干净、干燥、通风、适温。冬季11月至次年4月期间，在温室大棚覆盖专用绿白膜，配置电热风炉作为发菌场所，要求保温、通风、干燥、干净。

接种完毕后，将接好种的菌棒及时运到发菌大棚。冬春季在温室大棚发菌，菌棒要单排摆放，每层3个井字摆放，摆高11层，保持适当间距，以利于菌棒散热及避免烧菌。

发菌温度要控制在20~25℃。冬季采取热风炉加温、结合阳光增温的办法来保持温度，夏季采取早、晚通风的方法降湿降温，湿度保持65%，要用遮阴设施来避免阳光的照射。要适当通风换气，获得新鲜空气，调节发菌室温度，控制杂菌感染。摆放20天时翻第一次菌棒，到菌丝长到60%左右时第二次翻棒，确保发菌均匀、整齐。

6. 转色与出菇管理。 栽培袋经约120天发菌，菌丝长满培养料，可增加培养室光照10天左右，视情况脱袋转色。转色须具备三个特征：一是袋壁四周有2/3菌丝膨胀，形成瘤状突起；二是手摸菌袋松软有弹性；三是接种孔周围部分出现棕褐色。脱袋时要用小刀沿袋纵向割破薄膜，取出菌柱并及时摆放，然后用干净的薄膜覆盖。此时要求温度控制在20~30℃，湿度65%左右，再增加光照，加强通风，促进菌丝转色。当菌丝吃透料层、栽培料由黄色变为红棕色或红褐色时即将出菇。

将菌棒转移到简易大棚中进行出菇，采用钢管架摆放模式，共摆5层。出菇集中调整在5—10月。此期是刺激出菇的关键期，也是香菇高产优质的窗口期。必须做到三点：一是白天高温（15~20℃）高湿（65%~85%），夜间低温低湿，保持昼夜温差10℃左右。白天持续3~5天给予一定光照，促进菇蕾的形成。二是子实体形成后要保持温度10~20℃，空气相对湿度90%左右，保持出菇室有较强的散射光，且每天通风换气2~3次，每次约30分钟。

7. 病虫防治。 病虫害应以预防为主、综合防治，具体要做到：正确处理培养料，彻底杀灭杂菌，减少污染源；在菇房内悬挂杀虫灯和诱虫板，控制虫害；当发生污染时，及时销毁处理；在通风窗口和门口增加防虫网，切断传播途径。

8. 适时采收。 香菇八成熟就要及时采收，可采菇4~5茬。采后停止喷水，促进菌丝恢复生长，7~10天可注水催菇。头茬菇采收后，消除表面的杂物和死菇，为下茬菇的顺利产出做好准备。

三、生产经营特点

1. 合作社按照"支部引路、党员带路、产业铺路"的思路，充分吸收农户、贫困户投资入股合作社，按入股比例进行分红，带动困难户全面摆脱贫困。

2. 合作社在香菇大棚发展中，探索出了"村集体＋合作社＋贫困户"的产业扶贫模式，村集体投资 150 万元，作为股金参与分红，年分红收益不低于总投资的 4％，所得分红用于无劳动能力的贫困户兜底扶贫。

3. 构建"基地牵头、大户示范、群众发展"的香菇发展新格局，通过示范带动，扩大种植规模，使香菇产业成为农村发展、农业增产、农民增收的支柱产业。

四、效益分析

1. 合作社每棒菇投资 4.5 元（含工料），净收入 2 万～3 万元；年投资 450 万元，年纯收入 250 万元左右；带动 30 个贫困人口就业脱贫，人均收入 1.7 万元，还培养带动 50 多名农民学到了 2～3 项香菇栽培技术。

2. 香菇种植年均消耗 850 吨左右的苹果树废料，变废为宝，既净化了农田环境，又增加了农民收入。

五、适宜区域范围

适用于长治市夏季温度较低的丘陵山区。

六、整理单位、整理人

平顺县农业技术推广中心　路世竑

山西班泽食用菌种植有限公司：羊肚菌菇菜轮作种植模式

山西班泽食用菌种植有限公司是一家以食用菌种植、珍稀菌类研究、菌种制作为主的新型农业企业。公司注册成立于 2019 年 11 月，位于长子县宋村乡东堡村，注册资金 500 万元，固定资产 300 万元，占地总面积 1 万米²，现有员工 15 人。公司主要从事羊肚菌生产技术试验与推广，有种植大棚 6 座，面积 7 000 米²，还有储料间、拌料间、灭菌车间、接种车间、发菌车间、实验室、培训教室、食用菌冷藏库等。

羊肚菌是一种低温菌类，主要在冬季播种，春季收获，整个周期约为 4 个月。在长子县生长期一般为 12 月至次年 4 月中旬，可充分利用冬季闲置大棚，在羊肚菌收获后不影响夏季蔬菜种植，实现了菇菜轮作。

一、技术模式

塑料大棚＋菌种撒播覆膜＋发菌出菇期管理＋子实体形成采收＋夏季蔬菜种植

二、主要技术内容

1. 播种前准备。 棚内播种前一个月翻整土地，翻地前撒石灰 200 千克/亩，调节土壤 pH；农家肥（牛粪、羊粪）、生物肥料、杀虫剂同时撒施，再犁地一遍，用大水灌溉然后盖严棚膜，闷棚消毒，灭菌、灭虫。

2. 翻地作厢。 深犁并翻整地面，整至最大土块拳头大小即可，土壤勿耕作细致。作厢，厢面宽度 1.2 米，过道 30 厘米，开沟深度为 15~25 厘米。

3. 播种方法。 菌种可直接购买或自己培养。栽培的采取撒播方式，菌种用量每亩 200 千克，揉碎后撒播均匀下种，覆土 3 厘米进行大水灌溉。

4. 播种后初期管理。 播种后马上覆盖薄膜，覆盖无须完全封严，用泥块间隔式压住薄膜避免菌丝缺氧。栽培后第二天菌种开始萌发，7~8 天基本占领厢面，注意观察薄膜下面有较多的冷凝水，保持小环境平衡，冷凝水不会掉落。下种后 4~5 天就可提供外援营养袋，10 天左右开始产生分生孢子，利用上外援营养袋的时机透气一次，注意观察覆膜温度及感染情况。

5. 外援营养袋摆放。 下种后 4~7 天就可摆放外援营养袋，外援营养袋上袋需要一定时间，但不得晚于播种后 30 天，以免菌丝消退。外援营养袋在厢面呈骰子五点式模样摆放，亩用 2 000~2 500 袋。数量调整和土地肥沃成正相关，摆放完毕后覆盖黑膜。

6. 出菇阶段管理。 土壤保持前期的温湿度即可，但空气湿度最好达到 80%~90%，这时气温较前期有了较大幅度升高，喷水一定要注意细节，一般早上 10 点前、下午 4 点后喷水，一定要喷向空中，不可直接喷洒在菇体上，温度高于 18℃时不宜喷水。

7. 病虫害防治。 菌丝生长与子实体生长期容易发生病虫害，应以预防为主，注意保持场地环境卫生，杜绝虫源；掌握害虫习性，结合栽培管理控制虫害发生，菇房的通风口及门窗要装纱窗，防治害虫飞入，也可用粘虫板诱杀飞虫。

8. 采收及加工。 羊肚菌的商品性取决于菇的品质，包括菇本身的长势及烘干技术。羊肚菌出菇大小以保持在 5~7 厘米为佳，过大会影响品质，过小经济价值就小。如大小不在这个范围，但表现出菌帽打开的蜂窝较大，不再是褶皱到一起则表明已经成熟或羊肚菌被其他杂菌感染，也应及时采摘，不然会在几小时内失去价值。

三、生产经营特点

1. 公司采取统一规划、统一供种、统一管理、统一收购、统一品牌销售的"五统一"生产模式，产、供、销一体化经营，带动农户规模化发展。

2. 山西省农业科学院博士工作站、山西省农业科学院科技试验示范基地在公司挂牌成立，有高级职称 2 人、副高级职称 2 人、博士生 3 人长期在基地开展科研攻关和技术服务，利用冬季大棚种植羊肚菌已经具备了大规模推广的基础条件。

四、效益分析

1. 农户充分利用当地冬季闲置大棚，在羊肚菌收获后不影响夏季蔬菜种植，羊肚菌种植与蔬菜种植在时间上可以实现很好的衔接。

2. 在冬季，每亩大棚种羊肚菌约投资 14 166 元。每亩大棚可产羊肚菌 300 千克左右，按单价 160 元/千克，合计收入 48 000 元。

3. 公司以东堡村为中心产区，逐步向周围辐射推广，开展技术培训，组织田间观摩，带动了周边农户种植羊肚菌，为脱贫攻坚起到了推动作用。

4. 羊肚菌作为一种真菌，可以有效改善土质，帮助克服蔬菜重茬障碍。用谷壳、木屑等原料经高温杀菌发酵制成的营养袋无毒无害无残留。菌渣作为天然有机肥，对解决土壤板结和提高肥力有很大促进作用。

五、适宜区域范围

适用于长治市中低温地区。

六、整理单位、整理人

长子县农业农村局　程旗开
山西班泽食用菌种植公司　郭亚静

平顺县杰佳美种植专业合作社：灵芝盆景嫁接制作模式

灵芝形态多样，可以制作成为雍容典雅、绚丽多姿、造型奇特、象征吉祥如意的生物工艺品，具有较高的欣赏和收藏价值。平顺县杰佳美种植专业合作社位于中五井乡留村，成立于2015年11月，注册资金30万元，社员47户。合作社主要经营9个日光大棚，占地约20亩，其中有5个蘑菇大棚、4个灵芝大棚。合作社培育的灵芝制成灵芝盆景，市场前景不错，是长治市目前唯一经营灵芝盆景的实体。

一、技术模式

嫁接插穗＋促菌盖加厚和子母盖形成＋强制造型＋色素沉积＋干燥装盆

二、主要技术内容

1. 插接。当子实体长到七成熟的时候形状已经形成，有红、黄、白三种颜色，此时就可嫁接盆景。先选取花盆中造型奇特且美观的子实体，再选室内袋栽的同样美观的灵芝子实体，用酒精球消毒灭菌；并将剪刀和刀片消毒，用刀剪下子实体作为扦穗，之后用刀片将两边削尖；再把花盆内子实体的中间部位用刀片割开一小口，将扦穗插入，即完成一次嫁接。嫁接后的子实体在温室内一星期左右就能愈合。

2. 靠接和截枝。根据造型的需要，将2个或若干个菌柄的生长点用细线固定在一起，或者用消毒小刀削去一部分幼嫩皮壳后再固定，愈合后再拆去细线连接成一个整体。

3. 菌盖加厚。将已形成菌盖而未停止生长的灵芝，放在通气不良的条件下，菌盖下面会出现增生层，形成比正常菌盖厚1～2倍的菌盖。

4. 子母盖的形成。在加厚培养中，继续控制通气条件，从加厚部分伸出二次菌柄，再给以通风条件，从二次柄上形成小菌盖，有时1个，有时多个。或者用机械刺激的方法诱导菌盖上分化出小盖，当灵芝的边沿生长点接近停止时，继续保持适宜的生长条件，用消毒后的钢针或小刀将菌盖背面或边沿皮壳轻轻挑破，形成1个或若干个小疤痕，继续培养，从疤痕处抽出短柄，很快就可以形成小菌盖。

5. 强制造型。将正在生长的灵芝用塑料膜包扎成弯、结疤、异心或各种简单字形，按一定造型强制生长，再通过人工整修、剪枝，可形成多种形状。

6. 造型灵芝的颜色。当造型灵芝子实体形成后，在充足的散射光条件下，由于色素沉积在细胞上，子实体表面皮壳色泽加深。栽培时利用光的强弱能使颜色发生变化。

7. 采收装盆。一是采收，嫁接约 30 天后，灵芝的芝片已经完全展开，基本成型，开始弹射孢子粉，这时停止浇水，加大通风量，让棚内逐渐干燥，灵芝菌盖白色边逐渐转黄，灵芝生长进入成熟，产生大量孢子粉。当灵芝不再弹射孢子粉、菌盖由平展向下弯曲时，就可以采收。采收时，用锯去掉底部大部分培养料，保留 2～3 厘米厚的培养料，将灵芝放在干燥处继续干燥。二是装盆，等灵芝完全干燥后，用水冲去孢子粉，阴干后就可以装盆。盆内用泡沫、塑料、白云石、处理过的苔藓等作填充物，将灵芝装入陶盆内。装盆时要考虑灵芝的长势与盆的形状、颜色搭配是否适宜，再根据灵芝形态进行命名，使其成为一件精美的生物艺术品。

三、生产经营特点

1. 以"市场＋合作社＋农户"为运营模式，实行统一规划种植、统一技术指导、统一种苗供应、统一质量标准、统一组织购销、统一加工储藏、统一注册商标、统一核算的"八统一"管理措施。

2. 合作社注重吸收贫困户参与生产经营，长期雇用五保户看守场地，10 多名贫困户长期参与蘑菇和灵芝的种植管理，在下种采收期，还要雇用 30 多名村民参与种植采摘管理。

四、效益分析

1. 合作社会对产品销售盈利进行分红，收益的 20％分给贫困户，16％用于自营生产，6％用于村集体，58％用于合作社流动资金。贫困户销售给合作社的产品盈利按 2％返还销售户，没有销售产品的不进行盈余返还。

2. 合作社创新扶贫开发思路，以贫困户、贫困人口为对象，以提高农民组织化程度为突破口，提高了贫困人员的自我发展能力，加快了脱贫致富奔小康的步伐。

五、适用区域范围

适用于山西中北部丘陵山区。

六、整理单位、整理人

平顺县农业技术推广中心　路世竑

长子县盛垚食用菌合作社：
PEP 绿白膜拱棚夏香菇栽培技术模式

长子县盛垚食用菌专业作社，是一家集菌种培育、制棒消毒、生产出菇为一体的香菇种植加工企业，成立于 2012 年 9 月，位于长子县丹朱镇东寺头村，注册资金 150 万元，占地面积 35 亩，以大棚种植反季节香菇为主。合作社充分利用北方冬暖夏凉的自然条件生产夏香菇，年投量 30 万棒。

夏香菇栽培也称反季节香菇栽培技术，合作社多次外出参观学习，结合长子县实际，逐步摸索和掌握了拱棚层架式 PEP 绿白膜夏香菇栽培关键技术，使夏香菇产量和品质都有了很大提高。

一、技术模式

标准菇棚＋PEP 绿白食用菌专用膜＋优良菌种＋层架式快速灭菌＋养菌转色出菇期管理

二、主要技术内容

1. 拱棚改造。夏菇栽培难点在于高温，拱棚改造围绕"增湿降温"进行。一是标准菇棚建造参照蔬菜塑料大拱棚建造方式，拱棚建造跨度不能过大，在 8 米左右，利于通风排热；二是覆盖材料改"双层遮阳网＋棚膜"为利得 PEP 绿白食用菌专用膜来遮阳、保湿、降温；三是拱棚开设底风通风降温；四是棚内顶部设置 3 条微喷带，酌情喷雾降温；五是菌棒采用免割保水膜袋来保湿防燥；六是采取层架式立体栽培来增加单位面积菌棒量，菇架由竹竿或钢架搭建而成，有 5 组菇架、4 个通道。

2. 夏季香菇种植季节安排。12 月至次年 2 月制棒接种，2—5 月发菌转色 90～120 天，5 月上架催菇，5 月（或 6 月）至 10 月底出菇采收，11 月清洁菇棚。

3. 优种选择。菌种选用高产优质、不老化、无污染，菌丝浓白、粗壮、爬壁力强、商品性状较好的高温结实型品种 L808。

4. 拌料。选用新鲜、无霉变的木屑、玉米芯和麸皮，玉米芯粉碎成豆粒大小。拌料要求原料与辅料混合均匀，干湿搅拌均匀。

5. 制袋。制作菌棒时，采用 17 厘米×55 厘米双层聚乙烯薄膜制作菌袋，培养料含水量在 55％左右，手握培养料指缝有较重湿印。菌种制作时，注意要做到当天拌料，尽快装袋灭菌，必须在 4 小时内装锅高温灭菌，不能过夜。每袋装料 3 千克左右，装袋完毕后，装入周转筐，常压灭菌。

6. 灭菌。灭菌时，先烧大火，力争在 4 小时内使锅内温度达到 100℃，再保持 16 小时以上，彻底杀灭袋料杂菌。停火焖置 2 小时，当温度降至 60℃以下时出锅；冷却到 30℃以下时，将料袋移至接种室。

7. 接种。接种室事先用硫黄熏蒸或喷洒来苏水消毒。接种人员穿干净衣服，洗净双手，再用 75％酒精棉擦手。所有用具均要煮沸消毒或浸入 0.5％高锰酸钾液中消毒。待料袋温度降至 28℃以下即可接种。一般 16 个料袋用菌种量为 0.5 千克，接种完的孔不必用胶布封口，可裸露，有利于透气供氧。

8. 养菌。接种后，将菌袋移至 18～25℃、相对湿度 70％以下、空气新鲜、清洁、干燥、卫生的暗室培养。培养室温度低于 15℃菌筒可紧堆，高于 25℃时菌筒疏堆，室温以在 22～25℃为宜，最高不得超过 28℃，以免"烧棒"而导致菌丝损伤或死亡。发菌期间根据菌丝生长情况，在菌丝覆盖处刺孔通气 3 次。刺孔时注意菌丝圈内侧向中心斜角 45°刺孔 10～12 个，避免刺入菌丝未吃满的料中，以免感染。特别注意在菌丝长满袋后至进棚前，晚上要紧闭门窗，以防温差过大提早出菇。

9. 转色管理。 香菇转色的好坏，关系出菇的早迟、品质和产量。转色的要点：一是调控温度。脱袋后 1～4 天使膜内温度在 23～25℃，相对湿度在 85%～90%；5 天后控温 18～22℃，并揭膜通风。二是喷水。7～8 天后菌筒表面分泌黄红色水珠，此时要向菌筒喷重水急冲，将黄红水珠冲洗干净，并让菌筒表面晾干；后再喷水 1～2 天，促使香菇加快转色。

10. 出菇管理。 待整个菌块转为黄褐色并渗出一些黄褐色的水后，转为出菇期管理。此时要提高棚内湿度，地面可洒水，空中用喷雾器喷水，使空气相对湿度达到 90% 以上。适当增加透光，但仍不可使日光照到菌块上。出菇期间保持温度 10～23℃。白天气温高时，遮阳物覆盖率大于 90%，地面喷水，揭开棚膜底部通风降温，棚内相对湿度 85%；夜间加大通风降温，加大昼夜温差，刺激菇蕾形成。催菇后如果是晴天，每天要喷水 4～8 次，这样连续 3 天便有大量菇蕾发出。菇蕾蚕豆大时，每天早、中、晚各喷雾状水 1 次，以地面和菇蕾潮湿为度。一般菇蕾发生后的第四天就可以采摘香菇，此时不能再喷水，否则容易造成烂筒和影响质量。

夏季香菇长得快，每天要采摘 4～5 次。采菇时先采一级、二级菇，后采三级以下菇。采完一潮菇后，菌筒表面要进行一次清理，把留下来的菇脚清理干净。3 天后检查菌筒的含水量，可采用喷水、浸水或注水的方法，使菌筒达到原来的重量，恢复出菇能力，但切勿让菌筒吃水过多，否则会造成菌筒腐烂。

第一潮菇一般畸形多，在菇蕾发生时可筛选一部分，每棒保留香菇 10～15 个为好。一潮菇一般生长 10 天左右，共有 5 潮。每潮菇结束后应让菌丝恢复，从息潮后第一天算起 7 天以上、15 天之内，视菌棒重量 1.5 千克左右，进行下一潮补水。第二潮补水量要达到原棒重量，后几潮每潮递减补水量 0.15～0.25 千克。补水过轻容易脱水而减少产量，补水过重容易烂棒而造成损失。

11. 采收。 应当在菇体八成熟时进行采摘，成熟度以菌褶刚伸直、菇盖内膜将要破裂、菇盖边缘内卷未张开时为宜，要采大留小，不碰伤小菇蕾。头潮菇采完后保持棚内湿度，将菌棒注水 1 次，然后揭开塑料棚膜底部通风 4～5 个小时，降低棚内湿度，再盖棚养菌，拉大昼夜温差以刺激第二批菇蕾形成。养菌 7 天左右，第二潮菇蕾形成。一般情况下，出 1 潮菇后，注水 1 次。

三、生产经营特点

1. 采用"合作社＋基地＋农户"的方式，与周边种植户签订种植合同，全程提供菌棒、技术指导，负责订单销售，为种植户踏出了一条科学种植致富路。

2. 使用菌棒的种植户，先期只需支付 20% 的定金，销售后结算余款，为种植户解决了前期投资难的问题。

四、效益分析

1. 合作社香菇拱棚遮阳降温效果较好，热辐射有效反射，结合速生杨林下遮阴、棚内喷雾降温，将棚温有效控制在 25℃ 以下，越夏高温期烧棒死棒不超过 4%。

2. PEP绿白膜为香菇生产专用膜，拱棚内光质均匀，温差大，香菇朵大、肉厚、柄短、菇白、菇面裂纹较多，花菇一级菇较多，精品菇率达80%以上，高温病害可以控制在5%以内。香菇平均每棒产量0.77千克，与对照菇棚相比，平均每棒增产0.11千克，增产率达16.6%。

3. 香菇菌棒采取层架式24小时快速灭菌，污染率控制在4%以内，大幅减少了废棒损失。

4. 通过层架式种植，既节约了土地资源，又可使废弃菇棒作为肥料循环利用，实现了资源与环境的可持续发展。

五、适宜区域范围

适用于长子县及周边县市。

六、整理单位、整理人

长子县植保植检站　许雪莉　史艳君

长子县利来农作物种植专业合作社：菌菜双棚型种植模式

长子县利来农作物种植专业合作社于2010年2月创建，位于长子县西部的常张乡大中汉村，目前流转土地200余亩，有日光温室120余座，其中有70座日光温室采用阴阳双棚型结构，应用菌菜双棚型种植模式进行生产。

阴阳双棚型结构的日光温室具有诸多优势，一是可以避免传统下挖型日光温室易渗水倒塌的危险；二是将传统日光温室土地利用率不足40%提高到70%~80%，扩大了日光温室的生产面积；三是减少了建筑成本，阴阳两个日光温室共用后墙，减少建筑成本25%。

利用菌菜双棚种植模式，前棚种菜、后棚种菌，一是可利用两个棚的光照特点，前棚种植喜阳作物，后棚种植喜阴作物；二是满足了蔬菜喜温特点，通过两棚通气调节，白天前棚把多余的热量释放到后棚，晚上后棚的热量代替后墙为蔬菜给予保温；三是可气体互换生态种植，蔬菜给食用菌提供氧气，食用菌给蔬菜提供二氧化碳，蔬菜和食用菌互利共生，提高了产量。

一、技术模式

阴阳双棚＋前菜后菌＋菌菜互益＋增产增收

二、主要技术内容

1. 双棚建造。菌菜双棚东西走向，一般采用钢架结构，棚总跨度15米，棚长50米，北面墙高度3米。前棚（菜棚）坐北朝南，跨度9米，角度与建蔬菜棚的要求相同；后棚（菌棚）坐南朝北，以菜棚的后墙作为菌棚的后墙，一墙双用，跨度5米，长度与菜棚一致。

菌菜双棚中间墙体共用，建成空心墙，每 3 米一个立柱，墙体由原来的砖墙改为 10 厘米厚的聚苯板。在菜棚后墙上每隔 1.5 米设上下 2 个通气孔，通气孔直径 0.4 米，洞口上下间隔 1.1 米，下面气孔距地面 0.1 米。孔上安装换气扇，上面为进气口，下面为出气口，菌菜棚的气、温、湿等生态因子通过通气孔相应交换。后棚（菇棚）可采用双膜双苫措施，既为菜棚冬季保温，又能满足食用菌生长对温度的要求。

2. 种植品种。 一般秋冬茬口蔬菜种植西葫芦，春夏茬口种植西红柿。西葫芦选用耐低温、弱光照的品种如法拉利，西红柿选用耐高温、强光照的品种。食用菌主要种植香菇和平菇，一般冬季种植平菇，春夏种植香菇。

3. 茬口安排。 秋冬茬西葫芦一般 9 月上旬育苗，10 月中旬定植；同期平菇 9 月上旬培育菌种，10 月上旬发菌，11 月上旬出第一潮菇。夏茬西红柿 3 月下旬育苗，4 月上中旬定植；同期香菇 3 月下旬菌棒接种，4 月发菌，5 月开始出菇。

4. 种植方式。 西葫芦采用南北向宽窄行种植，小行距 0.8 米，大行距 1 米，株距 0.7 米，共 33 行，每行 12 株，共计 792 株。番茄采用南北向宽窄行种植，小行距0.4 米，大行距为 0.8 米，株距 0.4 米，共 100 行，每行 20 株，共计 2 000 株。

平菇采用墙式栽培，1 米一行，每行 167 袋，每棚共计 1 万袋。香菇采用熟料地面立式栽培，用 15 厘米×55 厘米×0.05 厘米的聚乙烯栽培袋，按香菇反季节操作规程进行管理。

5. 生长期管理。 冬季在西葫芦结果期和平菇出菇期，上午 10 点至下午 5 点进行气体交换（晴天）。

夏季番茄和香菇的栽培中，因温度较高，只开下边的换气扇，不开上边的通气孔，以免增加后棚温度。在后棚北边最下方每 1 米设一个通气孔交换氧气，以此来供应后棚的氧气。

三、生产经营特点

1. 合作社实行统一种植品种、统一田间管理、统一销售的"三统一"管理，为种植户提供农业生产资料供给、生产技术指导和农产品销售。

2. 合作社以菌菜双棚为特色，带动本村及周边邻村，由原来的单一蔬菜种植发展为蔬菜、食用菌互作栽培的规模化生产基地。

四、效益分析

1. 该模式前后双棚面积达 750 米², 较同等面积的日光温室降低了建设成本，还充分利用了棚室背面的土地，提高了土地的利用率。

2. 蔬菜棚每年可产两季蔬菜，番茄每棚产 9 600 千克，每千克均价为 2 元，产值 19 200 元；西葫芦每棚产 8 640 千克，以每千克平均 1.6 元计，可收入 13 824 元，菜棚共计收入 33 024 元。食用菌可种两茬，平菇每棚可栽培 8 000 袋，每袋平均产平菇 1.5 千克，可产 12 000 千克平菇，每千克按 4 元计算，产值可达 48 000 元；香菇每棚栽培 2 万袋，每袋平均产菇 0.4 千克，可产 8 000 千克，每千克按 6 元计算，可收 48 000 元，两季可收 96 000 元。菌菜双棚收入共计 129 024 元，除去原料成本 40 000 元，收入可达 89 024 元。

五、适宜范围

菌菜双棚模式适用于地形平整、交通便利、水电供应充足、食用菌原材料来源广泛的地区。

六、整理单位、整理人

长治市农产品质量安全检验监测中心　崔建兵
长子县利来农作物种植专业合作社　崔丽枝

长治县绿油油种养殖专业合作社：丘陵梯田果园种植模式

长治县绿油油种养殖专业合作社成立于 2013 年 9 月，注册资金 638 万元，社员 103人。合作社位于贾掌镇会里村村北，主要从事果树、经济林、蔬菜种植、家禽养殖与销售，建设了上党区城郊农业休闲采摘园——梅园，引进种植大樱桃、玉露香梨、烟台苹果、银白杏、葡萄等优质水果，种植区域面积 308 亩，采摘区面积 200 亩，产品已通过绿色认证。园区围绕"优质种植采摘、生草绿色养殖、休闲观光农家乐"三大主题运作，划分区域散养本地土鸡 1 万只，建成 200 吨冷库 1 座，形成了集看、玩、吃、学、采于一体的现代农业园区。

一、技术模式

梯田栽培＋宽行密植＋山地集水＋行间生草＋立体种养＋秸秆覆盖

二、主要技术内容

1. 丘陵梯田栽培。园区位于上党区贾掌镇会里村，海拔 1 050 米，地形呈三山环绕盆地状，果园种植充分利用自然形成的地形地貌，地块呈梯田分布，通风顺畅，光照充足，砂壤合土，昼夜温差大，具备生产优质水果的地理气候优势。

2. 宽行密植技术。宽行密植，株行距 4 米×2 米，行间大，株间窄，冠幅小，便于机械化操作，通风透光品质优；采取主干纺锤和篱壁树形，减小树体结构；拉开枝干比，主干粗壮分枝细而短，结构简单，容易学习，省工省力，管理方便；没有永久性主枝，主干上分枝及时拉枝控长，促使其快速成花结果；及时更新分枝，利用年轻分枝结果，果品优良。

3. 山地集水与保水。本地区干旱少雨，地下水位深，没有浇水条件，为此，在园区建设了地下蓄水池，利用山区地形收集雨水，并铺设管道节水灌溉，在长治市首家采取小流滴灌双膜技术（树干两边铺一层毛毡一层薄膜，宽度 80 厘米，毛毡保护薄膜使用，膜下土壤长期保持湿润松软状态）。地毯覆盖树旁，物理除草。

4. 行间生草栽培。行间自然生草和有选择地进行人工育草（靠近树体除草，行间生草），当草达到一定高度时拖拉机割草。生态多样，增加了害虫天敌；育草增肥，改善了土壤活性。生草还可以改善果园的小气候，使地面温度达到"冬暖夏凉"的效果。

5. 树下立体种养。树上结果，树下养殖，立体种养。生草为家禽提供饲料，家禽为果树提供肥料，还可啄食虫卵，形成"草—家禽—害虫"良性控制模式，减少化肥和农药的使用量，改善果品品质，实现循环发展利用。

6. 地面秸秆覆盖。充分利用周边玉米秸秆，将其机收粉碎后拉到果园还田，既减少了老百姓因焚烧污染环境的情况，又可以增加有机肥来源。

三、生产经营特点

1. 园区制定了标准化生产技术规程和果品质量管理、投入品管理、生产农事记录、质量追溯等制度，按照建设环境好、模式好、品种好、技术好、装备好、设施好、质量好、品牌好、经营好、市场好的"十好"和"五化六统一"的标准园进行日常管理，保证了果品质量和品质。

2. 园区聘请山西省果树研究所专家为常年技术指导，并积极培养骨干成员和科技示范户，按照技术标准要求使用农资和先进技术。通过组织专家现场指导和实践观摩，加快了农业科技在农业生产中的推广应用。

3. 园区成立了自己的社会化服务组织——果园修剪小分队，关键时段把大量技术工作外包给专业修剪队，减少了管理环节，降低了生产成本。

4. 致力于打造"长治市休闲农业水果产业园——梅园"，注册"梅园红"商标，以"香甜水果"为载体赋予"梅园红"品牌"苦寒香来"的奋斗精神和"家和爱"的文化因子，营造"南有褚橙励志，北有梅园篇章"的社会氛围，着力提升品牌知名度。

5. 采取生态观光果园经营模式，策划组织了"梅园红，红上党""采摘梅园红樱桃，歌唱祖国""火红六月，梅园有爱"等一系列文创活动，观光、休闲、采摘成为园区销售的主要渠道。

四、效益分析

1. 现园区即将进入丰产期，如果没有特殊自然灾害，预计年收入将达到600万元。

2. 园区梅香系列水果市场前景好。大樱桃可溶性固物经检测达到27.3%，被誉为"奶油樱桃"；香杏甘甜可口，香气浓郁，果肉细腻，平均单果重60～100克；玉露香梨汁多、酥脆、香甜，深受消费者的喜爱。

3. 采用立体种养方式，树上结果，树下养殖，生草为家禽提供饲料，家禽为果树提供肥料，做到了品质有机，节约成本，循环发展。

五、适宜区域范围

长治市海拔1 000～1 200米的干旱山地。

六、整理单位、整理人

长治市上党区农业农村局　李晋芳
长治市植物保护植物检疫站　李钱钱

山西盘古农牧科技有限公司：
葡萄日光温室无公害管理技术模式

山西盘古农牧科技有限公司位于郊区马厂镇泽头村东，东沿长北干线，西依漳泽水库，距长北火车站 1 千米、长北高速口 2 千米、机场 5 千米，交通十分便利。园区占地 100 余亩，建有日光大棚 20 座、灌溉深井 3 眼。棚内配有先进的滴灌、浇灌及水肥一体化设备，还有先进的储藏和冷藏设备。进入 21 世纪，公司聘请省内外农业专家顾问，引进、试验、示范、推广各种蔬菜、水果新品种，生产的蔬菜和葡萄产品质量受到了广大消费者的认可。

一、技术模式

增施有机肥＋水肥一体化＋温湿度控制＋病虫害绿色防控

二、主要技术内容

1. 秋施有机肥。积极推行自然生态模式，对葡萄树盘覆盖秸秆、杂草，合理生草，能培肥土壤，有利于维持生态平衡，抑制害虫的危害。亩施腐熟羊粪 2 500 千克作基肥，并加入适量的锌、锰、硼等微量元素。基肥多在秋季施用，且早施为好，采收后即可施入。

秋施基肥以有机肥为主、无机肥为辅，全年肥料量施用比例是秋施量占 80%～90%，追肥占 10%～20%。

2. 配方施肥。对园区耕地进行测土配方施肥，每个日光温室采集一个土样，测定养分含量。根据葡萄需肥规律、地块的肥力水平及目标产量来确定总施肥量、氮磷钾比例及底肥、追肥的比例。目标产量 2 000 千克，亩施全氮 19 千克、五氧化二磷 19 千克、氧化钾 23 千克。

有机肥在整地前施入，同时将 30% 左右的氮肥、全部磷肥、50% 以上的钾肥进行基施。施基肥方法为开沟和全园撒施，施肥后浇透水；追肥则按照生长期的需肥特性，确定追肥次数和数量；微灌施肥的用肥量为常规施肥量的 70%～80%。

3. 水肥一体化。采用水肥一体化技术，将灌溉与施肥融合，借助压力灌溉系统，将可溶性固体肥料或液体肥料配兑成肥液，与灌溉水一起均匀、准确地输送到葡萄根部土壤（表 3-1）。

表 3-1 灌水时期和配方施肥设计方案

灌水时期	灌水量（米³/亩）	肥料比例（氮：磷：钾）	施肥量（千克/亩）
萌芽前	25	15：10：8	5
落花后幼果开始生长	15	15：10：12	15
浆果生长期	30	15：15：15	30
采收后	8	15：15：15	8
总计	78		58

4. 覆盖地膜和铺设反光膜。覆盖地膜可提高土壤温度、增加环境中的光照强度，对葡萄前期的营养生长具有良好的效果。花后铺设反光膜可提高温室光照度，从而促进果实着色，提高果实的品质和口感。

后期铺设反光膜结合前期覆盖地膜，不仅会使浆果的口感提高，且营养生长好，会为当年的花芽分化和来年的丰产打下良好基础。

5. 树体管理

（1）促萌芽技术。在升温前 7～10 天用 5～10 倍的石灰氮喷雾需要发芽的部位。

（2）及时修剪整形。日光温室葡萄适宜树形主要有扇形篱架和龙干形小棚两种。通过修剪每株培养两个主蔓（龙干），每蔓（龙干）培养 4～5 个结果母枝，副梢留一片叶掐去。翌春每个结果母枝仅培养两个新枝，前面的作为营养枝，后面的作为结果枝。为防止结果部位外移，每年采用双枝更新法修剪。葡萄萌芽后应及时按整形及架面要求绑缚上架，避免枝蔓在地面匍匐生长，不利于整形管理。

（3）抹芽定梢。葡萄萌芽时，形成了一个芽眼多个枝条，每个芽眼只留 1 个壮芽，其余芽要及时抹去，同时抹掉枝条上的弱芽和主干 60 厘米以下发出的萌蘖。在枝梢长到 10 厘米时，去掉过多过密的发育枝、结果枝、弱枝和过旺枝，保留 5～6 个健壮结果枝和 2 个营养枝。

6. 花果管理。在叶片已展 6～7 片时，喷 100～200 倍 0.5％B9，开花前一周每隔 5 天喷一次 0.3％的硼砂，连喷 2 次。对生长势强的结果枝，花前在花序上部进行扭梢或在结果枝基部环割。落花后 10～15 天，根据坐果情况疏穗，生长势强的果枝留 2 穗，中庸枝留 1 穗，弱枝不留穗。落花后 10～15 天，根据坐果情况及早疏去部分密粒和单性果，保证果穗疏松整齐、果粒增大，同时减少灰霉病发生。浆果着色前，在结果枝基部环割。进入着色期要摘掉梢基部的部分老叶，增加光照。花果期可叶面喷布 0.3％磷酸二氢钾 2～3 次，提高生果率，改善品质。

7. 温室内温湿度和气体调控

（1）温度调控。根据葡萄不同生长发育阶段对温度进行调控：11 月中旬加盖棚膜和保温被，白天气温控制在 20～25℃，夜间 5～7℃，最低气温在 0℃以上，目的为打破葡萄休眠期，持续时间半个月左右。萌芽后至开花期即新梢快速生长期，昼温控制在 20～28℃，夜温 10～12℃，地温 15℃左右。开花期，昼温控制在 23～25℃，夜温 10～15℃，地温 20℃左右。幼果期发育期，昼温 25～30℃，夜温 13～15℃，地温 20～25℃。转色成熟期昼温控制在 25～33℃，夜温 15～18℃，昼夜温差 10℃以上。

（2）湿度控制。开始加温到萌芽期，相对湿度为 80％～90％；新梢旺长期，相对湿度为 60％～70％；开花期，相对湿度为 50％～60％；幼果期，相对湿度为 60％～70％；转色成熟期，相对湿度为 60％～70％。

（3）气体调控。每天卷起草帘后应结合温度情况及时打开通风口换气调温排湿，即使阴雨天也应短时间开风口换气，补充棚内二氧化碳。换气时间一般在上午 10 点左右，天气冷凉时每天通气 20～30 分钟，以后随棚温升高而适当延长通气时间。增施有机肥，可增加空气中二氧化碳含量。

8. 病虫绿色防控。日光温室葡萄病害主要是灰霉病、霜霉病、白粉病和黑痘病，虫害主要是蚜虫、蓟马和白粉虱。

（1）生态控制。霜霉病和黑痘病都是由于空气湿度过高引起的，管理上要根据不同生长时期的要求控制好棚室空气湿度。

（2）物理防治。使用黄板等物理措施防治蚜虫和白粉虱，使用蓝板防治各种蝇和蓟马。预防期每亩悬挂 20 厘米×30 厘米粘虫板 15～20 片，害虫发生期每亩悬挂 20 厘米×30 厘米粘虫板 45 片以上。

（3）预防性用药。冬季修剪病枝，扫除落叶，清除越冬菌源。全棚喷一次 5 波美度石硫合剂液，预防白粉病、红蜘蛛等病虫害。1 月萌芽前全棚喷一次 45％石硫合剂结晶 30～40 倍液，预防白粉病、红蜘蛛等病虫害。花前 7～10 天喷一次 75％百菌清可湿性粉剂 500 倍液，预防病害发生。2～4 月生长期改善通风条件，降低棚内湿度，清除杂草，减轻病虫危害。生理落果后，3～4 月开始，每隔 30 天喷施 200 倍液的石灰半量式波尔多液 2～4 次预防白粉病、霜霉病等病害。

（4）科学合理用药。展叶后半个月左右喷 1∶0.5∶240 倍波尔多液或 1∶300 倍 25％多菌灵液，防治黑痘病兼治灰霉病。开花前与开花后各喷 1 次 3 000 倍 2.5％溴氰菊酯＋300 倍 25％多菌灵液，防治透翅蛾与黑痘病等多种病虫害。花期发现灰霉病感染花穗要及时剪除，防止扩散侵染。防治真菌病害霜霉病和黑痘病可用灭瘟素和农抗 120。

三、生产经营特点

1. 采取科学管理方式和优质高效技术模式，通过增施有机肥、水肥一体化、覆盖地膜和铺设反光膜、温湿度控制、病虫害绿色防控等生产措施，有效提高了葡萄的产量和品质。

2. 采用"公司＋基地＋农户"模式，带动周边农户发展葡萄种植，扩大了该项技术的普及率和覆盖面。

3. 采取农超对接模式，积极联系周边水果超市和市场，定点配送，满足了市民对优质无公害葡萄的需求。

四、效益分析

1. 园区葡萄亩产量 2 240.2 千克，总产量达到 12.209 万千克；亩增产 499.8 千克，总增产 2.724 万千克；亩产值 44 804 元，直接经济效益 244.18 万元。

2. 采用病虫绿色防控、水肥一体化、增施有机肥等技术，有效减轻病虫害发生，减少了农药、化肥投入，确保了产品质量和生态环境安全。

3. 通过无公害管理技术的推广，辐射带动周边农户从事葡萄产业发展，对解决当地人员就业有积极作用。

五、适宜区域范围

适用于上党盆地日光温室葡萄生产。

六、整理单位、整理人和联系电话

潞州区农业农村局　范舍玲　张莹

长治市中药材发展中心　赵平珊

长治市源茂禾农业种植有限公司：大樱桃设施矮化栽培模式

长子县源茂禾农业种植有限公司，成立于 2019 年 6 月，位于常张乡小营村，公司注册资金 600 万元，有樱桃大棚 10 个，种植"美早""吉塞拉""萨米脱""红灯""黑珍珠" 5 个樱桃品种，樱桃上市时间可提前两月有余，有效填补了樱桃市场空档期。大棚樱桃栽培要人为控制樱桃的物候期，即要打破休眠期，提早进入花芽分化、开花结果期，提早收货上市，获得较好的收益。

一、技术模式

设施大棚＋优良品种＋密植矮化＋温湿度调控＋提早上市

二、主要技术内容

1. 建棚。选择背风向阳、光照充足、地势平坦、排灌方便、土质疏松的壤土或砂质壤土。根据棚的散热情况，面积以 $2\,400\sim3\,000$ 米^2 为宜。一般应建东西走向的单坡面大棚，上覆无滴膜，膜上再铺一层草帘子。扣棚时间掌握在 12 月下旬和元月上旬之间。

2. 品种选择。大棚樱桃栽培目的是提早上市，以获得较高的经济效益。应选择成熟早、自花坐果率高的优良品种，如"美早""吉塞拉""萨米脱""红灯""黑珍珠"等品种。同时应按 4∶1 的比例配置授粉树（如拉宾斯或斯坦勒），防止自花结实率低、品质不高等情况。

3. 密植矮化栽培。樱桃树苗应选择根系健壮、须根多、茎粗壮、芽饱满的幼苗，或 $5\sim8$ 年生树体较矮、内膛枝较多的初结果树。砧木要选用山樱桃实生砧，应用矮化砧（如莱阳矮樱桃）作中间砧。已结果的壮树，要喷施适量的多效唑，抑制其生长。棚内壮苗栽植密度应控制在株行距 2 米×3 米或 1 米×2 米，壮苗树可控制在 3 米×4 米。

4. 低温预冷。大棚栽培樱桃树必须经过一定的低温时间，满足共需冷量后，才可升温解除休眠。当樱桃秋末落叶后，监测夜间温度在 7℃ 左右时，进行日常温和低温预冷。白天盖草帘遮光，夜间打开放风口，让棚室温度降低；白天关闭所有风口以保持低温，一般经过 $20\sim30$ 天低温预冷，便可满足低温需求，进行保温生产。

5. 水肥管理。樱桃对土壤水分非常敏感，既不抗旱，也不耐涝。因此需要选择疏松透气良好的土壤，少用速效化肥，多用有机肥料。樱桃浇水不需要大水慢灌，要求"水过地面湿"即可。发芽前追施一遍肥，以氮肥为主；2～3 月，追施果树专用肥，每株施肥量为 0.2～0.4 千克。

6. 温度调控。樱桃棚内温度调控非常关键，一旦控制不合理，就可能发生冻害，造成坐果率低、果实与叶片腐烂等现象。因此，要特别注意温度的调控，扣棚 3～4 天内作业门、通风窗要全开，3～10 天逐步关闭作业门和通风窗，10 天后夜间逐步盖齐草帘，升高温度。当气温升高到 16℃ 时，每天 10—17 时通风换气，17 时后关闭通风窗并覆盖草帘，每天太阳出来后再揭开草帘。

7. 湿度调控。扣棚后至开花前棚内适宜湿度 70％～80％，主要靠覆盖地膜来控制；花期适宜湿度 50％～60％，可放吸湿剂来控制；幼果至着色期适宜湿度 60％～70％，可以通风换气来控制；着色至采收期适宜湿度 60％～70％，靠通风至逐步揭膜来控制。采收期后可全部除膜，并需施肥浇水，加强土壤管理。

三、生产经营特点

1. 公司以大棚为主要设施栽培形式，特邀请山东寿光、运城绛县技术人员每隔两个月来园区指导一次，推广应用大樱桃矮化抗寒栽培和综合管理技术，定期进行剪枝修枝。

2. 销售上把观光与采摘相结合，组织游客在指定果园或温室内开展名特优新果品的观光采摘游活动。游客可游览园貌，采摘、品尝、收获果实等，体验劳作之艰辛，尽享收获之愉悦。

3. 推行"分散种植＋统一营销"模式，带动周边更多贫困户种植樱桃，扩大樱桃连片种植规模，做到了自身发展和社会价值"双赢"。

四、效益分析

1. 大棚种植樱桃上市时间提前，价格也远远高于正常时间上市的樱桃。大棚内每亩种 60 棵树，每棵树产樱桃 15 千克，每千克 60 元，每亩收入 5.4 万元。园区种植面积 104 亩，年总收入约为 561.6 万元，还带动本村及周边剩余劳动人员 100 余人就业。

2. 大棚种植樱桃虫害、鸟害极少，降低了防治成本。

五、适宜区域范围

适用于温室大棚栽培，要求光照充足、地势平坦、排灌方便、土质疏松的壤土或砂质壤土。

六、整理单位、整理人

长治市农业技术推广中心　杜忠东
长治市源茂禾农业种植有限公司　张丽军

山西林水碧源种植有限公司：果树水肥一体化技术模式

山西林水碧源种植公司位于南陈乡申村精卫湖旁，成立于 2016 年，注册资金 500 万元，占地 400 余亩。种植玉露香梨，美国大樱桃，晋富 2 号、4 号苹果，雪桃，葡萄等 20 余种水果，面积 360 余亩。基地建设采用国内外果树新品种和新树形管理模式，并依托山西农业科学院现代农业研究中心提供长期技术支持，旨在生产一流产品，发展地域品牌，带动当地果树产业发展。水肥一体化灌溉技术在生产中的应用，可方便、灵活、准确地控制灌溉和施肥的数量和时间，提高了肥料利用率和灌溉用水效率，灌溉均匀，省时省工，改善了土壤结构，增加了果品产量，提高果品品质。

一、技术模式

水源工程＋配套设备＋肥料选用＋灌溉制度

二、主要技术内容

1. 水肥一体化设备。一般需要加压系统（水泵、重力自压）、过滤系统（通常用 120 目叠片过滤器）、施肥系统（泵吸肥法和泵注肥法）、水源工程、启动箱（三相电表、漏电开关、防误开关、空气开关）、输水管道（常用 PVC 管埋入地下）、滴灌管道。

2. 管道布设。通常主管和支管采用 $1 \sim 4$ 寸[①] PVC 管。平地果园可选用普通滴灌管，山坡地则选用压力补偿滴灌管。滴头流量、间距与土壤质地有关，黏性土选小流量大间距，砂性土则选大流量小间距，出水均匀度 90％ 以上。

3. 水源工程。指获取水源建设的基础设施，如水井、蓄水池、沉沙池、引水沟渠等。滴灌用水要求使用干净、无杂质的河水或井水，水质要求酸碱度适宜，含盐量低，不堵塞管道。

4. 灌水施肥量。根据果树生育期的需水规律、降水情况及土壤墒情确定灌水时期、次数和每次的灌水量；根据果树的需肥规律、地块的肥力水平及目标产量确定总施肥量、氮磷钾比例及底肥、追肥的比例。

5. 肥料选择。微灌追肥的肥料品种必须是可溶性肥料。符合国家标准或行业标准的尿素、碳酸氢铵、氯化铵、硫酸铵、硫酸钾、氯化钾等肥料，纯度较高，杂质较少，溶于水后不会产生沉淀，均可用作追肥。追肥补充微量元素肥料，一般不能与磷素追肥同时使用，以免形成不溶性磷酸盐沉淀，堵塞滴头或喷头。

三、生产经营特点

1. 公司确立了"两年扩冠、三年结果、四年见效、五年丰产"的目标，依托山西省农业科学院现代农业研究中心，引进新技术 12 项，示范推广梨树、苹果树、大樱桃树新品种新树形及科学施肥、绿色防控技术。

2. 水肥一体化设备安装过程中，聘请山西省农业科学院专家现场指导和培训讲解，在水利部门技术人员的指导下，完成水肥一体化灌溉系统的安装。

3. 公司确定专人负责水肥一体化灌溉系统的使用、管理、检查和维护，确保设施设备的长期性、实用性和稳定性。

四、效益分析

1. 与传统的大水漫灌相比，水肥一体化技术将适量的水和可溶性肥料融合在一起，再通过灌溉设备系统、精确、快速、适时地输送到果树根部附近土壤中，减少了水分的蒸发与养分流失，可以节水 40％、省工 10％。

2. 水肥一体化技术可以减少肥料使用量 30％ 以上，从而防止土壤中肥料过量造成土

---

① 寸为非法定计量单位，1 寸≈3.33 厘米。——编者注

壤盐渍化，影响土壤环境；还可以防止土壤板结，促进微生物的生命活动，加速有机质的分解。

3. 应用水肥一体化技术可以促进果树根系对土壤中水分和养分的吸收，从而促进新梢生长，提早开花结果，增产幅度在 10%～80%，并且可以改善果品品质。

五、适宜区域范围

适用于长治市果树种植区，尤其是设施栽培果树和集中连片果园。

六、整理单位、整理人

长治市农产品质量安全检验监测中心　崔建兵
山西林水碧源种植有限公司　　侯枝林

黎城县黎瑞农业生态发展有限公司：
苹果宽行密植智能管控模式

水果是黎城县的优势产业。黎城县黎瑞农业生态发展有限公司成立于 2018 年，总投资 3 500 余万元，拥有苹果基地面积 800 余亩，有员工 100 多人，技术管理人员 15 人，购置深松、深翻、植保、施肥、除草等各类机械设备 30 余台，新建储存冷库 5 000 米²，是当地的水果种植龙头企业。建园之初，公司先后组织专人深入陕西、山西、山东烟台等苹果产区精细调研，并组织水果种植专家实地论证，引进"宽行密植栽培"的现代水果种植模式。通过 2 年的精心管护，基地挂果率达到 85%，2020 年亩产达到 500 千克，实现了"早果丰产、投入高效"的目标。

一、技术模式

宽行密集＋新品种＋水肥一体化智能管理＋绿色防控＋有机品牌销售

二、主推技术

1. **选择品种。** 根据市场需求，结合资源禀赋，选择栽植烟富 3、首富 2、首富 3、首富 1 号等一批富士系为主的晚熟新品种，这些品种生育期长、丰产性好、品质高、具有较好的商品性；授粉品种配置皇家嘎啦、华硕、维纳斯等一批早熟的新品种。这样能保障果园的产量、品质，使水果采摘提前 2 个月，延长供果时间，增加效益。

2. **宽行密植。** 公司组织土壤养分监测、品种推广、环境评估等方面专家进行实地调研勘察、会商研判，确定了株行距为 1.2 米×4 米、亩栽 138 棵的种植模式。

定植前，每亩撒施有机肥 2 吨以上，全园耕翻 40 厘米耙平。采用开沟法种植，用开沟机开宽 40 厘米、深 60 厘米的沟，再回填部分表土，灌水压实后，拉线植入 3 年以上大苗，栽植深度以将砧木根茎露出地面 3～5 厘米为宜，以保证矮砧的矮化效应。

3. **设置支架。** 矮化自根砧苹果树根系浅，不抗倒伏，一定要立桩拉铁丝，扶直中央领导干。采用钢管支柱，沿行向每 10～15 米立 1 根支柱，每架拉 3 道镀锌铁丝，两头加固拉紧。每株苗木立 1 根竹竿，并将竹竿固定于铁丝上，从苗木定植开始，将树干绑缚在立杆上，直至树高达到 3.5 米。

4. 整形修剪。采用高纺锤形树形，干高 70~80 厘米，树高 3.5 米，冠径 0.9~1.2 米。中心干直立、生长强健，其上均匀着生 25~50 个螺旋排列的主枝；主枝与中心干夹角 90°~120°，树冠由下至上主枝角度逐渐加大；同侧主枝上下间距 30 厘米；主枝基部与同部位中心干粗度之比小于 1：5，主枝长度 1.0 米左右，其中树冠下部主枝略长，上部主枝略短，树冠呈纺锤形。

5. 水肥智能管控。生长期根据苹果树各生育期水、肥需求特点，将果树生长期需要的大量元素、中量元素、微量元素肥料，按用量比例溶解于水，合理配制水溶肥，利用物联网水肥一体化滴灌手机管理系统，通过塑料管道将肥水不断缓慢滴入果树根部，确保土壤养分、水分稳定供应。这样能满足果树的生长需要，还能达到省肥、省水、省工目的。

6. 园区管理机械化。4 米宽的行距满足了机械作业要求，开沟施肥、深翻除草、深松贮水、病虫绿色防控、机械采收等常规生产环节都已实现机械化，果园机械化管理达到85%，人力投入减少 2/3。

7. 病虫绿色防控。病虫防控以预防为主，综合应用黄板、太阳能杀虫灯、性诱、幼果套袋、合理结果稳定树势、科学修剪等农业、生态调控措施，为果品生长提供良好环境，确保果品的有机化生产。

8. 适时采收。当果实色泽、肉质、风味与香气等表现均符合该品种特征时开始采收，做到采收统一、分级包装、不伤果枝，同时株形整齐、高低适度，非常适宜机械配合人工采摘，相比过去的树形，仅采摘一项就可节约成本达到 75%。

三、生产经营特点

1. 公司资金雄厚，投资力度大，一次性流转土地达到 1 000 余亩，800 亩的水果生产园区几乎连成一片，交通便利，既适合机械作业，又达到省工、省力、早果、丰产的预期目的。

2. 园区生态良好、自然资源丰沛、有机操作技术成熟、昼夜温差大的特点，能确保园区有机水果的生产，进一步增强了市场的竞争力。通过线上"小试牛刀"，2020 年采收的 40 万千克水果，已全部销售完毕，果品的品质得到了消费者的认可。

四、效益分析

1. 该园区通过采用宽行密植栽培模式，有利于果园整体通风透光，实现了结果早、产量高、省工、省力的目标。

2. 此种植模式所产果实色泽艳丽、含糖量高、品质佳，预计盛果期亩产可达 5 000 千克、收入叮达 3 万余元，净收益在 2.5 万元以上，经济效益十分突出。

3. 此模式适合全园机械化作业，人工投入少、工作效率高。全园水肥一体化管理，树体吸收水肥比例合理，树体壮，产量高，品质好。

五、适宜区域范围

适用于土壤肥沃、土层深厚、土地宽阔、有灌溉条件的果园。

六、整理单位、整理人

黎城县黎瑞农业生态发展有限公司　张志勇
黎城县农业技术推广中心　樊美忠

黎城绿翼核桃专业合作社：（麻）核桃嫁接改良技术模式

黎城绿翼核桃专业合作社成立于 2013 年 2 月，地处黎城县北委泉村，主要从事核桃改良和食用菌的生产、管理、销售及技术指导推广、学员培训活动。在北委泉村建设（麻）核桃＋食用菌循环发展基地，有食用菌大棚 32 个，冷库 2 座，接种室 200 米²；在北坡村建有食用菌大棚 8 个；在南委泉村有 260 亩土地用于栽培改良（麻）核桃树，先后通过嫁接、修剪等方式服务核桃种植户 5 000 多户。理事长江利斌 2014 年荣获"第九届中国大学生年度人物"称号，受到国务院领导接见勉励。

一、技术模式

优良品种＋嫁接改良＋高接换优

二、关键技术要点

1. 品种选择。 在基地试验种植的基础上，接穗推广选用黎城刺纹核桃、艺核 1 号、辽核 1 号、中林 5 号等（麻）核桃品种。砧木为当地野生山核桃树。

2. 接穗采集。 有硬枝接穗和嫩枝接穗两种。

一是硬枝接穗，用于枝接，采集时间从核桃落叶后到芽萌动前都可进行。采取秋采接穗，即以秋末冬初核桃叶片形成离层将落未落时采集最为适宜。冬春抽条和冻害轻微的年份或采穗母树为成龄树时，可在春季惊蛰以后至芽萌动之前采集。接穗必须是发育充实的 1 年生枝条的春梢，要求髓心小、芽子饱满、无病虫害、枝粗 1 厘米以上。秋采接穗时，接穗采下要及时蜡封剪口，并将母树剪口用漆或马油封严。

二是嫩枝接穗，用于芽接，嫩枝粗度 0.5 厘米以上，长度 25 厘米以上，生长正常，接芽成熟、饱满。由于当时气温高，保湿非常重要。

3. 接穗贮存。 硬枝接穗运输时用麻袋或草袋包装，防止风干，以致影响嫁接成活。核桃接穗贮存的最适温度是－1～5℃，最高不能超过 8℃，贮藏采用浅窖沙藏法，采下接穗后立即剪掉叶片，根据长短粗细分级，每 20～30 条捆成一捆，挂上品种标签，斜插于湿沙中 2 厘米。冬季可根据气温情况覆盖窖口。要经常检查，防冻害、风干、霉烂，确保接穗质量。

用于芽接的嫩枝接穗最好随采随接，嫁接前要把接穗放在盛水的塑料桶中备用。当日嫁接不完者须扎捆后将基部 2～3 厘米浸入浅水中，覆湿布置阴凉处，最长不能超过 3 天。每天被浸入水中部分的接芽第二天就不能再用了。

4. 嫁接苗培育。 枝接在 4 月上旬进行，主要采用双舌接方法，砧木用 1～2 年生实生苗，基部粗度 1～2 厘米，起苗后于根颈以上 10～15 厘米平滑顺直处剪断，根系稍加修剪，剪去劈裂和冗长的根。砧木与接穗分别用 10ppm "ABT"生根粉处理，选用与砧木粗细相当的接穗剪成 12～15 厘米长的小段，上端保留 2 个饱满芽。砧木和接穗各削成 5～8 厘米长的大斜面，在斜面上部 1/3 处用嫁接刀开一接口，深 2～3 厘米，接舌要适当薄些，否则接合不平。砧木和接穗削好后立即插合，形成层要对齐。砧穗粗度不一致时，要求对齐一边，然后捆紧绑牢，在 90℃的蜡液里速蘸接口以上部分以防失水，然后直接定植于大田。

芽接在 6 月中旬进行，接穗用 10ppm "ABT"生根粉进行浸泡处理，用"大方块座地芽接法"或"T 字形芽接法"嫁接。用"大方块座地芽接法"时，在砧木基部距地面 10～30 厘米处，选一光滑面，用双刃刀切取同样大小的芽块，芽片从接穗上剥离时，要侧向推离，若直接往上提离时，常会使护芽肉离开芽眼，留在木质部上；揭开砧木上的皮块，将接芽迅速从侧面嵌入，再根据接芽宽度撕去砧皮，将接芽按平，用塑料条或胶条绑好；芽接后 10～15 天松绑。用"T 字形芽接法"时，从接穗上削（划）取盾形芽片（宜大），将芽片剥离，随即插入砧木切割的"T"字形口内，用塑料条捆绑。

5. 高接换优改良。采用蜡封接穗、插皮舌接、套袋保温等一系列技术措施，提高了成活率，使前期生长快。另在大树高接换优中应用了芽接补救技术，对砧穗施以保水剂、生根粉浸泡等创新技术，降低了嫁接成本。高接后要及时进行除萌、放风、设立支柱、松绑等后期管理，确保改良成活。

三、生产经营特点

1. 合作社将当地漫山遍野的、被群众称为"废树"的野生核桃楸子树改良嫁接为食用核桃和文玩核桃，不仅有效利用了野生资源，也为当地群众开辟了一条致富新路。

2. 合作社成立嫁接修剪服务队，基地内的（麻）核桃树都由嫁接修剪服务队统一管理。经过统一修剪改接，实现了品种改良，极大地提升了（麻）核桃树的产量及品质。

3. 合作社对（麻）核桃优良品种进行了系统试验研究，在（麻）核桃高接换优中，采用蜡封接穗、插皮舌接、套袋保温等一系列技术措施，并施以保水剂、生根粉等创新技术，使高接成活率提高到 95％以上，产出期提前 2 年，并培养了 50 名（麻）核桃嫁接能手。

四、效益分析

1. 合作社 260 亩（麻）核桃盛果期亩产核桃 40 千克，可年产核桃 10 400 千克，按现行（麻）核桃市场价 70 元/千克计算，年可创造经济收入 72.8 万元，扣除 40％的成本费用，260 亩（麻）核桃林年净收益 43.68 万元。

2. （麻）核桃修剪的枝条可以作为食用菌基料的原材料，而食用菌的废料又可为（麻）核桃树生长提供肥料，实现了"循坏与补"。

3. （麻）核桃的种植可以有效涵养水源，控制水土流失，增加土壤肥力，改善气候条件，促进农田的水土保持和良性循环。

五、适用区域与范围

适用于山区丘陵核桃种植区域。

六、整理单位、整理人

黎城绿翼核桃专业合作社　江利斌

黎城县农业农村局　樊广文

壶关县紫辉生态庄园：葡萄"旱作集雨＋水肥一体化"模式

壶关县紫辉生态庄园由新有种养专业合作社于 2017 开工建设，注册资金 200 万元，占地 230 亩，位于壶关县集店乡桥西村长安高速连接线旁，交通便利，地理位置优越。庄园土地肥沃，通透性好，保水保肥能力强，以葡萄种植为主，建有完善的生产和生活设施，是以葡萄种植、科研、品种繁育、技术推广示范、餐饮、休闲等为一体的生态农业采摘示范园。庄园积极开展绿色有机种植尝试，大力发展高端优质葡萄产业，形成了"休闲体验＋生态种植＋全程监控"的绿色有机发展模式。2020 年全园生产优质葡萄 175 吨，效益达 700 万元，带动农民 200 余人发展葡萄种植 2 000～3 000 亩，人均增收 15 000 余元。

一、技术模式

优良品种＋旱作集雨＋水肥一体化＋绿色防控＋质量追溯

二、主要技术内容

1. 引进优良品种。庄园引进了阳光玫瑰、紫脆、紫甜、摩尔多瓦、户太 8 号、茉莉香、七星女皇、甜蜜蓝宝石、辽阳、苏丹玫瑰、浪漫红颜、金手指、红国王、安逸女王、晨香、绍兴一号等品种，均为病虫害高抗性的优良葡萄新品种。

2. 标准化封闭管理。已建成了集有机旱作综合应用技术为一体的 200 多亩葡萄新品种种植园，其中连栋钢架葡萄大棚 50 余亩，地沟式全钢架温室单体棚 10 余亩，露地葡萄种植搭建水泥柱铁丝架长廊 150 余亩，配备了防鸟、防雹网，周围 500 米范围内为玉米种植隔离带，全园（包括隔离区域）不得使用禁限用化肥、农药等投入品。

3. 有机肥替代化肥。庄园以有机羊粪和蚯蚓肥为主，与氨基酸类、有益菌肥、有机海藻类水溶肥相结合，采用"有机肥替代化肥＋中微量元素肥＋有机海藻肥＋有机叶面肥＋物理防治病虫害＋机械割草还田供肥"模式，不使用任何化肥，以保障消费者对生态水果的口感及质量安全的需求。

4. 水肥一体化。庄园安装了水肥一体化（滴灌）设备，修建有 3 个旱作集雨窖，巧用天上雨，沉淀过滤后利用水肥一体化设备冲施雷力海藻肥腐殖酸水溶肥，能够节水 80％以上，节省肥料 70％以上。

5. 病虫绿色防控。广泛应用黄蓝板、太阳能杀虫灯诱杀害虫。运用果穗套袋技术，在提高葡萄外观品质的同时，防治果锈和裂果发生，还可以达到减少农药残留、粉尘及杂菌的目的。应用生物农药替代传统化学农药，应用苦参碱、大蒜素、蛇床子素、氨基寡糖素、芸苔素等优质生物农药进行防治。采取生态自然生草加人工种植绿肥，不打除草剂，确保对土壤无任何伤害。采用林下套养美洲大雁和鹅帮助自然除草,增肥土壤肥力。种植葡萄行铺设生态除草地布,保水保肥,减少整体用水量,改善生态庄园小气候,提高果品质量。

6. 采收后管理。8月中旬开始采收葡萄,采收后及时补充羊粪或蚯蚓肥,每亩开沟施5 000千克,以补充树势营养,为来年增收打下基础。还要做好修剪及清园工作,时间在9月下旬至10月下旬,清理完修剪枝条后喷洒清园专用药剂。

7. 质量安全追溯。庄园全方位构建了农产品质量安全追溯体系,对作物的肥料施用、生长管理、病虫害防治进行全程监控并详细记录在册。开创了葡萄树认养项目,积极打造休闲采摘新体验,目前已被认养葡萄树800余株,葡萄生长管理情况会实时推送至认领户主的手机中,让消费者吃得放心、领养舒心。

三、生产经营特点

1. 庄园采用"合作社＋基地＋技术培训示范＋农户＋高端水果经销商"的经营模式,以合作社为龙头,以基地为纽带,利用基地的资源把分散的农户整合起来,采用统一技术、统一农资、统一管理、统一绿色病虫害防治、统一标准采收、统一商标、统一定价、统一销售模式,抱团打市场,从而提高了农户收入水平。

2. 庄园分别与广西垄下保根际科学技术服务有限公司(提供基地全程绿色病虫害防治及用肥技术方案)和陕西雨晨农业科技服务有限公司(提供水果全程管理模式)签订战略协议,聚合先锋力量,打造优质庄园。

3. 庄园采用"休闲采摘＋优质经销商模式＋客户私人订制"的销售方式,休闲采摘约占总产量的30%,客户私人订制占8%,优质经销渠道占50%,自酿葡萄酒占12%。由于产品品质好,产品档次高,所生产的水果果品销售价格是同类水果的3倍左右。

四、效益分析

1. 每亩限产1 000～1250千克,每串葡萄60～80粒,每串控制在0.75千克,每粒控制在12～14克,每千克葡萄价格60～70元,每亩收益6万～8万元。

2. 庄园推行有机种植和绿色防控病虫害技术,所产葡萄干物质积累明显增加,碳水化合物、维生素及微量元素含量大幅提升,口感和营养得到保障。

3. 庄园已解决农村剩余劳动力50余人就业,年收入达2万元以上,带动周边农民增收致富。

五、适用区域范围

适用于长治市土层深厚、土质肥沃、光照充足、年降水量在600毫米左右的地区。

六、整理单位、整理人

长治市农产品质量安全检验监测中心　王琪
壶关县新有种养专业合作社　卫仕奎

山西林盛果业有限公司：晚秋黄梨密植丰产栽培模式

山西林盛果业有限公司成立于 2010 年，位于山西省襄垣经济技术开发区，是一家集现代农业、旅游观光、产品研发、加工销售及货物进出口为一体的现代农业企业，被评为山西省农产品加工"513"龙头企业、长治市民营经济发展标杆企业。

晚秋黄梨是林盛果业公司利用牙变技术选育的一个晚熟黄梨新品种，2010 年开始在襄垣县规模化种植，目前共拥有 1 万余亩梨树种植基地和 200 余亩梨树苗培育基地，2014 年获得绿色食品证书，2016 年获得有机转换证书，2019 年获得有机认证证书，入选全国名优果品，并多次在大型农博会上获奖。该品种有四大特点：一是挂果早、见效快、效益高；二是果个大、果质优，成熟果重可达 1 500～2 000 克；三是抗氧化、耐存放；四是管理简单、适应性强。

一、技术模式

矮化密植＋纺锤树形＋肥水管理＋疏花疏果＋果实套袋＋病虫防治

二、主要技术内容

1. 密植栽培。 属矮化密植型品种，大田种植行距为 2.5 米、株距为 1.5 米，树高 2.5 米左右，每亩种植 150 株，可配置黄冠或圆黄品种作授粉树。山坡、沙土地均可种植，以春季栽植为主，挖宽 1 米、深 1 米的定植坑，每坑施入 30～50 千克腐熟的有机肥，并与土混匀；定植后浇足水，进行地膜覆盖。

2. 肥水管理。 该品种果个大、丰产，加强肥水管理尤为重要。秋季结合整地施好基肥，株施优质有机肥 20 千克和适量复合肥。生长季在萌芽期、幼果期、果实膨大期适时追肥和灌水，以磷、钾肥为主，深度 20～30 厘米。有条件的果园可于萌芽前、果实膨大、封冻前各灌 1 次沼液肥，同时结合每次喷药依情况添加多元微肥，满足树体对各种养分的需求。雨季注意果园排涝。

3. 整形修剪。 采用改良纺锤形树形，即仍保留基部三主枝，其上方纺锤形，成形后树高约 3 米，全树留 12 个主枝。在冬剪的基础上，加强生长季节的修剪，主要是拉枝、开角、摘心，基部三主枝开至 70°～80°，其他主枝开至 90°，以缓和树体营养生长，提早结果。在整形修剪时，要掌握多留、多用、多放、少疏的原则。

4. 花果管理。 花芽萌动前喷施 1 次 0.3% 硼酸加 0.5% 尿素，盛花期喷施 1 次 0.3% 磷酸二氢钾加 0.3% 尿素液。梨花现蕾期进行疏花，坐果后每 20 厘米留 1 个边花果，其余全部疏除，每果保证 50 片叶，疏果后优质果率在 90% 以上。6 月上旬定果后套袋。套袋前，先喷 1 次杀虫、杀菌剂，然后选坐果可靠、光照良好的果实套袋，套袋选用塑膜袋。

5. 病虫防治。 在综合管理、提高抗病力的基础上，加强预测预报，充分利用害虫习性，使用杀虫灯、粘虫板进行物理防治，同时在关键时期合理使用化学防治。可交替使用生物农药和低毒、高效、无残留农药，做好梨木虱、梨园蚧、蚜虫、卷叶蛾及黑斑病、腐烂病、轮纹病等病虫防治。

三、生产经营特点

1. 采取"公司＋合作社＋基地"的模式，林盛果业与合作社签订售苗与鲜梨回收合同，合作社组织贫困户及其他村民规模种植，购苗经费可以分期付款，贫困户如果交不上树苗预付款，可以在第三年、第四年梨树进入丰产期后，从回收鲜梨应付款中扣除。

2. 公司对基地实行统一提供树苗、统一技术服务、统一肥料标准、统一农药要求、统一订单回收、统一市场品牌销售的"六统一"管理服务。

3. 公司采取线上学习、线下培训的形式，已培养了300余名梨树种植业务骨干，成为襄垣乃至周边县区梨园管理技术的行家里手。

4. 林盛黄梨已畅销华北、华中、华南、云贵等地区，2018年成功进入欧美市场，2019年与海昇药业有限公司达成中药"雪梨膏"原料供应协议。同时，公司30万吨果蔬深加工车间能保障梨收回后的加工转换。

5. 公司拥有200余亩育苗基地，每年可出圃优质梨苗100万株以上。

6. 公司推广林下套种技术，种植户种植梨树后的前两年，林下可套种中药材，每亩每年收入800元以上，解决了梨树前期没有收入的问题。

四、效益分析

1. 晚秋黄梨栽后二年挂果、四年进入丰产期，盛果期正常亩产4 000～5 000千克，按公司回收价平均每千克3.3元计算，亩收入在万元以上。

2. 晚秋黄梨果型大，品质优，果核小，皮薄、肉白、无渣，营养丰富，常温下可储存6～8个月，且不变味，不变质，极受市场欢迎。

3. 公司积极履行企业的社会责任，主动融入脱贫攻坚工作大局，助力农民脱贫增收，得到当地党委、政府的认可和赞誉。

五、适宜区域范围

适用于上党盆地、丘陵山区。

六、整理单位、整理人

长治市植物保护植物检疫站　王陶玲

山西林盛果业有限公司　冯张林

襄垣县农牧场：玉露香梨高效生产模式

襄垣县农牧场位于襄垣县古韩镇南丰沟村西南2千米处，注册资金206万元，属差额拨款事业单位。农牧场地势平坦，土层深厚，土壤肥沃，空气清新，自然环境好，年降水量640～700毫米，水源丰富且无污染。现有果园600亩，2013—2015年发展各种新品种果树 400 余亩，其中玉露香梨树 130 亩、苹果树 270 亩。

玉露香梨是山西省农业科学院果树研究所以库尔勒梨为母本、雪花梨为父本杂交选育而成的优质、耐贮、中熟的香梨型大果新品种。该品种平均单果重 236.8 克，果实近球形，果形指数 0.95。果面光洁细腻，具蜡质，保水性强，阳面着红晕或暗红色纵向条纹。果皮采收时黄绿色，贮后呈黄色，色泽更鲜艳；果皮薄，果点细小不明显，果心小，可食率约 90%；果肉白色，酥脆，无渣，石细胞极少，汁液特多，味甜具清香，口感极佳；可溶性固行物含量 12.5%～16.1%，总酸含量 0.08%～0.17%；果实耐贮藏，在自然土窖洞内可贮 4～6 个月。

玉露香梨幼树生长势强，结果后树势转中庸。萌芽率高，成枝力中等，嫁接苗一般 3～4 年结果，高接种 2～3 年结果，易成花，坐果率高，丰产稳定。一般盛果期梨树平均每亩产量 2 500 千克。

一、技术模式

生物有机肥＋果园生草＋梨果套袋＋架设防雹网＋绿色防控

二、主要技术内容

1. 施用生物有机肥。 在树冠两侧沿定植穴穴边挖宽 50 厘米、深 40 厘米的施肥沟，为保证生物有机肥发酵所需氮源，施用时每亩再加入 5～10 千克尿素。将生物有机肥按照株施 7 千克施于沟中，随后盖上浮土，大水漫灌。施用生物有机肥能够改良土壤，改善土壤理化性状，增强土壤保水、保肥、供肥的能力，缓解长期使用化肥造成的土壤板结。

2. 安装杀虫灯。 频振式杀虫灯主要利用害虫较强的趋光、趋波特征，引诱成虫扑灯，灯外配以频振式高压电网触杀落入网袋，晚上自动开灯，白天自动关灯，使用中山帅浦牌 40 瓦杀虫灯，每 20 亩安装 1 台。杀虫灯能大幅度降低害虫落卵量，压低虫口基数和密度，同时还能保护害虫天敌，延缓害虫抗药性。

3. 梨果套袋。 谢花后 30 天左右（5 月下旬）即疏果结束后，幼果如拇指大小时套袋。套袋前喷 1～2 次高效安全的杀菌杀虫剂，如 70% 甲基托布津 800 倍液＋10% 氯氰菊酯 2 500 倍液/5% 阿维菌素 4 000 倍液。待药液晾干后套袋，喷药一周后完成套袋，如果没有及时套完，就要重新喷药。选符合标准的优质果袋如透明塑料袋（袋口有一小段柔软的铁丝，这样套袋后便于密封和固定），套袋前需进行"潮袋"，梨果选定后，先撑开袋口，托起袋底，使两底角的通气放水口张开，令袋体膨起。手执袋口下 2～3 厘米处，套上果实后，从中间向两侧依次按"折扇"的方式折叠袋口，袋口上方从连接点处将捆扎丝反转 90°，沿袋口旋转一周扎紧袋口。注意切不可将捆扎丝拉下，捆扎位置宜在袋口上沿下方 2.5 厘米处。果实袋与幼果的相对位置，应使袋口尽量靠上，果实在袋内悬空，以防止袋体摩擦果面。套袋时间宜在上午 8：00—11：00 和下午 2：00—6：00。

梨套袋后能够防止或减少裂开，减轻日灼、冻害、风害等物理伤害，保持表面洁净，提高商品价值和商品率，减少病虫害的发生，降低农药残留。

4. 果园生草。 在树行间种"海法"苜蓿，草带距树盘的外沿 40 厘米左右，采取条播，株行距 15 厘米×25 厘米，播种深 0.5～1.5 厘米。播种前 1 天，适当用水浸泡种子，以促进萌发；出苗后及时拔除杂草同时灌水松土，清除野生杂草，尤其是恶性杂草。当年生草一般最多割 1～2 次，割时要注意留茬的高度，一般留 5～10 厘米，割下来的草覆于树盘周围。生草果园可减少化肥施用量。

果园生草可提高土壤中有机质含量，减少水土流失，改善土壤结构，增进地力，提高品质和产量，减轻贮藏过程中病害。

5. 悬挂诱虫板。 利用昆虫对不同颜色有敏感性的特点，悬挂诱虫板诱杀蚜虫、白粉虱等类害虫。黄板规格为 25 厘米×30 厘米，每棵树悬挂 2～3 个，Z 字形分布或与行向平行分布，于害虫成虫发生初期悬挂。当粘虫板上粘虫面积占板表面积的 60% 以上或板上胶不粘时要更换。

6. 悬挂迷向丝。 为防止梨小食心虫，可使用迷向技术，能达到误导雄性成虫使其难以找到雌性成虫，交配推迟或不能交配，可直接使虫口密度下降。于 5 月开始悬挂迷向丝，每棵树挂 1 根迷向丝，每亩约挂 80 根。

7. 架设防虫防雹网。 防雹网具有抵御暴风雨冲刷和冰雹侵袭的作用，还可防治鸟类和抵挡危害梨树的大型昆虫。应于 5 月底前完成防雹网搭建，防雹网全部使用 0.5 厘米×0.5 厘米孔大小的规格。

三、生产经营特点

1. 聘请省内果树权威专家和当地果树专家，对管理技术人员和农场一线生产人员多次进行培训和田间实践指导，提高生产人员的素质。

2. 通过标准化建设、规模化生产、统一化管理、产业化运作，在全县梨树生产中起到了示范、推广作用，带动了全县玉露香梨的发展。

四、效益分析

1. 采用玉露香梨高效栽培技术后，梨树提前进入盛果期，增加产量，提高商品性，果实口感的风味度极佳。

2. 通过组织观摩、集中培训、现场指导、基地＋农户等方式带动周边果农积极推广使用高效栽培技术，辐射带动全县果农提高经济效益。

3. 使用生物有机肥、果树套袋、果园生草、绿色防控等措施，减少农药和化肥的使用量，减轻了对环境的污染。

五、适宜区域范围

适宜土地肥沃、光照时间长、降水量充足的土地种植。

六、整理单位、整理人

襄垣县农牧场　李棪　陈丽波
长治市植物保护植物检疫站　苗兴华

武乡县晋蕾爱果农业科技有限公司：
"红色之爱"有机苹果种植模式

武乡县晋蕾爱果农业科技有限公司于 2015 年 6 月成立，注册资金 5 000 万元。公司地处武乡县上司乡上司村，当地得天独厚的自然条件和农民传统的种植果树的习惯，成为武乡县晋蕾爱果农业科技有限公司选址的首选条件。公司邀请相关行业专家对上司乡的土质、水源、空气质量和气候、温差等影响水果品质的环境因素进行了鉴定和评测，引进瑞士进口苹果"红色之爱"在当地种植，着力于打造优质有机水果生产基地。生产过程严格遵照《有机认证体系》标准执行，现已种植苹果树 500 亩，其中 315 亩获得中绿华夏公司的有机认证。

一、技术模式

瑞士进口品种＋土肥水管控＋整形修剪＋花果管理＋病虫害综合治理

二、主要技术内容

1. 土壤管理。推广果园覆草技术，5 月中旬开始覆草，把杂草或秸秆覆盖在果园地表，要求厚 20 厘米，有利于保墒和增加有机质。同时增施有机肥，推广测土配方施肥，禁止使用化肥。

2. 水分管理。重点是浇好四水。第一水即上冻水：上冻前浇水，可减轻冻害、旱害及抽条、枝干病害，以浇后渗到 50 厘米土层、地表不积水为宜。第二水为花后水：结合花后施肥浇水，比冻水要少，以渗到 40 厘米土层地表不积水为宜，主要作用是促进根系、幼果和新梢生长及展叶。第三水为果实膨大水：作用是促果实膨大，应结合施肥进行浇水，但量应小，视天气和土壤墒情而定，杜绝大水漫灌，以免造成落果和裂果。第四水为其他时期浇水：生长季如土壤过于干旱（特别是 5 月、6 月和秋施基肥后）应适当浇水，如特殊干旱，可于采前 15 天，每株树开沟补水 60 千克。另外，7 月、8 月雨后注意及时排水，果实采收前 15 天禁止浇水，以增加其含糖量和硬度。

3. 整形修剪。采取开心形树形和长枝修剪技术，骨干枝间距 2 米左右，至少不低于 1.5 米，主枝角度为 45°～50°，树高不超过 3 米。冬剪后亩留 30 厘米以上的长果枝 6 000～7 000 个，总有效枝量控制在 15 000 个以内；生长季及时进行夏剪，使每个枝、叶、果每天都能得到 2 小时以上的直射光，树下透光率不低于 20%。

4. 花果管理。花果管理在苹果生产中非常重要，其主要内容有促花、保花、保果、疏花、疏果、定果、果实套袋、增色和适期采收。

（1）疏花芽、疏蕾疏花。一是疏花芽：地化通后，疏除基部和中部花芽，复花芽疏一留一，留大花芽去小花芽，疏掉花芽总量的 75% 以上。二是疏蕾疏花：花芽露红至盛花期，留大花去小花，有花粉的品种按留果量加一倍留花，无花粉的品种按留果量加两倍留花。

（2）授粉。可利用人工授粉和蜜蜂授粉。人工授粉：一是对花法，取有粉的花，给当天开的花授粉；二是用自制的授粉工具点授（制粉方法：采有花粉的铃铛花，放在筛子上搓，取筛子下的花药放在干净的纸上摊开，保持在 20～24℃ 36 小时阴干，用瓶子压碎，去掉杂质，装入小瓶备用）。蜜蜂授粉：每 3～5 亩果树放一箱蜜蜂。

（3）疏果定果。一是疏果：花后两周进行，疏去对生果、小果、畸形果、病虫果。二是定果：按亩产量不超过 2 500 千克决定留果数，在 5 月下旬至 6 月上旬定果完毕。

5. 病虫害综合治理。使用频振式杀虫灯、性诱剂、糖醋液诱杀苹果潜叶蛾、金龟子、梨小食心虫等害虫。

频振式杀虫灯按 30～50 亩一盏灯布设，离地面高度 1.5～1.8 米，呈棋盘式分布，挂灯时间为 5 月初至 10 月下旬。晚上开灯，白天关灯。

性诱剂使用方法：用上口直径 20 厘米以上、深 10 厘米左右的盆，把梨小、潜叶蛾2 个诱芯同时串在一根铁丝上（卷叶蛾诱芯要在 5 月初挂），横挂在盆口上距水面 1～1.5 厘米处，诱芯上加遮光防雨物。在盆中加入水和少量洗衣粉，距盆口下 1.5 厘米处钻2～3 个排水孔，防止雨水浸泡诱芯，要注意及时补水和捞虫。诱芯有效期为 1 个月，要及时更换。备用诱芯要放在冰箱冷藏室密封保存。

糖醋液的配制及使用方法：按红糖 1 份、二锅头酒 1 份、醋 4 份、水 16 份的比例，用开水把红糖化开，再加醋、酒、水，然后搅拌均匀，倒入直径 20 厘米左右的盆中。距盆口上 20 厘米处加大于盆口 3 厘米的遮光防雨物。注意及时更换糖醋液，及时捞虫。

三、生产经营特点

1. 种植生产"有机化"。公司按照现代农业种植标准，在基地加装了视频监控和围栏，引入了旱地滴水灌溉技术，严格按照国家有机认证标准体系生产经营，多次邀请相关专家进行技术指导，生产过程坚持统一土肥水管理、统一整形修剪、统一花果管理、统一病虫害综合治理，每年评价指标均符合有机规范要求。

2. 生产经营"示范化"。通过公司加农户的经营方式，引领当地农户发展优质有机苹果种植，从而带动了当地水果发展。

3. 销售营销"多元化"。适应当今网络营销发展要求，公司注册了网上商标，开通了京东商铺，采用线下销售和网络销售相结合的方式，拓宽了销售渠道。为扩大公司产品的影响力，申请并通过了"红色之爱""圳品"认证，多次参加国内农产品交易会，公司及"红色之爱"品牌知名度进一步增加。

四、效益分析

1. 基地苹果全部挂果销售后，预计年均销售收入可达 3 000 万元，利润总额 300 万元，投资利润率为 26.48%，投资回收期为 4～5 年。

2. 公司长期雇用农村劳动力 36 人，栽培和苹果成熟季节雇用季节性劳动力 80～100人，平均每户年均增加收入 6 000～8 000 元。另外通过带动周围 100 多户农户种植果树，每户年增加收入 3 000～5 000 元。

3. 公司以打造有机种植为主要目标，大力推动农业可持续发展，有效防控污染源，建设良好生态系统，带动周边农业有机化、生态化发展。

五、适宜区域范围

长治市太行山区地势比较高，海拔 900～1 200 米，一年四季分明，冬夏长，春秋短，非常适宜"红色之爱"优质水果的种植。

六、整理单位、整理人

长治市植物保护植物检疫站　　苗兴华

武乡县晋蕾爱果农业科技有限公司　　杜玉文

武乡县东青杏树种植专业合作社：梅杏标准化管理技术模式

梅杏是武乡县的特色农产品，全县 12 个乡镇均有分布，种植面积 4.6 万亩，实际挂果面积 1.6 万亩，所产梅杏表现出独特的优良性状，外观鲜艳，口感酸甜适中，果肉质硬，营养丰富，深受广大消费者的喜爱，2020 年 12 月获农业农村部农产品地理标志。

武乡县东青杏树专业合作社成立于 2007 年，现拥有社员 107 户，入股资金 203 万元，梅杏种植面积 3 000 余亩。合作社主要从事梅杏新品种引进、研发，以及梅杏育苗、种植、管护、销售、初加工等，现已成为山西省梅杏及梅杏种苗生产基地。2019 年，武乡梅杏平均亩产达 1 吨，销售 2000 吨，销售收入 1 000 余万元，带动梅杏种植户及贫困户增产增收致富。

一、技术模式

嫁接优种苗＋"三填两踩一提苗"栽植＋科学修剪＋合理土肥水管理＋人工采收

二、主要技术内容

1. 育苗与管理

（1）培育砧木。用种子培育砧木苗需浇水、除草、抹芽，培育优势树干。一般用于嫁接的砧木苗要求地径在 2.5～3 厘米，在第二年可嫁接。

（2）贮藏接穗。杏树接穗一般采集当年生枝条，要求母本健壮，无病虫害，芽体饱满。采穗在芽萌动前采集，采枝后在 0～10℃阴凉地窖内贮藏，以一层枝条一层沙埋住为宜。

（3）嫁接。有劈接和芽接两种。劈接法：于清明后树体不发芽之前嫁接。削接穗时两个斜断面一样长，斜断面一面厚一面薄。将削好的接穗厚的一面向外、薄的一面向内插入砧木切口中，并将两侧形成层对齐，接穗削面上端"露白"，塑料条绑紧，以利于砧木与接穗的愈合生长。芽接法：从枝条上取充实的饱满芽，取芽时带木质，春季、夏季包扎时"露芽"，立秋之后包一层薄膜"不露芽"。

（4）嫁接后管理。第一步剪砧要及时喷药防虫；第二步随时抹芽除萌，以免造成养分过多流失，影响嫁接苗的生长；第三步针对高接换优，枝条长到 20 厘米时要主干除萌，固定成活枝条防止被风吹断。

2. 栽植与管理

（1）栽植。建园株行距 4 米×5 米，一般为南北行向，夏季通风透光好，光合作用强；冬季寒风顺方向，尽可能减少植株及枝条受冻害、风害的程度。栽植时，挖坑不要过大，看苗根系而定，采用"三填两踩一提苗"法栽植。先在坑内填表土成馒头状，在放苗木时填周围土，边踩边填，在踩的同时把苗木往上提一下，使根充分接触土壤。最后再填土，边填土边踩，土填好后浇水。

苗木栽植的深度以苗木原有入土深度为宜，过浅易遭干旱、冻害和病害；过深缓苗慢，影响苗木长势。栽植后要修好树盘，充分灌透水。待水渗下后，在树盘下覆盖土或地膜。

（2）栽后管理。越冬期要注意保护树体，安全过冬。冬前清除杂草，消灭越冬虫卵菌源。越冬前采取主干涂白、土埋、谷草秸秆包裹树干枝叉等措施，有条件的可浇越冬水。

次年春季于清明前后及早挖苗，并进行春季修剪。第一枝条延长枝作中心干，剪枝条1/2，剪口第一芽对上一年剪口处。第二枝条（竞争枝）一般剪除，枝条可以拉枝、短截，增加叶面积进行光合作用，促进枝条生长。

3. 冬季修剪。杏树冬季修剪处理枝条包括短截、回缩、疏剪、缓放等方式。

（1）短截。剪去 1 年生枝的上半部叫做短截。短截的作用是刺激剪口下芽萌发，并抽成 2～3 个长枝，以利扩大树冠和不断增加结果部位；在留下枝的中下部生成一定数量的短果枝，以求来年结果。

（2）缩剪。将多年生枝短截，剪到 1 年生枝的基部或多年生枝的分枝部位。缩剪的作用是削弱母枝，即控制和削弱树冠中不适合部位母枝的生长量，促进后部枝条的生长和潜伏芽的萌发，改变各类延长枝的角度和方向。

（3）疏剪。将枝条从基部剪除，本着去弱留强的原则，疏剪一部分树背上的竞争枝，树冠中上部过密枝、交叉枝，伤口附近的轮生枝、邻接枝，以抑前促后和通风透光。

（4）缓放。对 1 年生枝不剪截，对旺盛的枝条进行缓放，能够减缓生长势，缓放后能在枝条的中上部形成较多的短果枝，以增加结果部位。

4. 土肥水管理。杏树成熟比较早，消耗营养比较大，要及时采取合理的土肥水管理措施。

（1）土壤施肥。秋施基肥，以腐熟有机肥为主，在秋分前后进行，根据树龄、树势、结果多少、土壤状况等确定施肥量，但一般 1 千克果施肥 1～2 千克；施肥深度一般为40～60厘米，采用半环状沟或放射状沟，在树冠外围交替开沟施肥。春季追肥在开花前15 天左右，以速效氮肥为主，成龄大树每株 0.5～1.0 千克，方法是在树盘开浅沟后将肥混合施入，施后立即封土，随后浇水。

（2）灌水排水。春季灌水要在花芽开始萌动时，最迟不能晚于开花前12 天。灌水要足，这不仅是保证开花、坐果的需要，还可以延迟开花、减少晚霜危害。秋季是营养生长后期，合理灌溉有利于营养积累和花芽形成。同时应注意排涝，防止杏树因涝感病。

（3）秋深耕扩树盘。秋耕在 8—11 月土壤封冻前进行，深度 20 厘米左右。深翻可单株进行，在树冠边缘垂直的地面挖环形沟，也可在行间挖条沟，深度 60 厘米左右。扩树盘不要切断粗根，表土和底土分别堆放。回填土时，将表土与烂树叶、杂草、枯秆或其他农家肥掺和一起，放入沟的下半部，原来的底土放在沟的上半部，可根据杏树根系的伸展情况扩大树盘。

5. 病虫害防治。春季杏树的虫害主要有蚜虫、蚧壳虫等，病害主要有流胶病、褐腐病、细菌性穿孔病等。杏树病虫害采取预防为主、综合防治的措施。发芽前喷 5 波美度石硫合剂液，用来防治蚧壳虫和各种病害；落花后 15～20 天喷 50％多菌灵 800～1 000 倍＋10％吡虫啉 3 000 倍液，用来防治各种病害和蚜虫危害；4 月 28 日至 5 月 5 日，喷洒马拉松或桃小灵 1 300～1 500 倍，隔 10 天再喷 1 次。

6. 适时采摘。在 6 月 25 日至 7 月 20 日人工适时采摘。

三、生产经营特点

1. 采用"合作社＋基地＋农户"的方式，合作社提供统一供应苗木、统一提供技术、统一收购等服务。通过精细管理、施有机肥、生态治理、品质控制，梅杏达到了绿色和优质的标准。

2. 合作社修建加工车间和冷库，实现净品上市，提升了梅杏的知名度和种植效益，解决了种植户后顾之忧。

3. 合作社注册"权店梅"商标，通过国家无公害农产品认证，巩固了武乡梅杏地域品牌影响力，提高了市场竞争力。

四、效益分析

1. 梅杏育苗效益分析：1 亩梅杏育苗投入包括租地、旋地整地、砧木苗培育、有机肥料、管理费、嫁接费等，共计 5 150 元。按亩出苗 6 000 株，每株苗 6 元，亩收入 36 000元，减去投入 5 150 元，纯收入 30 850 元。

2. 挂果效益分析：1 亩梅杏前期投入包括种苗、管理麦费用等，共计 800 元，后期管理费 500 元。按年亩产梅杏 750 千克，每千克 6 元计，亩收入 4 500 元，亩纯收入 4 000 元。

3. 合作社从育苗到种植、管护、销售实行统一管理，无化学添加，无农药化肥残留。梅杏种植带动了周边区域产业的发展，改善了生态环境，增加了土地利用率，提升了生态效益和社会效益。

五、适宜区域范围

适宜中等肥力地、荒山荒坡、经济林建设，道路绿化，房前屋后种植。

六、整理单位、整理人

武乡县蚕果开发服务中心　郝玉慧
长治市植物保护植物检疫站　李惠丽

第三节　中药材类作物有机旱作技术模式

中药材产业具有能耗低、污染少、收益高、带动面广，产业链长等特点，长治作为全国知名道地中药材原产地之一，中药材产业是农业发展的重要产业之一。而生产技术是决定中药材质量的重要因素。近年来，长治依托产业龙头，在产、学、研上下功夫，形成了系列适用新技术。

平顺县潞参种植专业合作社：党参平植栽培技术模式

龙溪镇新城村地处平顺县东南山区，在平顺潞党参地理标志农产品和潞党参正宗原产地区域范围内，海拔 1 550 米，年平均气温为 9.1℃，无霜期 120 天左右，是党参等中药材生长的适宜区域。

平顺县潞参种植专业合作社位于龙溪镇新城村，成立于 2012 年，注册资金 60 万元，主要从事中药材种植、收购、初加工和销售。现有社员 265 户，其中贫困户 120 户，并且带动底何村、小东庄村、庄河村、刘家沟 4 个行政村和 12 个自然庄 390 户农民种植中药材，面积达 680 余亩，年人均增收 4 000 余元。

一、技术模式

平植栽培＋合理施肥＋培土起垄＋农机农艺融合

二、主要技术内容

1. 由传统斜栽转为平栽方式。 传统的斜栽方式是定植时在整好的畦上按行距开 20～25 厘米、深 17～20 厘米的沟，然后按 7～10 厘米株距将党参苗斜摆在沟内，芽头向上，排好后覆土厚度以超过芦头 5 厘米为宜。而平植栽培方式是在行距不变的情况下，沟的深度变浅为 8～10 厘米，然后党参苗按 4～5 厘米的株距平摆在沟内，参苗接近于平放，可增大其光照受热面积，且党参根茎部分横向生长，能更好地吸收土壤中的养分，产品质量会更优、产量会更大。

2. 有机肥与复合肥配合。 将有机肥、复合肥与土壤混合搅拌，然后再撒施土壤表层，后进行播种。施用有机肥要适量，每亩施 500 千克商品有机肥加 1 000 千克农家肥，一并再施入 50 千克复合肥，三者合理配合，相互补充，可满足党参生长对养分的需要。

3. 培土起垄。 起垄栽培后垄台土层厚，土壤不易板结，能促进根系生长；垄作地表面积比平地增加 20%～30%，昼间土温比平地增高 2～3℃，昼夜温差大，能促进光合产物积累；垄台与垄沟位差大，雨季易排水防涝。党参要在 7 月下旬至 8 月中旬培土起垄，保证党参根部上方土壤覆盖的厚度。秋末地上植株枯萎后，先浅锄一次，然后再进行培垄。培土起垄过程中必须保证参头不露出地表。

4. 农机与农艺融合。 党参栽培管理环节多，用工量大，机械化种植成为首选。目前，整地、施肥、播种、中耕除草、病害防治、采收加工等工序均可实现机械化。与传统人工种植相结合,在很大程度上减少了中药材种植的劳动强度,缩短了工作时间,较大程度提高了工作效率。

三、生产经营特点

1. 合作社流转和整合大量农村闲置土地种植党参,动员本社成员广泛参与种植、管理、收获、贮存、加工等各个环节,年末对合作社成员进行分红。

2. 合作社与振东集团、中和制药有限公司等建立合作关系,党参收获后作为中药原材料销售。此外,还采取线上销售方式,利用电商、网店等途径,扩大潞党参的知名度,帮助成员把产品卖出去。

3. 合作社对党参进行初加工,将党参按不同重量进行真空包装,延长保质期,提高附加值;加工党参切片,将其作为党参饮片配以精致的外包装进行销售;积极开发党参乌鸡汤调料、党参茶等产品。

四、效益分析

1. 合作社流转整合,使农村废弃土地得到合理利用,还给当地农民提供了更多的就业和增收机会,提高了山区农民的生活质量。

2. 合作社对党参进行初深加工和精细包装,并不断开发加工产品种类,增加了党参附加值,提高了社员和种植户的收益。

五、适宜区域范围

丘陵山区土层深厚、排水良好的各类旱地均可种植。

六、整理单位、整理人

长治市农产品质量安全检验监测中心　吕小兰
平顺县潞党参种植专业合作社　杨文荣

平顺县绿源春农业综合开发有限公司:党参起垄覆膜种植模式

平顺县绿源春农业综合开发有限公司创建于2016年4月,是一家集种植、休闲观光、旅游、贸易、采摘为一体的中药材产业化公司。公司现有职工50余人,其中专职技术人员6人,采取"公司+合作社+基地+农户"的模式,有党参、黄芩、白芍等中药材种植基地,同时对当地各种土特产进行收购、加工、销售,带动就业400余人。

党参性喜冷凉气候,在平顺县有悠久的种植历史。传统党参种植多为1~2年育苗,移栽后2~3年收获,从种到收一般需要3~5年。绿源春农业公司将党参由传统的露地粗放栽培改为地膜起垄覆盖精细栽培,同时辅以现代农艺技术,发挥地膜增温、改土、保肥、抑草、平衡墒情等作用,为党参生长创造良好的土壤环境,从而使党参由播后3~5年提早到2年收获,且单产、质量明显提高,效益提高了3~5倍。每亩大约需10个人工,比传统方法节约1/3的人工成本。

一、技术模式

施足底肥＋盖膜移栽＋叶面追肥＋化学除草

二、主要技术内容

1. 选地整地。平顺县党参栽培于海拔 1 000 米以上地区，地块应选择排水良好、土层深厚、疏松肥沃的砂质壤土，以腐殖质多的地块、半阴的山坡地为好。前茬最好为禾本科或豆科作物。

2. 深耕施肥。覆膜栽培党参应施足底肥。一般于年前先将地深耕 30 厘米以上，次年开春施农家肥 5 吨以上，再将地深翻一遍，然后均匀撒施三元复合肥 50 千克，将地反复耙平，拣净石块、草根。地整好后按行距 27 厘米、株距 3～4 厘米开沟条栽参苗。

3. 党参移栽。应抢在春季萌动前栽完。参苗根系应摆放舒展，一般每亩栽参苗 60～80 千克。参苗栽后浇定根水，随后开沟起垄，取宽行细土覆盖党参根头 5～6 厘米，变平作为垄作，并将垄面整平，以备盖膜。

4. 足墒盖膜。党参移栽后，应在出苗前及早趁墒盖膜。盖膜时先在垄边开浅沟，选 60 厘米宽强力超薄膜紧贴垄面拉紧铺平盖严，膜边垂于垄沟中，用细土封严、压实。盖膜完毕，清理垄沟，确保沟沟畅通，严防渍水。党参出苗后，须及时破膜接苗，并将破口用细土封严，谨防高温烧苗。

5. 田间管理。党参覆膜栽培，由于底肥充足，苗期一般不必追肥。封行搭架前，每亩施用稀粪水 1 500 千克，加过磷酸钙 50 千克，在地膜上打孔追施。苗高 30 厘米时，用竹竿搭设支架，使党参茎蔓向上攀缘生长，以利通风透光，减少病害。中后期应加强叶面追肥，可用叶面宝、惠满丰、喷施宝等加适量尿素、磷酸二氢钾兑水喷施，每隔半月 1 次。

6. 清除杂草。党参覆膜栽培，若垄面平整，覆盖严密，一般杂草很少。如膜内滋生杂草，人工清除较难，可于盖膜前实施化学除草。

三、生产经营特点

1. 公司除自己流转土地外，还与农户签订种植合同，带动更多农户参与中药材种植，并为农户提供相关中药材技术培训、制订种植计划、提供生产资金及基础设施建设，形成专业的中药材种植基地。

2. 公司有各种拖拉机、除草机、播种机、旋耕机、挖药材机等农耕机械，还配套有烘干机一套，可以一次性烘干两吨左右的产品，田间机械操作率高，节约了人工成本，提高了单位作业面积。

3. 公司配备有培训场所，经常聘请老师开展培训和指导，提高了员工中药材种植技术，也营造了良好的学习氛围。

四、效益分析

1. 公司通过签订合同将农户的土地集中，规范应用中药材标准化种植技术，党参起垄覆膜种植面积 50 余亩，对当地农户起到了明显的示范带动作用。

2. 公司扩建中药材初加工基地，优先雇用贫困户干活，还以略高于市场的价格收购当地的农产品进行初加工包装销售，让农户土地流转有收入，在公司参与种植、生产、加工也有收入，还能帮助农户把农产品变成商品销售出去。

3. 公司推广中药生态种植模式，加大有机肥使用力度，大幅度降低了化肥使用量，严格控制化学农药、膨化剂、硫黄等农业投入品，中药材质量得到提升，还带动了养殖、有机蔬菜、特色农家乐、当地土特产等其他产业的开发。

五、适宜区域范围

适用于长治市丘陵山区党参种植区域。

六、整理单位、整理人

长治市植物保护植物检疫站　秦玉李
平顺县绿源春农业综合开发有限公司　房慧亮

山西金山谷农业科技有限公司：潞党参绿色有机种植技术模式

平顺县潞党参主要分布于东南山一带的东寺头、龙溪、杏城等 6 个乡镇 84 个行政村，区域内山高沟深、自然植被丰富、昼夜温差大，年平均气温在 7～9℃，降水 550 毫米左右，是道地中药材潞党参的发源地和核心产区，所产潞党参具有"狮头凤尾菊花心"的形态特点，有效成分含量高，品质优越。

山西金山谷农业科技有限公司成立于 2016 年，注册资金 800 万元，位于平顺县龙溪镇东彰村。公司立足龙溪镇东彰村，致力于绿色有机潞党参规模化种植、加工和销售。目前，种植基地涉及东彰、井泉、西郊等村，面积 400 余亩，其中潞党参育苗基地 30 余亩，潞党参绿色有机示范种植基地 370 亩。

一、技术模式

优选种子＋增施有机肥＋宽行栽培＋去头搭架＋绿色防控

二、主要技术内容

1. 优选种子。 选用相对饱满成熟的种子，一般以人工采集 2～3 年参秧上的中部果为好，时间为 9 月下旬至 10 月上旬，采收后不可在阳光下暴晒，需放在阴凉通风干燥的地方晾干收打保存。

2. 深耕整地。 党参收获部位是植株根部，以根长根粗为佳，要保证土壤疏松、营养丰富。方法是选用土质疏松肥沃、土层深厚的砂质壤土地，在耕作时打破犁底层，加深耕作层，一般加深 5 厘米左右。为保持耕层土壤长期疏松，还应大量增施有机肥。

3. 增施有机肥。 党参是喜肥植物，应以农家肥作底肥，一般亩施优质农家肥 5 吨左右，在堆沤时再加入 50 千克的过磷酸钙，经充分沤制腐熟后再配入三元复合肥（18-18-18）50 千克。根施追肥用沤制过的饼肥加硫酸钾，在封垄前的行间开沟施入。叶面施肥用 0.3％磷酸二氢钾液，从现蕾开始每 20 天 1 次，连喷 3 次。这样施肥有利于提高土壤蓄水保墒能力和保持营养平衡，促进党参稳发健长。

4. 培育壮苗。育苗节省了地力、人力、物力和投资。具体操作为：一是改春播种为冬前播种，解决春旱时种子缺苗断垄或出苗参差不齐、幼苗生长细弱等问题；二是按 2∶8 比例配制营养土，即用腐熟的骡马肥、羊肥 2 份，加过筛细土 8 份混合掺匀，用 3 000 倍恶霉灵液喷淋消毒后，将 4/5 营养土铺在育苗床面，厚度 4 厘米左右，随即在床面喷水，用水量每平方米 5 千克，水渗后按相反方向各撒一遍籽，亩用籽量为 1.5 千克，下种后立即用剩下的营养土进行覆盖，厚度约 1 厘米，盖土后用平铁锹镇压，然后用 3 针加密遮阳网覆盖即可；三是间苗除草，当春季出苗后苗高达到 6 厘米时，按苗距 3 厘米间苗并同时除草。至苗高 15 厘米时去除覆盖物，开始用 0.2％尿素＋0.2％磷酸二氢钾混合液叶面喷施，每 15 天 1 次，连喷 3～4 次。当年 10 月中下旬后即可起苗出圃。

5. 宽行移栽。党参是缠绕草本，保证通风透光、延长生育时期是高产优质的基础。生产上主要采取三个方面的措施：一是变春移栽为秋后移栽，延长生长发育时期，时间为 10 月中旬到 11 月中旬；二是将过去 20 厘米行距改为 30 厘米行距，亩留苗从过去的 5 万苗减少到 3 万苗，便于通风透光和田间管理；三是挖苗时按粗细、大小、长短分级分类捆成小捆，约 100 根一小捆，栽时选用一类壮苗开沟斜摆（一类苗标准是：长 25 厘米左右，粗 0.5 厘米），苗距 7.5 厘米，芦头上覆土 4 厘米，移植后立即耢耙平整并镇压。

6. 去头、摘花蕾。"去头"是为了增加营养面积，延长营养时间，一般在苗高 20～30 厘米高时进行为好。"摘花蕾"是为了控上促下，调节植株养分更多供应于根部，时间一般从显蕾盛期开始，每 20 天 1 次，连续采摘 3～4 次。

7. 架设支架。架设支架是为了党参更好地通风透光，降低空气湿度，减少病害发生。党参虽是缠绕草本，但攀缘能力相对弱，所以架设支架时应注意支架的密度。一般前后左右距离 60 厘米一根，高度 100 厘米为宜，亩用 1 853 根。

8. 绿色防控。主要通过农业、物理、生物防治的方法来控制病虫害的发生。如冬前深耕深翻、宽行栽培、架设支架、色板粘杀、以虫治虫、以菌治虫等综合措施。

9. 采收加工。采收通常以 3～4 年参为好，此时采收的参心大皮薄、色正质优，具有明显的道地特征，一般亩产干品在 200 千克左右。

加工又称产地加工，要求加工后的党参外观好，根条直，皮肉紧实，纹理细密均匀，质地柔润，色灰黄，美观，味甜，久嚼无渣。具体方法是：将挖出的党参去净残茎，洗净泥沙，按粗细分级晾晒，至三四成干、参皮略揉润发软时，一把一把地用手或机器反复揉搓，搓时若参梢太干，可提前 1 小时蘸点水，揉至参条皮肉相连，内部充实，反复 3～5 次，直至九成干时，扎成小把，堆起来压紧，过 3～5 天再晒干，即可储藏。

10. 分品、分等包装。一般按品相将党参分为三等。

（1）一等干品：呈圆柱形，芦头较小，表面黄褐色或灰黄色，体实而柔，断面棕黄或灰黄色，糖质多，味甜；芦头下直径 1 厘米以上；无油条、杂质、虫蛀、霉变。

（2）二等干品：呈圆柱形，芦头较小，表面黄褐色或灰黄色，体实而柔，断面棕黄或灰黄色，糖质多，味甜；芦头下直径 0.8～1 厘米；无油条、杂质、虫蛀、霉变。

（3）三等干品：呈圆柱形，芦头较小，表面黄褐色或灰黄色，体实而柔，断面棕黄或灰黄色，糖质多，味甜；芦头下直径 0.4～0.8 厘米以上；无杂质、虫蛀、霉变，油条渗根不超过 10％。

出售的潞党参按生长周期 4 年分等。即播种后 4 年采收芦下直径 1 厘米参为一等品；芦下直径 0.8 厘米参为二等品；芦下直径 0.4 厘米参为三等品。

三、生产经营特点

1. 采用"公司＋基地＋农户"的方式，与周边农户签订潞党参种植合同，带动区域内农户增施农家肥，减少化肥、农药使用量，实现了潞党参优质安全生产的良性循环。

2. 公司围绕建立完整产业链、创建品牌的目标，完成了潞党参初加工的厂房改造、设备订购等工作，具备了潞党参的初加工能力。

3. 公司申请注册了"太行金山谷""东彰·微商村""风子岭"等 5 个潞党参商标，生产加工包装的潞党参产品于山西农博会、第十六届中国（厦门）国际食品交易博览会、第二十八届中国（深圳）国际礼品及家居用品展览会等展会上展出，并通过网络在全国销售，受到了消费者的喜爱。

四、效益分析

1. 以种植潞党参与玉米做比较，一亩 4 年的潞党参，前期总计投入 19 500 元，其中包括流转租地、整地旋耕、培育秧苗、田间移植、中耕除草、采收加工、肥料购置等。按潞党参亩平均产量 90 千克、市场均价 300 元/千克计算，每亩共计收入 27 000 元，除去前期投入 19 500 元，亩收入 7 500 元。玉米种植按每年平均亩产 650 千克计算，4 年累计亩产 2 600 千克，以现阶段市场价 2.4 元/千克计算，共计每亩收入 6 240 元，除去每亩生产投入 4 000 元（含租地），亩均收入 2 240 元。两者相比，种植潞党参比种植玉米亩收入增加 5 260 元，是种植玉米的 3.3 倍。

2. "公司＋基地＋农户"的方式，通过规模化的生产加工，解决了周边 3 个村 50 余名农村劳动力就业问题，其中贫困劳动力 30 余名，年人均增收达 4 000 元。

3. 通过潞党参绿色有机种植技术的推广应用，有效降低了化学农药的使用次数和施用量，减少了环境污染，实现了土壤生态的良性循环。

五、适宜区域范围

海拔在 1 300 米以上、土层较为深厚、排水良好的各种旱地均适宜种植潞党参。

六、整理单位、整理人

长治市中药材发展中心　赵平珊　韩春雷

黎城利民农林综合开发有限公司：
潞党参"覆膜育苗＋搭蔓栽培"旱作模式

黎城利民农林综合开发有限公司成立于 2013 年，注册资金 500 万元，是一家以中药材种植为主，集农作物、中药材、经济林种植及加工销售、休闲农业为一体的综合性农林公司。该公司位于黎城县洪井乡三皇脑片区，区域内多为山地、丘陵，四季分明，昼夜温差大，土壤多为富含腐殖质的黄褐土。当地群众素有种植党参的传统，现拥有耕地570亩，荒山坡地430亩，种植有机潞党参500亩，连翘300亩。所产潞党参氨基酸含量较高，为党参珍品。

一、技术模式

覆膜育苗＋搭蔓栽培＋绿色防控

二、主要技术内容

1. 基地选择。有机潞党参生产基地应远离污染源，与交通主干线的距离1 000米以上。生产基地与常规作物生产区域之间应有明显的边界和隔离带，以土质疏松肥沃、腐殖质多、排水良好的半阴坡砂质壤土为宜。

2. 施肥整地。亩施腐熟优质农家肥2 000～3 000千克作基肥，经翻耕、耙细、整平做成平畦，畦宽3～5米，长度依地形而定，移栽定植地要求向阴。山坡地种植顺坡面整平即可。

3. 覆膜育苗。选用当年生种子于白露前后播种，亩用种子2～3千克。如次年春夏两个季节播种，应适当加大播种量。育苗地选肥沃、背阴地块，深翻整平耙细，浇透水，做畦1.0～1.2米宽，覆膜打孔（直径0.13米），上面均匀撒上种子，并少覆细土，盖上麦草或遮阳网遮阳。苗床要经常喷水，以保持土壤湿润。党参育苗田不追肥，以防徒长。待苗出齐后去掉覆盖物，苗高6厘米左右时适当间苗，以防过密影响生长，并及时进行人工拔草。此法可使党参苗齐苗壮，减少人工费用，增强抗逆性。

4. 大田移植。晚秋或春季土壤化冻后起苗，不要伤断苗根，除去病残株，捆成小把。在整好的地上按行距25～30厘米、深15厘米左右开沟，再按株距10厘米顺沟摆放参苗，覆土5厘米。每亩用参苗40～50千克。

5. 田间管理。

（1）中耕除草及追肥。育苗或移栽后的党参，在苗高6～10厘米时进行第一次锄草。苗高15～18厘米时，结合追肥进行第二次锄草。党参生长期不宜水分过量，干旱严重时适量浇水，追肥用沼液或者沼渣100～150千克/亩。

（2）搭蔓。党参苗高30厘米时，用竹竿或树枝插入行间，使茎蔓缠绕其上，茎蔓过稠的地方可适当疏枝，以利通风透光，当党参生长进入汛期后可以有效避免烂秧、烂根，提高党参成品整体质量。

（3）采种。待党参果实由绿色变为黄白色、里面的种子变成黄褐色时，将茎蔓割下并晒干，抖出种子，除去杂质，存放于布袋内，置干燥透风处待用。如不采种，可在茎蔓30厘米以上时随时割除，以利参根生长。

6. 主要病虫害防治。

（1）锈病。在多雨潮湿季节易发病。防治方法：党参苗枯后，及时清园，烧毁病枯残叶。发病初期喷洒1～2波美度石硫合剂或等量式160～200波美度波尔多液。

（2）根腐病。低温及多雨季节易发病。防治时要注意排水，发病初期用少量石灰水浇灌根部。

（3）地下害虫。主要有蛴螬、地老虎、金针虫等为害根部。可自制糖醋罐进行诱杀，方法是用糖∶醋∶白酒∶水按 0.5∶1∶0.1∶5 的比例，拌入 10～20 千克油渣，翻地前摆放，并定期对糖醋罐进行清理。

7. 采收。一般于移栽 1～2 年后挖出参根，抖去泥土，按粗细大小分别晾晒至柔软，用手顺握后再晒，反复 3～4 次至干入库。

三、生产经营特点

1. 采取"公司＋合作社＋基地＋农户＋订单"的运行机制，扩大道地潞党参种植基地。免费为种植户提供潞党参苗，并签订保护价收购合同，免去种植户的后顾之忧。2020 年在程家山乡范家庄村推广种植潞党参 150 亩，全部签订保护价收购合同，32 户贫困户受益，村集体合作收益达到 2.8 万元。

2. 推进党参产业扶贫与扶贫资金的融合发展，先后利用贫困户扶贫贷款资金 9 户 45 万元、洪井乡白云村集体经济破零资金 2.17 万元、洪井村集体经济破零资金 1.96 万元、洪井村扶贫产业项目资金 20 万元入股项目，累计整合项目扶贫资金达到 69.13 万元，当年累计收益分配 1.33 万元，2 个村集体和 24 户 50 人收益，呈现出产业发展、扶贫增益双赢的良好局面。

3. 成立黎城县道地中药材种植协会，推广潞党参的标准化种植，注册"天党"商标并通过了有机认证，为全县潞党参产业发展、出口创汇、走向国际市场打下了基础。

四、效益分析

1. 经济效益：采取该技术模式种植党参，育苗时间短，苗齐苗壮，党参长势好，成品质量优。当年亩产干品 150 千克，每千克 50 元左右，年产值 7 500 元，除去种苗、肥料、人工等投入，每亩年净利润 3 500 元。如果种植 2 年后采收，亩净利润可达 5 000～8 000 元。

2. 该技术模式在当地的推广应用，改变了当地群众用传统方法种植党参的习惯，推广了党参产业的发展。

3. 用该模式种植党参可以有效保护干旱丘陵区生态植被，特别是对党参常见病虫害进行农业防治、物理防治，既达到了防除病虫害的目的，又不会对环境造成污染。

五、适用区域范围

经过在黎城连年的生产实践，该技术模式呈现出适应区域广、抗逆性能强、丰产效果好、产品质量优等特点，适宜在华北干旱丘陵山区复制推广，尤以在长治市黎城、平顺、壶关等干旱丘陵山地种植为宜。

六、整理单位、整理人

长治市中药材发展中心　郜梅

黎城利民农林综合开发有限公司　祝志晓

黎城县农业综合行政执法队　徐凌雅

屯留区建斌玉米种植专业合作社：玉米套种柴胡技术模式

屯留区建斌玉米种植专业合作社成立于2012年10月，位于河神庙乡王墓岭村，以中药材种植、加工、销售为主，有生产、仓储面积1 000 米^2，年生产加工能力100吨中药材生产线1条，拥有员工30名。合作社以上党党参、正北柴胡为主导品种，生产基地主要分布在王墓岭村、辛庄村、枣庄村、秦家沟村、吾元燕栗村、张店宜丰村，种植面积约5 000亩。2017年获无公害产品认证，产品销往振东集团和太行药业及全国各大药材市场。

玉米地套种柴胡，即在玉米株高约30厘米时播种柴胡种子，利用玉米遮阴保证柴胡出苗和苗期生长，第二年不再种植玉米，柴胡秋季收获。这样既有一季玉米产量，又能给柴胡创造良好的生长环境，实现了玉米、柴胡双丰收。

一、技术模式

地块选择＋套种遮阴＋科学管理＋打顶控茎＋病虫防治

二、主要技术内容

1. 地块选择。最好选择土质肥沃疏松、排水透气良好的丘陵地、旱平地、坡耕地，低洼积水地块不宜种植。

2. 整地施肥和玉米播种。播种前精细整地，清除地表杂物，深耕20～25厘米，耙平，使地面达到"深、平、细、净"的要求。玉米每亩控制在3 000～3 500株。亩施优质农家肥2 000～3 000千克、磷肥50千克，普通化肥、复混肥、玉米专用肥等均不影响柴胡的发芽生长，但应适当控制化肥用量。玉米按照常规方法播种，行距不小于45厘米，可使用常规除草剂，但为了保证柴胡出苗率，最好使用短效封杀性除草剂。

3. 柴胡播种。柴胡播种一般选择在6月下旬或7月上旬雨季到来之前，可结合玉米田最后一遍中耕除草进行。中耕除草之后土壤疏松，将柴胡种子均匀撒播在玉米行间，柴胡播种量每亩2.5～3.0千克。

4. 田间管理。第一年，从柴胡播种到出苗约需要30天，玉米田正常管理，如玉米地后期杂草较多，可用柴胡专用除草剂喷洒清除或手工拔除。收获玉米时尽量不要用重车碾压，防止伤害柴胡幼苗。玉米收获后，将秸秆杂物人工移出田外，保持地面干净，且不要翻地，小要任何覆盖。柴胡地严禁放牧牲畜，以确保来年出苗率。

第二年不再种植玉米，早春清理地表杂物，保留玉米茬子，春季柴胡苗返青后浅中耕1次，结合中耕进行疏苗定苗，按照10厘米株距去小留大、去弱留壮的原则定苗，定苗后每亩追施磷酸二铵30千克，喷施柴胡专用除草剂1次。当柴胡苗现蕾时再追肥1次，亩施过磷酸钙15～20千克、尿素5～10千克或碳铵20～25千克。

5. 打顶控茎。柴胡株高40厘米时须打顶，防徒长；同时还要不断除去多余的丛生茎芽，促使根部迅速生长，提高产量与质量。在打顶后要及时追肥，以尿素为主，每亩用量10千克。

6. 病虫害防治。 柴胡病害主要是锈病和斑枯病，分别用25%粉锈宁粉剂和50%退菌特1 000倍液喷雾防治。虫害主要是蚜虫，可用苦参碱等生物农药或菊酯类低毒农药防治，严禁使用高毒农药。

7. 柴胡采收。 柴胡最佳采收期为秋季植株下部叶片开始枯萎时，时间为10月上旬至中旬。采挖时应注意勿伤其根部和折断主根，抖去泥土，把残茎除净以备加工。随收获随加工，堆积时间不要过长，以防霉烂。把采挖的根用水冲洗干净进行晾晒，当晒到七八成干时，把须根去净，根条顺直，捆成小把继续晾晒，直至晒干为止。

三、生产经营特点

1. 采用"合作社＋农户"的模式，以合同和信誉实现利益联结，实行统一种植、统一管理、统一服务、统一回收、统一储存、统一销售的"六统一"服务。农户按照合作社要求标准规范生产，产品按合同要求出售给合作社。

2. 合作社为种植户提供新品种、新技术、市场信息及产品销售等方面的服务，将种植户利益纳入合作社利益链条中，让农户放心种植。

3. 合作社常年聘请振东集团、太行药业、山西农大的中药材种植专家进行技术培训和现场指导，提高了种植户的技术水平。

四、效益分析

1. 与传统种植相比，在玉米地里套种柴胡，既省工省时省地，又解决了柴胡幼苗期遮阴保湿的难题，还不影响当年套种玉米的产量，有一举多得的优势。

2. 柴胡两年收一茬，亩产180千克，市场价格60元/千克，亩收入1万余元，扣除种子款、人工费、机械费5 000元，每亩净收入5 000元；还能收获一季玉米约600千克，按每千克2.5元计算，每亩收1 500元，扣除种子、肥料、机械等投入500元，净收入1 000元。

五、适宜区域范围

适用于长治市丘陵地、旱平地玉米种植区。

六、整理单位、整理人

长治市植物保护植物检疫站　秦素芳
屯留区建斌玉米种植专业合作社　冯建斌

第四节　循环农业技术模式

农业废弃物肥料化、基料化、原料化、饲料化、燃料化利用是提升农业废弃物综合利用率的有效措施，建立种养加立体生态循环模式，可有效延伸产业链，增加产值。

长治县凤凰岭种养殖专业合作社：
玉米秸秆利用与种养循环模式

长治县凤凰岭种养殖专业合作社位于荫城镇琚寨村，成立于 2009 年，主要从事肉牛和肉羊养殖，目前存栏的西门塔尔、夏洛莱肉牛主要销往广州、深圳等地，销售额达到了 100 多万元。合作社围绕肉牛、肉羊养殖，将种植、养殖业相融合，引进全株玉米青贮和种养生态循环模式，走出了一条"玉米秸秆—饲草牲畜—粪便—沼液—绿色种植"的生态循环农业发展路径。

全株玉米青贮是玉米秸秆资源化利用的一种方式，是将带穗的整株玉米轧碎青贮，通过微生物厌氧发酵和化学作用，在密闭无氧条件下制成的一种适口性好、消化率高和营养丰富的饲料，能保证常年均衡供应牛饲料。种养生态循环是养殖场将畜禽粪污经过处理后就近应用于蔬菜、果树、大田作物等生产，实现农业资源"减量化、再利用、再循环"，是促进农业节本增效、改善农村人居环境、实现可持续发展的有效途径。

一、技术模式

全株玉米青贮＋肉牛肉羊养殖＋粪污厌氧发酵＋果蔬种植

二、主要技术内容

1. 全株玉米青贮技术。全株玉米的青贮与原来的普通秸秆青贮方法基本相同。

（1）挖窖。挖窖选择土质坚实、地势高燥、背风向阳、雨水不易冲淹的地方建造青贮窖。窖形一般有圆形与长方形之分，窖壁平直光滑，不透水，不透气。窖的宽度一般应小于深度，较好的比例是 1∶(1.5～2)，利用原料本身重量将其压实，并能降低损耗量。窖的大小应根据青贮数量及养畜头数决定，圆形的一般直径在 1.7～3 米，深度以 3～4 米为宜，底部要呈锅底形。规模养畜场宜采用长方形窖，宽度在 1 米左右，深度以 2.3～3.3 米为宜，长度随青贮数量而定。长方形窖的边角应呈圆形，以利于原料的下降和压实。为减少青贮料损失，窖底和四周应铺一层塑料薄膜。

（2）收割。玉米适宜的收割期在乳熟后期到蜡熟前期，即整株含水量 65％～70％，籽实含水分 45％～60％（是生食或煮食的适宜期），此时"花须开始嫣、苞叶开始黄、掐动不出水、颗粒乳黄线 1/2"，比正常收获提前 10～15 天。收割过早秸秆与果穗营养不充实，且水分过大；收割过晚果穗坚硬，青贮后影响饲喂效果。

（3）切碎。收获后的玉米秸秆切短的长度一般为 1～2 厘米，切不可过长，以有利于压实。

（4）压实。青贮前池底铺上一层 10～15 厘米的软草，以吸收压实时渗出的汁液。在装窖时要将青贮料踩紧压实，尽量排出料内空气，不要忽略边角地带，尽可能地创造厌氧环境。

（5）密封。窖装满后用质量好的塑料布密封，上面加土或汽车轮胎压紧，防止进入空气和进水，造成青贮料变质。青贮窖不能漏水、漏气，一定要注意装窖后的维护工作。

（6）青贮。加入 0.1% 的青贮专用酶（或饲料酶）进行青贮，所青贮饲料品质好、牛羊喜食、饲料转化率高。原料的含水量在 75% 左右（即用手刚能拧出水而不能下滴时）最适于乳酸菌的繁殖，青贮时应根据玉米秸秆的青绿程度决定是否需要洒水。防止常规青贮操作不当发生二次发酵，形成发霉变质等问题。

（7）开窖评测及利用。青贮饲料经过 40～50 天封存后可开窖饲喂。开窖后首先要判定青贮料品质的好坏。若呈绿色或黄绿色，有酸香味，质地软，略带湿润，茎叶仍保持原状，池内压得非常紧密、拿到手里却松散的，均为品质优良，即可饲用；如已变质腐败的会有散发臭味、质地黏软等表现，切勿饲喂，以防中毒。开封后不可将青贮饲料全部暴露在空气中，取完后立即封口压实。取出的青贮饲料应尽快喂完，切勿放置时间过长，以免变质。

2. 养殖场建设关键技术。养殖场规划布局合理，位于流转土地的中央区域，圈舍建设标准化，砖混结构，建设防疫隔离区。采用干清粪工艺，做到雨污分离、干湿分离、固液分离、生态净化等"三分离一净化"的设施配套。

3. 废弃物循环利用关键技术。

（1）发酵堆沤池：按照畜禽粪污干清粪工艺处理要求，在养殖圈舍旁边配套建设符合"三防"要求的厌氧发酵堆沤池 300 米^3，发酵堆沤池采用砖混结构。

（2）畜禽粪污管理：发酵堆沤池发酵过程中使用肥料发酵剂对池内固态畜禽粪污进行厌氧发酵生产有机肥，作为粮果种植有机肥还田；液态粪污进入集污池发酵，通过液水 1∶2 混合后进行滴灌还田利用。

三、生产经营特点

1. 以合作社为龙头带动，建立生产加工、物流营销、品牌创建、休闲观光的全产业链绿色有机农业发展模式，引导农户以土地承包经营权、资金、技术、劳务等生产要素入股，与合作社结成利益共享、风险共担的利益共同体。

2. 通过粪污循环利用，推动了种植业高效发展，全村种植干鲜果林、蔬菜、小杂粮等，小米、葡萄、西红柿、西葫芦、双孢菇效益明显，还注册了商标，认证了无公害产品。

3. 合作社共种植土地 500 余亩，养殖肉牛 600 余头、肉羊 1 000 余只，安排劳动力 50 余人，安排精准扶贫户 10 余户，让老百姓就地就业，不出门就能挣到钱。

四、效益分析

1. 实施全株玉米青贮技术生产的饲料，在适口性、消化率以及营养价值等方面均显著高于去穗秸秆青贮，可缩短畜禽农产品上市时间，增加养殖收益。

2. 通过对畜禽粪污进行干湿分离、设施化处理，畜禽粪污利用率达 90% 以上，从源头上减少了对周边环境的影响，极大地改善了农村生产生活环境。同时施用发酵有机肥提高了农产品品质，助推现代农业可持续发展。

3. 通过"合作社＋贫困户"的方式，带动贫困户发展特色种植养殖，提高了贫困户的产业参与度和受益度，增强了"造血"功能。

五、适宜区域范围

适用于全市牛羊规模化养殖场所。

六、整理单位、整理人

长治市农业技术推广中心　王建宏

长治县凤凰岭种养殖专业合作社　曹三虎

长治县茂森养殖有限公司：种养殖生态循环产业发展模式

长治县茂森养殖有限公司成立于2009年11月，注册资金200万元，位于上党区八义镇师庄村西。公司自成立以来，先后投资建设了蛋鸡养殖场、茂森生物有机肥厂、茂森产业规划展示园等，是长治市农业产业化龙头企业、国家级蛋鸡养殖标准化示范场。为了完善循环产业链条，公司又陆续建立了中药材和干鲜果林种植示范基地，不仅增加了公司经济收入，还保障了蛋鸡无抗化养殖所需的中药材供应，同时也为有机肥推广应用提供了试验示范基地。

一、技术模式

无抗化养殖＋粪污生产有机肥＋果蔬中药材种植

二、主要技术内容

1. 无抗化养殖。公司秉承"振兴生态养殖、拓展绿色产业"的理念，引进海兰褐、海兰白等优良品种，养殖规模达到年存栏10万只蛋鸡。采用益生菌素、中草药提取物或植物精油进行鸡群保健，饲养全程禁用抗生素，所产鸡蛋风味天然、口感好、蛋黄大、色泽鲜亮、蛋清黏稠、卵磷脂含量高、营养全面、卫生安全，最大限度地提高了鸡蛋的品质和安全性。

2. 畜禽粪污利用。为加快畜禽粪污资源化利用，园区建成了年产3万吨有机肥生产基地，极大提升了粪污集中处理能力。除处理自身粪污外，公司还将周边分散中小型养殖场的畜禽粪便统一收集，集中堆肥处理，生产商品有机肥，实现专业化收集、企业化生产、商品化造肥、市场化运作。

3. 有机肥生产。公司有机肥生产按照《有机肥料 NY 525—2012》标准执行，其关键工艺在于畜禽粪污发酵工序，除了传统的堆肥发酵工艺以外，还引进畜禽粪便发酵罐快速发酵工艺。

其方法是：将畜禽粪便、辅料或者新鲜畜禽粪便与发酵菌种按照一定比例混合，混合物料经输送设备直接输送至立体好氧发酵仓料斗。发酵过程开始后，在风机提供氧气的条件下，好氧微生物迅速繁殖，物料温度随之迅速升高，2~3天进入高温期。此阶段有机物被分解，水分蒸发减少，病原菌和杂草种子等被杀死，实现了物料的无害化和稳定化。一次发酵过程持续7~10天，整个过程中内部搅拌装置对物料进行翻拌，使整个空间物料进一步混匀。发酵处理后的畜禽粪便，一部分作为回流物料回到好氧发酵系统前与新进物料混合，大部分经过包装后作为有机肥料出售。

4. 种养结合。公司以种养结合为抓手，陆续建立了中药材和设施蔬菜示范基地，引进优良品种和种植技术，先后种植了黄芪、党参、番茄、黄瓜、有机杂粮等作物 160 亩，种植梨树、苹果、桃树、李子树、核桃、枣树等干鲜果林 140 亩，为有机肥推广应用提供了试验示范基地。

三、生产经营特点

1. 公司对蛋鸡进行标准化生态养殖，用中草药代替饲料中必须添加的抗生素、重金属、激素等化学物质，在保障鸡蛋质量安全的同时，较好地消除了养殖排泄物——鸡粪中的重金属、抗生素残留对土壤、水质环境的影响，用无害化鸡粪制成有机肥施于果林和中草药种植基地，进而形成以蛋鸡养殖—有机肥料制造—经济作物种植为一体的农业循环产业模式。

2. 公司与中国农业大学、长治县职业技术学院建立长期稳定的技术合作关系，形成产学研一体化，聘请资深教授、专家为公司长期技术顾问，参与公司技术研发创新和远景规划，提高了公司的核心竞争力。

3. 公司于 2013 年发起成立了兴牧种养殖专业合作社，吸纳社员 110 户。公司与合作社互为依托，实现与农户的紧密对接，逐步建立和完善了"六个统一"（统一品种、统一购药、统一标准、统一检测、统一标识、统一销售）的经营模式，带动了当地养殖产业聚合升级。

四、效益分析

1. 公司的种养循环产业园占地 500 余亩，累计投资 3 900 余万元，现已初具雏形。园区集种养、休闲、观光、娱乐、科普展示为一体，年可实现经营收入 2 000 余万元，年集中处理畜禽粪污 3 万余吨。

2. 公司的建设发展拓宽了农民就业渠道，实现了农村富余劳动力的有效转移，同时通过职业培训或辐射带动作用提高了农民素质，加快了城乡一体化的步伐，促进了区域农业发展、农村进步和农民增收。

五、适宜区域范围

适用于中大型养殖场。

六、整理单位、整理人

上党区农业农村局　王晓强
长治县茂森养殖有限公司　张琪

长子县绿野新能源有限公司：沼渣沼液综合利用模式

长子县绿野新能源有限公司位于长子县石哲镇西汉村。公司成立于 2015 年 10 月，注册资金 2 000 万元，现有员工 32 人，是一家专门从事生物质能源产品及相关能源技术研发、综合利用的公司。公司以沼气生产为龙头，以沼渣沼液有机肥料为纽带，形成了"种植→养殖→粪污、农作物秸秆→沼渣沼液→种植"的闭链循环，成为集农业废弃物、人畜粪便、沼气、种养结合、循环发展、生态旅游、观光休闲为一体的现代农业循环产业园区。

一、技术模式

大型沼气项目＋沼渣沼液储备池＋沼液输送管网＋施用技术

二、主要技术内容

1. 沼渣沼液生产。公司以粪污处理为主要目标，建成了大型沼气项目及沼渣沼液集中储存池，并将沼液输送管网与本村的设施蔬菜相连接，为蔬菜大棚提供沼渣沼液高效有机肥，突出了沼渣沼液的高效利用。

2. 沼渣作基肥。沼渣与化肥配合施用时，两者各为作物提供氮素量的比例为 1∶1，并根据沼渣提供的养分含量和不同作物养分的需求量确定化肥的用量；沼渣宜作基肥一次性集中施用，化肥宜作追肥，在作物养分的最大需要期施用。

3. 沼液作追肥和叶面喷肥。沼液喷洒量应根据农作物和果树品种、生长时期、生长势及环境条件确定。喷洒时一般宜在晴天的早晨或傍晚进行，气温高以及作物处于幼苗、嫩叶期时应用 1 份沼液兑 1 份清水稀释施用，气温低以及在作物生长中、后期时可用沼液直接喷施。沼液喷洒时，宜从叶面背后喷洒。

4. 蔬菜施用技术。沼渣沼液可施肥施用量每亩 1 500～2 500 千克，栽前一周开沟一次性施入。沼液宜作追肥施用，栽插定植 7～10 天后，每隔 7～10 天施用一次，连续 2～3 次。

5. 果树施用技术。一般在春季 2—3 月或采果结束后，以每棵树冠滴水圈挖施肥沟，施用沼渣沼液后并覆土。施用量每亩 2 000～4 000 千克，沼液可用作果树叶面追肥。

6. 粮食作物施用技术。小麦、玉米等作物用沼渣沼液作底肥，条施或沟施沼渣沼液，每亩 1 500～2 000 千克，施肥一周后播种。生长期用氮肥作追肥，在拔节期、孕穗期施用。对于缺钾和缺磷的旱地，还可以适当补充磷肥和钾肥。

三、生产经营特点

1. 沼气站内沼渣沼液通过管道直接输送到附近的种植园，管道铺设到种植地头，每隔 4～5 米设一个排放阀。

2. 种植园内减少化肥、农药的使用量，使农产品达到绿色无公害农产品认证标准，提高农产品收益。

3. 重点对沼液沼渣使用关键技术进行试验、示范，推广以沼液沼渣代替化肥对农作物病虫害进行绿色防控、专业化统防统治等技术，降低了病虫害的发生和危害。

四、效益分析

1. 据测算，每吨沼渣沼液肥相当于 3 千克硫酸铵、2.5 千克过磷酸钙、1 千克氯化钾。施用沼渣沼液肥可使粮食产量提高、品质提升，增产在 25% 左右。

2. 沼肥的推广应用，带动了周边有机蔬菜种植。蔬菜生产中利用沼肥减少了农药、化肥消耗，可年节约化肥农药支出 800～1 500 元。增施沼渣沼液，还提高了土壤有机质含量，改善了农产品品质。

3. 采取以物换物的沼气原料收集模式，区域内畜禽养殖、秸秆等农业生产废弃物实现资源化利用，沼气清洁能源代替煤炭消耗，对大气环境的改善有重要作用。

4. 养殖粪污和作物秸秆变废为宝，既改善了养殖场环境，减少了畜禽病害发生，又降低了粪污排放对环境造成的污染。

五、适宜区域范围

适用于有大型养殖场及已建有大型沼气的村镇。

六、整理单位、整理人

长治市农产品试验示范场　韩永国
长子县绿野新能源有限公司　楚晓楠

屯留区：可腐烂垃圾肥料化利用模式

屯留区有农户 7.2 万户，每天产生可腐垃圾约 3.6 吨，县城居民及餐饮、学校产生厨余垃圾 50 吨，还有 95 个养殖场每天产生畜禽粪便 510 吨，这些垃圾对环境造成污染，且处理起来难度很大。近年来，屯留区根据可腐烂垃圾种类合理配套处理设施设备，按照源头减量、过程控制、末端利用的原则，以沼气池发酵等为纽带，将畜禽粪污、餐厨垃圾、农作物秸秆等有机废物处理储存后，在农田需肥和灌溉期间，将无害化处理的粪水与灌溉用水按照一定的比例混合，进行水肥一体化施用，取得了比较好的效果。目前，全区已建成可腐烂垃圾沼气化综合处理站 15 座，总容量约 1.5 万米^3，可辐射 12 个乡镇 110 个村的可腐烂垃圾和 40 多个养殖场的畜禽粪便，一举解决了可腐垃圾无害化处理难题。

一、技术模式

有机废物收集＋沼气池、厌氧罐无害化处理＋资源化综合利用

二、主要技术内容

1. **前期有机废物收集。** 结合当地农业生产方式和群众生活习惯，将生活垃圾按腐烂和不可腐烂两大类收集。可腐烂垃圾主要包括菜帮菜叶、剩菜剩饭、瓜果皮等厨余垃圾，也包括畜禽粪便、秸秆等农业废弃物；不可腐烂垃圾分为可回收、有毒有害和其他垃圾三类，将可腐烂垃圾收集储存，储存场所和处理场所建设标准参考《畜禽粪便贮存设施设计要求》（GB/T 27622—2011）和《畜禽养殖污水贮存设施设计要求》（GB/T 26624—2011）。

2. **中期无害化处理。** 可腐烂垃圾的处理主要依靠沼气池、厌氧罐等为代表的厌氧处

理设施，在无氧条件下通过厌氧细菌降解有污染物，产生沼气和可用做有机肥的沼液，沼液在经过多级氧化塘处理后用于农田、林地施肥。沼气池建设标准按照秸秆沼气工程施工操作规程（NY/T 2141—2012）执行。

3. 后期资源化利用。产生的沼气可通过管道供居民炊事用气，产生的沼渣沼液可以用于农作物底肥和追肥。沼渣一般作基肥每亩施用1 500千克左右；沼液一般作追肥每亩用量1 000～1 500千克，具体施用要求按照《沼肥施用技术规范》（NY/T 2065—2011）执行。

三、生产经营特点

1. 改变过去垃圾填埋或焚烧的处理方式，把垃圾分类与循环利用相结合，在实践中探索形成了可腐垃圾沼气化处理模式，垃圾定期收运，以厌氧发酵方式进行生物化处理。

2. 以原料的产生量来确定沼气发酵装置的容量，先后建立完善了以北宋村为代表的小型（100 米^3）、老军庄村为代表的中型（300～500 米^3）、王庄村为代表的大型（1 万米^3）三种发展模式。

3. 沼气处理站采取"集中供热＋地暖管""沼气锅炉＋地暖管""电热棒＋地暖管"三种模式，通过热循环加温，提升罐内温度。对沼气罐外采取搭建阳光暖棚、加盖保温棉被、喷涂聚氨酯泡沫保温材料等方式，防止温度下降，解决北方冬季不能产气的问题。

4. 依托沼气处理站发展种植业，利用沼渣、沼液肥田，推动了当地设施农业、高效农业的快速发展，形成了"规模养殖→沼气处理→有机种植"的闭环运行。

四、效益分析

1. 随着可腐烂垃圾肥料化利用技术的推广，秸秆剩余物、粪污等将得到有效治理，农村的环境卫生将因此得到很大程度的改善。

2. 在减少环境污染、变"废"为宝的同时，能有效促进有机肥替代化肥使用，改善土壤结构，增强土壤保水、保肥、抗旱能力，增强作物抗逆性，提升农产品品质。

3. 将可腐烂垃圾和生态环境保护有机结合，达到农业废弃物减量化、资源化、无害化的目标，使种植、养殖、能源利用、生态环境保护走上良性循环轨道，从而进一步促进农村经济的可持续发展。

五、适宜区域范围

适合于周边有足够自有土地来消纳沼液或与周边农户签订肥料使用协议的沼气处理站，特别是周边种植蔬菜、果园等常年施肥作物的地区。

六、整理单位、整理人

屯留区农业农村局　高迎军
长治市植物保护植物检疫站　郭凯翔

沁源县："垃圾微生物处理"循环利用模式

近年来，沁源县积极与高校院所、科研机构开展广泛、深入的合作，促成了中国农业大学研究生实践基地落地沁源，积极探索垃圾分类处理与有机农业有效衔接，解决农业面源污染的新路径。2021 年年初，依托山西红崖绿谷环保产业集团建立了全国首个农用酵素"微生物工厂"，培育有益微生物菌群用于土壤生态培肥、生物防控、果蔬保鲜等，将废弃资源变废为宝。并通过堆肥、沼气、农用酵素等技术开发应用，形成了依靠微生物工程技术全过程解决农业系统废弃物污染与资源循环高效利用的特色示范。

一、技术模式

有益微生物菌群＋农用酵素"微生物工厂"＋高值沼液肥＋生物有机肥

二、主要技术内容

1. 开发有益微生物菌群。 公司优化组合功能和代谢互补的多种微生物，筛选出适合本地发酵的有益微生物菌群。该菌群的特点是：

（1）发酵产品是富含养分、有机酸、代谢活性物质与有益微生物菌群的多元复合产品，可有效降低氨损失，减少臭味，达到原位除臭和生物保氮的效果。

（2）微生物菌种间生态功能互补，构成微生物生态系统。

（3）组合菌种生长优势显著，不受外来杂菌污染，保质期长，运输和使用方便。

（4）利用天然培养基发酵，原料为本地废弃蔬菜和水果，发酵成本低、效果稳定。

该微生物菌群可用于生物有机肥、沼液高值化发酵工艺、叶面肥及土壤改良等。

2. 建立农用酵素"微生物工厂"。 通过培养原种菌罐，建立微生物工厂，形成"中央厨房"式生产模式，为生物有机肥提供有益微生物菌群，通过微生物调控及参数优化，培养叶面喷施肥菌罐、土壤改良剂罐、生物固氮剂罐，可生产多种高品质生物肥料，提高农产品产量和品质。此外，还可用于植物免疫促生、生物防控、农用投入品增值（如保氮剂、升温剂）、果蔬保鲜（储运）等领域。

3. 以餐厨垃圾为原料生产高值沼液肥。 红崖绿谷每天有 7 吨沼液需要无害化处理，大量沼液好氧曝气，污染环境，还原性物质对土壤和植物具有毒害作用。红崖绿谷根据餐厨垃圾沼液特性，筛选专用餐厨垃圾高盐降解微生物菌群，开发快速、简便的微生物发酵工艺，将沼液转化为高值沼液肥，并总结出产品特性、稀释倍数、施用方法等进行推广应用，使沼液肥提升附加值，形成新产业。

4. 以餐厨垃圾或沼渣为原料生产生物有机肥。 餐厨垃圾高油高盐，通过厌氧发酵后，沼渣沼液继续资源化成本高。利用餐厨垃圾接种有益微生物后，可直接生产有机肥，养分含量高，可提高作物抗病性，对土壤生态和作物品质提升具有积极作用。

5. 建立零废弃物循环农田生态系统。 以微生物发酵关键技术创新为核心，通过堆肥、沼气、农用酵素等技术应用开发，开展农业废弃物资源化综合利用产品研制与农田循环利用技术集成示范，可解决农田生态系统废弃物污染与资源循环高效利用难题。

三、生产经营特点

1. 项目规划了原种菌罐、叶面喷施肥菌罐、土壤改良剂菌罐、生物固氮剂菌罐、生物防控剂菌罐及农用酵素菌罐 6 类微生物菌罐用于微生物菌种生产，预计菌种年产量

500 吨左右。

2. 通过集中生产形成"中央厨房"式产业模式，然后向各乡镇推广菌种，以菌种为核心，结合各个乡镇特有的农业废弃物资源，就地建立生物有机肥厂，解决当地废弃物资源化利用问题。

3. 通过简单设备、低廉运输，生产低成本、高品质的有机投入品，通过建立有机投入品应用示范区逐步进行推广，形成有机农业"沁源模式"。

四、效益分析

1. 项目规划设计 150 吨生物发酵罐用于微生物菌种生产，菌种年产量 500 吨左右，按照每吨 4 万元计算，每年将有 2 000 万元左右的销售额。

2. 项目规划建设年产 1 万～2 万吨生物有机肥厂，可消纳全县的餐厨垃圾和林下易燃物，按照每吨 1 000 元计算，每年将有 1 000 万～2 000 万元的销售额。

3. 按日处理 10 吨餐厨垃圾计算，其厌氧发酵系统沼渣含固率约 20%，固体含水量 70%，沼渣加入腐殖土，固体有机肥的年产量约 1 000～2 000 吨，液体生物有机肥年产量 2 000～3 000 吨。按每吨 1 000 元计算，每年将有 300 万～500 万元的销售额，还可免除大量的人工曝气、垃圾掩埋等费用，是一项既有生态效益又有经济效益的项目。

五、适宜区域范围

可消纳餐厨垃圾和林下易燃物，并生产高品质生物有机肥。可在各县（区）推广应用。

六、整理单位、整理人

沁源县农业农村局　郭利伟
山西红崖绿谷环保产业集团　郭湘嵘
中国农业大学　王小芬

第四章

长治有机旱作农业经营模式

生产实践中，长治以市场为导向，按照市抓产业示范、县抓样板创建、乡建有机庄园的方式，以生产专业化、企业规模化、经营一体化、服务社会化为目标，以专业大户和家庭农场经营为基础，以"龙头"组织为核心，大力实施农业产业化联合体培育工程，组建了中药材产业发展协会、高粱产业发展联盟等新型产业化联合体，示范引领粮食、蔬菜（食用菌）、中药材、特色林果、畜牧、水产六大产业发展，形成了一批集种养加、产供销为一体的农业产业化经营模式。

第一节　有机旱作农业示范乡

各县（区）以乡镇为单位，通过试验示范，形成了综合效益显著、可持续发展能力较强的一批推广示范区。

壶关县店上镇：旱地西红柿　致富大产业

"小小旱地西红柿，农民致富大产业"。2019 年壶关县店上镇旱地西红柿种植近万亩，亩均产量 7 500 千克，总产量超过了 1.35 亿斤，亩均收入 1 万～1.5 万元，在市场行情推动下，旱地西红柿产业成为店上镇收益最高的项目，2020 年为老百姓带来约 2 亿元的收入，人均增收 3 300 余元。

美丽店上柿柿红。店上镇位于壶关县中心腹地，全镇版图面积 96.55 千米^2，辖 52 个行政村，64 个自然村，共 1.1 万余户 3.2 万余人，耕地面积 4.96 万亩，林业面积 7.5 万余亩，退耕还林面积 2 015.4 亩，森林覆盖率达到 54%，年均气温 8.9℃，年均降水量 574.5 毫米，无霜期 153 天，处于中国北方最适宜种植旱地西红柿的黄金地带，发展绿色有机旱作农业是必然选择。

2018 年以来，店上镇紧紧围绕全市创建绿色有机旱作农业示范市总体部署和全县创建绿色有机旱作农业示范县具体要求，充分利用得天独厚的地理条件和昼夜温差大、气候温和的气候条件，发展旱地西红柿。种植面积由 10 年前的 600 亩扩大至目前近万余亩，覆盖全镇 52 个村，通过了"国家地理标志证明商标"认证。

融合经营稳收入。探索建立"龙头企业＋合作社＋科研基地＋农户"生产经营新路子，成立了壶关县绍良村阳光种养专业合作社、黑红种养殖专业合作社、瓜掌军霞种植专业合作社等 60 余个旱地西红柿种植专业合作社。本地龙头企业山西山农公司负责实时价格行情公布、农产品质量检验检测、标准化种植采摘分装、农产品销售对接、农产品深加工等；合作社负责集中留转土地、组织生产；嫁接博物风土（北京）等科研机构，负责西红柿选育组培，以新品种开发增强壶关西红柿产业的持久生命力；农户以土地入股、订单种植、解决就业等方式全程参与项目实施，构建与农户的利益联结，形成稳定收入来源，实现农户稳定增收。

渠道互联畅销路。 与寿光蔬菜产业控股集团、四川海底捞餐饮股份有限公司等 30 余家全国主流销售渠道签订收购框架协议，产品销往全国各地。并依托壶关电商平台，与阿里巴巴电商平台开展脱贫合作，实施淘宝直播、网红推介、村播计划等，从供给侧提升农产品供应、品质等标准，打通农产品供应链，建立"互联网＋"新零售模式，推动电子商务成为店上镇绿色产业发展新引擎。

科学规划延链条。 2018 年科学制定《店上镇总体规划（2018—2035）》，在全镇形成"一心、两轴、三基地、六片区、八站点"核心带动、轴带发展、节点提升的旱地西红柿发展布局。

2019 年在绍良村成功举办"中国壶关首届旱地西红柿文化节"，充分利用临近太行山大峡谷、旅游资源非常丰富的优势，建立西红柿观赏采摘园，全力打造"西红柿小镇"，让游客在采摘作物的同时能品尝和购买到西红柿等特色农产品，促进农旅融合。

2020 年建设旱地西红柿交易市场，搭建交易平台，总投资 1 000 万元，占地 30 亩。目前，一期建设项目投资 300 万元，并已投入营运；二期计划投资 700 万元，逐步完善展览厅、冷库、保鲜库的建设。项目建成后，每年吞吐和冷储农产品约 50 万吨，为店上本镇及周边乡镇农产品流通提供了一个更规范的集散交易平台和适销对路的物流平台。

2020 年建设绍良西红柿深加工厂，投资 700 万元，主要从事西红柿酱的生产、包装和销售。目前，一期项目已建成投用，二期项目于 2021 年 3 月开工。项目全部建成后，每年可加工西红柿约 3 000 吨，预计销售收入约 6 000 万元。

（作者：壶关县店上镇王红伟，长治市中药材发展中心王军霞）

屯留区西贾乡：示范引领　持续推进有机旱作农业示范乡创建

屯留区西贾乡位于城南 5 千米处，全乡国土面积 52.35 千米^2，耕地面积 3.79 万亩，粮食作物以玉米、小麦、谷子、薯类为主；经济作物以辣椒、核桃为主，境内地势平坦，是典型的宜农区。

近年来，西贾乡按照一年起步、封闭示范，两年推广、辐射扩展，三年全面发展的路径，整建制推进有机旱作农业示范乡镇建设。到 2020 年全乡耕地地力提高 0.1 个等级，机械化水平达到 87.6％；高毒高残留农药实现零使用，配方施肥、有机肥替代化肥和农作物病虫害绿色防控、专业化统防统治推广覆盖率达到 90％以上；畜禽养殖废弃物、农作物秸秆综合利用率达到 90％。乡政府牢牢把握有机旱作功能农业的发展定位，采用"公司＋基地＋订单＋合作社＋技术标准"的方法，按照统一深耕土地、统一工厂化育苗、统一肥料农药种类、统一技术服务、统一订单收购"五统一"的技术路线，探索出了 5 种有机旱作农业生产模式，有机旱作农业技术推广面积达到 3 万亩次。

"三保障"力促有机旱作农业稳步发展

一是组织有保障。乡、村两级均成立了领导组，书记、乡长靠前指挥，形成了乡政府牵头、村委会主抓、实施主体落实的工作推进格局；借助全区"一园三基地"建设契机，邀请山西农业大学知名专家、市县技术服务小组现场指导有机旱作农业封闭示范区建设。

二是服务有保障。乡镇与各村、经营主体签订协议，严格按照有机旱作封闭示范的要求全面实施有机肥合理使用、耕地质量提升、水肥节约利用、抗旱良种应用、集成技术创新、农机农艺融合配套、绿色循环生产、特色产品提质增效等有机旱作技术，提供"五统一"服务，即统一深耕土地、统一工厂化育苗、统一肥料农药种类、统一技术服务、统一订单收购。

三是利益有保障。通过采用"公司＋基地＋订单＋合作社＋技术标准"的利益联结机制，与农户在产前、产中、产后、就业等方面建立了紧密的利益联结关系。企业（合作社）与农户签订种植合同，负责指导农户标准化、规范化种植，同时，优先吸引贫困户到企业（合作社）务工，促进贫困户稳定增收。

"五模式"引领有机旱作农业健康发展

一是采取"良种＋工厂化育苗"供种模式。根据有机旱作农业特色示范乡镇创建项目的目标任务，结合示范区生产条件、生态特点与生产优势，组织专家论证并推介优质高产品种，在示范区内采用工厂化育苗技术，全面推行统一供种，抗旱节水良种普及率达到 100%，并在示范区开展优良品种的展示工作，为下一年度推介示范区主导品种提供依据。

二是采取"秋天深耕整地＋秸秆还田＋增施有机肥"培肥模式。采取秸秆还田、增施有机肥等培肥方式，增加土壤有机质，提升耕地地力等级。全乡秸秆粉碎还田面积达到 90% 以上。主要是对前茬作物收获后及时秸秆还田，上冻前进行耕翻整地，以测土配方施肥项目为依托，示范区全面实施测土配方施肥，围绕测土、配方、配肥、供肥和施肥等基本内容，为示范区农民选择肥料品种、确定施肥数量、施肥时期和改进施肥方法提供技术服务，合理使用有机肥、配方肥，提高肥料利用率和施肥效果，每亩增施有机肥（沼渣沼液）1 000 千克以上。

三是采取"杀虫灯＋诱虫板＋诱捕器＋高效低毒低残留农药＋无人机喷药"绿色防控模式。大力推广病虫害绿色防控技术和新型植保机械，推进农作物病虫害专业化统防统治，建设统防统治示范区 1 个。在示范区采取物理、化学和生物防治相结合的办法，指导农民开展病虫害综合防治。并积极推广绿色防控技术，重点推广生物防治、灯光诱控、生态控制等无害化防控技术，指导示范区农民开展病虫害专业化统防统治工作。

四是采取"合作社＋种植大户＋科研单位＋龙头企业"经营模式。积极与种粮大户、专业合作社、科研单位、龙头企业合作，扶持示范区规模化生产经营模式下的农机、植保专业化服务组织建设，大力推进机械统一作业和病虫害专业化防治，同时加强配套农艺措施的研究与推广，促进农机与农艺有机结合，提高农业生产的综合机械化水平。

五是采取"健康规模养殖＋沼气沼渣沼液＋规模种植"的种养循环模式。积极推进配方施肥替代习惯施肥、有机肥替代化肥、新型肥料替代传统肥料，重点是依托和悦天诚畜禽养殖公司和五里庄养猪场，按照循环经济、产业链条、绿色农业的发展理念，严格按照《生猪规模养殖生产技术规范》要求组织生产，健康养猪规模达到2万头；在发展的同时，充分考虑生态养殖和循环经济的发展，所有粪污均采用无害化处理，粪便通过处理可作为农作物的基肥或追肥，充分利用于规模种植。

"三效益"推进有机旱作农业高质量发展

一是经济效益。以种植辣椒与种植籽粒玉米相比较，辣椒种植每亩投入包括租地、旋地整地、育苗、种植、有机肥、滴灌、地膜、人工等费用，约3 500元，按平均亩产3 500千克，市场均价1.8元/千克计算，利润可达2 800元左右。玉米种植每亩投入600元，平均亩产按600千克计算，亩均收入为600元左右，种植蔬菜收入是种植玉米收入的5倍左右。

二是社会效益。全乡通过发展有机旱作农业，为当地农户提供就业岗位40余个，解决了农村剩余劳动力，促进了全乡农业产业结构调整，推动了特色主导产业发展，提高了当地农业综合生产能力，进而带动农民增收，可实现共同富裕。同时，土地小片变大块，有效解决了土地细碎化问题，便于耕、种、管、收机械化操作，降低了农业生产成本，节约劳动力，提高农业综合生产能力。

三是生态效益。全乡通过实施有机旱作农业，增加了地面绿色覆盖率，既有效保护了耕地，又减少了水土流失。通过使用生物有机肥既改良了土壤，培肥了地力，还利用农作物秸秆、牲畜粪便减少了污染，建设了生态农业，促进了农业可持续发展。

（作者：屯留区农业农村局王延杰、马素云）

沁县次村乡：有机旱作再强沁州黄大品牌

次村乡是沁州黄小米的发源地，历来引领着全县沁州黄小米产业向规模化、标准化、产业化、品牌化方向发展。2019年，次村乡被列为创建长治市有机旱作农业示范乡，以党委书记刘向阳为组长的领导组，坚定站位、紧抓机遇，汇聚上下合力推动示范乡创建工作，沁州黄小米获得国家有机产品认证，同时进入了中国好粮油、中国特色农产品优势区。

聚合力示范创建

政府引导。乡党委、乡政府紧紧围绕"品牌兴乡、特色发展、产业富民"的总体思路，把"保品牌、强品牌、壮品牌"作为为政之要。2019年，次村乡党委、政府先后出台了《关于加快有机旱作农业发展的实施意见》《关于加快机械化有机旱作农业的实施意见》。

专家指导。在省、市、县三级专家指导下，次村乡参照国家有机生产标准，借鉴先进地区的经营理念和运作模式，结合农产品产地环境、生产过程、质量检测、市场监管等各个环节，制定了符合当地实际、易于操作推广的有机旱作生产地方标准，通过轮作倒茬、秸秆还田利用、地膜回收、畜粪归田、可降解膜的试验示范，推广专用种子、有机肥料、绿色病虫害防治等，实现农业绿色有机发展，推进生态文明建设。

培训服务。加大培训力度，促进有机旱作农业技术落实到户。组织专业人士编制技术规程和宣传资料发放到户，聘请县技术指导专家，以田间为课堂、以实践为手段，组织培训并指导实践，面对面、手把手地指导农民如何种、如何管。2019 年以来，共组织各类技术培训会 5 场，培训农民 500 人次。说起种植管理技术，许多上了年纪的农民都是如数家珍。

有机旱作种出好小米

又是一年春来到，人间处处绿意浓。伴随着布谷鸟的歌唱，沁州黄也进入了新一年的播种时节。

沁州黄种植体现了传统与现代的完美结合。

依托次村境内常庆、田园春等五大沁州黄龙头企业，谷子在种植前依然坚持羊群卧地、谷雨播种、一寸间苗、半尺动锄、适时开镰等传统农事行为。

羊群卧地，是因为羊粪是由多种杂草经羊的倒嚼和发酵而成的，腐熟的肥料自然柔和，长出来的小米绵软香甜。

半尺动锄。俗语云"谷挽一寸，如同上粪"，锄谷也有讲究，要头遍浅、二遍深、三遍上来不动根。

适时开镰，"秋分起，天气凉，开镰收割沁州黄"。古法种植，按照二十四节气，收割前要除芜去杂，秋分节气掐穗入袋，再送到专用场地脱粒加工。谷穗装袋不落地，确保了收获的谷子纯洁无瑕。

统一管理，统一组织领导、统一规划设计、统一全员培训、统一有机标准、统一操作规程、统一病虫害防控、统一收获储藏、统一加工销售，整乡推进品牌创建。

2019 年，沁县地区干旱少雨，次村乡凭借有机旱作农业示范乡的创建，实现了万亩沁州黄平均高产 233 千克，示范区内 1 000 亩谷子平均高产 305 千克，每亩增产 72 千克，总共增产 7.2 万千克，增加产值 72 万元。

推进乡村振兴绘宏图

有机旱作农业示范乡的创建，给次村乡的经济发展注入了强大活力，让次村乡的乡村振兴插上了腾飞的翅膀。

次村乡党委、乡政府精心谋划乡村振兴项目，按照产业兴旺、生态宜居、乡风文明、治理有效、生活富裕的总体要求，进一步优化产业布局，壮大特色产业，不断增强次村经济活力和发展后劲，促进了次村乡绿色采摘、田园观光等现代农业项目声名鹊起，设施农业、生态农业、观光休闲旅游农业效果显著。

名米之乡，必将成为次村人民奔向小康生活的美好家园。

（作者：沁县有机旱作农业办公室副主任刘耀清，长治市农业技术推广中心王建宏）

潞城区辛安泉镇：绿色有机示范推进　产业发展增收富民

长治市潞城区有这样一个乡镇，区域内享有"上党小江南"的美誉，绵延 20 千米的华北第二大泉岩溶性泉群——辛安泉就在该镇，周围无工业企业，生产的农产品品质优良，是生产绿色有机农产品的最佳基地。辛安泉镇位于长治市潞城区东北部丘陵地带，镇政府距长治市潞城区 28 千米，全镇辖 21 个行政村，总人口 15 100 人，总面积 87 千米^2，耕地 32 109 亩，其中水浇地 10 028 亩。浊漳河从南马村入境流向东南。东（临）接甘林线，207、309 国道，长邯铁路，高速公路穿境而过，年平均降水量 500 毫米，无霜期 180～184 天。按照绿色乡镇创建"一年起步、封闭示范，两年推广、规范扩展，三年辐射、全面发展"的路径，开展了绿色有机示范乡镇创建工作。辛安泉镇绿色有机示范乡镇创建以"一区一带一山两轴"为主要实施区域，实行"1＋9＋3"种植基地（一个示范区＋9 个合作社＋3 个撤并村集体）＋农产品加工孵化园＋嘉禾农产品换购中心＋绿色农产品电商展销平台的"种、加、宣、销"全链条绿色农业发展模式，全面打造既有经济效益又有生态效益的 1 万亩的绿色有机果蔬杂粮基地。

科学规划，合理布局项目区内产业版块

为切实做好项目区内绿色有机旱作农业，镇、村两级因地制宜，聘请专家科学规划项目区内产业版块。初步打造形成了"一区一带一山两轴"的绿色有机旱作实施区域。"一区"为长治市级绿色有机旱作农业封闭示范区"辛安泉镇南马绿色有机封闭示范区"，以南马山西省核桃实训基地为主，辐射带动恒盛核桃种植专业合作社、林泉林专业合作社及核桃种植大户形成全镇 7 000 亩优质核桃种植，同时重点发展 500 亩特色蔬菜种植基地；"一带"为浊漳河道沿线一带，涉及石梁、西坡底中药材基地 1 000 亩，续村花生种植基地 500 亩，潞河桑树种植基地 300 亩；"一山"为依托马鞍山周边地域特点，以安乐、井峪、申家山 3 个撤并村庄集体经济合作社为主体，吸收曹庄和南马庄 2 个村集体经济合作社统一种植品种，统一施有机肥，发展有机小米基地 600 亩；"两轴"为自行车慢行赛道、旅游公路两轴，涉及古城村集体股份经济合作社和西南村集体经济合作社红薯种植基地 500 亩，西北村绿满佳乐种植专业合作社葡萄种植基地 200 亩，斜底村集休经济合作社苹果种植基地 200 亩，茶棚村集体经济合作社经济作物基地 100 亩。

市场运作，形成龙头企业＋村级股份经济
合作社＋基地＋农户发展模式

采用市场化运作模式，充分发挥"龙头企业＋村级股份经济合作社＋基地＋农户"发展模式。一种模式是南马村绿色有机旱作农业封闭示范区 2019 年以来采取村集体经济股份合作社和长治兴民农业科技有限公司进行合作经营的模式。兴民公司提供种苗、技术及后期市场服务，南马村集体股份经济合作社提供土地、劳动力、日常管理，连续两年示范区内农业产业收益明显，年均增收 30 余万元。另一种模式是采取村级集体股份经济合作社流转农户土地建设规模示范基地的模式，推进绿色有机旱作农业发展。比如辛安泉镇古

城村、西流南村、西坡底村、曹庄、五里坡等村集体股份经济合作社分别建设小杂粮、红薯、花生和中药材等绿色有机种植基地。

规范操作，实现全程绿色有机种植可追溯

一是针对项目区内核桃、杂粮和蔬菜种植，聘请农技专家按照绿色有机要求有针对性地制定了绿色有机操作流程，明确每个月的操作规范和注意事项，在项目基地进行公示指导。二是统一配发示范基地内的品种、有机肥、地膜等农资。为 600 亩绿色有机小米基地统一发放晋谷 21 号种子和有机肥，统一种植操作流程；为 200 亩红薯基地、500 亩花生基地等统一发放有机肥，统一确定种植品种，实现了绿色有机规范化操作。三是积极申报绿色农产品认证。先后取得南马核桃、古城红薯、续村花生绿色农产品认证，西流南干果无公害认证。

开拓思路，形成"网、加、销"全链条产业

一是建设了绿色有机农产品网络宣传销售平台。聘请专业公司建设了辛安泉镇绿色有机农产品网络宣传销售网络小程序，通过手机网络和网红带货对绿色有机旱作封闭示范区内农产品进行种植全程视频宣传，同步实现手机网上农产品销售功能。二是新建了辛安泉镇农产品加工孵化园，购置花生初加工、核桃初加工机器设备，为全镇农产品加工提供便利，实现了辛安泉镇农产品不出镇即可变成商品，增加了农产品的附加值，打造形成了辛安泉农产品品牌。三是引进了嘉禾农产品粮食换购中心，通过"以货换货"的方式，使广大群众就近将绿色有机旱作示范区内的农产品销售出去。引进山西维康德济潞党参中药材加工企业，对镇里的中药材进行收储加工，同步培育建设潞党参种植基地。通过网络平台、加工基地和换购中心的配套建设，切实解决了示范基地内绿色有机农产品的市场销路问题，增加了广大群众的收入。

（作者：长治市潞城区农技推广中心刘栋才、左艳艳）

黎城县洪井乡：传统产业搭上"创新快车"

黎城县洪井乡位于黎城县城北部，辖区总面积 92 千米²，全乡 22 个行政村，耕地总面积为 23 096.83 亩，丘陵山地占耕地面积的 80%。该区海拔最高 1 050 米，年平均气温 12℃，年平均降水量 500 毫米左右，昼夜温差较大，黄土高原上红黏土质地优良，自古以来，洪井乡就是以农业种植业为主，谷子、中药材是洪井乡的传统农作物。据当地的老人讲，只要是洪井乡土生土长的百姓，不论老少，都会种谷子、种药材，并且这里种的谷子磨出的小米入口软黏，香气扑鼻，熬久了米汤上可以撕起一层油面皮，营养价值极高。

但干旱的温带大陆性气候也是当地农业生产良性发展的瓶颈。"山区十年九旱，春天下种时经常没有雨，种不进去；谷子抽穗时没有雨，卡了脖子；秋天收割时遇上连阴雨，谷子瘫倒在地里，没了收成，人们辛辛苦苦忙活一年，一亩地打一二百斤谷子，有时候才几十斤。久而久之，人们便对种地失去了信心，尤其是村里的年轻人，都出门打工去了，因此，谷子、中药材等传统农作物的种植面积越来越少。"横岭村 70 岁的村支书郭贵北说。

思路创新为传统产业开辟蹊径

2018 年，长治市制定出推进绿色有机旱作农业创建行动计划，以推进农业供给侧结构性改革为主线，以优化农业产能和增加农民收入为目的，以绿色有机旱作农业为根本途径，坚持质量兴农、绿色兴农、品牌兴农，加快转变农业生产方式，大力推进政策创新、科技创新、机制创新，扎实推进绿色发展，着力构建具有鲜明区域特色的绿色有机旱作农业技术体系、产业体系、经营体系，助力乡村振兴，决胜全面建成小康社会。

围绕长治市创建"绿色有机旱作农业示范市"总目标，黎城县结合当地实际，先后出台了《黎城县创建绿色有机旱作农业示范县实施方案》《黎城县 2018 年省级资金创建绿色有机旱作农业"一乡三村"示范项目实施方案》《黎城县绿色有机旱作农业发展行动计划》等规范性方案，黎城县洪井乡利用其区域优势，特色产业成为全县唯一一个绿色有机旱作农业示范创建乡镇。

为了切实把绿色有机旱作农业示范乡镇创建好，洪井乡成立了由乡长担任组长的创建绿色有机旱作农业示范工作领导组，多次召开专题会议安排部署，通过科学谋划，统筹安排，结合洪井乡实际情况，出台了《洪井乡创建有机旱作农业示范乡实施方案》，对洪井乡创建绿色有机旱作农业项目的目标任务、实施规模、运作方式等分别进行明确，按照"合作社＋基地＋农户""行政村＋农户"的模式开展示范乡创建活动。

技术创新让传统农业提质增效

"绿色有机旱作农业的实施，不仅充分利用了当地自然环境，还把当初'十年九旱'的劣势变作当今'旱作增效'的优势。有机旱作谷子采用机械穴播技术，加上地膜覆盖、喷施旱地龙、增施有机肥等措施，示范项目区种植的谷子与周边地块相比，效果非常明显。"黎城县农业技术推广中心高级农艺师樊美忠介绍。

2018 年，黎城县横岭种植专业合作社，以横岭村为中心，带动周边吴家峧、洪井、红河、孔家峧等村 50 户农户，种植谷子 150 亩。合作社统一提供地膜、种子、有机肥，采用地膜穴播技术，从根本上解决了农民种谷子薅谷除草等管理费劲难题，节省了人工费用，提高了产量，改善了品质。合作社理事长郭贵北说："实施有机旱作农业操作技术后，谷子亩产量达到 600 斤，亩均收入达到 2 000 余元，与玉米种植相比，人均可增收 600 元以上，大大提高了农民种谷子的积极性。"

洪井乡霖农农业发展有限公司以孔家峧为中心，不仅带动了周边 12 个村庄 1 026 亩谷子的发展，还在坡荒地种植山茱萸、黄芪、连翘等中药材，为当地百姓增收致富找到了出路。公司负责人李文红说："绿色有机旱作技术防旱、保墒、抗病、增值，很适合我们这种干旱少雨的山地丘陵地带使用。"

黎城利民农林综合开发有限公司位于洪井乡三皇脑片区，采取"公司＋合作社＋基地＋农户＋订单"的运行机制，采用林下套种和"覆膜育苗＋搭蔓栽培＋绿色防控"旱作种植模式种植有机潞党参。公司负责人祝志晓介绍："党参当年亩产干品 150 千克，每千克50 元左右，年产值 7 500 元，除去种苗、肥料、人工等投入，每亩年净利润 3 500 元。如果种植 2 年后采收，亩净利润可达 5 000～8 000 元。有机药材的种植不仅增加了当地百姓的收入，还对绿色发展、可持续发展具有极大的促进作用。"由于公司生产的"上党牌"
潞党参富含氨基酸，产品多次参加农博会、农交会、绿博会等展销会，享誉中外。

科技引领让旱作农业的路子越走越宽

为了在生产中充分发挥科技的引领作用，从 2018 年开始，黎城县多次聘请省农科院
技术专家深入有机旱作示范基地、示范村、省级旱作示范片，就旱作农业品种选择、节水
补灌、借墒播种等旱作农业技术进行培训，同时还在不同生产季节组织乡镇分管领导、农
业技术人员和种植大户到田间地头学习苗期管护、谷子病虫害绿色防控等管理新技术。

洪井乡也积极发挥典型示范引领作用，先后多次组织示范区群众到项目实施搞得好的
先鱼中药材种植有限公司、贵中农林牧种植合作社等进行实地参观，让大家现场学习、交
流经验，实地观摩学习"农家肥＋新耕作模式"高产稳产典型。

技术培训、技术实施、效果展示带领着洪井乡群众进行谷子、中药材产品品质提升，
不仅促进了农业的增产增效，还实现了农业的可持续发展，洪井乡旱作农业的路子越走越
宽了。截至 2020 年，洪井乡绿色有机旱作谷子已发展到 2 000 亩，中药材种植面积达到
3 000 亩。

如今，洪井乡这两种代代相传的传统农业产业，正在通过一种新的种植模式——绿色
有机旱作耕作农业模式，走出一条农林牧相结合、一二三产业相融合的有机高质高效、生
产生活生态相协调的绿色发展之路。

（作者：黎城县洪井乡人民政府王志坚，黎城县农业农村局樊广文）

潞城区微子镇：打好"产业牌"　奏响"富民曲"

仲夏时节，走进微子镇花道花卉有限公司种植基地，放眼望去，一个个花卉种植大棚
排列整齐，大棚里工人们正忙着除草、修枝。

据了解，该公司成立于 2019 年 4 月，现有冬暖棚 30 架，主要种植品种为切花玫瑰、
草莓和蔬菜。随着种植基地的建成，周边很多村民都来到基地里务工，建档立卡贫困户史
虎林就是基地的工人之一。"正好这里招人，我便过来了。"史虎林说道，"来这里打工每
天都有固定的收入，上个月给发了一千多元工资，生活是越来越好了。"

产业是脱贫之基、富民之本。微子镇坚持把脱贫攻坚作为最大政治任务和第一民生工
程，结合有机旱作农业发展，重点发展艾草、谷子、高粱三大种植基地，依托花道花卉、
丰裕牧业、子农艾草、神头岭种植专业合作社等新兴农业经营主体，带动 350 余户贫困群
众实现了产业增收。

龙头企业带动贫困户领分红

2020 年 6 月 22 日一大早，微子镇微子村村委会议室里便坐满了人。该镇丰裕牧业有
限公司负责人常令忠正在为 36 户贫困群众发放本季度的金融扶贫分红。

贫困户王大妈是第一个领到分红款的，这已经是她第四年领取分红，"连续领了好几
年钱了，丰裕牧业带领我们致富，多亏了国家的好政策，日子是越来越红火！"

丰裕牧业有限公司位于微子镇小潦河村，公司成立于 2008 年 11 月，占地面积 30 000
米²，整体生产采取自动饮水、自动喂料、自动控温、自动除粪等先进工艺，主要经营大
白、长白、杜洛克等优质品种，年可出栏生猪 1 万头，实现销售收入 3 500 万元。2017 年
至今带动贫困户 36 户，累计分红达 31.5 万元。

"为了方便咱们的贫困群众领到分红，我们今天专门从小潦河村过来在镇里给大家发
钱。"常令忠介绍道，"咱们本次分红是第四个年头的分红。今年又是脱贫攻坚收官之年，
作为龙头企业，我们有义务带领贫困群众早日脱贫、增产增收。今年市场行情比较好，这
次是提前给贫困户分了红，每户一个季度 750 元，让大家吃个定心丸。"

"神头红"小米筑牢脱贫路

神头村是潞城区的红色抗战圣地，70 多年前的神头岭之战就是八路军在长邯古道神
头岭进行的一次著名伏击战。据山西省农业科学院谷子研究所研究员介绍，神头岭一带特
有的红黏土所含的铜、锰、铁、硒等微量元素比较高，同时神头岭处于小米种植黄金纬
度，谷子灌浆期间昼夜温差大，特别有利于谷子干物质的积累，此外，神头岭谷子种植加
工专业合作社采用古老轮作、施农家肥，并通过传统石碾加工而成的"神头红"小米，小
米胚芽物质不受损伤，具有颗粒饱满、色泽金黄、营养丰富的特点。

"2020 年，在镇里面的支持下，我们村的合作社投资 35 万元购置了清粮机、砻谷机、
碾米机、色选机、真空包装机等设备，新建成谷子深加工扶贫车间一个。车间建成后，吸
纳贫困户闲散劳力在车间工作，解决了 10 名贫困人口就近就业的难题。"神头村党支部书
记、村委主任魏引堂说，"另外，合作社还积极发掘传统石碾加工工艺，做精做细了谷子
加工，为贫困户及村民通过发展谷子种植增收创造了条件。"

2021 年合作社通过"订单农业＋资产收益＋就业务工"的模式，同神头村、沟东村、
薛家庄等村的 225 户（其中贫困户 35 户）签订种植协议，发展谷子规模种植面积 516 亩，
优质谷子种植基地建设初具规模。下一步，合作社还将继续扩大谷子种植面积，力争达到
1 000 亩，切实将扶贫车间完善提档，努力打造"神头红"精品小米，并通过电商平台扩
大销售渠道，形成产供销一体化的小米产业链，带动贫困群众持续增收，不断做大做强村
集体经济，推动脱贫成果持续巩固、脱贫质量持续提升。

艾草变身"黄金草"产业增收少不了

清早，贫困户申文选习惯性地来到艾草地，弯下身子拔草，忙得不亦乐乎。申文选是
潞城区微子镇和合村一户贫困户。"我从前年开始种植艾草，一共种了 3 亩，三五年内不
需要重新种植。最关键的是合作社管收购。以前没什么收入，现在每年仅种植艾草就能挣
6 000 多元哩！"

他嘴里所说的"合作社"叫潞城区子农种植专业合作社，组建于 2018 年。合作社
"年轻"，合作社负责人更年轻，是一位 90 后大学生，叫申张宝。2015 年，在家人的支持
下，申张宝开始尝试艾草的人工种植。经历过多次失败，他终于于 2016 年收获了自己种
植的第一批艾草。紧接着他又引进国际先进艾草加工设备，开始对艾草进行大规模种植和
深加工，历经近 5 年的发展，目前他的合作社已成为全省最大的艾制品加工基地和艾草种

植基地。

在漫流岭村，记者看到申张宝正同工人们一起在地里收割艾草。2021年，在子农种植专业合作社的带动下，微子镇以微子镇为产业中心，带动两区、四镇、十一村合作发展艾草种植1 000余亩，并鼓励周边贫困户参与土地调产和种植艾草。

"2021年，在大家的支持下，合作社投资400多万元在漫流岭村建立了一个2 000米²的艾草深加工车间。车间引进了全球最先进的艾草提绒设备，年吞吐艾草将达到5 000吨。全自动卷条机上线以后，日产量从原来的1 000根艾条提升到了1万根艾条。加工车间全部建成投产以后，预计将带动100多户贫困户参与艾草的种植生产加工，每户年增收将达到3 000元。"谈起自己的事业，申张宝信心十足。

增收致富，产业是关键。下一步，微子镇将继续扎实推进产业发展，形成布局合理、特色鲜明、规模扩大、品质引领、效益凸显的现代农业产业新格局，力争形成镇有主导产业、村有骨干产业、户有增收项目的产业模式，打造微子镇特色农产品品牌，走上产业致富路。

（作者：长治市潞城区农技推广中心申艳、许建国）

潞城区黄牛蹄乡：特色种植促增收　携手奔向致富路

黄牛蹄乡紧紧围绕特色产业富农的目标，充分发挥集体经济组织、农民专业合作社、家庭农场等新型经营主体的优势，大力发展花椒、连翘、软籽石榴、小米椒等特色产业种植，走高效生态农业和特色种植产业发展之路，通过产业发展，带动农户增收致富，携手奔向小康生活。

眼下，黄牛蹄乡千亩特色有机农业种植基地里的小米椒陆续成熟，椒农们穿梭其间，娴熟地采摘着色泽饱满的辣椒。火红的辣椒地里到处是大家忙碌的身影，一派红红火火的丰收景象。

"2021年我种了20多亩地辣椒，长势不错，亩产有3 000多斤，估计能收入10万元，明年我计划再扩大辣椒种植规模，希望日子越过越红火。"黄牛蹄乡下黄村村民王双勤告诉记者。眼前红红火火的好日子得来不易，种植辣椒之前，王双勤一直在外地靠打工谋生，但母亲和妻子相继生病，让他本不富裕的家庭开始入不敷出。为了既能照顾家里，又能增加收入，2017年他承包了20亩地开始种植辣椒，成为村里的辣椒种植大户之一。更让王双勤高兴的是，这些辣椒全部都是订单种植，农业龙头企业提供种苗培育、田间管理、统一收购等各类服务，省去了他好多事情，收购价格更是随行就市。

"育苗公司提供辣椒的选种，帮助农户进行技术指导、田间管理，最后公司统一收购进行销售，收购价保底在每斤1元5角，这样能打消种植户的销售顾虑，让农户放心种植。"顺康农业公司总经理王晓鹏说。

同时，辣椒进入采摘期后，潞城万农信农机专业合作社在该乡发展的千亩特色有机旱作农业种植基地的小米椒、高粱等特色农产品也进入了收获季节，面积达1 000亩，覆盖8个村7个种植大户，从土地流转、就业务工、订单生产、入股分红等多种渠道带动当地农户增产增收，实现户户有致富产业、家家有增收门路。

"2021 年种植小米椒 200 余亩，'公司＋农户'订单保底合同的形式，解决了老百姓卖难问题，争取明年加大服务力度，采取多种模式订单合同，带领村民一起致富奔小康。"潞城区万农信农机专业合作社董事长王红芳说道。

这几天李庄村石榴园的石榴挂满了枝头。近年来，黄牛蹄乡狠抓农业调整，促进农业全面升级，将乡村振兴与农业调产相结合，依托特色优势农业产业，全力打造花椒、连翘、软籽石榴、小米椒、小杂粮 5 个千亩特色产业种植基地，做大做强"文旅＋特色种植"融合发展，拓宽农民增收渠道，发展壮大集体经济。

"下一步，黄牛蹄乡将按照省委'四为四高两同步'要求，紧紧围绕潞城区委'坚持转型为纲、做大做强十大产业集群'的发展思路，依托原起寺、李庄文武庙等 4 个国家保护单位和一代廉吏靳会昌故居、土脚抗日旧址等文旅资源，以及 5 个特色产业种植基地，进一步延伸产业链，重点抓好芦笋、晚秋黄梨、骏枣等特色农产品包装，促进油用牡丹、连翘茶等农产品加工制作，做大做强'文旅＋特色产业'项目，力争用 3～5 年的时间成为全市的优势产业，为农业增效、农民增收打下坚实的基础。"黄牛蹄负责人最后说道。

（作者：长治市潞城区执法大队王旭红、杨志明）

第二节　有机旱作农业示范村

整合资源优势，整村推进有机旱作农业示范，全市打造了 100 个融"绿色有机产品生产、加工、销售、休闲与体验"为一体的有机旱作农业综合示范村，形成了一批以村为单元的特色产业示范村。

武乡县上司乡岭头村：让旱作农业插上腾飞的"金翅膀"

近年来，山西省武乡县上司乡岭头村牢固树立"绿色有机发展"的新理念，以"长治市创建绿色有机旱作农业示范区"为目标，在积极探索"公司＋合作社＋基地＋农户"的产业化发展模式的同时，通过创办"梨花节"、搭建电商平台、壮大产业链等措施，让绿色旱作农业火起来、活起来，让农民主体富起来，蹚出了一条山区绿色旱作农业发展的可复制推广的路径，为长治市扎实推进有机旱作农业示范区建设提供了有益的借鉴。

从解放思想着眼，创办山村梨花节，让有机旱作农业火起来。

岭头村地处太行山深处的丘陵山区。全村辖 3 个自然村，总户数 190 户，总人口 494 人，其中，建档立卡贫困户 52 户 140 人，耕地面积 1 380 亩，总面积 4 千米^2。自古以来，生活在这块黄土高坡上的人们，远离城市的喧嚣，以"刨坎坡坡、种小杂粮"为生，过着"撑不着、饿不死"的生活。

据史料记载，"山西大黄梨"已有 1 500 余年栽培历史，这种古老的"刮树皮"品种，以它独特的价值，隋朝时就被皇室列为进贡珍品。它有两个主产地。一个分布在高平市寺庄一带，这里的人们意识超前，"高平大黄梨"被列入国家地理标志产品；另一个就是武乡县上司乡岭头一带，受传统思想束缚，走了不少弯路。

20 世纪 60 年代，"岭头大黄梨"风靡一时。每逢春季，大黄梨与漫山遍野的山杏、桃树、沙棘等野生植物交相辉映，形成一道靓丽的风景线。那时候，百年梨园由村集体统一经营，专业队管护比较到位，年产量高达 70 余万斤。收获季节一到，梨果堆积如山，靠人背、肩扛、扁担挑往外运，后来变成骆驼、马车、卡车往外调，丰收的场景十分壮观。岭头大队利用黄梨的收益修大路、建学校、盖磨坊、买拖拉机、架高压线等，办了许多大事、实事、好事，是上司圪梁上出名的梨果生产"标杆大队"。

改革开放初期，岭头人一时跟不上形势，将传统梨果园"一分了之"，导致资金、技术、队伍等生产要素严重缺失，有的梨树因年久失修而枯萎死亡，有的因村民嫌它占地，被连根砍掉……致使"百年梨园"黯然失色，"梨花村"沦落为"贫困村"。

脱贫攻坚战打响后，岭头村迎来了新的春天。村党支部和村委会，乘着"五级书记抓扶贫"的强劲东风，紧抓有机旱作农业发展契机，在上司乡整乡推进有机旱作农业示范区建设中，认真总结"大黄梨"由盛到衰的沉痛教训，认识到"同源、同种、同产品，只因观念陈旧，吃了大亏"。村党支部深思熟虑后召开村民大会，响亮地提出"大干一个月，办好梨花节"的新举措，举全村之力，破天荒地创办了首届"潞农·岭头梨花节"，"一炮走红"全武乡，得到县、乡党委、政府的重视和支持，连续 4 年由"一村独办"拓展为"多村合办"，吸引外来游客数以万计，村民在家门口每年就能销售土特产品 50 多吨，各大主流媒体竞相报道"梨花村"发生的新鲜事。在脱贫攻坚大路上，岭头村干群思想大解放，甩开膀子加油干，整修老梨园，认养老梨树，引进"玉露香"新品种，梨园恢复到 300 余亩，年产量稳定在 200 吨左右，"百年梨园"重新焕发生机。

"栽下梧桐树，不愁凤凰来"。人才、信息、资金、技术"四要素"向岭头倾斜、聚集，村干部成了乡村"最忙的人"。上了年纪的村民感慨道："从来没有这样火过，这步棋下得好！"岭头村开始走"上坡路"。

从破解难题入手，搭建电商新平台，让有机旱作农业活起来。

岭头村位于武乡县中南部，北纬 36°77′，东经 112°94′，平均海拔 1 100 米，年均气温 8～9℃，年均降水量 650 毫米，日照充足，昼夜温差大，土壤为红黄褐土，富含铁、铜等微量元素，土层较厚，很适宜谷类和各种小杂粮的生长，属典型的雨养旱作农业区。

抗日战争时期，岭头村靠本地盛产的小米、小杂粮，出粮出兵出干部，积极支援抗日前线，成为晋冀鲁豫边区支前"模范村"，留下了"小米加步枪，打跑小鬼子"的传世佳话。

20 世纪 90 年代初，岭头村在乡党委、乡政府的支持下，与山西省农业科学院经作所合作，在全县率先创建了优质有机谷子种植基地，集中连片种植晋谷 21 号优质谷物 350 多亩，年产量达到 100 吨，为后来的工作打下了基础。

但是，长期以来，因销路不畅，1 斤黄澄澄的小米被小商贩两三元钱收走，到城里转手倒卖七八元，甚至十几元，农民收益甚微。"种粮的不如贩粮的"，农民种粮热情严重受挫。

2016 年 10 月，武乡县电商办举办农村电商培训班。当时，农村用智能手机的人不多，说起微信、微店、电商更是一头雾水。

村支书张玉堂在外闯荡多年，做过服装生意。他敏锐地意识到，"电商或许是农产品销售的一条新途径"。他抱着"试试看"的想法，回村凑集了六七个人，亲自带队到县城参加了第一期电商培训班。

贫困户魏宝玉，因一场大病欠下不少外债，失去了生活的信心。在他最绝望的时候，张玉堂上门鼓励他到县城学电商。他上午开微店，下午就接订单，两三个月下来收入过万元，让他在绝望中看到了希望。他白天下地干活，晚上钻研技巧，很快就学会了手机直播，把真实的种植场景展示给受众，招来"粉丝"无数，"回头客"源源不断。一年下来，还清了外债，攒下了积蓄，还被评为全县"十大微店创业人物"。中央电视台《新闻联播》栏目以《魏宝玉卖米记》为题向全国观众报道了他的典型事迹。

《人民日报》专题报道——《郭姐"触"网记》，说的是农家妇女郭晋萍学电商的故事。她年近花甲，只上过3年小学，不会说普通话，不会打字上网，学电商很吃力。她买了《拼音表》贴在墙上，起五更，搭黄昏，像小学生一样从头学起。一年多时间，她凭借刻苦精神，学会了用手机卖土特产的本事，还把岭头小米卖到了广州、上海、新疆等地，甚至远销俄罗斯、法国。在全县首届微店创业大赛中获得一等奖，获得奖励真空包装机、快递三轮车各一台。

岭头电商服务站的张晓英，把自己的微店"搬"到服务站，微店二维码挂在大门口，不仅把自家的土鸡蛋、优质小米卖了出去，还把邻里家的土特产销往全国各地，贫困户家家跟着她沾光。

村党支部抓住身边的典型，趁热打铁，把培训班"搬"到家门口，特邀电商专家汪向东、微店总裁王珂等一批电商专家进村辅导20余场次，在岭头掀起了"学电商、开微店"热潮。

岭头村发展电商吸引了在外年轻人，他们踊跃参与到电商创业中，为家乡注入了活力，让乡亲们看到了希望和未来。在太原市做网络运营的张泉午，为村电商编制规划，策划农产品众筹方案；在北京当广告公司女老板的张淑波，为村里设计"微商标识"，并挂在自己公司的网站首页；在四川大学、天津科技大学等院校的学子，远程帮家人开网店、设计微店小米包装……

岭头村电商的兴起，彻底打破了旧格局，走活了"一盘棋"，赢得社会各界的广泛关注和重视支持。

2016年年底，国家电商首席专家汪向东专程来岭头村考察，把农村电商"南砥山、北武乡"的典型案例，写进他的专题讲座。

2017年年初，时任中共中央政治局委员、国务院副总理、国家扶贫开发领导小组组长汪洋亲临岭头村视察，对岭头电商助力脱贫攻坚取得的成绩给予充分肯定。

北京微店总部CEO王珂深入岭头村实地考察，在微店流量、农民培训和技术指导等多方面给予实质性支持。

当地党政部门更是忙得不亦乐乎。县、乡领导常到岭头村现场指导工作；县有关部门为岭头村电商配备了邮政三轮车1台、增设信号塔2座和300米Wi-Fi覆盖区，新建了电商创客中心、微店培训室、有机农产品展示中心等。

岭头村"一店带多户、一人带一片、典型带全村"，微店像滚雪球一样发展到100余家，几乎"家家开微店、户户有电商"，线上线下农产品年均销售量突破百万元大关。

从长远利益考虑，壮大农业产业链，让有机旱作农业主体富起来

岭头村这些年，人均二亩耕地没变，变的是在村种地的青壮劳力越来越少，留守的都是些60岁以上的老人。面对基本村情，岭头村是如何做好有机旱作农业这篇大文章呢？

从长计议，规划先行。岭头村本着"跳起来摘桃子"的原则，"一张蓝图绘到底"。以乡村旅游重点村建设为主线，以创建绿色旱作农业示范村为目标，重点发展"种、养、加、游"四大支柱产业，组建合作社，外引公司，内联农户，市场运作，建设绿色农业"五类"基地，分"三步走"组织实施。第一步：2016年年底，消灭绝对贫困，实现"整村脱贫摘帽"；第二步：到2022年，基地建设初具规模，产业链框架搭建完成，建成长治市绿色旱作农业示范村；第三步：到2049年，将岭头村建设成为山西省乡村旅游示范村、休闲度假旅游目标地。全村农林牧协调发展，主导产业年运营收入突破300万元，年人均纯收入达到2万元以上。

合作开发，市场运作。2017年以来，岭头村采取"公司＋合作社＋基地＋农户"的发展模式，摸索"股份合作制"的市场运作模式，组建了岭头村集体经济成员股份合作社、玉锦盛乡村旅游专业合作社、焦岭乡村旅游开发公司实体3个，应用投资入股、参股、土地流转、就地打工等方式，把农户组织起来，把土地、劳力等资源整合起来，与县扶贫开发、山西太行沃土、武乡县七禾艾草、壶关豆豆绿色食品等公司合作，新建果蔬干品加工厂、标准化生态养殖场各1座，谷物和艾草加工车间2处，梨园巩固在300亩，引进"玉露香"新品种150亩，晋黄羊肥小米生产基地400亩，艾草种植基地300亩，光伏发电扩容200千瓦，村民走上了合作经营、共同致富的道路。

放宽准入，科技推进。岭头村采取"借鸡生蛋"的办法，招商引资，有利就干，成熟一项，新建一项，受益一项。2017年以来，岭头村新建的有机小米生产基地，优种率100％，机耕率95％，有机肥率100％，耕地轮作率100％，农民小夜校培训率100％，实现了运作订单化、种子优种化、耕种机具化、管理监控化，售价比普通小米翻了近两番，农民收益成倍增长；岭头村新建的果蔬干品加工龙头企业，新增产值135万元，村集体收益15万元左右。牧兴养殖场实现了自繁自养、单栋全进全出的生态养殖，年产值可达900余万元；艾草种植加工基地初具规模，前景广阔。

三效合一，后劲有力。岭头村有机旱作农业示范村建设取得了显著的经济、生态、社会效益。一是全村彻底摆脱了绝对贫困。2014年，集体没有收入，农民人均收入2 803元，145人生活在贫困线以下，贫困发生率高达27％；2019年，集体收入217 337.47元，农民人均收入6 049元，年均增速达22％。二是村容村貌明显改观。全村入户路全部硬化，安装路灯25盏，实现了"环境四化"；"四改"大幅推进，改造旱厕90座、危房34户，户户有垃圾桶，村村有垃圾池；改造自来水、农田管网8 000余米，新建了综合服务中心、电商服务站、停车场、宣传、文化、健身等场所，公共服务能力明显加强。三是精神面貌焕然一新。党支部坚强有力，党群关系、干群关系融洽，社会主义核心价值观教育、文明村创建、移风易俗等活动蓬勃开展，岭头村人思想大解放，艰苦奋斗精神大发扬，干群精神面貌发生了深刻变化。四是社会影响力显著提升。岭头村电商助力脱贫攻坚

得到国家领导人肯定，被农村电商专家作为典型案例在全国宣传推广，被誉为"三晋微店第一村"。魏宝玉上了中央电视台《新闻联播》，并荣获"全省脱贫攻坚奋进奖"；《人民日报》专题报道了郭晋平的故事；《山西经济日报》刊登了党支部书记张玉堂带领乡亲们脱贫的事迹；全省首部取材于岭头村的电影《一个不落》在全国放映；岭头村网红的"粉丝"遍布全国各地，小米成为国家地理标志产品；岭头村荣获"武乡县脱贫攻坚模范村""武乡县红旗党支部"称号。

（作者：武乡县上司乡岭头村张景芳，武乡县农业农村局种子服务站张清）

沁县郭家庄村：伏牛山腰一杆旗　示范带动一区片

2020年，沁县在打造区域品牌、推进乡村振兴发展中，使沿沁县以西伏牛山山腰一带整个区片的郭村镇郭家庄村、郭村、丁家山村、苗家坡村、仁胜村、巨良沟村、端村，册村镇的尧山村、高庄沟村、漫水村10个村的沁州黄小米的品质、产量、价格声名鹊起，创历史新高。老百姓喜笑颜开地频频点赞：传统农艺的挖掘集成＋现代有机旱作技术的注入＋风调雨顺的年景，迎来了增产丰收，这些都得益于2019年长治市有机旱作农业示范村——郭家庄村给我们的示范效应。

春 风 送 爽

伏牛山山腰一带的林地布局都是地在林中、林地萦绕，林茂山清、生物多样、天然氧吧，土壤肥沃、背风向阳，没有污染、生态平衡、环境优美。历史上这里就是沁州黄小米的地标产地，但都是山地旱地，常常出现春旱、伏旱和夹秋旱，是典型的雨养农业、旱作农业区。近40年来，传统的"秋耕壮垡，三墒整地"由于劳力进城淡化了，秸秆还田由于道路冲刷机械进不去了，传统的"卧羊"投入由于封山禁牧中断了……优越的沁州黄谷子产地资源得不到应有的效益，导致沁州黄小米品质退化、产量降低、收益平平。

2018年，长治市开展有机旱作农业示范村工程，市农业农村局副局长郭剑青带领武东、王景盛等专家团队深入沁县，会同沁县魏志岗、刘耀清、霍高宏等从事有机旱作农业的同志深入乡村调查研究，选择了辐射面大的郭家庄村为长治市有机旱作农业示范村，旨在示范带动伏牛山山腰一带的沁州黄小米地标产地焕发青春。

标 准 落 地

在市、县、镇有机旱作农业领导组及技术团队的精心指导下，郭家庄村建立起了有机旱作农业示范村创建领导组，每个环节都责任到人、一竿子插到底；与山西沁州黄小米集团建立了"龙头企业＋村集体经济组织＋基地＋农户"的产业化经营体系；制定了《有机旱作农业传统农艺与现代科技结合的标准化操作规程》，运用县有机旱作农业示范县领导组办公室编印的《有机旱作农业技术培训教材》，对全村农户进行了系统的培训和考核，形成了实际技能。郭家庄村实施了党员包户的机制，把有机旱作变成了农民的具体行动，有机旱作标准化规程变成了现实。

在基地选择上：立地条件选择在了地势高燥、通风透光的坡岭地区域。实施与豆类、薯类、油料等作物的轮作倒茬，减少了病虫草害的产生。

在整地施肥上：做到了前茬作物收获后，立即进行灭茬深耕，深度都在20厘米以上，结合秋季深耕或春季整地进行施肥，以腐熟羊牛粪为主，配生物有机肥，杜绝了施用化学合成肥料，春季做好耙耱、浅犁、镇压保墒，保证了谷子发芽出苗所需的水分。实现了一播保全苗。

在选择良种上：主推品种为沁黄2号、长生07、长农35、晋谷40四个品种。

在种子处理上：坚持晒种、选种、温汤浸种。

在机械播种上：运用小型机械精量半精量播种技术和宽垄密植种植技术，播后立即随耧镇压。

在田间管理上：谷子出苗后3叶间苗、5叶定苗，避免了苗荒草荒，结合定苗进行第一次浅中耕锄草；以拔节后至封垄前进行第二次深中耕培土，中耕深度7～8厘米，从拔节到抽穗期要防止"卡脖旱"；从抽穗到成熟期再进行一次浅中耕，避免了倒伏，在谷子灌浆至成熟阶段，采取措施防止鸟害。

在病虫草害防治上：采用轮作倒茬、培育壮苗、加强栽培管理、中耕除草、秋季灭茬深耕和清除杂草等一系列措施，起到了预防病虫草害的作用。

在收获上：及时、适时地在谷穗变黄断青、籽粒变硬时收割，在田间去杂、去劣、去病株，实行单收单打单保存，避免了收获期间的污染和品质下降。

2019年，有机旱作农业示范村的创建使得郭家庄村的830亩谷子亩产量达到了320千克，亩收入可达2180元左右，比项目实施前亩增收680元。全村户户实现了增产增收。通过项目实施，改变了当地传统的种粮农业生产模式，改善和优化了基地的生态环境，村里的农产品通过了国家有机产品认证证书，增强了农业产业的竞争力。

标 杆 效 应

长治市有机旱作农业示范村创建的效应，特别是沁州黄小米的产量、品种、品质、收益，引来了周边村群众羡慕的眼光。2020年，周边村群众自发运用有机旱作技术，掀起了有机旱作农业种植新高潮。

乘势而为，加快有机旱作农业的普及与提升：

一是要坚持依标生产，质量保障。实施"环境有监测、操作有规程、生产有记录、上市有标识"的全程标准化生产模式。以技术标准为基础、质量认证为形式、商标管理为手段，严格落实统一的管理制度和技术措施，实现产地环境、生产过程、投入品使用、产品质量全过程的有效监管。

二是要坚持市场导向、主体运作。研究市场规律，挖掘农业竞争优势。以消费需求为引领，以龙头企业、家庭农场、经营大户、合作社及新型服务组织为主体，积极培育壮大具有地方特色的支柱产业、主导产品，打造具有长治地域特色的绿色有机品牌，拉动形成绿色有机产品优质优价市场机制。

三是要坚持落实政策、扶持推进。系统总结、凝练提升有机旱作农业和高效特色产业共同发展、相互促进的典型经验，实现持续推进的目标。

（作者：长治市农业资源工作中心贾远，沁县有机旱作农业领导组办公室刘耀清）

壶关县石坡乡南平头坞村：
立足生态资源优势　打造全域旅游样板

南平头坞村位于壶关县东北部 35 千米处，毗邻壶关县太行山大峡谷，自然环境优美，气候宜人。近几年来，村"两委"和驻村工作队紧紧抓住全县全域旅游和有机旱作农业发展的东风，带领村民坚持走生态扶贫、生态致富的绿色发展路子，主动谋划七彩村庄建设，拓宽"旅游＋"发展思路，大力培育特色产业，提高村民们自主致富的积极性，扶贫与扶智相结合，激发村民"要我富到我要富的转变"，提振群众"精气神"。把一个"山高石头多，出门就爬坡""姑娘嫁南头，相公走西口"闭塞落后的穷山村，建成了一个产业兴旺、生态宜居、乡风文明、治理有效、生活富裕的红旗村。

南平头坞村面对长期以来资源贫乏、交通闭塞、群众收入渠道少、生活条件差的状况，村党支部书记兼村委会主任郭志强 30 多年如一日苦干实干，带领全村百姓撸起袖子加油干，充分发挥基层党组织的战斗堡垒作用，带领村民夯实基础设施建设，提升乡村综合治理水平。

改善设施，筑牢根基惠民生。 要想富，先修路。由于村集体经济困难，村委采取上级争取一点、集体自筹一点、村民集资一点的办法，资金不足精神补，水泥不足石头补，硬是把全村大街小巷、田间小道全部打通、硬化，彻底结束了沟沟坎坎、交通不便、肩背人扛的历史。南平头坞村铺修了水泥路，接通了自来水，安装了照明灯，接上了无线网，建设了养老院，完善了卫生室，规划了垃圾点。村里基础设施完善了，时常锁眉的村民有笑脸了，村民的腰杆直起来了，群众有了满满的获得感和幸福感。

发展产业，精准脱贫带民富。 没有产业，脱贫致富就是一句空话，南平头坞村是太行山大峡谷景区周边最开阔的村子，有着四季分明的秀丽景色，特别是具有旅游专线穿村而过独特的区位优势。目前，该村开办了 36 家农家乐，建成了杜则沟康养园、小吃街，建设了可容纳 1 000 余辆车的停车场，大峡谷"飞机游"直升机停机坪也落户该村，游客人数日益增多，群众收入不断增加。"玉帝巡天到太行，路过峡口小村庄。借来一支马良笔，绘出梦乡作故乡。"一位前往旅游的诗人，用诗句写下了对南平头坞村的真实写照。该村坚持多元发展，前前后后投资 1 400 多万元，成立了扶贫攻坚造林专业合作社，创办了潞州"飞蕾"手工绣品公司，建成了连翘茶加工厂，建设了 100 千瓦的光伏发电站，村民变成了"产业工人"，老百姓的腰包鼓起来了。尤其是成立的潞州"飞蕾"手工绣品公司，累计培训绣工 1 200 余人，年产各类刺绣产品 2 万余件，带动周边十几个村 200 余户贫困户增收致富，申报的"长治潞绣"商标被列入第五批省级非物质文化遗产代表性项目保护名录。

崇德向善，文明引导改民风。 一个模范就是一本鲜活教材，一个典型就是一面鲜明旗帜。近年来，南平头坞村紧紧围绕弘扬社会主义核心价值观，一方面，新建了文化大院、民俗大院，建设了由幸福南平头坞、生态南平头坞、人文南平头坞、厚德南平头坞 4 个板块组成的文化墙，营造浓厚的文化氛围；另一方面，组织开展"五好家庭""星级家庭"评选，让村民全体参与，公开投票，把每户家庭、每名群众都纳入到了思想道德网格化服务管理中，让模范家庭"典型效应"发展为"群体效应"，引领全村凝聚起奋发向上、崇德向善的正能量。村里维护大局的多了，无事生非的少了；孝敬老人的多了，自私自利的少了；积极向上的多了，不务正业的少了……

南平头坞村村容村貌焕然一新，环境好了，游客多了，收入高了，村民的获得感、幸福感不断增强，实现了整村脱贫。而今，南平头坞村已成为远近闻名、人人称羡的省级美丽乡村、省级文明村，昔日贫困的小山村正在乡村振兴的康庄大道上阔步前进。

习近平总书记指出："中国要强，农业必须强；中国要富，农民必须富；中国要美，农村必须美！"发展乡村旅游是实现农业增效、农民增收、农村增绿的有效途径，是打赢脱贫攻坚战、全面建成小康社会的重要举措。南平头坞村将始终坚持"绿水青山就是金山银山"的发展理念，持续把生态资源优势转化为生态产业优势，让美丽贫困山区变为美丽富饶乡村。

(作者：壶关县南平头坞村郭志强，长治市植物保护植物检疫站王陶玲)

屯留区河神庙乡姚家岭村：借助四化创品牌 着力走出旱作路

长治市屯留区河神庙乡姚家岭村地处屯留区西部，有 285 户 815 人，辖 7 个自然村，总耕地面积 3 280 亩，是省级生态文明村。近年来，依托屯留县珍珠黄御膳贡米有限公司，姚家岭村沿用传统优势，在大力推进有机旱作农业发展的基础上，借助优势化、产业化、标准化、品牌化的"四化"效应，打造出了杂粮有机旱作农业示范村。

传承产地环境，地域实现优势化

"珍珠黄"小米原名"二岭米"，产于屯留姚家岭、陈家岭一带。当地土壤肥沃，气候适宜，水资源丰富，各类自然灾害少，且空气清新，无污染源，出产的小米具有颗粒圆润、色泽金黄、米质黏软、味道甘甜、更具营养等特点。相传东汉光武帝刘秀被王莽赶至上党郡姚家岭、陈家岭一带，得当地百姓相救，用"二岭米"熬汤调补，逐渐恢复了元气，后重整旗鼓，建立东汉王朝。刘秀为感念当地百姓的救命之恩，更感激"二岭米"的调补，遂将"二岭米"应诏入宫，赐名"珍珠黄"，封为贡米。自此"珍珠黄"走出麟山绛水，进入皇家大内，成为御贡珍品，代代耕食，岁岁纳贡，直至明清历代均为宫廷贡品。通过检测，每 100 克"珍珠黄"小米中含蛋白质 9.7 克、脂肪 1.7 克、碳水化合物 76.1 克，一般粮食作物中不含有的胡萝卜素，此小米每 100 克中的含量也达 0.12 毫克。新中国成立后，"珍珠黄"小米作为特供品进入中南海。

推广集成技术，作业实现标准化

一是该村采用"公司＋基地＋农户＋标准化"的产业化经营模式，制定并实施了种植基地标准、种植技术规程、施肥配方标准、病虫害防治标准以及田间管理标准，与山西省农业科学院谷子研究所签订技术合作协议，聘请该所多名专家作为公司的长期技术顾问，为农户提供产中、产前技术服务。

二是利用大型拖拉机以及与之相配套的翻、耙、播、压农机具，先后成功引进推广了谷子精播技术、谷子化控间苗技术、谷子病虫害无公害防治技术、旱地谷子渗水地膜覆盖技术等十余项谷子种植新技术，汇集了国内外谷子种植加工的新品种、新技术、新措施，丰富了基地的建设内容。

三是坚持"以有机肥为主，少施氮肥，增施磷钾肥"的原则，亩均增施有机肥约1 000千克。经过反复对比，选用国家或省级审（认）定、适合屯留区种植的长农40号、长生07、长生13号、晋谷21号、晋谷35号等优良品种。

坚持龙头带动，生产实现产业化

一是屯留县珍珠黄御膳贡米有限公司是集种植、加工、销售于一体的市级农业产业化龙头企业，成立于2004年12月，注册资金312万元，占地1万米²，生产、仓储面积3 000米²，年生产加工能力5 000吨的谷子冷加工生产线1条。

二是公司秉持"质量为根，诚信为本，创新为魂"的经营理念，带动周边村庄发展谷子标准化种植基地1万余亩，年产优质谷子3 000余吨，带动3 000余农户户均收入5 000元，成为当地农民的支柱产业。

开展精细运营，产品实现品牌化

一是实行全封闭管理提升品质。引进国内最先进谷子冷加工生产线，广泛运用制冷、保鲜、数控、色选等技术，采用挤压碾磨新工艺，使加工过程机械工作温度始终保持在20℃以下，破碎率控制在1％以内，避免了对产品的色、香、味及营养物质产生破坏，使产品的营养成分、风味、生鲜性得到完全保留，于1995年荣获北京国际农业博览会银奖、2012年获第二届中国特色农产品交易博览会畅销产品奖、2013年获第三届中国特色农产品交易博览会金奖，2016年获农业部无公害农产品认证和产地认证，2019年获得绿色食品认证。

二是完善线上线下网络建设。推进"珍珠黄"小米线上线下销售渠道建设，开设了京东、天猫、拼多多、阿里巴巴线上店；在长治开设线下专营店1个，入驻商超20个，同时将销售终端向社区逐步延伸，利用社区、住宅小区的自助销售设备等拓展优质粮油产品销售途径，增加产品销量，提高市场占有率和覆盖面。

三是开展宣传报道提升效应。主要是通过电视、新闻、报纸等进行品牌宣传；通过电梯、高速、铁路、机场、公交、广告牌等进行广告宣传；同时参加各种展会，如各地糖酒会、有机展会、绿色展会及行业展会等，进一步提高产品知名度。

总之，该村将围绕农业供给侧结构性改革和种植业结构的调整，加快转变农业发展方式，加快发展有机旱作农业，增加优质农产品供给，满足广大消费者由量的需求向质的转变；以实施优质特色谷子产业为总抓手，"统一规划，集中连片，突出优势，整体推进"，通过谷子标准化示范区集成技术的实施，推进农机农艺结合、农业节本增效、农业标准化，促进产业兴旺、农民增收、乡村振兴。

（作者：屯留区农业农村局高迎军、陈丽）

平顺县东寺头乡羊老岩村：连翘茶香飘太行

"绿水青山就是金山银山"。这是目标，也是方向，目标已明，方向已定，如何实现，便要考虑路径问题。平顺县天福久农业开发有限公司立足实际，不断探索，把太行山上随处可见的连翘做成了一杯杯馥郁飘香的连翘茶，照亮了山区群众增收致富的新希望。

从遍地都是的药草到清香甘甜的茶，想了解连翘走过了一段怎样的路，就要从一个女孩说起，这个女孩名叫刘明伟，家住平顺县东寺头乡羊老岩村，也是平顺县天福久农业开发有限公司总经理。

故乡梦开始的地方

刘明伟，1988 年 8 月生，是一名中国共产党员。毕业于山西财经大学的她本可以离开大山，到城市打拼，追求梦想。但父母在农村，家就在农村，魂牵梦绕的故乡也在农村。

曾经的离开是暂别。再次回到平顺，回到东寺头乡羊老岩村，刘明伟自由地呼吸着故乡清新的空气，她的眼光已经不同了。她体会到了总书记提出"绿水青山就是金山银山"的深情，找到了故乡山水的意义。

羊老岩村位于天脊山，悬殊的海拔落差、连绵起伏的山峦，造就了这里气候的多样性，独特的地貌特征和土壤条件，使这里成了天然的中药材"宝库"。

在东寺头乡羊老岩村，连翘是报春的信使。阳春三月，漫山遍野的山坡上一簇簇、一枝枝金黄色的连翘花枝蔓散播着春的讯息；盛夏，连翘花结出一个个青青的小果实，在翠绿间摇曳，老百姓就开始上山采摘"青翘"；入秋，青翘变成了连翘，依然泽被着村民。

连翘是山民的希望，但一直形不成产业。村民采回来的连翘往往是卖给小商小贩，价格低，没有话语权；如果连翘在开花时节遇上一场倒春寒，就会影响结果，减产严重。

怎么办呢？年轻的刘明伟经过思考，有了两个方向，一是通过人工抚育，扩大规模，提升产量；二是利用叶子，发展连翘茶。

政策梦想加速器

一个人的努力是摸索，但如果有政策的支持，那就如同给梦想安装了加速器。刘明伟是幸运的，在她探索连翘产业发展时，平顺县提出了建设"全国一流中药材基地特色县"的目标，之后，市委、市政府大力推进有机旱作农业发展，省委、省政府提出了"打造第七大茶系——山西药茶"的战略。

有了政策的支持，刘明伟的手脚放开了，步子也迈得更大了。从成立平顺县通天园种植专业合作社开始，逐步发展连翘等中药材种植，种植规模从 2 000 亩到 8 000 亩，合作社从市级合作社到国家级示范社，刘明伟一步一个脚印踏踏实实地往前走。

连翘质量如何，种苗是关键。为此，天福久农业开发有限公司建立了连翘育苗基地，将山西各地的连翘移植到此，研究比对，最终选择出了最优、最适宜当地种植的连翘苗进行抚育栽种。

如何提高连翘产量？有 30 多年种植经验的刘聚才亲自下田管理。株距是多少，怎么修剪，如何采摘，刘明伟摸索总结出了一套行之有效的经验。

栽种有考量。抚育连翘株行距在 1.5 米×1.5 米和 2 米×3 米之间，亩均种植 110 棵。把握好定株，有利于连翘后期生长。

修剪有技术。连翘修剪一般在冬季，剪除枯枝、老枝、病枝是常规做法，需要注意的是可以适当修剪树梢，把连翘的高度控制在两米左右最为适宜，这样能够促进连翘春来多长枝，多挂果。

山西天福久农业开发有限公司用多种形式带动了周边 36 个自然庄 162 户近 400 人人均增收 5 000 元。

药茶梦想结果实

规模在稳步扩大，产量有了保障。如何破解气候对连翘生长的影响，确保群众旱涝保守？还能不能提高其附加值？刘伟明从没停止过思考。

刘明伟想，无论是否遭受倒春寒，无论多雨还是干旱，连翘果实都会受到影响，但连翘叶子遭受的影响却微乎其微。如果把连翘叶子利用起来，那就有保障多了。

这个思路为刘明伟打开了新的方向。随着山西提出"打造第七大茶系——山西药茶"的利好政策，天福久农业开发有限公司于 2017 年 4 月首期投资 150 万元，建立了厂房，引进了连翘茶设备、技术，全面启动了连翘茶项目。

品牌梦想新天地

打造优势品牌是山西推进有机旱作农业发展工作重点工程之一，也是产品走向市场、占领市场的利器。

树立品牌，质量是关键。俗话有云"上党连翘看平顺，平顺连翘看天脊"。天脊山连翘茶，采自高山峻岭，吸天地之精华，收日月之灵气，富含硒、锌等微量元素，饮后不但清热解毒，提神补气，而且防暑降温，美颜美容……

乘借省、市、县推进有机旱作农业发展计划的东风，天福久农业开发有限公司建立的连翘种植基地也在向标准化发展：种前，广施有机肥蓄养地力；管理时，科学修剪，物理化防病虫害；采摘时摒弃捋、拽等传统手法，而是掐，做到了既不伤树，也不伤连翘叶。好生态，好环境，好管理，好存储，全程守护更加确保了连翘茶的品质。

良好的品质是一个品牌行稳致远的底气。为了推广产品，天福久农业开发有限公司开发了"天脊葆""瑞福久""天福久"等品牌，在政府的大力支持下，先后参展中国（山西）第五届特色农产品博览会、首届长治农合发展博览周、第二十四届"杨凌农高会"，"连翘茶"代表平顺走出了长治，走向了山西。

2018 年 5 月，天福久农业开发有限公司成功进驻杭州市"丽水山耕"旗舰店，并参加"长治神谷"扶贫农产品进杭州启动仪式，"连翘茶"助力脱贫攻坚，走向了更广阔的世界。同年 7 月，天脊葆潞党参官方直销店上线，打开了网络销售新市场。2019 年公司开了旗舰店天福久茶社，2020 年，企业被评为长治市十佳药茶企业。

简单的数据背后是辛勤的汗水，是无言的承诺，是无悔的梦想。2020年，天福久农业开发有限公司新增连翘毛尖和连翘铁观音茶两条流水线，总产量能够达到12余吨。按照10斤湿连翘叶做1斤干叶估算，漫山遍野的连翘叶将真正变成群众增收致富的新希望！

2020年新冠肺炎疫情防控常态化下，钟南山院士说："连翘抗病毒是个方向。"而萃取生长在天之脊的连翘加工生产出的集药之精华、茶之神韵为一体的连翘茶必定迎来更广阔的市场。

平顺，连翘茶，你品了吗？

（作者：山西天福久农业开发有限公司刘明伟，平顺县农业农村局植保站张慧）

上党区荫城镇琚寨村：发展绿色循环农业 致力琚寨乡村振兴

琚寨村位于上党区荫城镇东北佛耳山下，全村784户2374人，耕地面积3500余亩。这里历史悠久，文化积淀深厚、风光秀丽、钟灵毓秀，村中有金元时期的玉皇观、明代的龙凤琉璃影壁等古建筑，明清时期的潞商大院有20多座。人民作家赵树理20世纪五六十年代曾在琚寨村生活工作过，还以琚寨村五星农业合作社发生的故事为素材创作了《五里坡》《锻炼锻炼》等文艺作品。

近年来，琚寨村先后荣获中国传统村落、中国历史文化名村、山西省文明村、山西省生态村、山西省名胜景区、爱国主义教育基地，长治市"美丽乡村"等各项荣誉。村中以凤凰岭种养殖有限公司为依托，有力带动了养殖和蔬菜、干鲜果的种植，带动了农业绿色循环发展，绿色有机旱作农业示范成果明显。

一、立足农业因地制宜、创新工作思路

近年来，琚寨村村"两委"以上党区委、区政府实施农业"3111"工程为契机，大力进行农业调产，村"两委"充分发挥组织领导作用，外访专家搞调研、内摸实际搞规划，按照"示范先行，典型引路"的宗旨，立足自身发展实际，结合学习借鉴外地经验，提出了"以凤凰岭养殖有限公司为引领，大力发展农业循环经济的强村富民"新思路。

凤凰岭种养殖有限公司是一家集肉牛、肉羊养殖与销售、果蔬、杂粮种植绿色循环利用为一体的现代化循环生态农业示范基地，公司以生产绿色农产品为优势，引导农户以土地承包经营权、资金等生产要素入股，与公司结成利益共享、风险共担的产业经营共同体，带动入股农户增收致富。

公司按照现代化企业管理模式，实行统一技术服务、统一绿色防护、统一农资供应、统一产品销售，采取公司带动农户的经营模式做强基地、强化服务、抓准市场、搞活流通，实现了优质肉羊肉牛养殖、干鲜果、小米、杂粮种植等产业多元化发展，取得了较好的经济效益和良好的示范带头作用。到目前为止，公司已安置农村剩余劳动力近200人，帮助村里的16户33位贫困人口就业脱贫或产业脱贫。

二、围绕生态求发展、抓好示范基地建设

在创建绿色有机旱作农业示范村的工作实践中，琚寨村村"两委"瞄准绿色无公害农

产品市场价位高、深得城市消费者青睐的优势，采用"公司＋基地＋农户"的产业化经营模式，兴建了 800 亩绿色生产基地，引导农户发展绿色生态农业，实现公司带动农户抱团发展，共同致富。

一是对基地实行区域化专人管理，划分了干鲜果种植、蔬菜种植、杂粮种植和油用作物种植四大区域，实行了人员岗位责任制专业精细化管理。

二是在全区域内推行秸秆还田、有机肥施用、病虫害绿色防控、地膜覆盖、旱作节水、农机农艺融合等多项先进科学技术，为旱作农业实行技术保障。

三是养殖业和种植业紧密结合，充分利用养殖区产业的粪污，进行无害化处理，实现牛羊粪的资源化利用，为农作物提供有机肥料，形成了"粮果蔬生产—秸秆饲草化—牛羊养殖—粪污肥料化—粮果蔬生产"的循环农业产业链，实现了绿色有机的良性循环，有效解决了秸秆焚烧和畜业带来的污染问题。为全村农户发展绿色有机旱作农业起到了良好的示范领头作用。

三、着力改善人居环境，村民幸福指数大增

琚寨村坚持生态优美的发展理念，引导农户发展绿色生态产业，把推进农业绿色产业发展和改善宜居环境相结合，打造美丽乡村，成绩斐然。几年来，村"两委"新建了学校教学楼、居民住宅楼，完成了自来水系统的改造，铺设污水管道、污水全部实现无害化处理。全村旱厕改造、清洁供暖工程如期完成，村民的幸福指数大大提升，生活环境优美。

四、立足于"三农"加强文旅融合，致力于乡村振兴

琚寨村古称"凤凰村"，自秦汉以来就有人类生活繁衍，万里荫城名在外，荷花宝钉数琚寨，家家有铁炉，人人会打铁。村中古建筑较多，保存有传统农耕文化社会发展进程中建筑、艺术、民俗民风、宗教信仰和社会发展诸多文化元素，具有鲜明的上党地区特色和民族风情。

琚寨村立足于"三农"大力挖掘历史文化资源，有力推动文化资源与旅游产业相融合，修葺了金元时期的玉皇观，复建了村门楼，新建了凤凰广场和具有乡村特色的民俗窑洞，与旅游公司合作，旅游直通车直通琚寨村，游客逐年增多，特别是在春播夏耘秋收之际，有许多来自城市里的青少年来琚寨村了解赵树理文化，进行农事劳作体验。

今后，琚寨村将进一步加大在发展绿色有机旱作农业方面的投入力度，对农户思路上"领"、政策上"扶"、信息上"引"、物资上"帮"、技术上"带"、措施上"促"、渠道上"拓"，引导农户立足于"三农"发展，借文旅融合的发展趋势，走出一条可持续发展的乡村振兴之路，走出一条农业绿色循环致富之路。

（作者：上党区荫城镇琚寨村杨伟兵，上党区农业农村局韩国君）

黎城县黎侯镇下桂花村：
大力发展葡萄产业　培育乡村振兴新动能

产业振兴是乡村振兴的基石。近年来，黎城县黎侯镇下桂花村紧紧围绕乡村振兴战略

大局，着力明思路、强基础，积极与中国农业科学院对接合作，大力发展葡萄产业，优化农业种植结构，提升现代农业发展水平，为乡村振兴发展培育新动能。

黎侯镇下桂花村依托创富梦葡萄种植专业合作社，多方筹资116万元建成了黎城县首个葡萄种植示范基地和1 000 米³的现代化葡萄仓储冷库，从而使葡萄种植成为越来越多下桂花村民脱贫致富的主导产业。不少葡萄种植大户走上了依靠葡萄产业致富达小康的快车道。

该村村支书范爱星说，下桂花村原是黎侯镇一个世代以种植粮食作物为生的纯农业村，从20世纪80年代开始引种葡萄，经过30多年的发展壮大，目前已经发展成为一个集葡萄种植、葡萄加工、葡萄系列产品销售为一体的葡萄专业村。但经过多年的种植，土壤、技术、农资等环节如何"跟得上"成了一道摆在种植户面前的难题。

该村充分发挥综合优势，进一步加大该村葡萄产业的发展步伐，推动"一村一品"工程建设，提高对葡萄种植户的服务水平和扶持力度。在村委的大力支持下，村民于2018年5月自发成立了葡萄种植专业合作社——创富梦种植专业合作社，不仅带来了丰厚的经济效益，也带来了显著的社会效益，在产业结构调整、病虫害绿色防控、产业脱贫等方面开创了先例，受到了社会各界的一致好评。

引进好项目，关键得有个好收益。为更好地推进葡萄产业发展，该村创建属于下桂花村特有的葡萄品牌名片，以优质的产品和良好的信誉赢得葡萄市场和消费者。

为更好地做大做强这一农业特色优质产业，该村也制定出台了包括解决农户资金困难、给予土地租赁费补偿、提供优质苗木等系列优惠政策，为产业发展提供政策、技术和信息等全方位服务，有效促进农业增效、农民增收，助力乡村振兴。

为进行品牌化培育，加快葡萄产业化进程，该村以优质葡萄创富梦种植合作社为平台，以山西省农业科学院、山西太谷先进的种植技术和营销模式为依托，对300亩葡萄生产全部实行"六统一"，即统一引进品种、统一施用有机肥、统一技术管护、统一绿色防控、统一冷储加工、统一品牌销售。通过实行"六统一"，辐射带动周边群众，不断丰富种植优惠政策，借力抱团发展，共同做大做强，形成具有一定规模、管理经营优良、效益好带动性强的现代化农业产业基地，共创"内花"葡萄品牌，让葡萄小村成为黎侯镇产业转型升级的靓丽新名片。

（作者：黎城县黎侯镇下桂花村范爱星，黎城县农业技术推广中心杨光）

武乡县丰州镇魏家窑村：奏响有机旱作农业新乐章

时值冬季，寒意袭人，位于武乡县城东部的丰州镇魏家窑村综合体验园内的高标准日光温室大棚内却是暖意融融、生机盎然。鲜嫩滴翠的北瓜、枝繁叶茂的西红柿等反季节蔬菜在温室内智能升降温管理系统的呵护下长势喜人……

作为魏家窑村的绿色有机种植示范片之一，该园区采用水肥一体化、病虫无害化防治、绿色防控、增施有机肥等现代农业技术手段，实现了蔬菜的标准化生产、科学化管理、品牌化销售。

近年来，魏家窑村以习近平总书记视察山西重要讲话精神为指引，立足自身自然资源优势，全面实施乡村振兴战略，以项目建设为引领，以供给侧结构性改革为突破，积极实施和发展以施用有机肥、精耕细作、保持水土为特色的绿色有机旱作农业，大力发展有机旱作农业，努力打造绿色生态牌，带动群众增收致富。

目前，该村发展有机旱作农业种植面达1000亩，主要建立了1个绿色有机种植示范片，以绿色有机旱作桃树、油用牡丹种植为主，其中种植核桃树500亩、油用牡丹450亩、蔬菜50亩，主推技术是绿色有机旱作有机肥增施、绿色病虫害防控与统防统治技术。

有机先行注重创建

自有机旱作农业典型示范创建以来，魏家窑村抢抓机遇、多措并举，探索出一条"有机旱作＋特色产业"的新路径。

一是加大宣传力度，营造浓厚氛围。利用村广播、公开栏、村"两委"班子会、村民代表会、党员小组会以及全体村民大会等多种形式，广泛宣传绿色有机旱作农业发展政策、理念、技术和模式，倡导农户积极参与，辐射带动周边农户，提高广大公众的认知度。

二是改良开垦耕地，提高耕地质量。加强永久基本农田保护和利用，全面推进测土配方施肥，坚持不懈推进高标准农田建设。采取秸秆粉碎还田、增施有机肥、种植绿肥等土壤培肥方式，增加土壤有机质，提升耕地地力等级。

三是完善基础设施，推行节水灌溉。加强农田水利工程建设，着力建设农田节水灌溉设施和配套工程。因地制宜推广地膜覆盖保墒、生物节水、免耕少耕、深翻深松等技术措施，大力发展水肥一体化和节水高效的智能灌溉，增强抗旱节水能力。

四是注重良种推广，实行科学种田。围绕特色产业发展需求，集中力量选育谷子、蔬菜等抗旱节水、抗病抗逆、省肥省药的资源节约型优良品种，并布点开展示范展示。

五是发挥科技优势，提升农业效益。邀请山西省农业科学院专家前来把脉问诊，提供新型技术，深入挖掘传统方式，促进技术集成创新。因地制宜推广间作套种、抗旱播种、地膜覆盖、秸秆覆盖、节水灌溉、水肥一体化、起垄栽培等适宜技术。

六是加强农机农艺融合，促进机械化发展。探索高效适宜机械化有机旱作农业技术，努力促进农作物耕、种、收、管、防全程机械化。

七是坚持生态优先，突出绿色循环。推进配方施肥替代习惯施肥、有机肥替代化肥、新型肥料替代传统肥料的"三替代"措施。大力推广病虫害绿色防控技术和新型植保机械，推进农作物病虫害专业化统防统治。推进秸秆收储利用，推进秸秆还田和秸秆肥料化、饲料化、基料化、燃料化和原料化利用。

立足优势凸显成效

魏家窑村立足资源优势，扬长避短，全力推进有机旱作农业工作见真章、见实效。

一是旱作示范成规模。作为武乡县的有机旱作农业示范村，重点打造核桃、油用牡丹示范片，共计950亩。通过大力发展有机旱作农业，带动农民增收、农业增效和农村富裕，有力促进乡村振兴。

二是品牌价值有提升。通过拉挂条幅、张贴标语等形式，多层次认真开展"三品一标"宣传，积极引导新型农业经营主体踊跃申报。同时还加大"三品一标"认证力度，稳步推进绿色食品标志许可和有机农产品认证工作。

三是技术推广显成效。该村机械化程度高，地膜覆盖、配方施肥得到了有效推广，其中渗水地膜谷子种植取得实效。以绿色有机旱作为核心，运用有机肥替代化肥、绿色病虫害防控等技术种植谷子 1000 亩，实现纯增收 10 万元以上，户均增收 400 元以上，不仅提高了农民收益，还带动周边更多的农户参与进来，极大地调动了农户种植绿色有机农产品的积极性。同时也有力降低了化肥、农药的污染，改善了土壤质量，有效提高了农产品品质，带动了加工业和物流等相关产业的发展，解决了较多闲散劳动力就近就业，为绿水青山增添了一分色彩，为全村实现农业可持续发展提供了技术支撑。

此外，魏家窑村除大力发展有机旱作生产方式外，还积极推进循环农业发展，对农作物产生的秸秆，通过秸秆粉碎捆绑用于牛羊的养殖，牛羊产生的粪污又作为有机旱作农业的肥料来源，扎实推进有机旱作农业示范村建设从无公害向绿色、有机稳步发展。

借力发力匠心筑梦

乡村振兴新征程，胸怀梦想再出发。

魏家窑村将坚持问题和目标导向，深入实施乡村建设行动，大力发展智慧农业、数字农业，加强农业科技要素培植，全面提升农业科技创新能力，加快农业农村现代化，争取实现绿色有机农产品种植面积 1000 亩以上，增幅 20％以上，逐步打响农业种植、休闲度假、观光旅游于一体的绿色有机旱作农业生态村品牌，奋力谱写有机旱作农业发展的华彩乐章。

（作者：武乡县农业农村局陈先梅，武乡县丰州镇魏家窑村姚庆水）

平顺县新城村：有机旱作来支撑 土豆变身"金豆豆"

春耕、夏耘、秋收、冬闲，这是平顺县龙溪镇新城村祖祖辈辈过去的生活。而今，在滴水成冰的隆冬时节，新城村的村民们却一改猫冬的习惯，跟着村委会主任、平顺县慧拓农产品种植专业合作社负责人杨红五一起忙活着加工土豆粉条。

村民们你一言我一语，讨论着开春后马铃薯的种播计划，手上的动作愈发干脆利落，眉眼里更满是喜气。大家都知道，手里一个个饱满橙黄的土豆，已经不单是用以果腹的食物，更是能让大家的口袋越来越富足的"金豆豆"。

坐落于平顺县东南山区的新城村，海拔 1500～1700 米，日照充足，气候偏冷，昼夜温差大，无霜期短，土壤有机制含量高、偏沙性，拥有得天独厚的马铃薯生长条件和环境。这里所产的马铃薯个头大、淀粉含量高、口感绵沙、味道鲜甜，远近闻名。

然而，马铃薯虽在新城村种植历史悠久，但传统粗放的种植方式导致马铃薯种植普遍存在品种退化、种植密度稀、易发病虫害、产量低且不稳等问题，村民们饱受广种薄收、"看天吃饭"之苦。

转机发生在 2018 年。

这一年，平顺县慧拓农产品种植专业合作社在仙苑绿色种植合作社和金实无公害种植合作社基础上，通过增加设备投资、扩大生产规模组建成立。合作社以脱毒马铃薯种植为主导产业，租种集体土地200余亩，从右玉县购进抗病脱毒"晋薯16号"原原种品种，建立起辐射周边十几个村庄的良种马铃薯配育基地，大力发展有机旱作农业。

"从前村民们大都采用传统平作种植方式，技术落后、品种退化，加之每年7月、8月降水量集中、湿度大，极易造成薯块腐烂，增产不增收。"杨红五说道。为了提高单产和种植效益，全面提升马铃薯产业档次，慧拓合作社以普及标准化种植技术为切入点，在县农委专家和技术人员指导下，综合推广应用机械化起垄栽培、起垄＋地膜覆盖栽培、宽行培高垄、增施农家肥和磷钾肥、病虫害综合防治、田间管理等关键技术，以新品种、新技术、新机械的叠加优势，精耕细作，实现统一耕种、统一施肥、统一除草、统一管理、统一秋收"五统一"，改变了传统粗放的种植方式，解决了马铃薯品种单一、调种困难等难题。

杨红五介绍，在常规栽培基础上，种植户将原先的行距400厘米增至600厘米，并在栽培行上做出20～30厘米高的垄，将马铃薯种在垄上，不仅增加了通风透光，有利于作物体内有机物的转化与积累，还有效防止了块茎的腐烂。据估算，马铃薯腐烂率降低到了10％以下，产量比平作栽培增产30％以上，品质也得到了提高。同时，在春季干旱缺水时，种植户利用微孔滴灌对作物根部进行局部灌溉。"滴灌不破坏土壤结构，能够较准确地控制灌水量，还可以减少无效的苗间蒸发，它是春季马铃薯最有效的一种节水灌溉方式。"杨红五说。

杨红五总结，马铃薯种植就是要严把"六关"：选择品种，选用优质、抗病的马铃薯脱毒品种；处理种薯，选种催芽、切种、刀具消毒；规范种植、合理轮作，精细整地、按温播种、宽行培高垄栽培，有效减少病菌传播机会；合理施肥；科学管理，病虫防治无害化；做好储藏。在有机旱作农业技术加持之下，新城村的马铃薯产量实现了翻番，平均亩产从1 500～2 000千克增加至3 000～4 000千克。

激活一个产业，带富一方百姓。

通过几年来的试验示范和不断改进完善，慧拓合作社发展规模不断壮大，如今已拥有股东30名、社员400户，其中贫困户256户。为了帮助村民特别是贫困群众脱贫致富，合作社每年免费向每户村民发放25千克薯种，并统一发放化肥，进行技术指导和集中收购。据杨红五介绍，合作社每年以高于市场价1角钱的价格进行收购，不仅解决了村民的后顾之忧，更让大家在家门口就能挣到钱。

为了提高村民的科学种植水平，慧拓合作社在村里利用广播、黑板报、发放印刷资料等方式，大力宣传马铃薯科学种植、管护知识，并组织生产技术人员积极参与市、县组织的专业培训；还专门成立了马铃薯培育机构，聘请平顺县农业技术推广中心的专家作为技术顾问，对村民进行技术指导。同时，定期邀请山西农业大学、长治农校以及县农业农村局专家，为村民开展马铃薯种植及病虫害预防的知识讲座。

渐渐地，村民们经年累月的传统思想观念和贫困面貌被甩在了身后，名不见经传的马铃薯成为名副其实带领大家斩穷根、富口袋的"金豆豆"，无公害绿色有机农产品的种植理念逐渐深入人心，保护产地环境成为广大村民的自觉行动。慧拓合作社所种植的马铃薯，不仅在一定程度上优化了东南山的马铃薯品种，更辐射带动周边20多个自然村实现增收致富。

让土豆走出大山，是杨红五一直以来的心愿。他深知，这不仅需要短平快的种植业，还要有管长远的加工业。看着 100 米² 的地下冷库里丰收的马铃薯，杨红五谋划起了土豆粉条加工的事儿。他四处考察、学习技术、增添设备……闲不住的他，很快便将加工土豆粉条提上了工作日程。

趁着冬季农闲，杨红五带着村民尝试着加工起了土豆粉条。看着一排排晾晒成型的粉条，杨红五的脸上满是笑容，"等各项筹备工作完成后，我们的土豆粉条将和马铃薯一起走向市场，打造一个响当当的品牌。"

目标在前，责任在肩。杨红五坚信，只要沿着有机旱作农业的路子，一锤接着一锤敲、一棒接着一棒跑，马铃薯种植将大有可为！

（作者：平顺县农业农村局马铃薯脱毒中心赵良国，平顺县慧拓种植专业合作社杨红五）

沁县漳源镇罗卜港村：
罗卜港村"三循环、九把关"探索有机旱作

罗卜港村根据资源禀赋，在山西省农业科学院谷子研究所刘永忠专家团队的指导下，强化有机旱作农业技术的配套投入，成功探索出了"三循环"产业链和"九把关"标准化生产模式，使得产业结构调整到位、经营体系实现转轨、整体水平得到了提高，社会效益、经济效益、生态效益实现了"质"的提升。创建有机旱作农业示范村的功能与价值，把罗卜港村推上了一个崭新的平台，步入了现代农业的快车道。沁县被列为"国家有机产品认证示范创建县"示范村、"国家级出口食品农产品质量安全示范县"示范村、"中国特色农产品优势区"示范村、"中国好粮油示范县"示范村。

罗卜港村位于沁县西北部 15 千米处。全村 176 户 476 口人。全村耕地 1 860 亩，人均 4 亩，80% 在北神山的红土坡岭地，背风向阳、海拔适宜，是生产优质沁州黄小米地的传统理想基地。拥有林地 12 140 亩，生态环境优良。

"三循环"链条

在脱贫攻坚中，村集体经济组织利用扶贫产业资金，购买了黄牛 180 头，在实施 1 098 亩有机旱作示范基地建设中，形成了谷子地块轮作倒茬，隔年种植花生、红薯→村集体经济组织收购农户谷子秸秆、花生秧壳和红薯秧喂牛→牛粪加工为有机肥供给农户种植谷子、花生、红薯的"三循环"链条。

1. 轮作倒茬，是保障和提高小米品质与产量的重要一环。根据谷子生长的属性，必须三年进行一次轮作倒茬。在有机旱作专家团队指导下，罗卜港村科学确定了以花生与红薯与谷子进行轮作倒茬的模式，即头年种植谷子，次年种植花生，第三年种植红薯，第四年种植谷子。

2. 有机肥投入，是实现有机旱作农业目标基础。利用村集体经济组织的 180 头黄牛资源，将黄牛排泄物配之秸秆、益生菌等加工为有机肥，村集体经济组织根据农户基地多

少，按比例供给农户有机肥，将其投入到有机旱作基地中，实现了以有机肥替代化肥的目标。

3. 优质饲料，是保障黄牛健壮生长的来源。秋后，基地内农户将谷子秸秆、花生秧壳和红薯秧交给村集体经济组织，配之以玉米、豆饼加工成优质饲料喂牛。

"九把关"模式

为了使"三循环"链条能够收到建成有机旱作标准化示范基地的理想效果，罗卜港村有机旱作农业示范村创建领导组，实行了领导组成员对 1 098 亩有机旱作示范基地划片包户的责任制度，严格实施了"九把关"模式，加强了旱地农业高产稳产配套技术的推广应用，发挥了有机旱作技术体系的综合作用。

1. 轮作倒茬关：将 1 098 亩有机旱作示范基地划为 3 片，把每片基地的经营农户分别编为 3 个组，登名造册，建立档案，按照 3 个年度和轮作倒茬作物统一行动，确保了轮作倒茬作物全部落实到位，形成了每个年度 3 种轮作倒茬种植作物的统一片状。

2. 土壤质量关：每年度按照有机旱作农业技术标准，对基地进行平田整理、整修地埂、秸秆还田、深耕深翻，耙耱、旋耕和杜绝污染物进入，确保了所有地块的土壤没有重金属和除草剂农药残留，土壤环境质量各项指标完全符合国家有机基地的土壤质量标准。

3. 施肥投入关：保障了村集体经济组织给分配的有机肥全部投入基地。结束了使用高氮复合肥料的历史。

4. 作物品种关：全面锁定谷子运用晋谷 40 和晋谷 21 号品种，花生种子采用山西农大经济作物研究所白冬梅专家锁定的晋花 7 号品种，红薯品种锁定为沁县的传统品种。

5. 种子处理关：对谷子种子进行晒种、选种、温汤浸种。选种时先风选，再湿选，先是用清水漂去秕谷，再以 1：1 的盐水（约 2.5 千克水配 0.5 千克盐）漂去半饱谷，捞出饱籽，然后用清水洗去盐分；最后用 55℃温水浸种 10 分钟，种子阴干后播种。对花生种子不进行处理，对红薯选择健壮种苗进行移植。

6. 机械播种关：谷子选用机械精量半精量播种技术和宽垅密植种植技术，达到了少间苗或不间苗的目的。花生播种采用了玉米播种机精量播种，红薯采用了人工栽苗技术。

7. 田间管理关：全面实施人工或机械除草、人工苗期浅锄、孕穗前锄搂，同时实施病虫害绿色防控行动。

花生田间管理采取人工除草，红薯田间管理采取人工除草和人工翻秧、搂堆，实现了自然管理的目标。

8. 病虫草害防治关：在谷子人工除草的整个生长过程中，优先采用农业措施，通过轮作倒茬、选用抗病虫品种、培育壮苗、加强栽培管理、中耕除草、秋季灭茬深耕和清除杂草等一系列措施，起到了预防病虫草害的作用。利用灯光、色彩诱杀害虫，机械捕捉害虫、人工除草和人工拔除病虫株等措施，防治病虫草害的发生。

花生和红薯实施了人工除草、中耕作业，没有发生任何病虫害。

9. 适时收获关：有机谷子在蜡熟期收割，就地回熟，专车拉运，净地切穗脱粒，单收单打单保存，专用包装袋统一包装，专车运输，专库储藏，杜绝了过去的混杂现象，使生产环节不受到污染，保障了谷子品质。

花生收获：在中秋节前后，待花生植株上部叶片发黄、中下部叶片脱落、茎也变黄且出现不规则的长条黑斑时进行收获。对刚刚收获的含水量45％～50％的花生果，收获后带秧倒置在田间晾晒，两天后运到晒场选摘荚果；再将花生薄薄地摊在地上晾起来，让水分慢慢散失。在摇动荚果内有响声、牙咬荚果发脆时，再翻晒一天；剥开果壳，用牙咬果仁也发脆，手搓种皮易脱掉时，入库储存。

红薯收获：在红薯的枝条和茎蔓开始枯萎、变黄等情况下，进行收获，避免红薯遭受冻害。

主 要 措 施

1. 加强组织领导。组建了以村支部书记、村委主任卫留清为组长的"创建有机旱作农业示范村"领导组，责任层层落实。制定了《创建长治市有机旱作农业特色示范村实施方案》《创建长治市有机旱作示范村行动计划》《创建有机旱作农业特色示范村三年规划》等，做到了有章可循。

2. 强化宣传培训。组织开展了形式多样的宣传培训活动，广泛宣传有机旱作示范村创建的意义、价值、政策、技术和模式，提高广大群众的认知度，形成全体村民积极参与创建有机旱作农业特色示范村的浓厚氛围，如期实现了有机旱作农业示范村创建的目标。

3. 强化绩效考核。项目完成后，认真总结了经验教训，完善规范了项目实施具体环节和记录，形成规范的项目实施档案，撰写了总结报告、绩效自评报告并提出了验收申请。县推进有机农业发展领导组根据省农业农村厅和市政府有关绿色有机旱作农业发展的督查考核办法，对项目实施情况进行了全面的检查验收和考核考评。

实 施 效 果

1. 社会效益。有机旱作农业示范村的创建，优化了谷子轮作倒茬品种结构，改变了轮作倒茬模式。"品种＋农机＋农艺"集成系列技术被群众所掌握，提高了有机旱作农业技能，创新意识、科技意识和农产品安全意识。

2. 经济效益。通过有机旱作技术的实施，用有机肥替代了化肥，生产高品质的有机产品，打造有机沁州黄谷子产品品牌，亩产量达到了662斤，亩收入2 000元以上，比项目实施前亩增收560元。晋花7号花生干荚果亩产1 620斤，亩收入达到3 200元。传统红薯由于与前茬配置科学，亩产平均6 200斤，亩收入达到12 400元。总的经济收入比项目实施前亩均增收886元。

3. 生态效益。通过项目实施，推广施用有机肥，平衡了土壤有机质，降低了土壤板结程度，有效地降低了农业污染，改善了项目区的生态环境，实现了农业生态的良性循环。

（作者：长治市农业质量品牌发展中心刘海霞，沁县有机旱作农业领导组办公室刘耀清）

长子县碾张乡关村：打造绿色基地　建设旱作农业

近年来，长子县碾张乡关村紧紧围绕农业增产、农村稳定、农民增收的发展路子，积极实施绿色有机旱作农业，全力建设旅游、旱作农业、红高粱种植等，取得了良好效益，走出了一条以皇明湖旅游、种植有机旱作尖椒、优质高粱为主要内容的旱作农业路子，并坚持"三位一体"构建保障体系、"三物循环"实现清洁生产、"三化合一"提高组织程度、"三产融合"延伸产业链条、三生共赢"助推绿色发展。

碾张乡关村有自己独特的优势，全村有1 900余亩耕地，有424户1 360口人，村内有美丽的皇明湖，水域面积达500公顷。关村"两委"干部在乡党委、乡政府的大力支持下，抢抓建设宜居、美丽、幸福、和谐新农村建设和振兴农村经济发展的大好机遇，积极发展皇明湖旅游、种植有机旱作尖椒、优质高粱。近年来，关村党支部、村委会坚持转方式与保产量、保收益、保生态相统筹，大力实施油桃、蟠桃、红白软桃、黑桃、车厘子、玉露香梨、内外红苹果等特色和绿色有机旱作农业示范村，探索出一条具有关村特色的现代生态农业产业化发展新路子。

"三位一体"构建保障体系。规划引领，高起点、高质量编制现代农业、有机旱作农业等规划，乡村振兴战略等"多规合一"正在编制。科技支撑，建立1个"院村合作"试验示范基地，推广应用蔬菜连作、无抗养殖、智慧农场等新品种、新技术、新装备、新模式；引进农业废弃物综合利用技术，实现清洁生产。政策扶持，积极申请国家支持用于强农惠农政策和有机旱作农业奖补，先行先试，建立乡村振兴引导基金，并撬动社会资本投入农业农村发展。

"三物循环"实现清洁生产。在封闭示范区内，依托种植业、旅游业，变过去的秸秆青黄贮为现在的秸秆粉碎＋益生菌生产生态饲料，变过去的沼渣沼液直接还田为现在的沼渣＋秸秆＋益生菌生产精制有机肥，形成植物—动物—微生物的"三物循环"，实现改粗肥还田为精肥还田、改乱丢乱烧为清洁生产、改传统堆肥为生物培肥、改低效利用为梯级利用。

"三化合一"提高组织程度。抓标准化生产，全县遴选出专业生产主体，修改完善3项生产标准，新申报"三品一标"5个，加强执法监管和质量追溯，实现过程按标生产。抓社会化服务，重点培育优质高粱、皇明湖高粱酒业等社会化服务组织6个，成立了康乐专业种植合作社，全程参与绿色有机旱作农业发展。

"三产融合"延伸产业链条。按照拉长产业链、提升价值链、完善利益链的原则，拓展皇明湖旅游向美丽和好玩延伸，建设长廊、凉亭等，提高皇明湖的吸引力；构建"合作社＋农户""龙头企业＋村集体＋合作社""村平台＋社会资本联合体"等小农户与大市场的利益联结机制，共享绿色有机旱作农业发展红利。

"三生共赢"助推绿色发展。以村推进绿色有机旱作农业为抓手，生产绿色有机农产品、绿色无抗畜产品，提高溢价能力；通过综合利用，实现农业"三废"变废为宝；打好关村人居环境整治这个硬仗，让全村成为安居乐业的美丽家园，努力形成高产、优质、高效、生态、安全多目标统一，农业、农村、农民"天-地-人-禾"共荣发展，生产、生态、生活"三生共赢"的可持续发展新局面。

（作者：长子县碾张乡关村王志军，长子县农业农村局程旗开）

武乡县大有乡枣烟村：奏响乡村振兴
"奋进曲" 有机旱作农业让农民过上好日子

初冬暖阳和煦，站在武乡县大有乡枣烟村村口，"太行游击队长魏名扬故里——枣烟村"的标识醒目伫立，似乎在这冬日的暖阳里默默诉说着它的故事。

驻足俯瞰枣烟村。虽是冬季，但依旧可见在树木掩映中，农味十足的窑洞和白墙黛瓦的砖房，也能想象若是到了万物复苏之时，这里又会是另一番美丽景象。走进村落，路上遇见村里晒太阳的老人，说起枣烟村的变化个个喜笑颜开："我们没有想到，枣烟村也有这一天！砖瓦房建起来，路灯亮起来，小广场上唱起来，日子是一天比一天好啊！"

近年来，枣烟村以"环境美、村容美、产业美、生活美、乡风美"为方向，盯住美丽乡村建设这个落脚点，依托优势资源，发展特色产业，尤其是在有机旱作农业的建设中，积极出思路、想办法、抓推进，奏响了乡村振兴的"奋进曲"。

党建引领——挖掘底蕴内涵让乡村精神"亮"起来

"过去的枣烟村有三张靓丽的名片：共产党的阵地、游击队的故乡和合作化的先锋……"在枣烟村乡村记忆馆，讲解员刘曼丹正在为前来参观的人们讲述着枣烟故事。她的讲解，是枣烟村乡村记忆馆里日常的写照。在这里经久不变的，是红色基因的传承，是太行精神的延续。

这里被称为"共产党的阵地"，实至名归。1933年武乡县建立党组织，枣烟村就发展了9名共产党员；1935年武乡县建立了20个农村党支部，枣烟村有2个；1937年前，武乡县一半以上党员，是由魏名扬为代表的"国术团"发展的。抗战时期，魏名扬还在这里创建了名震全国的游击队——名扬游击队，他6次组建游击队，6次将游击队交给八路军，总共输送了3 000余人，成为八路军名副其实的"兵源库"。

今天的枣烟，依然一片欣欣向荣。近年来，枣烟村在各级党委、政府的高度重视与关心支持下，按照"党建引领、文化铸魂、农旅融合、产业脱贫"的发展定位，着力打造"红色文化＋休闲农业＋乡村旅游"产业模式，构建"党支部＋合作社＋贫困户"的扶贫联结机制，勠力同心"摘穷帽""拔穷根""移穷志"，攻克了扶贫路上一座座"堡垒"，谱写出新时代乡村振兴的华章。

农旅融合——发展"有机农业＋生态旅游"
让乡村产业"活"起来

农旅融合是乡村旅游和休闲农业发展的新模式，是实现产业融合的新手段。

2017年10月，武国斌当选为枣烟村党支部书记，从此，他的肩上也扛起了满满的责任。"一人富不叫富，大家富才是富，我会努力为乡亲们蹚出一条致富路。"上任后的武国斌曾立下"豪言壮志"，他也并没有食言。他认为，要想带领全村致富，就必须吃透惠农政策、了解市场信息、创新经营模式。为此，武国斌细心收集农业方面的市场信息，研究国家农业方面的相关政策法规和农业知识，积极参加各种培训，学方法、听经验、研读政策。

枣烟村气候高寒冷凉、缺水少雨，年均降水量 480 毫米左右，自古以来就是旱作农业、雨养农业，具有发展有机旱作农业的技术积累。经过反复研究、讨论，武国斌在村"两委"会上说，"习近平总书记在视察山西时提到，有机旱作是山西农业的一大传统技术特色，要坚持走有机旱作的路子，使有机旱作成为我国现代农业的重要品牌。我们枣烟不仅有得天独厚的自然条件，而且还是全国著名劳动模范魏名标的故乡！在新中国成立初期，魏名标在枣烟村带头组织村民大胆尝试创办初级农业合作社，并在 1952 年联合全国12 个互助组倡议开展了冬小麦爱国丰产竞赛运动，推动全国农业合作化走向高潮，为新中国社会主义事业特别是农业发展作出积极贡献。因此，发展有机旱作农业，就是我们要走的正确的路子！"这样的发展思路，得到了全体村民的一致认可。很快，枣烟村就编制出《枣烟村加快发展绿色有机小杂粮种植产业的总体规划和实施方案》。在武国斌的带领下，枣烟村又成立了老槐树种植专业合作社，投资 180 万元，种植优质谷子 1 100 亩、优质小麦 100亩、果蔬采摘园 200 亩和有机旱地蔬菜 60 亩，发展起了绿色有机旱作特色农业。

当绿色有机旱作农业发展如火如荼之际，武国斌又提出："我们种的粮食不施化肥、不打农药，是用最天然的羊粪种出来的，符合大家对于品质的要求，这是我们的一大亮点。枣烟村又是太行游击队长魏名扬、全国著名劳动模范魏名标的故乡，有千年老槐树，我们还可以发展乡村旅游，让我们村成为城里人的'菜篮子''果园子'！"于是，枣烟村拓宽"四好农村路"1 000 米，充分利用魏名扬故居小院办起了"枣烟村乡村记忆馆"，带动村民建起了农家乐，着力打造集农业种植、休闲度假、观光旅游于一体的枣烟绿色有机旱作农业示范村。

在"创客小院"，一份份刚刚采摘的新鲜蔬菜正被顺丰小哥放进快递车。武国斌告诉我们，枣烟村还建立了认养菜园的种植基地，由于产品好、服务优，30 亩的菜园子已经全部对外认养完毕，顺丰小哥打包的就是这些被认领的新鲜、健康的蔬菜。现在"菜园子"已经成为枣烟村的"聚宝盆"。

枣烟村积极探索创新"有机农业＋生态旅游"的新模式，将农业发展与旅游产业相结合，变资源优势为发展优势，使得农民守着的土地、山林活起来，让贫困户嵌入旅游产业链中，实现"绿水青山就是金山银山"，提高贫困群众自我发展的能力，走出了一条"有机农业＋生态旅游"的新路子。

"作为农民应该时时思考如何促进农业增效、农民增收，为农村繁荣不遗余力，为农业增效竭尽所能。"谈及这里的发展和打算，武国斌思路非常清晰。他介绍，下一步枣烟村将以被列为全县乡村旅游重点村为契机，打造以"一馆一居一园、两洞三场"为核心的枣烟红色文化基地，成为传承全国农业合作化一杆旗的基地，成为展示武乡中部山区民俗文化的橱窗，成为体验休闲乡村游的乐园！

产业脱贫——扩大有机旱作农业种植，让乡村生活富起来

跟随着历史的车轮走到今天，枣烟村立足实际，在取得已有成绩的基础上，坚持村级

集体和村民共同参与、同步增收，以深化村级股份制改革为切入点，推动村民挣薪金、分股金。围绕休闲农业、乡村旅游主导产业，以创业带动就业。同时，配套建立创业微店培训基地和就业服务中心，为村民创业和就业提供技术、信息、推介等支持。目前有"创客小院"4个，注册微店40户，帮助解决就业120人。

据了解，枣烟村在有机旱作农业示范村的建设中，还通过构建绿色有机旱作农业的科学规范体系、产业体系、技术体系，着力构建枣烟村区域特色的绿色有机旱作农业技术体系和生产经营体系。统一优良品种、统一生产操作规程、统一投入品供应和使用、统一田间管理、统一收货、统一品牌销售的"六统一"生产管理制度，不仅使农产品在品质、数量、生态上都能满足人民生活的需要，还加强延伸农业产业链条，促进一二三产业融合发展，带动农民增收、农业增效和农村富裕。

送走顺丰小哥，"创客小院"的刘振国一边收拾一边闲聊起来："2015年我还是村里有名的贫困户，短短6年的时间，我真是翻身农民把歌唱啊！"刘振国满脸的笑意是他美好生活的映射。他告诉我们，小时候因患上脊髓炎落得残疾，但他并没有因此放弃自己，克服重重困难去做农活、干家务，娶了媳妇生了儿子，但是妻子因受不了穷日子离他们父子而去。刘振国回忆，离异后的他独自带着儿子生活，孩子念书得花钱、自己吃药得花钱，生活的艰难可想而知。"但只要不放弃，命运就会有转机。自2017年我领到30只鸡苗起，生活又慢慢往好的方向发展了。政府出了那么多好政策，我可得顺杆往上爬！没过多久，村里就组织贫困户培训如何在手机上开微店。培训完之后，我狠狠心花700多元买了个小米手机，还给家里装了宽带，配置了各种设备，不到一个星期就花了快2 000元钱，那可是我给儿子攒了好几年的学费。难啊！但是豁出去了，为了好日子我得把这个微店开起来！我在微店里售卖小米、小杂粮、土鸡蛋这些，不到半年便赚了5 000多元！"刘振国说，"足不出户就把地里的东西直接卖向了大城市，这对于我这个残疾人来说简直是福音。后来，我又利用互联网搞起了'种地直播'，让客户清楚产品的成长、收获、包装等各个环节。有了信任，客户自然就多了。从第一次直播的71位观众到如今上千人的朋友圈，我的微店客源越来越广。"说话间，刘振国依然不时地在电脑上处理着订单。

他说，枣烟村小米、小杂粮等的种植地理位置好，而且采用天然羊粪作为肥料，已经成为武乡县乃至长治市的知名品牌，受到消费者的青睐。以小米为例，这种有机旱作种植方式生产的小米产量比过去提高了1.5倍，有机健康、色泽金黄、香甜可口，卖得非常快，每亩地每年的收入至少能增加600多元。这一切都让家庭年收入曾经只有1 000元左右的刘振国，着实尝到了有机旱作农业的甜头，仅微店售卖小米、小杂粮的收益每年就能达到3万多元。除此之外，他还有土地流转的收益和在认养菜园种植基地打工的收益，生活富了起来，人的精神状态也和过去不一样了。

看着满脸笑意的刘振国，枣烟村党支部书记武国斌打趣他："振国以前见了人都害羞，更别提和你聊天了。如今，你不和他说，他都主动找你打招呼。"说着，两人哈哈笑了起来。此时已到晌午时分，冬日的暖阳静静地照耀着这个"创客小院"，不时飘出的笑声久久地回荡在村子的上空……

据了解，目前枣烟村绿色有机旱作农业封闭示范区的种植面积达1 160亩，涉及农户160余户、蔬果等各类农作物共计360余吨，实现产值257万元，经济效益比上年增长

11%左右。示范区所采取的"企业＋基地＋科技＋农户＋订单"的生产经营模式，有效带动基地合作农户平均增收 5 000 余元，带动贫困户 59 户 168 人，间接转移剩余劳动力 88 人，充分发挥了示范区的示范带动作用，提高了农民收益。

在村"两委"的带领下，枣烟村因地制宜，在有机旱作农业的道路上不断实践，取得了喜人的成绩，真正使黄土变成金。枣烟村如一列飞驰的"列车"，载着厚实的文化底蕴和丰富的资源禀赋，在新农村建设的铁轨上向前飞驰！

（作者：武乡县农业农村局种子服务站贾玲，武乡县大有乡枣烟村刘炎娜、武国斌）

黎城县程家山乡段家庄村：黄金洒满段家庄

"今年的有机谷子丰收了，我的小米啊，几天时间就卖完了！"说这话的是山西黎城段家庄村的老农民刘虎玲，此刻他满脸都挂满了丰收的喜悦。

段家庄位于山西黎城县东面 18 千米，是多丘陵的山村。村里十年九旱，种啥都长得不好。村民们有能力走的都走了，没能力走的留下来种些玉米啊、谷子啊、土豆啥的，勉强度日。

2017 年程家山乡人民政府紧紧抓住省、市、县发展有机旱作农业的政策，积极申报实施了绿色有机杂粮建设项目，不仅促进了农民增收，也使杂粮特色产业逐步做大做强。

2018 年，对于段家庄的村民来说是一个翻身之年。这年临近谷雨时，村支书崔海忠来到村委会，对村民说，可以用地膜种谷，产量高，易管理。谁知他的话还没落音，便招来一片质疑的声音，"不可能，我种了一辈子的谷了，哪听说种谷还能用地膜！"72 岁的申建国说。"对呀对呀，要是种谷也能用地膜，那种小麦也不用浇水了！"还有的走到崔海忠的面前，摸了摸他的额头说："这娃是不是得癔症了？"

村民的反应早在崔海忠的意料之中，怎么能打消村民的顾虑呢？崔海忠早就想好了对策。他带领村民先后到屯留去现场参观。当村民们看到铺着地膜的谷子长得十分精神时，都惊呆了。对方技术员的讲解，更是颠覆了他们祖祖辈辈多少年的认知。

回来后，崔海忠便邀请了全国谷子糜子岗位专家郭二虎、长治市高级农艺师韩伟等 7 名专家深入到段家庄村进行绿色谷子旱作种植技术的专题培训。同时免费为村民提供地膜、种子、有机肥、喷药以及播种服务，从根本上解决村民种谷子缺少人力、管理费劲等难题，让农民实实在在地看到了希望。

2019 年段家庄村种植绿色有机谷子 150 亩，亩增收达到 200 元以上，总计增收了 3 万余元。2020 年，更是一个丰收年。村民刘虎玲 3 亩多地就收获谷子 600 多千克，没几天便已售罄。老刘高兴地笑着说："以前种玉米，一亩地才打 1 000 多斤，3 亩多地辛辛苦苦种了一年只能卖 3 000 多元，现在种谷，没投入啥劳力，就是熟了后去割谷及运回来花点力气，就卖了 6 000 多元。以前觉得种谷不合算，要锄地、薅草、间苗，累死人了，也收不了多少。现在用地膜技术，不仅省了力，还多挣了钱，而且这地膜半年多就自己融化了，不会污染土壤环境，简直是说不完的好啊！"

段家庄地处高寒，碱性好，又向阳，种别的作物收入都不高，种谷又特别麻烦，光是间苗、锄草就能把人累死。地膜穴播技术立足于本土的优势，又避免了种谷的劣势，不仅能保墒、除草、提温，还能充分利用雨水；用有机肥代替化肥，改变了土壤的团粒结构；减少了人工的付出，却提高了产量，增加了收入。

如今的段家庄，一到秋天到处都是一片黄灿灿的谷子在山谷随风摆动，远远看去就像土地被撒上了一层黄金。

我们相信，随着党的政策越来越好，段家庄必将在绿色有机旱作的路子上创造出一片金黄色的未来！

（作者：程家山乡段家庄村崔海忠，黎城县农业技术推广中心索海田）

黎城县黄崖洞镇小寨村：小寨村的大产业——绿色有机核桃

黎城县是核桃种植大县，全县核桃树种植面积 16 万亩，达到了人均 1 亩核桃树的目标。核桃种植虽然在面积、规模上得到长足发展，但重发展、轻管理现象较普遍，科技与生产资料投入滞后，生产经营粗放，科技含量低，尤其是近几年连续出现的"倒春寒"现象，几乎使核桃绝收，严重影响了农民发展核桃产业的积极性。

黎城县的核桃产业怎么办？未来的发展方向在哪里？这些问题成为摆在县农业农村局农技人面前的一个大课题。为此，农技人员多次深入乡村调研，并不约而同选定了一个村——小寨村。该村位于黎城县城北端，距县城 43 千米，与左权县相邻，现有耕地 934 亩，农户 268 户 780 人。长期以来，该村的主要种植作物为玉米，但该村十年九旱，土地多为河滩地，土层薄、肥力差，群众收入低，影响了该村的长远发展。小寨村有种植核桃树的优良传统，全村新老核桃种植面积达到 1 010 亩（含地埂核桃），户均核桃面积约 3.7 亩，发展核桃产业的条件得天独厚。借着发展有机旱作农业的东风，黎城县农业农村局下拨专项资金，帮助该村核桃种植大户程爱庆成立了小寨村核桃种植专业合作社，建立健全了《小寨村核桃种植专业合作社章程》及各项规章制度，专业发展核桃产业。

为了有效解决黎城核桃抗倒春寒能力差的难题，程爱庆刻苦钻研，努力寻找抗霜冻核桃品种。一次偶然的机会，程爱庆在野外发现一株高抗霜冻核桃品种，在其他核桃树受冻绝收的情况下，这株野生核桃仍硕果累累。不光结的核桃个大仁饱，而且口感非常好。程爱庆当年将其嫁接到自家的普通核桃树上后，来年在其他核桃树受冻减产严重的情况下，嫁接后的核桃树结果正常。经过连续三年选育，该嫁接品种持续保持了抗霜冻、丰产、品质好等特点。2019 年 12 月 28 日，经山西省林业专家审定，初步将此核桃品种命名为"晋黎"。

截至目前，程爱庆已将该高抗霜冻优质核桃品种由原来的一株繁育扩大到目前的 200 余亩，将普通核桃树高接换优为高抗寒品种"晋黎"后，核桃的抗逆性特别是抗"倒春寒"能力大大增强，再配套以增施有机肥、科学修剪和绿色防控技术后，核桃的产量和品质均得到质的飞跃，不仅产量翻番，而且核桃品质无论是饱满度、商品性状还是口感等方面均得到非常大的改善。程爱庆在对核桃树进行高接换优过程中，采用蜡封接穗、插皮舌接、套袋保温一系列技术措施，并施以有机肥、修剪、绿色防控等系列配套技术，高接成活率提高到 95% 以上，并且结果期提前了两年。

为使核桃产业发展壮大，程爱庆先后聘请专业技术人员制定了《小寨村核桃标准化生产栽培技术》，对核桃生产各个环节的管护技术进行了规范，并成立了黎城县首个核桃专业管护服务队。为提高群众自发开展科学管护核桃的积极性，程爱庆专门组织核桃种植户到陕西、长治等地参观学习，逐步提高专业管护服务队服务水平。现在该合作社 100 亩核桃的生产全部实行了"五统一"，即统一引进品种、统一施用有机肥、统一技术管护、统一绿色防控、统一品牌销售。通过实行"五统一"，既保证了核桃质量，又降低了管护成本，达到了一举两得的目的。现在，不只是黎城人知道小寨村的核桃，就连周边县（区）专门经营生产核桃的专业户也都纷纷前来学习交流，该合作社核桃已经成为黎城特色水果的一张名片，正在被越来越多的县内外客户认可。

采取高接换优技术对全村的核桃进行品种改良后，全村核桃平均亩产由以前的不足100 千克猛增到 350～400 千克，200 亩核桃树以保守亩产 250 千克计，年可产核桃 50 吨，按现行市场价 20 元/千克计算，可带来经济收入 100 万元，除去投入及管护成本共 30 万元后，全村核桃净收入 70 万元。仅此一项，全村人均就可增收 900 元，其经济效益是种植其他粮食作物收入的 3 倍多，十分可观。同时，通过对高接换优后的核桃树采取增施有机肥、修剪、绿色防控等措施，可以大大降低化肥、农药对当地土壤及环境的污染。核桃树的种植还可以防止水土流失、增加土壤肥力、改善气候条件和生态环境，推进农业科技持续发展，具有良好的生态效益。

下一步，程爱庆将对村民开展免费指导，培训嫁接办法，带动周边乡村共同发展壮大核桃产业，通过各种形式的培训，培养造就一批有文化、懂技术、会经营的高素质农民，以适应新形势发展需求；在搞好核桃种植的基础上，将逐步引进现代农业发展新理念，探索建设核桃观光园、核桃采摘体验园等，延伸核桃产业链条，拓宽核桃产业增值空间；最终实现产业带动，共同富裕，让更多核桃种植户走上依靠核桃脱贫致富的快车道。

（作者：黎城县黄崖洞镇小寨村杨东文，黎城县蔬菜中心董安平）

潞城区成家川街道办事处神泉村：小小西红柿　开启致富路

多年来，潞城区成家川街道办事处神泉村立足村情，因地制宜地发展特色优势产业，通过培育旱地西红柿特色农产品品牌，加强对农村贫困人口的帮扶，打造带动贫困人口脱贫的经济实体，努力实现富民兴村的目标。2020 年年末，为神泉村脱贫工作立下汗马功劳的旱地西红柿酱迎来了高光时刻，成功入围全国扶贫产品目录，开启了新的致富坦途。

在西红柿种植中，潞城成家川街道神泉村主动作为，科学谋划，明确了依托村级合作社发展壮大村级集体经济的思路，完善了"党建＋村集体＋合作社＋农户＋公司"的发展模式，以发展循环农业为主线，注重绿色增长，注重民生幸福，扩大神泉有机旱作西红柿种植规模，高起点谋划、高标准起步、高质量推进，有机旱作物种植推动乡村振兴取得明显成效。

走进神泉村产业扶贫车间，工人们正忙着给一瓶瓶原汁西红柿酱贴标签，包装成盒后直接搬上客商的货运车，发出春节前最后一批订单。

西红柿加工厂负责人秦永兵介绍:"现在我们正在包装生产最后一批订单,主要销往晋城、太原、洛阳等地,预计销售额达 100 余万元,目前已经全部销售完毕,供不应求。2021 年我们要继续加大生产量,生产 30 万瓶西红柿酱,力争销售额达到 200 万元,努力将产品销售到全国各地,打出我们神泉村旱地西红柿原汁酱的品牌和知名度。"

这些年,神泉村成立了幸福山庄种养植专业合作社,建设了西红柿酱加工厂,通过全产业链发展,实现了村民增收致富和益贫助贫的双赢,贫困群众更是在合作社享受到了固定分红、土地入股金、打工收入的多元收益。在西红柿酱加工厂上班的村民魏冯善不仅尝到了西红柿的甜头,更让他的生活有了大变化:"我在西红柿厂上了两年班,每个月挣 2 000 多元,家里面再种点西红柿销售,生活水平年年上升。家里面有钱了,生活水平也提高了。"

山水相依,共同致富。不仅"自家人"的腰包要鼓起来,邻村的日子也得过得节节高。近年来,神泉村还辐射带动周边村共同开展旱地西红柿种植,抱团发展,增加种植面积,扩大市场影响力,抢占更多的市场份额,想方设法增加群众收益。神泉村通过一二三产业融合发展,有效带动了神泉、东邑、大桥、台东等村的老百姓增收致富,同时还为100 余户深度贫困户进行了 15 万元的产业分红,让群众都能增收受益。

西红柿已成为神泉村的支柱产业。截至目前,神泉村共种植旱地西红柿 1 000 余亩,产量达到 6 000 吨,其中 50 吨用于原汁西红柿酱深加工,日产量达 3 000 余瓶,并与多地客商建立了稳定的产销关系,以订单农业带动集体经济发展,创造出经济效益和社会效益相结合、产业发展与脱贫攻坚双丰收的"神泉模式"。今后,神泉村将借乡村振兴战略的东风,对标"农业更强、农村更美、农业更富"的总目标,将红彤彤的西红柿变成老百姓揣在兜里的"真金白银"。

神泉村支部书记王敏表示,旱地西红柿酱此次入选全国扶贫产品目录,是对神泉工作的肯定,更是一种激励。下一步,神泉村将继续扩大旱地西红柿种植规模,力争达到1 500 余亩;同时将对现有西红柿酱生产线进行改造升级,达到日生产量 5 000 瓶,完善线上销售平台,继续做大做强旱地西红柿和甜糯玉米种植及深加工,带动村民和贫困户就近就地就业,实现贫困群众持续增收,稳定脱贫,共同致富,一起走向小康之路。

(作者:长治市潞城区农技推广中心赵海燕、田琛,长治市农业质量品牌发展中心李国栋)

黎城县晋福村:"1+6+N"托管服务蹚出农业发展新路径

黎城县黎候镇晋福村位于县城西北部,总耕地面积 111 公顷,现有住户 326 户,人口1 246 人,粮食播种面积 1 300 亩,其中小麦 200 亩、玉米 1 100 亩,粮食亩产 500 千克以上。2019 年以来,晋福村跳出传统农业思维,充分发挥村集体信息、资源、组织等优势,立足既让村民打工"挣票子",又要盘活土地"大盘子",引导鼓励周边村民将土地在农业生产中的部分环节或者全部环节托管给村集体进行集中耕种,创新推出了"1+6+N"农业生产托管模式,极大调动了农民种粮积极性,发展壮大了村集体经济,为农业生产社会化服务提供了新的思路。

"1"就是将晋福村集体经济组织作为农业生产托管主要载体,全面盘活村集体闲置资产资源和闲散劳动力,通过规模化实施,有效增加耕地面积利用,为村民提供耕、种、防、收、销全部或部分作业环节生产性服务,既增加了村集体收入,也解决了上班打工族的后顾之忧,解决了"谁来种地"的问题。

"6"就是通过测土配方,对托管区域土地所需种子、化肥、农药等农资产品,摸清具体需求种类和数量,定制全托管、半托管"A、B、C、D、E、F"系列6个套餐。全托管模式以266~296元、半托管以136元的标准为农户提供优质农资保障、先进耕作技术和专业农业机械装备、高效作业能力,从各个环节最大限度满足群众多元化需求,真正让农户体会到"自己不进田、庄稼送到家"的优质服务,回答了"如何种地"的问题。

"N"就是积极推进农业产业结构调整,在一块土地种植N种不同农作物,如头年10月耕地上种植小麦,第二年6月小麦收割后再种植辣椒,9月底辣椒收获后再种植蒜薹等经济作物,实现一个地块轮作几种不同农作物,既可以合理均衡使用村集体农具、肥料、农药等社会资源,还能错开农时季节,最大化利用土地和不同季节光、热、水等自然资源,解决了"种些什么"的问题。

此外,在实施农业生产托管过程中,晋福村充分发挥村集体经济组织"统"的功能,借助农业生产托管服务实现了农业增效、农民增收、集体增益"三增"。一是"统"资源。将周边上庄、李庄等6个村的40余台大型农机具、30余名农机手充实到晋福村经济合作社,盘活了社会化服务资源,实现了区域零散土地的集约化生产。二是"统"生产。合作社从农资供应、耕种、植保、田管、收割、收储、烘干到销售全程服务,专人跟踪,统一管理,让村民真正当上"甩手掌柜"。三是"统"监管。村集体经济组织将有意愿的村民组织起来,统一签订合同,对生产过程实行标准化作业、规范化服务、统一化管理和科学化生产的"四化"管理,不断加强服务质量监管,在农户与服务主体之间架起一座沟通协调、利益联结的桥梁。

"1+6+N"农业生产新模式开创了村集体经济组织参与农业生产托管服务的先河,在参与农业生产托管服务中发挥出村级集体经济组织的巨大优势,通过项目带动增加村集体收入。主要特点具体表现为统、降、惠、促、壮"五位一体"的共赢局面:

一是"统",初步形成规模。晋福村充分发挥"统"的作用,将本村外出务工、不愿种地的小农户和贫困户的土地、闲散撂荒的土地统一组织利用起来,把一家一户办不了、办不好或办了不划算的生产环节集中进行托管,努力挖掘农业内部潜力,增加了耕作面积,改进农业生产方式,实现了集中连片耕种。

二是"降",降低投入成本。降低了服务组织生产成本,村集体在农资集中采购、组织生产中也获得效益。过去每亩玉米的种植费用约为340元,在享受农业生产托管补贴后每亩玉米的种植费用约为286元,其中购买种子、化肥等农资材料每种分别能节省4~5元,农业生产托管实施后,每亩农田农资农具节约成本50~60元,人工节约成本200~300元,每亩增产100千克,增收240元。

三是"惠",惠及全体村民。项目实施以来,辐射带动周边村签订合同的农户达到875户,机播面积累计达到6903.36亩,其中全托管76户,面积93.42亩;半托管787户,面积6616.11亩。主要粮食作物的综合机械化水平达到98%,机播环节出苗率98%,长势良好,农户满意度达到100%。更多的农民群众知晓托管、参与托管、受益于托管。

四是"促"，实现绿色发展。 农业生产托管服务的实施，一方面减少了综合防治农药用量、化肥用量，是有序引导分散农户自愿加入托管组织的发力点，另一方面，农业生产托管促进种肥同播、病虫统防统治，提高了肥效和药效。通过先进技术，推广应用深松整地、统防统治、有机肥替代化肥等绿色高效技术的能力，助力实现农业绿色生态可持续发展。

五是"壮"，壮大集体经济。 通过推进村集体统一经营，村党组织的组织能力、统筹能力和为农服务能力进一步增强，出现了"多赢"现象。自开展农业生产托管服务以来，村集体经济收入达到了 11 万余元，进一步巩固和完善了统分结合的农村基本经营制度，推进了规模化、集约化、标准化、信息化的绿色高效现代农业生产方式，有效提升了基层组织的组织力和凝聚力。

（作者：长治市农村合作经济综合服务中心侯振洲，长治市农业技术推广中心乔志悦）

第三节　有机旱作农业示范园

有机旱作农业生产技术落地生根的关键在于技术转化。长治市引导产业龙头、合作社、家庭农场等新型经营主体，按照园区化管理发展模式以订单和技术服务的方式将小农户的分散经营联合起来，集中推广优质高效的农业生产模式。

山西振东道地中药材现代农业产业园：
绿色发展新机制　有机旱作新路径

近年来，平顺县将中药材产业确立为脱贫攻坚特色产业，山西振东道地连翘开发有限公司创出了一条太行干石山区中药材有机旱作新路子。车厢沟绿色有机旱作封闭示范区，流转土地 1 017 亩，惠及农户 860 户（其中贫困户 240 户，400 余亩），土地流转年可增加收入 76 万元，直接转移当地富余劳动力 220 人，可帮助贫困群众人均增收 2 500 元。当地农户自主种植中药材，每年每亩增收 1 000 元。农户通过土地流转、基地雇工、自主种植三项，收入合计比原先单纯种植玉米年增收 4 000 元以上，增收效果十分明显。

科技先导打造中药材产业新特色

根据平顺县的自然地理环境、气候特征和中药材资源分布状况，公司对全县的中药材资源进行科学布局、全域规划，确定优先发展潞党参、黄芩、柴胡等中药材。2017 年 11月开始建设车厢沟绿色有机旱作封闭示范区，涉及 1 个乡镇、8 个行政村，利用两山夹一沟的自然条件，发展全区域中药材种植模式，封闭经营，建设中药材绿色有机农业封闭示范区 1 000 亩。

党参新品种选育。 建设全国主要产区的党参种质资源圃，开展生态环境与党参生长相关性研究。对全国主产区党参资源进行种质资源评价，调查山西、甘肃、贵州三省，收集党参种质 50 份，建立全国党参种质资源圃 5 亩，开展性状鉴定和评价、品种评价，筛选出 6 份优良种质，建立良种繁育基地 30 亩。从源头上保证种源纯正、品质优良。

覆膜打孔育苗技术，保墒控草。覆膜打孔穴播，有利于保墒出苗，可减少除草次数，便于采挖、拣苗扎捆，可有效提高田间作业效率；有效增加土地利用率，增加种苗产量。利用覆膜打孔技术培育党参，采用 6 个不同播种量，通过地上和地下性状调查评价，筛选合适的播种量为 2 千克，培育道地药材党参种苗 50 亩。

深化保水剂种植。2019 年开展保水剂党参育苗试验，播种 2 千克/亩，增产明显，起垄育苗，使用保水剂的党参苗较未使用的产量增长 41.6%；打畦育苗，使用保水剂的党参苗较未使用的产量增长 34%。2020 年对施用和未施用保水剂的种苗移栽定植一年，对比产量后，增产 17%。

采用有机肥替代化肥。采用有机肥全面代替传统化肥种植中药材品种，对种植标准进行提升，三年共购置有机肥 90 万元，全面改善土地肥力。

新型生物肥料替代传统化肥的高效有机农业示范。与长治学院合作，开展新型生物菌肥试验，进行替代化肥的有机农业试验示范 20 亩。采集不同党参种植地区土壤，筛选适应不同环境的优良产 ACC 脱氨酶细菌 33 株和 AMF 菌株 32 株。在优化产 ACC 脱氨酶细菌产酶条件的基础上，将两者双接种于党参苗，目前此试验地的党参连续种植两年，未出现明显的连作障碍。对喷施过的党参进行采集测定有效成分，目前处于检测过程中。试验菌肥基地建设 20 亩已经完成。

粮药套种示范。采用"柴胡套种"的"粮-药"套种模式，种植柴胡 260 亩。利用粮食作物遮阴保墒的效果，提高药材出苗率，保证药材产量。

2019 年选用玉米套种柴胡 66 亩、谷子套种柴胡 79 亩、黑小豆套种柴胡 115 亩，进行实际测产。因天气异常干旱，玉米、谷子、黑小豆均减产严重，仅达到正常产量的 70%~80%。但相应地，玉米、谷子、黑小豆套种的柴胡出苗率分别为 71%、83%、64%，均超出平均正常水平的 60%，尤其是谷子套种的柴胡出苗率最高。实践证明，粮药套种明显提高了药材出苗率，解决了干旱地区药材出苗率低的难题。

2020 年采用玉米、芝麻套种远志，出苗率比传统种植提高 23 个百分点，目前已开展推广种植。

黄芩新品种种植示范推广。引进黄芩双季品种，每年采收一茬种子，亩产种子由本地品种的 7 千克提高到 15 千克，增加收益 1 100 元。

深加工产品开发。完成药食同源车间及中药材加工车间建设，研发生产了连翘叶茶、党参茶等功能性产品，提高中药材附加值，增加利润率。中药材就地转化率达到了 80% 以上，带动当地 200 余名贫困劳动力就业。

科学化仓储。在青羊镇山南底村建成占地面积 200 亩、建筑面积 8 万米²、仓储能力 2.6 万吨，集仓储运输、质量检验、追溯管理于一体的平顺中药材仓储基地，将全县中药材集中仓储率提高到 70% 以上，储存潞党参、连翘、柴胡、黄芩等各类中药材 1.3 万吨。

建设中药材全流程溯源体系。建立"田间种植—合理采收—生产加工—包装仓储"的全过程生产溯源体系，保障绿色有机产品的质量追溯。安装中药材基地可视化土壤监测设备 2 套，可对封闭区内的温度、湿度、光照、EC 值、土壤温度、土壤水分进行全年监测。

模式创新助推中药材产业新发展

流转基地＋就业扶贫。车厢沟绿色有机旱作封闭示范区流转土地 1 017 亩，惠及农户 860 户（其中贫困户 240 户，400 余亩），每亩每年流转金 750 元，土地流转年可增加收入 76 万元；同时土地种植、田间管理、采收、运输可直接转移当地富余劳动力 220 人，其中贫困人口 180 人，每人每天 50～70 元，按每年 40 天左右用工计算，可帮助贫困群众人均增收 2 500 元。当地农户自主种植中药材，使农户从传统玉米种植的每年每亩收入 500 元，提高为每亩收入 1 500 元，每年每亩增收 1 000 元。农户通过土地流转、基地雇工、自主种植三项收入合计比原先单纯种植玉米年增收 4 000 元以上，增收效果十分明显。

科技试验＋示范推广。车厢沟绿色有机旱作封闭示范区租用 1 017 亩土地，进行中药材多品种试验示范工作，从 23 个中药材品种中选出紫苏、远志、芍药三种适合平顺种植的品种，一年的收益比传统种植玉米增收 500 元。同时在有机肥替代化肥、覆膜打孔育苗技术、党参新品种选育、新型生物肥料方面展开试验。尤其是党参覆膜打孔育苗技术，试验效果良好，产量增长 30%，用工成本降低 75%，具有很好的推广价值。

种子种苗预付＋保护价收购。中药材种子种苗价格昂贵，许多农户想种却又怕投入，公司先给农户预付种子种苗，让种植户免投入，同时公司以保护价收购，大大调动了农户的种植积极性，让种植户放心依托中药材种植增收。同时公司则通过仓储、加工等规避市场风险，提升中药材附加值，实现盈利，完成企业与农户之间的良性互动。

（作者：平顺振东公司、山西振东道地连翘开发有限公司王玉龙、王栋，长治市中药材发展中心郜梅）

沁州黄小米现代农业产业园：旱作农业激发老品牌新动能

山西沁州黄小米（集团）有限公司是以沁州黄小米为基础产业，以小米深加工产品为主导方向，集良种繁育、基地种植、科研开发、产品加工、市场营销于一体的全产业链的省级农业产业化经营重点龙头企业，山西省优势农产品谷子基地示范企业，全国谷子标准化生产示范区建设实施单位。

近年来，公司突出沁州黄小米特色种植优势，坚持质量优先、绿色发展理念，采取"公司＋基地＋合作社＋农户＋标准化＋品牌"的运营模式，带动 16 000 多户农户发展谷子种植基地 6 万亩，其中绿色基地 6 万亩、有机基地 3 055 亩，年产优质谷子 12 000 吨，户均收入 4 800 元，是沁县农民增收的支柱产业。

企标引领。为提高沁州牌沁州黄小米标准化生产水平，集团公司从源头把控，制定了《有机绿色谷子种植产地环境标准》《沁州黄谷子种植基地标准》《谷子种植技术规程》《良种繁育技术规程》《配方施肥标准》《投入品管理制度》《产品检测化验标准》《运输储藏标准》《质量追溯体系》。从沁州黄谷子良种繁育到播种、管理、收获、产品检测，形成了沁州黄谷子生产标准化体系。

技术把关。一是有机谷子种植全部施用有机肥，其中羊粪占总用量的 90%，其余为农家肥。公司按照每千克14元的标准收购有机谷子，谷农效益较高。二是统一配方施肥，聘请山西省农业科学院、山西省农业土肥站专家，以提高沁州黄小米品质为目标，根据当地土壤检测结果，降氮、增磷、补钾，适当添加中微量元素并经过重复试验得出了沁州黄专用谷子配方肥。专用肥中的氮肥是铵态氮肥，钾肥是硫酸钾肥，杜绝施用硝态氮肥和氯化钾型钾肥，对谷子提高品质和增强抗性具有明显效果。三是减少化肥投入量，连续三年化肥投入零增长，有机肥、生物有机肥逐年增加，2020年公司谷子基地投入有机肥、生物有机肥、矿源生物有机肥共1 400多吨，大量增施有机肥，明显减少了土壤水分流失与蒸发，减轻了干旱的压力，同时有益菌的增加提高了土壤的肥力。从2009年农业部中绿华夏批准认证有机基地至今，连续12年不施用化肥、不喷施农药，有机基地病虫害反而比绿色谷子基地发生少。实践告诉我们，使用有机肥还能改善作物根际微生物群，提高谷子抗病虫害能力，降低土壤污染，改善土壤环境。

培育良种。公司坚持科研攻关不动摇，积极与山西省农业科学院谷子研究所、山西农业大学、山西省农业厅技术推广站等科研院校进行合作，聘请国内著名的专家教授组成科研攻关队伍，选择不同品种、不同肥料、不同配方、不同地块大面积开展优质谷子品种对比试验、山西省区域品比试验、杂交后代的选育试验等一系列科研活动，选育出了优质、高产、抗旱、抗病性强的沁黄2号品种，有效解决了谷子品种退化、易倒伏、颗粒不饱满、色泽不匀等问题，提高了谷子抗病、抗旱性能，沁州黄谷子的品质和产量大幅提升。该品种通过了山西省农作物品种鉴定委员会审定，荣获长治市科学技术二等奖，并在沁县及周边地区大面积推广。

机艺融合。一是探索科学的旱作农业种植模式，推广宽垄密植半精量播种，行距40～45厘米。二是大力推广中耕除草、秋耕壮垡等传统农耕制度，在病虫害防治上实施农业防治、物理防治、生物防治和有机农药防治措施。三是累计为沁州黄种植基地提供半精量播种机、谷子脱粒机、背负式中耕除草机90台（套），引进电子水分测量仪、谷子容重器、割晒机、烘干机、无人遥控飞机、谷子收割机、谷子整杆脱粒机25台（套）农业机械设备供免费使用，降低了谷农劳动强度，提高了谷子种植科技水平。虽然目前从种到收实现全程机械化只是试点阶段，但效果显著，为普及全程机械化奠定了基础。

规划种植。沁州牌沁州黄小米无论是有机产品还是绿色产品都是原国家质检总局批准的生态原产地保护产品，这既是荣誉，更是一种责任。为此公司严格实行统一规划地块、统一种植品种、统一技术规程、统一配方施肥、统一订单收购的"五统一"管理方式，按照沁州黄的生长特性和绿色、有机谷子生产的要求统一规划地块。基地面积向当地核心优质产区集中，有机谷子基地海拔在1 100米以上，绿色谷子基地在1 050米以上的丘陵山坡地段，远离污染源，选择有独特红沙土壤的通风采光好的向阳地、坡岭地进行种植。严格轮作制度，有机谷子实行三年轮作制，沁州谷子→玉米→豆类（薯类）；绿色谷子实行两年轮作制，谷子→玉米（小麦、豆类）作物，禁止前茬为高粱作物。

政策支撑。为了顺应新形势新要求，2018年公司牵头联合17家企业、合作社、种植大户，成立了沁州黄小米农业产业化联合体。联合体通过"公司＋合作社＋种植大户＋家庭农场＋农户"的组织模式发挥各自优势、分工协作，提高谷子种植综合生产能力，带动更多的农户持续增收。与公司签订种收合同的贫困户，公司免费为其提供谷子专用肥、谷种，每亩补助 125 元，产业扶贫谷子种植面积 2 000 亩，补助资金 25 万元。公司为合作社、家庭农场、种植大户无偿提供背负式中耕除草机 80 台、中型谷子割晒机 35 台；为次村乡后底沟村、上村、东庄村、檀山村、魏家寨村等 10 个村的优级绿色谷子基地无偿提供矿源生物有机肥 125 吨、建设核心示范基地 2 500 亩。为确保有效轮作，公司对种植收益较低的轮作作物，如玉米、豆类作物每亩轮作补助 300 元，用于肥料补偿。

有机旱作农业生产基地建设进一步夯实了沁州黄小米产业发展基础，沁州牌沁州黄小米享誉全国，成为中国小米第一品牌。沁州牌沁州黄小米先后被认定为中国驰名商标、中国名牌农产品、中国好粮油产品、国家生态原产地保护产品、功能营养小米等，多次在国际、国内大型农产品博览会上荣获金奖，成为山西省对外的一张靓丽的金名片。谷之爱婴幼儿营养小米粉获得山西省著名商标、山西功能农产品品牌等殊荣。

（作者：山西沁州黄小米集团有限公司任宇，长治市农业资源工作中心张旭峰，长治市农业质量品牌发展中心刘海霞）

长子县大地蔬菜特色产业示范园：清洁能源进入
寻常百姓家　循环农业打造有机千亩田

长子县石哲镇西汉村地处长治市长子县西 10 千米处，南距 326 省道 1 千米，吕岭线（乡镇线）贯村而过，交通便利，地理条件得天独厚。版图面积 1.7 千米²，有 423 户 1 330 人，党员 54 名，村民代表 26 人，耕地 2 400 多亩，人均纯收入达 16 500 元。西汉村东临永峰山三崚庙国宝单位，西依丘山西燕慕容永寿寺，植被葱郁，风景旖旎，自然环境得天独厚；农事气候温和，四季分明，是农业生产、蔬菜种植、观光农业首选之地。

近年来，西汉村以"产业强村，文化富村，文旅兴村"为指导思想，开展了设施农业、民居风俗、街巷硬化绿化、引资上项、文化生态等建设工程，并取得了一定的成效。

一、产业引领，实现强村富民

西汉村利用现有规模园区提档升级，大力开展设施农业生态化、精致农业高效化，绿色农业有机化，培植具有地方特色的"名、特、优、新"农产品，现代生态农业雏形初步形成。全村设施农业有 1 000 余亩，通过产业园区不断提档升级，产品质量不断优化，初步形成了以绿野新能源公司、大地蔬菜公司、地丰育苗种业为基础的能源转化、育苗、栽种、蔬菜加工的新型农业生产、服务企业。三大板块升级建设完成水利设施配套的水浇地 1 200 亩，主导产业为蔬菜大棚、香菇、尖椒、水果（火龙果、油桃、雨露香梨）种植。全村日光大棚达 340 余座，"一户一棚，一村一业"的产业循环链条基本形成。蔬菜产量不断增长，设施农业全年预计蔬菜总产量达 4 000 吨，产值 1 200 余万元，人均纯收入达 11 600 元。推进绿色有机、特色种植、有机旱作农业成效显著；园区实现温室育苗、大棚滴灌、配方施肥、膜下滴水、病虫防治、作物倒茬、农业标准化生产等多项技术有机集成，园区示范形成一村，带动一片。

二、引资上项，推进"气化西汉"

西汉村在做大做强主导产业的同时，积极开展引资上项，把开发新型清洁能源作为强村富民的头等要事来抓。西汉村与绿野新能源公司合作，开发新型清洁能源，2016年总投资3 000万元，利用牛场副产品、玉米秸秆、大棚秧为原料，完成年产沼气1 500米^{3}的试验项目，2017年10月开始安装入户管网，次年3月完成全村入户管网，成功实现了全村使用沼气做饭，标志着伴随村民几十年的"煤球时代"宣告结束。二期工程沼气供暖项目于2017年10月完成新建5 000米^{3}的发酵罐工程，11月试验10户供暖成功，到2018年底全村完成沼气供暖项目。经农户试验，每户使用清洁能源供暖（1.5元/米^3）需30~50元/天，如使用燃煤，冬季每户需燃煤4~6吨。使用清洁能源供暖，除去国家补贴，农户每户可节省近千元，不但省钱、省时、省力，而且改善了生活环境，提高了村民生活品质。

三、绿色发展，构建产业循环

惠泽田园综合体是绿野新能源公司下属的有机种植示范园，试验示范特色种植、有机种植、高端种植先导实验，结合发展观光农业、有机农业、旅游度假为一体的产业园区。园区以省级示范村为依托，通过挖掘本地文化特色旅游资源，深化休闲农业开发，着力打造农业龙头品牌；建设三栋智能大棚，温室主体采用轻钢加发泡混凝土结构，采用工业自动化管理与物联网智能控制，尝试火龙果等"南果北种"项目，2018试验成功，2019年喜获丰收。园区采用纯沼液供肥，完成沼气→沼渣→沼液一体化生产，实现绿色育种、绿色种植。惠泽田园综合体先行先试，以点带面，示范引领全村日光大棚全部实行绿色生态循环经济，推动绿色产业发展。

四、推广有机旱作农业，做强循环农业

绿野新能源有限公司作为有机旱作农业封闭示范区实施主体，2018年试验旱作农业封闭园区500亩，栽种旱地尖椒、玉露香梨以及南果北种项目。园区采用纯沼液供肥，推广绿色育种有机种植现代大农业理念，取得了可观的经济效益和社会效应。绿野新能源有限公司预计用2年时间，建成日产沼气5万米^{3}的沼气生产规模，建成后日消化秸秆178吨，年消化秸秆6.5万吨，日产沼气可达到5万米^3，年产沼气可达到1 800万米^3，年产有机肥可达12万吨（其中液态肥2万吨）。生产的沼渣、沼液可供10万亩大田、1 000个蔬菜大棚进行施用，通过以点带面，逐步实现周边石哲、常张两个乡镇使用清洁能源，以及所有日光大棚实施绿色生态循环经济。公司以西汉村为中心，依托本地传统文化资源，实现绿色生态农业循环，休闲观光农业，力争与长子县文旅项目实现增容对接，实现文旅兴村的目标。

（作者：长子县大地蔬菜有限公司闫建光）

山西北方水城小米特色产业示范园：立足传统创新
二十四节气新方法　以特立企打造旱作农业新名片

山西北方水城小米开发有限公司立足县域实际，围绕企业"一黑一黄"的沁州黄小米

和沁州黑杂粮主导产品，在有机旱作方面创新尝试"沁州黑＋沁州黄二十四节气有机旱作法"，取得良好效果。

立足传统，推行二十四节气有机旱作新方法

山西北方水城小米开发有限公司成立于 2012 年，位于中国小米之都、中国名米之乡、沁州黄原产地沁县。该公司是一家依托当地特有资源，集土地托管、沁州黄小米、沁州黑杂粮种植、加工、销售、研发、电商为一体的市级农业产业重点龙头企业。公司拥有"北方水城"和"沁州黑"两个山西省著名商标，主要经营沁州黄小米和沁州黑系列杂粮。近年来公司创新有机旱作新模式，在"沁州黄小米和沁州黑杂粮"轮耕倒茬模式的基础上，推行"沁州黑＋沁州黄二十四节气有机旱作法"，实现了沁州黄小米和沁州黑杂粮品质螺旋上升，走出了一条有机旱作的长效脱贫之路。

"桃花开燕子来、准备谷种下田畈"，"芒种不种、再种无用"，"惊蛰一犁土，春分地如筛"，像这样的农耕谚语在山西北方水城小米开发有限公司的每一个基地负责人口中都能背出几十成百个来。山西北方水城小米开发有限公司也就是凭借"二十四节气有机旱作法"在基地可谓"要风得风，要雨得雨"。

"惊蛰到就犁土"。惊蛰土壤开始解冻，土壤中有点水分，如果这个时候不犁地，就保不住墒情，惊蛰犁土就等于保土壤水分，这是"二十四节气有机旱作法"的实践应用。

"春分地如筛"。惊蛰过了就是春风，春风到了就不能再犁地了，因为水分一部分下渗，一部分蒸发，按"二十四节气有机旱作法"这时要做好保墒工作。

"清明高粱接种谷，过了谷雨种花生"。谷雨到来，意味着春寒天气结束，夏季的炎热即将来临，雨水渐丰，土壤温热，便于作物的生长。这时正是种植谷物的最佳时期，如果错过这个时间再种植谷子、糜子，其生长周期被压缩，秋后霜期一到，谷子、糜子成熟度不够，产量就会下降。因此，农谚有"谷雨谷，中了谷子迟了糜"的说法。

从种到收到田间管理，山西北方水城小米开发有限公司的"二十四节气有机旱作法"总能找出一些"道道"来：惊蛰耕地"保雨水"，春风耕地"丢雨水"，适时播种"赶雨水"，精细管理"节雨水"，轮耕倒茬"蓄雨水"，秋耕起垄"纳雨水"，依墒整地"存雨水"，选用优种"省雨水"，抢时收割"躲雨水"，依靠科技"用雨水"，等等。

围绕节雨水用雨水，山西北方水城小米开发有限公司利用"二十四节气有机旱作法"指导种植有机旱作丘陵基地 11 340 亩，增产增收，收效很好。

以特立企，打造特色农业有机旱作新名片

公司坚持"黑"特性，立足"黑功能"，定位"康养"食品，目前公司拥有"一区一社一站二平台三基地二模式"。一区，即 11 340 亩长治市有机旱作封闭示范区；一社，即沁县沃丰农业种植专业合作社这一省级示范社；一站，即中国农业大学农服 4S 工作站；二平台，即"沁州黑店"电商销售平台、智慧种植大数据平台，通过在种植和加工基地安装视频监控、虫情监测、气象监测、墒情监测等智能设备，实时动态监管，建立大数据平台，实现品质可控管理；三基地，即沁州黄小米种植基地、沁州黑杂粮种植基地、日产30 吨杂粮生产基地；二模式，即"沁州黄小米和沁州黑杂粮"轮耕倒茬模式和"沁州黑

店"全国连锁 333 家富硒粗粮馆模式。

民以食为天，食以黑为佳。我国素有"逢黑必补"的中医养生理念，黑杂粮在古代被誉为"帝王食"。沁州黑系列产品中富含大量的花青素和"硒"元素。花青素被称为"口服的化妆品"，"硒"元素被誉为"抗癌之王"。目前沁州黑品牌旗下的产品有黑小米、黑花生、黑玉米、黑芝麻、黑瓜子、黑小豆、黑苦荞、黑小麦、黑大豆、黑桑果、黑枸杞、黑面粉。此外，沁州黑系列还包括黑苹果、黑牛、黑羊、黑鸡、黑猪等，已然形成了种、养、加立体循环产业链。

产品先后获得了中国（山西）特色农产品博览会"畅销产品奖"，山西"十佳好网货"产品，中国"名特优新"产品等。公司获河北军供粮油特邀供应商，长治市"守合同重信用"企业，"山西小米"联盟企业，长治市农业产业重点龙头企业，山西省"放心粮油"加工、销售示范企业等荣誉。2017 年在杭州举办的"中国百县品牌"大会上，公司就"沁州黄小米和沁州黑杂粮"的轮耕倒茬模式做了经验交流；2018 年中国农民丰收节大型诗歌晚会上，公司首次以"沃丰之路"的节目呈现给全国观众；2019 年，公司荣登"双创梦工厂"，向全国人民讲述"沁州黄小米和沁州黑杂粮"轮耕倒茬模式的故事。2019 年"沁州黄小米和沁州黑杂粮"轮耕倒茬模式被列为农业农村部轮作倒茬"典型案例"，并收录进《乡村振兴战略背景下的新农人发展研究》一书中。

拥抱科技，创建有机旱作智能追溯新基地

山西北方水城小米开发有限公司在有机旱作的农业发展之路上，不仅大胆尝试利用自家法宝"二十四节气有机旱作法"，更积极拥抱科技，把科技作为第一生产力。2020 年 3 月，沁州黄、沁州黑轮耕倒茬种植基地安装了气象、墒情、虫情智能监测系统，对沁州黑产品种植全程溯源管理。

紧紧围绕"封闭示范区"建设标准，通过在基地和生产场所安装智能监控设备，对生产全程进行监管；依托周边四至地理界线，形成了天然封闭区域边界，以阻挡有害漂移物进入；以山西北方水城小米开发有限公司为带动主体，建立"立体＋专家团队＋基地＋合作社＋农户"的生产组织链条，对基地实施契约化的产业化经营；限定沁州黄谷子和轮作倒茬作物的品种，固化三年轮作倒茬封闭模式；以非转基因种子品种和腐熟农家肥及有机肥的投入名录为标准，实行投入品监管；以国家有机标准、地标标准及行业操作规程为执行规范，实施生产全过程的封闭运营；以全过程的农事、加工记录为依据，实施小米生产全程追溯。通过以上 7 个方面实施全封闭、规格化的有机旱作农业封闭示范区创建。

2020 年，沁州黑产业得到中国农业大学关注，授权公司为全国首批"农服 4S 店"，同时就沁州黑杂粮研究院的成立签订了意向书，6 月沁州黑杂粮饼干生产线开工建设。

未来，沁州黑品牌将着力围绕科技，从卖"粮"至卖"粥"、卖"液"、卖"粉"、卖"饼"，研发沁州黑营养粉、沁州黑营养粥、沁州黑营养液等系列产品；不断开发康养文旅产业，助力有机旱作农业进一步升级。

（作者：山西北方水城小米开发有限公司吴华伟，长治市中药材发展中心王军霞）

山西天下襄特色产业示范园：
打造农业特色产业　引领三产融合发展

山西天下襄农业科技开发有限公司成立于 2012 年，位于山西省襄垣县城内南关街 18 号，占地 2 万多米²，是一家集绿色种养、农产品深加工、农业生态观光旅游、农业科技研发及技术推广为一体的新型农业产业化科技公司特色产业示范园。公司专业种植基地 3 000 余亩，设有 7.5 万吨专用面粉生产线，建有年产 500 吨手工挂面的生产基地。设有天下襄职业农民培训学校、襄垣手工挂面文化体验园、手工挂面研发中心、农副产品交易展示厅、"襄垣手工挂面"全国连锁加盟机构。2020 年公司全年生产总值 2 532 万元，营业收入 3 000 万元，文化园接待参观游客 1 万余人，打造了一条从田间到舌尖的绿色生态产业链，实现了种植推广、生产加工、农业观光的一二三产业融合发展，成为襄垣县农业经济发展的典型标杆之一。

创建绿色种植基地，把好产品源头关

公司以提高农产品质量为目标，以增强产品市场竞争力为核心，充分利用当地良好的生态环境和气候优势，在仙堂山脚下，下良镇周边地域集中连片种植优质小麦、谷子。按照"公司＋基地＋农户"的产业化经营模式，采取统一整地、统一播种、统一品种、统一配方肥、统一技术培训的管理模式，建成绿色小麦标准化种植基地 3 200 余亩，并以有机旱作农产品发展为重点，提高产品的科技含量和附加值，遵循高产、优质、低耗和高效的发展战略，开发和生产了"仙堂山贡米""仙堂山牌"小杂粮等优质产品。

多年来公司以"科技兴农，创业富农"为经营理念，聘请山西农业大学教授孙敏、运城学院副教授高文庚、山西农业科学院农产品加工研究所副研究员李云龙等业内相关领域专家和资深人士，在田间地头、加工一线，对小麦和谷子培育、种植、病虫害防治、手工挂面生产技能操作等进行现场指导、答疑解惑。定期邀请专家能手、种植大户分享科技、种植经验、市场动态等信息，带动农户协同发展。

增强综合生产能力，提升产品品牌效应

公司主打仙堂山牌系列面粉和襄垣手工挂面，2020 年新建了 500 吨襄垣手工挂面生产线、杂粮挂面生产线，使产品生产标准进一步统一，生产条件明显改善，技术和效率明显提高。为解决襄垣县手工挂面家庭小作坊加工问题，促进襄垣县手工挂面行业协同发展，公司牵头成立了襄垣县手工挂面协会，实行统一原料，统一标准，统一商标，统一价格，统一销售的"五统一"管理模式，制定全国第一个手工挂面团体标准，累计培训制作手工挂面学员 3 000 余人。公司注重研发新产品，开发多款功能型营养挂面，采用食品溯源系统，严格生产标准，完善机构内部改革。

经过不懈的努力，公司先后获得"山西省农业产业化龙头企业""山西省专精特新中小企业""山西省科技民营企业""长治市非物质文化遗产生产性保护示范基地""长治市十大农业品牌"等多种荣誉称号。多次代表省、市、县，参加各种大中型展会，如中国（扬州）国际地理标志博览会、中国国际农产品交易会、山西面食文化节、山西文博会、

长治制造周等。公司生产的"仙堂山"牌系列面粉荣获"山西省著名商标",被山西省粮食行业协会授予"放心面",荣获第三届中国(山西)特色农产品交易博览会畅销产品奖。"襄垣手工挂面制作技艺"不但被列入山西省非物质文化遗产,还于 2014 年在国家工商行政管理总局被核准为中国地理标志证明商标,2017 年获得了国家农产品地理标志证书,2019 年获得了绿色食品认证证书。

探索发展新型模式,创新休闲观光农业

2018 年,公司规划筹建了襄垣手工挂面文化体验园,以"传承襄垣手工挂面传统技艺、以文化助力经济发展"为理念,以高效农业、生态旅游、度假休闲产业链为目标,以襄垣手工挂面的历史传承、传统技艺、发展趋势及地方特色名吃"银丝吊葫芦"的现场制作、体验、品尝为主要项目,建立集生态农业观光、农事体验、生态美食、休闲度假、职业农民培训为一体的现代化设施绿色生活文化体验园。该体验园通过加强传统农耕文化的挖掘,讲好历史故事,叫响襄垣手工挂面特色品牌,使地理标志和非物质文化遗产得以保护和传承,进一步发扬与传承了襄垣手工挂面的文化技艺,同时为襄垣县旅游经济增加了亮点,也为解决农村剩余劳动力提供了就业机会,使经济效益、社会效益、生态效益并举。

助力脱贫攻坚工作,带动农户增收致富

公司在稳步发展的同时,积极开展产业扶贫工作。公司对包村的井峪村、常家坡村、王家沟村等 6 户贫困户,通过杂粮种植技术培训、以购代扶等方式,使他们每年获得杂粮销售收入 1 万多元,人均增收 0.1 万元;协会通过"五统一"的经营模式,带动全县剩余劳动力脱贫致富,每年都会收购 100 多户贫困户的挂面 50 多吨,每户增收 0.2 万元;新投产的手工挂面生产车间的生产线提档升级,安排就业岗位 50 多个,公司优先录用下岗职工,公司再就业职工达 70% 以上。

(作者:长治市农业资源工作中心张旭峰,山西天下襄农业科技开发有限公司李艳军)

上党区苏店晓峰蔬菜特色产业示范园:
畅通蔬菜销售渠道 千方百计助农增收

2017 年 6 月以来,全省上下坚持把发展有机旱作农业作为带动农业高质量发展的战略目标,高位推动,周密部署,纵深推进,有机旱作农业取得初步成效。

上党区苏店晓峰蔬菜购销专业合作社在推进有机旱作农业发展过程中,牢牢把握有机旱作农业高质量发展的根本要求,坚持创新发展、绿色发展,以发展地域特色的优势产品、畅通市场流通渠道等为重点,推进蔬菜产业向区域化、标准化、设施化和产业化发展,逐步迈向有机旱作农业优质高效的快车道。

抱团组社打赢规模战

早些年,胡晓峰便深知,单靠一个种植户是满足不了市场需求的,加之当时中央 1 号

文件提出鼓励支持成立农民合作社，于是 2006 年 5 月，胡晓峰牵头成立了苏店晓峰蔬菜购销专业合作社，这也是上党区成立的第二家农业合作社。合作社的辐射带动作用明显，蔬菜种植从辛庄、义堂、看寺等几个村庄发展到周边的郝家庄、安城、宋家庄，以及长子、屯留等地部分村庄，真可谓遍地开花！

上党区自推进有机旱作农业工作以来，对到底种植什么样的菜胡晓峰自有一套标准：纯绿色、纯天然、无公害。为了按照这个标准种菜，合作社前期垫资，把夏阳 50 白菜种子、地膜、肥料等物资先发给农户使用，等蔬菜销售出去后再支还合作社。而且，无论市场如何，合作社都会以保护价收购农户种植的蔬菜，解除了广大菜农的后顾之忧。

尝到甜头的农户，纷纷主动加入合作社，一起"抱团致富"。几年来，在胡晓峰的带领下，当地夏阳 50 白菜种植面积已近 1 万亩，解决剩余劳动力 400 余人就业，赋闲在家的妇女们纷纷走出家门，打工挣钱，一个个小小的村庄，因为胡晓峰的带动，充满了生机。

择优市场产品畅销南方

有了规模化的种植，夏阳 50 白菜的产量已经不是问题，但是让人意想不到的是，当地的夏阳 50 白菜竟然没有受到本地市场的欢迎。

胡晓峰开始逐个给经营蔬菜的商户打电话联系销售渠道。一步一步把村民们种植的青椒和圆白菜销到晋城、郑州、邯郸、涉县等地，村民们再也不用为自己种的蔬菜销售不出去而发愁了。蔬菜的销路在不断扩大，合作社赢得了广大客户的赞誉。

现在的胡晓峰，在上党区蔬菜行业是个非常响亮的名字，老百姓和商贩夸他、政府和部门领导赞他，不为别的，就因他的农产品销售做得好。一年四季，几乎是每一天他都在为他的父老乡亲们服务，帮他们把田间地头的蔬菜等农产品变成货真价实的人民币；他几乎每天都在调车、装车，把蔬菜发往浙江、福建等地；他的微信朋友圈不是在招工，就是在找货车。现在的他，年销售蔬菜 3 000 余万元，为上党区推进有机旱作农业发展作出了巨大贡献。

做好加法给力产业化

近几年，通过发展有机旱地农业，销售夏阳 50 白菜等，胡晓峰不仅明白了市场对蔬菜的现实需求，也看清了市场对生态种植的潜力需求，有着丰富经验的他决定向上、向下延伸自己的产业链。

为了实现合作社统一育苗、统一销售、统一收购，形成供、产、销一体化经营模式，2019 年，占地 6 500 米^2 的蔬菜育苗大棚正式投入使用。该育苗大棚主要培育夏阳 50、青椒、尖椒、中甘 15 号、西兰花等秧苗，年累计育苗大概接近 1 000 万棵，可解决周边 3 000 亩土地的种植需求。2018 年，胡晓峰还投资 400 余万元，建成了一座 2 200 米^2 的冷库，可满足近 700 吨的蔬菜储存需求。

据了解，从 2018 年上党区开始推进有机旱作农业开始，苏店晓峰蔬菜购销专业合作社累计从辛庄、看寺、东呈、苏店等村流转土地 700 余亩，主要用于种植夏阳 50 白菜。如今，苏店晓峰蔬菜购销专业合作社的蔬菜已远销福建厦门、福州、漳州、泉州以及浙江温州等地，近销河南、河北及省内晋城等地。每年夏阳 50 白菜的销售额可达 3 000 万元，百姓增收少则 2 万多元，多则 10 万元。

（作者：长治市农业综合行政执法队韩烁，长治市中药材发展中心郭彬，上党区苏店晓峰蔬菜购销专业合作社胡晓峰）

壶关县嵘芗特色产业示范园：有机旱作农业排头兵

近年来，壶关县嵘芗种植专业合作社积极响应省、市、县有机旱作农业部署，开展有机旱作农业创建。合作社创新思路，积极实践，探索出了一条具有壶关特色的有机旱作农业发展之路，通过"土壤深松＋增施有机肥＋优选旱作良种＋高垄单行密植＋网膜双覆盖＋膜下水肥一体化＋可追溯体系应用＋品牌化销售"的有机旱作栽培模式，创造了在化肥、农药使用双减的前提下，旱地西红柿产量稳定、品质更佳、售价更高的可持续发展之路。

金秋九月，一排排全部采用高垄单行、宽行窄株防雹网覆盖栽培技术的旱地西红柿植株健壮、整齐一致，叶片苍翠欲滴，一串串西红柿挂满枝头，粉红靓丽、娇艳欲滴。

该合作社的旱地西红柿硕果累累、色香味俱全，这得益于合作社采用了"土壤深松＋增施有机肥＋优选旱作良种＋高垄单行密植＋网膜双覆盖＋膜下水肥一体化"的有机旱作集成技术。

一是土壤深松、秸秆粉碎还田、重施有氧堆肥等措施促使土壤肥沃、疏松透气，为培育强大根系和健壮植株奠定了坚实的基础。改传统平垄栽培为高垄栽培，人为加深了耕作层；培肥土壤和高垄栽培相结合，促使土壤疏松透气，利于根系下扎，培育强大根系群，提高水肥利用率，提高抗旱、防涝能力。

二是银黑双色可回收地膜配合膜下滴灌使用，充分发挥了地膜覆盖增温、保墒、省水省肥的优势。采取旱地栽培（非大棚种植）可充分利用自然降水，干旱时适当人工补灌切合壶关县半干旱气候实际，大大降低了灌溉用水量和对水资源的依赖性，保障了不同年份旱地西红柿优质高产，降低了干旱、雨涝对旱地西红柿的不利影响。

三是宽行窄株栽培模式在保证亩定植株数不变的情况下，大行距由 80 厘米加宽到 110 厘米，便于小型运输工具和高效植保器械行间作业，通风、透光效果更佳。宽行窄株模式配合防雹网覆盖，可调节田间光照、温度、湿度、通风等小气候，有效减轻高温、强光、冰雹等不利气候对旱地西红柿的伤害，也可创造不利于病虫害发生的小气候，使病虫害发生次数少、危害轻，西红柿品质优。

2020 年，该基地积极对接壶关县农业农村局建设的溯源平台系统，安装了集成智能气压记录仪、智能气温监测仪、智能湿度记录仪、智能光照强度监测仪、智能雨量监测仪、风速测量仪、风向测量仪等多个气象监测模块的视频追溯管理系统。消费者可以通过产品二维码进入监控系统，实时查看基地农事生产活动，从翻地、播种、施肥、除草一直到采收都有记录，真正实现了农产品全程溯源。

在这里，旱地西红柿被重新定义，黑色番茄、黄色小番茄、青色番茄、成串的番茄……五颜六色稀奇古怪的番茄具有不同风味，满足了不同的消费需求。

在 2020 年 6—8 月壶关县遭遇连续阴雨、光照不足的恶劣气候情况下，该合作旱地西红柿取得了亩产 10 吨的产量，西红柿果形周正、色泽靓丽、风味良好，实现了亩均 3 万元的产值。

嵘芗种植专业合作社作为壶关县溯源蔬菜基地之一，与长治金威超市签订溯源蔬菜战略合作协议，曾经地头价每千克几角钱的壶关旱地西红柿，如今在金威超市零售价可售至每千克 6 元左右，黑色番茄、黄色小番茄等引进的进口优质品种每千克售价甚至高达几十元。该合作社的旱地西红柿从"大路货"变成了"金蛋蛋"，这都得益于采用了有机旱作集成技术，探索出了有机旱作农业发展之路。

（作者：壶关县农业农村局杨鹏飞、叶华）

长治市多彩农业特色产业示范园：多彩联农　互惠双赢

长治市多彩农业科技服务有限公司位于长治市长子县，成立于 2015 年 1 月，是深圳诺普信控股子公司，注册资金 393 万元，占地面积 700 米^2，仓储面积 1 000 米^2。近年来，公司紧密结合互联网＋农业、农药、化肥、种子销售等环节，全面涉及农业植保专业化防治、农业新产品科研、新技术引进、推广应用等方面，采用直营店及加盟店的经营模式，在长子县开设直营店 6 个，在长治市的 7 县 3 区发展加盟店 60 家，年销售额达 1 200 万元。

"内强外联、强基固本"着力打造强有力的技术服务团队。公司拥有强大的技术团队。一方面，公司内部员工中高级职称 2 名、初级职称 9 名，足以解决日常农业生产实践中遇到的一般性问题；另一方面，总部诺普信公司拥有研究员、高级工程师、高级农艺师、博士（后）等高级研究人员 10 多名，中级技术研发人员 50 多名，控股公司的专家团队为多彩公司提供了强有力的技术支撑，在遇到重大疑难问题时，通过网络连线便能得到解决。同时，公司通过与江苏阿波罗肥业有限公司、史丹利化肥股份有限公司、青岛海利尔药业集团股份有限公司、日本住友化学株式会社、巴斯夫（中国）有限公司等十多家国内外优秀农资生产企业合作，共享技术产品资源，为打造长治地区一流的农资供应、农化服务及物流配送服务提供了强有力的支撑。

"试验示范、农户体验"诚信经营赢得宾朋满座。对销售的农药、化肥、种子等新产品，公司坚持"先试验后销售"的经营模式，将农户体验作为最好的宣传方式。对每一次研发的新产品，公司的技术服务部都会开展新品试验、效果跟踪、田间管理等服务，确保新产品有效果后再推向市场。一方面，针对农户田间发生的病虫害，公司提供解决方案，并与农户达成新产品试验协议，用试验的方式来印证产品效果。五年来，公司先后与数百名户农户开展了阳光玫瑰葡萄引种、葡萄套袋十连包技术运用、氯虫苯甲酰胺在鳞翅目害虫上的高效防治、锐宁地下害虫防治、芸乐收蔬菜增产提质推广应用等试验示范 110 余次。特别是公司从日本引进的原包进口 PO 大棚膜，一次扣膜 3～5 年无须更换，消雾流滴终身有效，不仅大大节省了棚膜和人工成本，而且减少了蔬菜病虫害的发生，提升了蔬菜品质，每亩增效近 3 000 元，深受农户好评。另一方面，公司投资 1 000 余万元，先后在运城永济市和长子县鲍店镇建设了 2 个阳光玫瑰葡萄试验示范基地，主要从事优质葡萄品种筛选、种植方案探索（施肥管理、病虫草害管理、优质商品果生产等）及生产示范。公司通过诚信经营，得到了种植户的广泛认可，目前公司会员人数达到 5 000 余名。

"线上服务、线下配送"为农民朋友提供高效便捷服务。 公司通过直营店和加盟店，组建了12个多彩田田圈会员之家微信群，为广大农民提供配方施肥、病虫害远程诊断、配方农药等线上技术服务，对地处偏远地区的农户，还提供线上视频诊断、产品线下就近配送服务，企业在获得经济效益的同时也为农户提供了更加便捷的服务，达到了经济效益、社会效益双赢的局面。特别是在病虫害防治方面，农户通过在微信群里提供照片、视频等方式反映问题，技术专家及时诊断并开出"处方"，如有需要，还可提供专业的统防统治服务，农民朋友亲切地称其为"庄稼医院"。

未来，公司将采用"公司＋合作社"模式，通过发展种植基地、提供专业化服务、拓宽销售渠道、发展农产品加工、创新品牌营销模式等多种措施，逐步由单一的农资经营服务向农业生产全产业链服务转变，创新服务方式，提升服务能力，推进有机旱作农业发展，促进农民增收，助力乡村振兴。

（作者：长治市多彩农业科技有限公司宋红兵，长治市农业技术推广中心乔志悦）

壶关县凤凰山庄特色产业示范园：
有机旱作打基础 三产融合促发展

壶关县凤凰山庄乡村旅游专业合作社位于壶关县集店乡岭东村，是山西省首家乡村旅游专业合作社，登记注册社员124户，带动周边四村农户2 000余户。合作社专注于乡村旅游、窑洞民宿、研学培训、合作种植、农产品出口等乡村新产业新业态开发。目前，项目投入近3亿元，全年接待游客上百万人，享有"长治慢生活休闲养吧"和"长治十公里农家生活体验区"等美誉；"特、优"农产品年平均出口额达1.2亿元。

"三变"促进"三增"，实现共同富裕

凤凰山地处集店乡岭东村，居高临下，视野开阔，植被茂密，森林覆盖率达90%，俗有天然氧吧之称。2014年岭东村实现整体移民，从山上搬迁到山下的新村，为旧村改造提供了条件。

壶关县凤凰山庄乡村旅游专业合作社抓住机遇，积极探索"资源变资产、资金变股金、农民变股东、收益有分红的"三变一有"模式，通过大力发展乡村旅游，盘活村集体经济闲置资源，增加集体经济增收、增加就业岗位、增加农民收入，实现合作共赢目标。

"三优六统"严管理，拓展服务功能

凤凰山庄乡村旅游专业合作社坚持"合作社＋产业＋基地"的模式，严格标准化生产、规范化运营之路。在运行过程中做到了"三优六统"：合作社成员优先得到本社提供的服务、优先在本社就业务工、优先参与其他经济合作；合作社统一规划布局、统一形象标识、统一接标准、统一宣传营销、统一服务承诺、统一管理培训。积极完善各种硬件配套实施，绿化美化景区环境，开发窑洞民宿，开展农业技术培训，进一步扩大合作社在全市乡村旅游中的知名度和影响力，带动周边村镇经济发展，提高成员及村民收入。依托当地丰富的自然、人文景观，积极打造田园观光综合体，形成示范作用，取得可供各乡村复

制和使用的经验，打造壶关全域旅游，为壶关和长治市旅游业发展提供新的引擎。

一二三产齐发力，做强做大合作社

合作社一方面加快乡村旅游发展，一方面补齐乡村旅游投资大、见效慢等短板，寻找新的经济增长点。2019年成立凤凰山庄农业科技园有限公司，组建专业团队实施耕地质量提升、农水集约增效、农机融合配套工程，建立农业标准化生产模式、打造绿色产品品牌、运营优质农产品出口。先后与多个博士工作站合作开展农业科技研究，形成了农产品种植、加工、出口一体化公司，与韩国签订2万吨辣椒出口，拓展开发泰国、柬埔寨市场，在柬埔寨注册了农产品贸易公司和仓储基地，完成农产品批发周转仓库建设，合作社农产品生产出口项目启动以来，年平均出口额达1.2亿元。合作社还拥有黎城县、壶关县、屯留区、长子县等农业基地和长治县锦东冷冻加工车间等，在不断加大对种植基地投资建设力度的同时，积极通过合资、自建、收购等多种方式，逐步扩大具有独立经营产权的种植基地。通过"公司＋合作社＋农户"的利益联结方式，带动农户总数超过1 500户，带动农户比壶关县农户户均收入高500元以上。

（作者：长治市农业资源工作中心何建敏）

平顺县达盛种养特色产业示范园：一个养猪企业的华美蝶变

都说养猪是"刀尖上行走"的行当，一怕猪肉价格下滑，二怕生猪得病。如何有效规避这些风险，最大限度地实现企业生产价值的最大化。平顺县达盛种养有限公司打破了传统的养殖模式，突破固有发展理念，在生猪养殖的基础上增加绿色农业种植、有机肥料生产，形成了"种养＋生态"的循环发展模式，实现了以牧促农、以农养牧、农牧结合，走出了一条畜牧业转型升级、绿色发展的新路径。

变废为宝，废弃物变成了有机肥

2018年，达盛种养有限公司借全县发展有机旱作农业的东风，外出考察、多点论证，邀请北京、山西等农技专家驻厂指导，成立博士工作站，针对全县主导产业中药材潞党参的土壤结构，试验利用粪便废弃物生产有机肥料，实现了畜禽粪污"资源化、无害化、减量化"。

2020年，达盛种养有限公司有机肥生产线正式投产，生产的"猪株乐"产品通过实验论证后，不仅能为正常的农作物提供全面营养，而且能够满足潞党参、黄芩、连翘等中药材生长的各项需求；同时，这种无公害、肥效长的有机肥还可以改善土壤的理化性质和生物活性，实现了畜禽废弃物的资源再利用，变废为宝，既减轻了畜禽粪污对环境的压力，又节约了资源，促进了农村环境与规模化养殖的协调、可持续发展。

生态农业，群众增收有了新路径

公司依托自有养殖平台资源，以"规划建设百亩生态园、带动群众创业增收"为发展目标，规划筹建了现代化畜牧园区。目前，示范种植80余亩的玉米，玉米作饲料，粪污变肥料，肥料养耕地。三者之间有效循环，企业生产环保。春暖花开时，走进平顺县达盛种养有限公司，感觉不像来到了一个养猪企业，而是仿佛置身于满眼绿色、充满田园风情的生态风景区。

未来，达盛种养有限公司将以"健康养殖、清洁养殖、环保养殖"为原则，继续在生产经营、有机肥推广、绿色农业发展上做文章，提效益、增产值。

技术推广，农业发展有了新方向

2020 年，达盛种养有限公司生产的"猪株乐"有机肥经过周密的、科学的、全面的勘测后，将在全县率先推广运用。从产前、产中、产后实行全程一条龙服务，示范推进循环农业、绿色农业、高效农业发展，为全面推进乡村振兴注入了新的动力与活力。该公司在创建过程中，经历了"从无到有、从有到精"的蝶变，传统的养殖方式逐步被全方位、立体化的生产方式所取代，形成了生态化发展、产业化推进、标准化生产、科技化支撑、特色化突破、景观化打造的发展模式，探索建立了颇具地域特色的畜牧业生态体系，荣获长治市科技进步二等奖，并承担省农村技术承包科研计划、国家发改委的标准化生贸养殖小区项目，被长治市人民政府授予"优秀直牧龙头企业"荣誉称号。

站在"两个一百年"历史的交汇点上，平顺县达盛种养有限公司将不断研究探索"生猪养殖—粪便资源化利用—有机肥生产—玉米（中药材、蔬菜）种植"种养加循环模式之路，坚定不移地走以农养牧、以牧促农、农牧结合的可持续发展模式，充分发挥技术优势，加强与旱地蔬菜、中药材种植企业合作，不断增强企业的生机和活力。

（作者：平顺县达盛种养有限公司冯彪；平顺县农业农村局农广校杨爱敏）

平顺县麦丰农业特色产业示范园：
发展有机旱作　助力千万农民

三年，弹指一挥间。麦丰团队以有机旱作农业技术实践与推广为发展核心，通过对有机旱作农业多次调研，围绕"土肥水种技机绿"，延伸产业链，提升价值链，实现了社会效益、经济效益双丰收。

麦丰有机旱作农业封闭示范区以"软体雨窖＋节水补灌＋抗旱良种＋绿色生产"的模式，大力发展水肥一体化技术，建成集雨软体水窖 2 个，容量 1 000 米³；发展水肥一体化280 亩；使用地插微喷灌溉、膜下滴灌等智能节水灌溉技术，均匀、适时、精量为作物根区供水供肥，比传统漫灌方式节水 60％以上，能够提升蔬菜产量 20％～30％。使用渗水地膜，保证盛夏膜下温度控制在 43～44℃，保护植物根系，促进作物生长，每亩可以多保蓄 100 米³ 的雨水，相当于灌溉 2～3 次。保证了 70％以上的雨水资源得到有效利用。示范区每亩投资 1 000 元，亩节约水肥 30％，亩节本 100 元以上，使菜价平均提高 5％～10％，综合效益为亩节本增收 300 元以上。

公司总结推广出"四精四提一引领"麦丰蔬菜产业化发展模式，通过精耕细作、精确施灌、精准防控、精密检测，在原有产、供、销一条龙服务的基础上，加大推广品牌，完善农产品信息平台及追溯体系建设，提高市场占有率，提升品牌效应，提升集约化生产，引领带动交通运输、物流等相关产业的发展。

公司采取农业托管模式，每年与农户签订服务合同。公司为种植户垫资发放肥、苗、安排犁地、铺膜，以不低于保护价的价格收购（当市价高于保护价时按市价收购）农户的蔬菜，并对与其签订种植协议的种植户实行每销售1千克奖励2角钱的激励方法，以此来鼓励种植户种植。有机旱作农业逐渐形成产业链，步入了产业化轨道，拉近了农业与市场的距离。

按照高效农业的发展目标，公司以典型示范引领结构调整，因地制宜确定以"辣椒"为主导产业，辣椒种植面积10 000亩，协议种植户5 000余户。2020年，作为脱贫带贫企业公司通过了国务院扶贫办扶贫工作系统的产品新增审核，在832贫困地区农副产品交易平台发布农产品，与线下采购人建立了便捷、高效的供需关系，可以更高效地将当地优质农产品广销全国各地。公司通过"电商＋传统"的销售模式向广州、湖南、河南等地销售辣椒约3万吨、西红柿约5 000吨、架豆王约7 500吨，累计销售蔬菜产值超过1亿元，带动周边贫困户及其他种植户年增收万元以上。

春种、夏长、秋收、冬藏，一年又一年，企业承载着农民的期望，承载着社会的责任。未来，麦丰将全面完善有机旱作农业技术体系，大力推行有机肥替代化肥、病虫害绿色防控、农机农艺融合等有机旱作农业的生产技术，开展技术变革创新活动，让更多新技术转化为农业生产力，为有机旱作农业向高向优增添发展动能和市场活力。

（作者：平顺县麦丰农业电子商务有限公司梁余妮，平顺县农业技术推广中心路世竑）

壶关县飞雄农业科技示范园：无人飞防为旱作农业护航

"振翅盘旋，绿野相伴。戍守良田，消杀虫患。梦想起飞，雄心在天。服务'三农'，百姓齐赞"。2018年，壶关县飞雄农业科技有限公司紧抓有机旱作农业发展契机，乘势而上，从农业无人机销售、农业无人机操培训到植保订单管理，全面投入农业飞防第一线。公司拥有持证无人机操作员50人、农业无人机22台以及农业无人车、农机自动驾驶仪等先进设备和系统设施，年农田服务能力10万亩以上，有效带动了全市农业服务能力的提升。

扎根一线防虫患。与传统植保作业相比，植保无人机在喷洒质量、工作效率、生产成本上具有明显优势，具备起降方便、作业高度低、漂移少、可空中悬停、喷洒作业安全等诸多优点。2018年，壶关县飞雄农业科技有限公司谋定发展植保无人机后，团队扎根农业一线，全面开展宣传、示范，有效推广至全市12个县区53个乡镇200多个村。经过大半年的宣传推广，2019年该公司与市县植保专家、农业乡土专家建立指导机制，形成了专家问诊、处方防治、区域施药的绿色防控措施，针对玉米、小麦、高粱、旱地西红柿、辣椒等作物提供了专项病、虫、草害防治及农作物增产服务，高标准完成了沁县、沁源万亩玉米二代黏虫统防统治，黎城5 000亩小麦"一喷三防"等任务。2020年，公司承担了壶关县、平顺县、潞州区草地贪夜蛾防治任务，承担实施了壶关县土地全程托管示范项目绿色防控环节，作业面积3万余亩，在生产上既实现了农药减量增效，又有效保障了粮食及主要农产品有效供给。

推展业务开新局。2020 年底，公司注册成立长治市金秋农服农业科技专业合作社，开发了"太行农服"农业互联网平台，全面拓展业务，引进新装备、新技术，开展土地托管服务，为农户制定农作物生产全程解决方案，开展耕、种、管、收、销一站式服务。使用"太行农服"推进农业生产产前、产中、产后信息互联互通，提升生产效率、减低生产成本，帮助农民增产、增收。

成绩代表过去，未来任重道远。飞雄农业科技示范园将逐步构建"互联网＋公司＋合作社＋农户＋土地托管＋产品销售"的模式，将服务贯穿整个农业生产环节，推动有机旱作农业可持续发展，助力乡村振兴战略深入实施。

（作者：壶关县飞雄农业科技有限公司靳飞雄，长治市农业资源工作中心贾远）

第五章

长治有机旱作农业媒体报道

1972 年 5 月 5 日,《人民日报》刊发山西省壶关县晋庄公社晋庄大队《给谷子摘去低产帽》一文,长治旱作农业生产经验向全国推广。时至 2017 年 6 月,习近平总书记考察山西时指出"山西的现代农业发展,要立足特色,坚持走有机旱作农业的路子,完善有机旱作农业技术体系,使有机旱作农业成为我国现代农业的重要品牌"。历经 45 年,旱作农业由传统旱作农业走向有机旱作农业,成为现代农业高质量发展的一面旗帜。

小米上品质卖出好价钱

晋东南这几天的雨,多少让张卫明悬着的心放下来一点。

山西长治壶关县晋庄镇晋庄村,潮湿的空气混杂着泥土的芳香,60 多岁的张卫明踩着雨水,来到晋庄村西的有机旱作谷子地里察看。不远处青山环抱、低矮云层缭绕,地里的谷子正长得欢实。

小米这东西,是山西人的心头宝,可近年来农民却渐渐不愿意种了。"一亩地产个三五百斤,刨去人工一年到头也就挣几百元钱,而且还要看天吃饭。像今年这么旱,放以前基本要绝收了。"张卫明说。

在长治市农业农村局副局长郭剑青看来:"以前旱作农业的重点在于增量,有机旱作在增量的同时强技术、重绿色、要品质。"有机旱作农业不仅是技术环节的改良,更是整套种植观念的重造。

"生态是有机整体,种植环境首先是和谐循环的,我们搞封闭管理,就是为了营造好小生态;其次是组织架构,让龙头企业和合作社来带动,往规模化方向发展;再次是种植和管护的各个环节,用选种、施有机肥、渗水地膜等科学办法来'武装';最后要落到有机农产品的品牌打造和产业发展上。"

"了不得,662.5 千克!"张卫明有点得意地竖着大拇指,这是他们的有机旱作谷子试验地里去年的亩产数字。"我们使用了渗水地膜穴播的办法,碰上旱天不再手足无措。"壶关农业技术推广中心主任杨鹏飞说。

晋庄的探索之路,也是长治市发展有机旱作农业的缩影。目前,长治市已推广 60 项绿色有机农产品地方标准施行,认证企业 247 家,发展了"沁州黄""上党道地中药材"

等 62 个特色农产品品牌。

（《人民日报》2019 年 7 月 23 日，记者乔栋）

撸起袖子写答卷

——山西大力发展有机旱作农业见闻

人勤春来早，初春的山西乍暖还寒，却处处可见春的气息……

山西融科农林科技有限公司的申丽珍和乡亲们就流转土地发展壶关县旱地西红柿、创建有机旱作封闭示范区事宜，形成了一致意见；山西三安科技有限公司的袁长江奔走在三晋大地上，向新型经营主体推介自己 8 年的科研成果——三安有机农业模式；榆社县河峪小米合作社负责人王建福找到有机旱作农业专家组成员、农业厅技术推广总站站长乔日红，希望得到技术方面的指导……

近日，山西省农业厅召开全省有机旱作农业示范典型创建推进培训会，为确定创建的 1 个地市、5 个示范县和 30 个示范片近期工作"画重点"。

2017 年 6 月，习近平总书记在山西视察时指出，山西的现代农业发展，要立足特色，坚持走有机旱作农业的路子，完善有机旱作农业技术体系，使有机旱作农业成为我国现代农业的重要品牌。

在这样的背景下，政府规划引导、部门大力推进、新型经营主体闻风而动。2017 年 11 月，山西省政府出台了《关于加快有机旱作农业发展的实施意见》，并确定 2018 年是全面实施有机旱作农业的启动之年。

牢记总书记嘱托，"撸起袖子写答卷"成为新时代山西现代农业的正在进行时。

走"小而精、特而优"之路

习近平总书记关于山西农业要走有机旱作品牌之路的指示，立意高远、内涵丰富，深刻把握了山西的省情农情，为山西新时代农业发展指出了根本路径、指明了方向。

在省委、省政府的主导之下，山西现代农业开始了新一轮的选择和重构。节水的传统旱作技术、有机的时代元素、品牌的塑造之路纷纷向特色农业聚集。

山西地处干旱半干旱区，旱地占 70%，山地占 70%，山多地少，水资源匮乏，旱作农业一直是山西农耕的传统优势。

新中国成立以后，太行山典型旱作区的壶关县晋庄摸索出了一套秋耕壮垡为主的旱地抗旱保墒做法，实现了谷子亩产量突破千斤。地处吕梁山的董家山村运用机械耕作在旱地上实现了粮食亩产从 50 千克到 345 千克的跨越。山西的"三庄一寨一山一川"等全国旱作典型，总结出一批水肥一体化、配方施肥、地膜覆盖等旱作节水技术集成模式，也选育出了一批适宜山西旱作的晋谷、晋杂等系列抗旱品种。

山西气候多样性造就的生物多样化，决定了农业优势在于特色而非规模。山西杂粮种质资源有 2 万余份，中药材种质资源近 1 800 份。山西素有小杂粮王国之称，谷子种植面积全国第一，燕麦、荞麦、高粱第二，再加上长治市整市推进国家级上党中药材特优区，药食同源农产品原料优势明显。

• 239 •

新时代下，人民对美好生活的向往和农业中高端供给不足，给了山西特色农业走"小而精、特而优"之路的机遇。

有方向、有特色、有传统，又符合质量兴农、绿色兴农、品牌强农新时代要求。山西高位谋划，制定出台了《关于加快有机旱作农业发展的实施意见》。针对不同区域农业特色，规划了雁门关、吕梁山、太行山、上党盆地、汾河平原、城郊农业六大特色区域，区域内因地制宜布局了杂粮、蔬菜、干鲜果、中药材等特色产业和适宜生产的有机旱作技术模式。

布局之下，山西将规划配套实施耕地质量提升、农水集约增效、旱作良种攻关、农技集成创新、农机配套融合、绿色循环发展六大工程 20 项行动，构建起有机旱作农业的技术体系、产业体系、生产体系和经营体系。同时，以功能农业为载体，深耕有机旱作农产品产业链，促进特色向优质升级。

自此，一条生产生态相融、特色产业高效的有机旱作农业之路在三晋大地上徐徐铺开。

从"长治路径"到全省铺开

长治县的 3 000 亩绿色蔬菜封闭示范区里，栽种下的凯特 3003、瑞粉 1 号、中农 21 号等蔬菜品种将实行封闭管理，按照标准化生产的要求，使用有机肥替代化肥、病虫害绿色防控、秸秆综合利用、畜禽粪污资源化利用等绿色农业生产技术。

按照规划，示范区内畜禽养殖废弃物和农作物秸秆综合利用率达到 100%，"三品一标"认证率和农产品质量安全检验监测合格率达到 100%。

这是自去年以来，长治市实行封闭示范区发展有机旱作农业的新起点。

2017 年，山西有机旱作农业在长治市先行先试，省政府同意长治市创建全国绿色有机旱作农业示范市。该市创造出了有机封闭示范区的经验，即划定一定区域，围绕区域特色产业，按照有机农产品生产标准，不使用化学合成的农药、化肥、生长调节剂、饲料添加剂等物质，遵循自然规律和生态学原理，协调种植业和养殖业的平衡，推动农业生态系统封闭运行和良性循环。

2017 年，大同市举办了国际有机农业论坛，朔州市提出打造北方有机旱作农业示范区。各地的探路，也为发展有机旱作农业注入了新活力。

同年 10 月，山西省在杂粮之都忻州市召开了有机旱作农业现场推进会，与会代表参观了忻府区高城乡辣椒节水减肥绿色生产基地、奇村镇耕地质量提升万亩示范区、银山湖奶牛场农牧循环利用示范园区、解原乡设施农业水肥一体化示范园和忻州市"中国杂粮之都"产业融合园区等有机旱作典型。

现场会为全省全面实施有机旱作农业凝聚了共识、规划了路径。

2018，山西再行动

2017 年年末，山西制定了《加快有机旱作农业发展 2018 年行动计划》，部署了培育有机旱作品牌、加快体制机制创新、打造有机旱作农业典型十大项重点任务，并细分为 21 项具体任务。

2018 年 2 月，山西公布了 5 个有机旱作农业示范县和 30 个封闭示范片创建名单，提出全县域、整建制推进，在种植规模化、技术集成化、生产标准化、产品品牌化、生态优良化等方面全面推进的行动理念。

3月初，山西召开有机旱作农业专家组成立暨对接会。成立了由省农业厅、省农业科学院、山西农业大学等31位行业内、高校专家组成的"智囊团"，实现包片对接，为示范县、示范片提供技术指导和咨询服务。

一系列动作拉开了有机旱作农业的春耕序幕。

在旱作良种攻关上，山西农业科学院、山西农业大学开展不同生态区优势作物抗旱、抗逆及功能性种质资源创新，选育谷子、高粱、小麦等抗旱节水作物专用新品种。

在集成推广有机旱作技术上，山西省农业厅在粮食作物上重点推广了渗水地膜谷子穴播、小麦宽窄行探墒沟播、高粱密植精播等技术，经济作物上推广胡麻垄膜沟播集雨、果园起垄覆膜集雨保墒等技术。

围绕有机谷子、高粱、蔬菜、中药材、食用菌、干鲜果等重点特色产业，长治市规划建设了12个绿色有机旱作农业封闭示范区，提出了新目标，将示范区建成有稳定区域、有成熟技术、有生产标准、有注册品牌的绿色有机农产品原料标准化生产基地。

在封闭示范区先行先试的同时，长治市以品牌为抓手，推动农产品市场化，打造有机旱作农业的可持续引擎，发布了"长治神谷"农合小镇区域公共品牌，提出重塑"沁州黄""林盛果业"等功能农产品品牌，助力壶关旱地西红柿、黎城核桃、长子大青椒、襄垣手工挂面等长治名优农产品向品牌化发展。

山西现代农业吹响了有机旱作农业的集结号。

（《农民日报》2018年5月3日，记者吴晋斌、马玉）

旱作老区的绿色担当
——山西长治有机旱作农业封闭示范区建设见闻

地处太行山区的山西省长治市，丘陵山地面积高达84%以上，旱地占80%以上，年降水量只有600毫米左右，是典型的雨养农业、旱作农业区。从20世纪70年代起，长治市壶关县晋庄村的"秋耕壮垡，三墒整地"、屯留县王公庄的机械化旱作农业技术地膜覆盖节水技术等一直是全国旱作农业的一面旗帜。

步入新时代，长治又交上了一份绿色发展新答卷。从2017年开始，长治市抢抓绿色农业发展机遇，率先在全省设立有机封闭示范区发展有机旱作农业。所谓有机封闭示范区，即划定一定区域，围绕区域特色产业，按照有机农产品生产标准，不使用化学合成的农药、化肥、生长调节剂等物质，遵循自然规律和生态学原理，协调种植业和养殖业的平衡，推动农业生态系统封闭运行和良性循环。

经过一年的创建，长治逐渐总结和梳理出了长治有机旱作农业的路径模式和方向。壶关县晋庄村的地膜覆盖节水技术、潞城区翟店的秸秆粉碎还田技术等一大批有机旱作农业的高产稳产典型技术得以推广，抗旱品种、抗旱播种、地膜覆盖、秸秆覆盖还田、增施有机肥、保护性耕作、节水灌溉等有机旱作农业技术慢慢成熟，有机旱作农业技术体系逐渐成形。

"长治的探索没有局限在技术层面，而是通过培育新型经营主体、创建品牌、在有机示范区试验示范新品种新技术新模式，回答了谁来做有机旱作农业、有机旱作农业为了谁、怎么做有机旱作农业三个问题。"山西省农业农村厅技术推广总站站长乔日红说。

培育有机旱作经营主体

屯留县渔泽镇岗上村千亩油葵和千亩富硒谷子有机旱作农业封闭示范区，是依托中乔大三农公司和屯留县联友农机合作社创建的，示范面积 2 500 余亩。

2017 年，该示范区全部种植富硒谷子。2018 年，因轮作倒茬全部种植油葵。示范区采用"公司＋合作社＋基地"经营模式，通过土地流转的形式，把农户的分散经营用订单和技术服务的办法组织起来，从而实现了小生产向专业化大生产的跨越，有效解决了分散经营的小农户与大市场的对接问题。

和岗上村的做法类似，长治市的 12 个县级绿色有机旱作农业封闭示范区中的 85 个示范园区片区，都是依托新型经营主体进行创建。

2018 年，长治市实施了新型经营主体培育计划，鼓励新型经营主体和各类新型经营服务组织直接面向农户搞农业生产托管，集中连片推广绿色优质高效农业生产方式，让小农户通过农业产业化联合体搭上绿色有机旱作农业发展的快车。

"个体分散经营的小农方式不能适应绿色农业发展的需要。新型经营主体通过规模化才能推广绿色农业，同时也要有小农户共享的机制设计。"山西省农业厅农产品加工局局长李岳峰道出了长治做法的逻辑。

"我们的小米在公司的线上销售，最高要卖到 160 元/千克，公司有效益，我们也增收，上党老区农民种地如绣花的老传统又回来了。"8 月 14 日，武乡县上司乡铺上村绿色旱作农业封闭示范区种植户王立峰说。

破解优质不优价窘境

长子县石哲镇绿色蔬果有机旱作农业封闭示范区内有绿野新能源、蕙泽现代农业公司、大地蔬菜公司三个新型经营主体，依托三个主体，西汉村周边农户将玉米秸秆等运送到绿野公司，通过碧野科技"一机三用"技术设备，将秸秆制作成饲料用于肉牛、肉驴养殖，产生的粪便经沼气罐发酵产生沼气，沼气供西汉等村炊事、取暖，沼渣沼液以低价提供给蔬菜水果种植专业合作社，按农作物生产需求，统一配送、统一施肥，形成了绿色良性发展态势。

和长子县一样，长治市的 12 个县级绿色有机旱作农业封闭示范区都要求立足区域特色产业创建。长治市重点规划了谷子高粱产业板块、小麦产业板块、中药材产业板块等九大种植业板块。

"应该看到，有机旱作农业是技术手段，必须建在产业上，落在增收上。所以，我们在全国绿色有机旱作农业示范市创建中，对长治的特色产业进行了选择和重构，把特色产业做出稀缺性，向全省第一、全国领先努力，才能实现优质优价，进而支撑农民增收这一终极目标。"山西省农科院谷子研究所所长刘永忠说。

由此，围绕"健全产业链条＋品牌创建"设计，长治市提出建设 13 条绿色有机农产品加工产业链，鼓励农产品加工龙头企业自建、联建原料标准化生产"三品"基地，构筑农产品加工产业带，打造自主品牌，提高产品优势和市场占有率。

在这一思路下，加工企业在原料基地建设上，将有机旱作农业发展与绿色生态农业建设相结合，积极推进农机农艺融合发展，推进农业绿色发展和标准化生产，同时培育出了沁州黄小米、武乡小米、上党党参、平顺连翘、权店梅杏等"三品一标"品牌。

"其他西红柿卖 1.6～2 元/千克时，我们基地出品的紫团西红柿地头价是 3 元/千克。"领头创建壶关县旱地西红柿封闭示范区的山西融科公司负责人申丽珍说。

突破有机旱作技术瓶颈

西贾乡是屯留县的南大门，西贾乡封闭示范区由西贾诚凯核桃专业合作社牵头，通过推广秸秆还田、增施有机肥等土壤培肥技术，每亩增施沼渣沼液 1 吨来提高土壤有机质含量；推广了水肥一体化滴灌、地膜覆盖等节水抗旱技术 500 亩；选用耐旱的"比干红"辣椒品种、"中林 1 号"核桃等品种，加快了品种更新；采用色板诱杀、杀虫灯、无人机喷施生物农药等绿色防控技术。

借助此模式，西贾已推广种植绿色有机核桃 5 万亩、绿色辣椒 3 万亩，年可实现产值2.2 亿元，年可为农民增加收入 9 000 万元，人均增收 552 元。

长子县丹西龙鑫现代农业产业园位于长子县丹朱镇西寺头村，公司负责人李强借助"院县合作"平台，与山西省农业科学院蔬菜研究所合作，引进试验露地南瓜新品种、绿色西葫芦设施栽培新技术，综合运用水肥一体化、滴灌、微喷等技术，建成水肥一体化滴灌、微喷，应用有机肥替代化肥、防虫网、粘虫板等绿色防控技术，采用泥土固化筑路技术修建田间道路，实现成本低、环保型、免维护。还从中国农业科学院引进了新型高科技多功能植保机杀虫、杀菌、增温，形成了自己的一套水陆空旱作模式。

"长治市种子站建设了有机旱作农业新品种试验示范基地，实施了有机肥替代化肥工程、病虫害绿色防控工程、农业废弃物综合利用工程、禽畜粪污资源化利用工程，探索了绿色有机旱作农业的技术模式。"长治市农委副主任李晋平说。

"我们始终坚持全市一盘棋、部门协同的思路来推动绿色有机旱作农业发展。长治农业绿色发展是长治绿色发展的一部分，长治农业绿色发展的常态化必将推动长治市的绿色发展。"长治市农委主任秦志云表示。

（《农民日报》2018 年 9 月 7 日，记者吴晋斌）

种地靠科技　不再看天收
——山西省长治市旱作农业发展见闻

为充分挖掘旱作农业的潜力，山西省长治市制定了一整套绿色农产品地方生产标准，推广了一系列良种良法配套的集成技术，涌现出一大批高质量发展的示范典型，初步构建了"绿色旱作技术＋特色产业发展"模式，实现了旱作农业从求产量、求效益到求质量的转变。

持续大半年的干旱，一度让山西省长治市壶关县晋庄村党支部书记张卫明担忧不已。他担任村党支部书记三十多年，今年是最干旱的一年。

旱作耕地面积占 80％以上的长治市，是典型的北方旱作农业区。但这次旱情却格外严重，截至今年 7 月，长治地区降水量还不到 140 毫米，仅为往年的一半左右。6 月的持续高温，又加速了土壤失墒，进一步加重了旱情。

日前，记者见到张卫明时，他正在地头查看谷子长势。绿油油的谷子整齐成列，生机盎然，足足比其他地块高出 5 厘米，让他放下了心。

旱情如此严重，晋庄村的谷子为啥能有不错的长势？张卫明告诉记者，这都得益于旱作农业的发展，采用抗旱品种、铺设地膜、发展喷灌滴灌等节水措施，在大旱之年发挥了重要作用，一系列整地养地措施让耕地质量保墒能力更强。

晋庄村只是长治旱作农业发展的一个缩影。依托抗旱播种、地膜覆盖、保护性耕作、节水灌溉等技术，长治在太行山区有限的自然条件下，生产方式越来越"绿"，耕地质量越来越好，农民收入越来越高，将旱作农业发展得有声有色。

节水——留住天上雨　用好地表水

因为地处太行山干石山区，十年九旱，有人将长治市壶关县称为"干壶"。壶关县围绕旱作农业目标定位，充分利用 7 月、8 月、9 月 3 个月的降水，发展旱地西红柿。种在旱季，长在雨季，收在秋季，是壶关旱地西红柿的独特之处。

防雹网排成青纱帐，地上铺着双色反光地膜。"我们这里种西红柿和其他地方不一样，上中下都有窍门。"在壶关县店上镇绍良村阳光种养专业合作社的旱作西红柿种植基地，合作社负责人贾交忠告诉记者。

"上"架防雹网，既可以防冰雹、防虫害、防鸟、透光，还能防晒，有利于积蓄雨水。

"中"有喷灌设备，采用水肥一体化技术，省工省水，还能有效提高西红柿的品质口感。

"下"铺银黑双色反光地膜，不仅减少了对土壤的污染，而且银色地膜在外，能促进光照着色，让果实颜色更加饱满。黑色地膜在内，有利于土壤保墒。

上、中、下齐发力，合作社的西红柿与一般种植方式相比可节水 80％，效益更高。

"2018 年，我们的西红柿卖到 4 元/千克，10 月上市的一批甚至卖到了 6 元/千克，一座一亩的大棚能净赚 3 万元左右。"贾交忠说。他还将滴灌技术应用到西红柿育苗上，产量增加了 50％，年出苗量达 900 万株，能为 3 000 亩旱地提供优质西红柿种苗。

依靠多年的抗旱经验和高标准农田建设力度，长治市打造出了一批绿色旱作农业的示范乡镇。其中，既包括阳光种养专业合作社所在的店上镇万亩示范片，也包括屯留区西贾乡旱作农业封闭示范区。

分拣，称重，装箱……西贾乡 500 亩旱作农业封闭示范区的田头一派繁忙景象，西贾诚凯种植专业合作社负责人冯立红正组织社员将线椒打包，准备上市。

冯立红投资十几万元，专门架设了节水灌溉设备，铺了地膜。他觉得这钱花得值："我种的 500 亩地，过去人工浇一次水成本也得 3 000 元，现在用微喷灌能节约一半水，还省人工。再说大水漫灌，土地容易板结，微喷灌土地水分吸收更好，每亩能增加效益3 000 多元。"里外一算，这笔钱花得的确值。

同样是铺地膜，在长治，果菜和粮食作物还有不同的"讲究"。"银黑双色反光地膜主要应用于蔬菜瓜果，渗水地膜适用于粮食作物。"长治市农业农村局技术站副站长和韩伟介绍，渗水地膜能将 5 毫米以下的无效降水存储在地里，达到节水的目的。目前全市已有 4 万亩谷子和高粱应用了渗水地膜技术。

"谷子是作物里最抗旱的，土壤含水量 13％ 就能正常萌发，但今年春天我们抽测的部分耕地土壤，含水量只有 8％～9％。"和韩伟说，每年 5 月 20 日至 6 月底，是谷子播种的最佳时间，但今年这段时间内，长治大部分地区没有降雨，给谷子生产带来了很大影响。

在屯留区岗上村，记者看到联友农机合作社的 1 500 亩谷子长势喜人，而不到 2 千米外的一小片玉米地却已绝产。"多亏铺了渗水地膜。"合作社负责人常连有说，"有了地膜，正常年份能增产 30％～70％，在这种大旱年头也能基本保持稳产。后期如果下雨，还有可能出现高产。"

为了有限的水资源能得到高效利用，长治市大力推广节水灌溉、集雨灌溉和地膜覆盖、起垄栽培等保墒措施，全市推广水肥一体化技术 1.29 万亩、地膜覆盖技术 33 万亩，耕地有效灌溉面积达到 145 万亩。同时引进高粱、谷子等抗旱节水、省肥省药的资源节约型新品种 50 余个，全市抗旱节水良种普及率 70％ 以上。

养地——养好了"地皮"　才能饱"肚皮"

在发展节水灌溉、推广抗旱作物的同时，长治市也在改善耕地质量、提高土壤肥力上花了不少心思。除了对原有的工业用地进行复垦平整，达到综合再利用的目的外，还全面推广农家肥、生物菌肥等无公害肥料品种，并且通过土地流转承包的方式提高农民的种粮积极性。

看着一眼望不到边的谷子，如果不说，很难想象联友农机合作社的这片地曾是煤矿采空塌陷区。"刚开始这里土壤肥力不足，没法耕种。我用了 3 年时间耕作改良，平整土地，增施有机肥，现在种谷子每亩能净赚 5 000 多元。"常连有对记者说，"我们种的是富硒谷子，早已经与企业签订了订单，每千克能卖到 80 元。"

说起养地，常连友头头是道："旱作谷子对耕地土壤要求很高，要求地平土细。所以秋天要深耕，至少要翻地 30 厘米以上，这样土壤保墒能力更强。第二年播种前，要用专门的镇压机整地，能提高出苗率。"

除了深耕整地，施用有机肥是长治改良耕地的另外一项重要举措。

过去，壶关县东井岭乡牛家掌村石厚土薄。"人哄地皮，地皮哄肚皮。一下雨，地里就露出一层石子儿。地不好，只能勉强种点土豆、玉米，年景好的时候，一亩地也就赚几百元钱。"牛家掌村农民赵国和回忆，他是全村最早一批种植旱地蔬菜的。

为了养好"地皮"，村里连续多年进行有机堆肥、秸秆还田、深耕深翻以改善耕地质量。土层变厚，肥力增加，旱地蔬菜的品质也更好，价格更高。去年，赵国和种的 60 亩蔬菜，纯收入 50 多万元。

"很多年轻人不去煤窑打工了，回来种西红柿了。"牛家掌村党支部书记赵永刚说，现在全村蔬菜种植面积从 20 多亩发展到 500 亩，有 20 多名在外务工的农民返乡种地，村里的人气"旺"了起来。2018 年，全村仅蔬菜种植一项净利润 200 万元左右，当年就实现了整村脱贫。

耕地质量提升也离不开多种产业的相互作用。长治的特殊气候条件，使其成为党参、连翘等多种中药材的主产地，中药材也从以前的野生逐渐转为订单化生产。农民开始实行药材和粮食作物轮种，并按照龙头企业订单要求，科学施肥以维持土壤活力，实现了收入增加和产业的良性发展。

在"地皮"上花的功夫，可能见效并不快，但效果却实实在在。"2017 年，长治化肥施用量就实现了负增长，2018 年增长率更达到－2.28％。"长治市农业农村局土肥站副站长张晓瑞介绍，目前全市秸秆直接还田面积达到 282 万亩，有机肥利用率达到 53％，土壤有机质含量平均每千克达 21.27 克，耕地质量得到明显提升。

创新——技术更好用　产业更多元

发展旱作农业对长治来说并不陌生，晋庄就是个"老典型"。20 世纪 70 年代，晋庄村的"秋耕壮垡，三墒整地"就是全国旱作农业的一面旗帜。

如今，"老典型"有了新要求。传统旱作技术还要继续利用，同时结合农业绿色高质量发展的新方向和农村的新实际，在晋庄村绿色旱作农业封闭示范区实施的山西省成果转化项目"谷子优质高产轻简化栽培技术示范推广"已建设示范基地 200 余亩。

"有了新技术、新机械，现在播种、铺地膜都能一次性完成，效率高，效果好。精准穴播的谷子出苗率更高，一次性解决了出苗难、间苗难、除草难、收获难四个难题。"张卫明介绍，新品种的应用和轻简化栽培技术，使谷子平均亩产达到 662.5 千克，每亩增收 1 000 多元。

如果说 20 世纪 60 年代长治旱作农业的发展主要是求产量，21 世纪最初 10 年是求效益，那么现在的有机旱作农业瞄准的则是多种产业融合的农业高质量发展。

太行山山势陡峭，壁立千仞。沿山路盘旋而上，雨后湿润的空气微凉，一排排谷子一经雨更显油绿。沁县是山西"沁州黄"小米的核心原产区，一场雨让沁县次村乡党委书记刘向阳松了口气，因为这些谷子关系着全乡人的生计。

"我们和山西沁州黄集团签了种植合同，普通谷子每千克卖 6.6 元，有机谷子每千克售价 12 元。现在全乡大部分都种上了有机谷子。"刘向阳告诉记者。

沁州黄集团拥有 6 万亩生产基地，优质优价是共同的追求。公司常务副总经理温秀伟说："我们会专门从沁源县运来富含腐殖质的松针土，撒到地里，增加土壤有机质。"目前，"沁州黄"有机小米每千克售价在 80～400 元，带动两万多户农户均收入 4 500 元。

除了卖产品，耕地质量的提升还让不少长治农民开始"卖风景"。通过使用沼渣沼液，提高有机质含量，屯留区王庄村在曾经的废弃工业用地上种植 2 700 亩油葵。一片荒芜变成满眼金黄，成为当地人旅游、拍摄婚纱照的"网红打卡地"。

"我们还开展了社会认领种植，认领价一亩一年 2 000 元，现在已经认领了 1 000 多亩。"屯留区农业农村局副局长高迎军说，认领油葵的顾客，每天不仅可以通过手机实时观看油葵长势，收获季还能获得一份"定制油"。

巍巍太行，山石之间，产业新变正在萌芽。长治市农业农村局局长秦志云表示，下一步，长治将围绕创建绿色旱作农业示范市，高标准建设 12 个绿色旱作农业封闭示范区，分层分类建成一批绿色旱作农业示范基地，整建制创建一批绿色旱作农业示范乡和示范村，打造绿色旱作农业的"长治名片"。

数说旱作农业

764 米³

我国西北旱区包括陕西、甘肃、青海、宁夏、新疆、山西 6 省份以及内蒙古中西部地区，面积 396 万千米² （占全国的 41%），耕地面积 3.67 亿亩（占全国的 18.1%），但亩均水资源量只有 764 米³，仅为全国平均水平的 48.9%，且蒸发量大，降水时空分布不均衡。1983 年，全国旱地农业工作会议召开，正式将旱作列为农业的主攻方向之一。

700 多个

截至目前，中央财政累计资金投入超过 100 亿元，建设 700 多个旱作节水农业示范区，累计推广以地膜覆盖、集雨补灌、膜下滴灌和水肥一体化为主的旱作农业技术 1.47 亿亩，带动"三北"地区走出了一条干旱、半干旱地区农业发展的新路子。

4 亿亩次

在全国范围内，大力发展水肥一体化、集雨补灌、测墒节灌、蓄水保墒、浅湿灌溉等节水农业技术，每年单项节水农业技术应用面积累计（按播种面积）超过 4 亿亩次。以喷灌微灌、低压管道输水、渠道防渗、畦灌、沟灌等为主的节水灌溉工程面积达到 4.09 亿亩，其中水肥一体化面积超过 1 亿亩。

（《农民日报》2019 年 8 月 6 日，记者吴晋斌、李竞涵）

山西长治："七百"引领，建设太行山米粮川

日前，记者从山西省长治市农业农村局了解到，2017 年以来，长治市以有机旱作农业为引领，围绕全市粮食、蔬菜（食用菌）、中药材等主导产业，提出在全市创建 100 个现代农业产业园、100 个旱作粮食高效种植示范片、100 个蔬菜（食用菌、花卉）示范园、100 个中药材示范园、100 个干鲜果经济林示范园、100 个畜牧（水产）养殖示范园和 100 个旱作农业示范村（庄园），构建国家、省、市、县四级现代农业产业园梯次推进格局，带动农业全环节升级、全链条增值。目前，以"七百"示范创建为抓手，市级现代农业产业园及示范园创建总数达 130 个。

地处太行山之巅，素有山西"米粮川"之称的长治市是国家现代农业示范区，绿色有机旱作农业发展成效显著。2017 年以来，该市围绕当地特色主导产业，聚集现代生产要素，促进产业融合发展，按照"提质一批、扩张一批、建设一批"的思路，围绕"七百"示范创建规划，市级财政先后安排 960 万元专项资金对批准创建的市级现代农业产业园和特色产业示范园进行扶持。现已先后认定了沁县沁州黄小米等 10 个市级现代农业产业园，批准创建壶关紫团食用菌等 32 个市级现代农业产业园和沁源好乐草莓等 88 个市级特色产业示范园。

在梯次推进农业园区建设中，除了科学规划"七百"示范创建，长治市还突出示范引领、标准制定、品牌打造和链条延伸。其中，示范引领明确将现代农业产业园和特色产业

示范园创建工作列为有机旱作农业的"七百"示范，以点带面辐射整市推进绿色有机旱作农业示范区建设，以现代农业产业园建设推动有机旱作农业的发展。

在标准制定中，修订了14项生产技术操作规程，完善了60项绿色有机农产品地方生产标准。要求批准创建的市级产业园和示范园全面实施标准化生产，生产工艺先进，农业投入品使用符合相关农业生产规范要求；通过"三品一标"认证，具有严格的质量监测和质量安全检测手段，质量安全可控；农产品市场竞争力较强，能够实现优质优价，有效带动园区周边农民增收。

在品牌打造方面，出台了《关于加快推进农产品品牌建设的意见》，重点培育打造上党党参、沁州黄小米等20个区域公用品牌、企业品牌和产品品牌。编制完成上党中药材品牌战略规划，着力打造"上党党参"区域公共品牌。"长子大青椒"纳入2019年第一批全国名优特新农产品名录，"沁州黄小米""上党党参"入选中国农业品牌目录2019农产品区域公共品牌。

在链条延伸方面，逐步构建起园区主体与农户的利益联结机制，并通过承接产地、对接市场，形成了以沁州黄小米为龙头的杂粮产业链、以长子浩润脱水蔬菜为龙头的蔬菜产业链、以振东中药材为龙头的中药材产业链、以太行紫团为龙头的食用菌产业链等13大产业链条，总结推广了振东"政府引导＋企业服务＋合作社管理＋农户操作"、沁州黄"龙头企业＋专业合作社＋农户"、多维牧业"政府补贴、企业寄养、农户分红"等典型龙头带动模式，让农民分享产业增值收益。

（《农民日报》2020年7月2日，记者常力强）

有机旱作农业的长治实践

雄踞南太行之巅的长治，有极高的地势、纵横的沟壑、稀缺的降水，境内丘陵山地面积高达84％以上，旱地占80％以上，年降水量只有600毫米左右，是典型的雨养农业、旱作农业区，与自然环境相伴的是历史上相对落后的农业生产要素。即使在省内，人们也总是用"凑凑合合晋东南"来与"欢欢喜喜汾河湾"进行对照。所以，千年之前，当古绛州赢得"炎天故绛路，千里麦花香"的盛誉和赞叹时，留在上党地区的则是"北上太行山，艰哉何巍巍"的艰辛与喟叹。

上党从来天下脊。在窘境中探索、艰难中跋涉、困苦中抗争，正是凭着坚韧的毅力和顽强的精神，上党人民在与大自然的不断抗争中，探索出了一整套有机旱作农业耕作方法，并成为广大人民群众战胜干旱等自然灾害、夺取农业丰收的制胜法宝。到20世纪七八十年代，以秸秆覆盖还田、增施有机肥、保护性耕作、节水灌溉等有机旱作农业技术为代表的生产经验，被同类地区的广大农村推广应用，获得了广泛的经济效益和社会效益。特别是壶关县晋庄村的"秋耕壮垡，三墒整地"、屯留县王公庄的机械化旱作农业技术地膜覆盖节水技术、潞城区翟店的秸秆粉碎还田技术等一大批有机旱作技术，引起了全省乃至全国的高度关注，成为"与天为党"的长治人创造的人与自然和谐共处的美丽篇章。

2017年，习近平总书记视察山西时作出重要指示："山西要坚持走有机旱作农业的路子，完善有机旱作农业技术体系，使有机旱作农业成为我国现代农业的重要品牌。"由此，山西有机旱作农业发展掀开了新篇章，长治有机旱作农业也步入了一个新时期。

站在新的历史起点，如何将传统与现代相融合、集聚旱作农业的经验、集成旱作农业的模式、为广大的旱作农业地区探索新路，成为长治市的历史使命和责任。

一年多来，长治市认真贯彻习近平总书记视察山西重要讲话精神，以山西有机旱作示范区建设为引领，以"七个一百"的园区为载体，布局12个县级有机旱作农业封闭示范区，围绕九大有机旱作农业种植板块、六大绿色有机健康养殖基地、13条绿色有机农产品加工产业链目标，整市推进有机旱作农业封闭示范区建设，在创建全国绿色有机旱作农业示范市的道路上迈出了铿锵步伐。

高位谋划绘就升级蓝图

山西省的有机旱作农业之路如何走？一个明确的要求是：要发挥比较优势，突出地方特色，集成一批有机旱作农业技术模式，开发一批优质特色产品，加快培育优质杂粮、蔬菜、鲜干果、草牧业、中药材等特色优势产业，将山西省有机旱作农业打造成全国现代农业品牌。

发展有机旱作农业，既是广大干旱半干旱地区改善现有生产条件和生产方式的内在要求，也是迈向现代农业的重要途径，更是长治市推进现代农业的积极探索和实践。正是在这样的历史必然和现实抉择中，长治市有机旱作农业迈出了坚实的步伐。

2017年长治市委农村工作会议上，当地立足资源禀赋，审时度势，提出了创建绿色有机农业示范区的思路。

2017年6月23日，印发了《关于加快发展绿色有机农业深入推进农业供给侧结构性改革培育农业农村发展新动能的实施方案》，提出"以发展绿色、有机、特色农业为主题，以打造优质、高效农业为目标，努力把长治打造成绿色有机农业生产示范区"。

2017年6月29日，市政府又印发了《长治市大力推进绿色有机旱作农业发展行动方案》，并组织实施。

2017年8月1日，全市农业标准化暨绿色有机农业发展现场推进会在屯留召开，长治大力推进绿色有机旱作农业发展的做法，得到了省政府、省农业厅的充分肯定。

2017年10月13日，省政府办公厅发函同意长治创建全国绿色有机旱作农业示范市，省政府制定的《关于加快有机旱作农业发展的实施意见》和《山西省加快有机旱作农业发展2018年行动计划》中明确提出，近期集中力量打造以长治为代表的有机旱作农业示范区，大力推广有机旱作技术，精心打造一批封闭示范区，加快创建全省绿色有机旱作农业示范市。

2018年，长治市委农村工作会议就大力创建全国绿色有机旱作农业示范市明确指出，长治要努力走出一条产品安全、环境友好、科技先进的长治绿色有机旱作农业之路。市、县两级政府都成立了绿色有机旱作农业发展领导组，财政拿出2 000余万元，支持封闭示范区、示范园建设和有机旱作技术推广。

此后，市领导多次带队深入调研，协调解决工作推进中的困难问题。组织专家学者多次对全市有机旱作农业发展进行专题调研、督促检查、把脉问诊，对全市特色产业发展进行区划和布局，加速农业产业升级。市政府出台了《长治市创建全国绿色有机旱作农业示范市实施方案》《长治市绿色有机旱作农业封闭示范区建设实施方案》，明确年度行动计划，将有机旱作农业列入全市目标责任考核转型综改考核指标，全方位推进有机旱作农业发展。

在重特色构建产业体系、抓品质注重技术创新、扶主体夯实发展基础、树形象打造长治有机旱作品牌、强保障健全支撑体系的科学布局下，长治确立了新的发展思路和规划目标：重点建设 200 万亩优质玉米、40 万亩谷子高粱、40 万亩特色蔬菜、50 万亩中药材、50 万亩干果经济林、10 万亩水果、10 万亩脱毒马铃薯、5 万亩优质小麦、1 万亩食用菌九大有机旱作农业种植板块，6 000 万只肉鸡、3 000 万只蛋鸡、300 万头生猪、100 万只肉羊、10 万头肉牛、1 万头肉驴六大绿色有机健康养殖基地和 13 条绿色有机农产品加工产业链。由此，长治市全力打造有机旱作现代农业品牌的蓝图逐步变为现实。

产业引领破解时代命题

"小米在公司的线上销售，最高要卖到 80 元/斤，他们有效益，我们也增收，上党老区农民种地如绣花的老传统又回来了。"武乡县上司乡铺上村绿色旱作农业封闭示范区种植户王立峰说。

在这个示范区里，种植谷子严格把控质量，建立了较为完善的产品追溯体系。基地配备了 24 小时视频追溯管理系统。每一个用户均可以通过公司产品二维码进入监控系统，实时查看基地农事生产活动，从翻地、播种、施肥、除草一直到秋收都有记录，可以说示范区内耕田种地就像绣花一样精细。同时，公司成立了土壤质量检测小组，购买了土壤检测设备，对基地的土壤逐块化验并建立土壤检测档案。到秋收的时候，公司在保证产品质量的情况下，进行统一收购。

屯留县渔泽镇岗上村千亩油葵和千亩富硒谷子有机旱作农业封闭示范区，是依托中乔大三农公司和屯留县联友农机合作社创建的，示范面积 2 500 余亩。2017 年该示范区全部种植富硒谷子，2018 年因轮作倒茬全部种成油葵。生产过程中，示范区通过测土配方、增施有机肥，提高土壤肥力，推广渗水覆膜机械化穴播栽培技术，选用"油圣耐旱将军"等抗旱品种，实现了耕、种、管、防、收全程机械化，无化学品投入，打造了优质、健康、营养的富硒功能食品原料。

和屯留岗上村的做法类似，长治市的 12 个县级绿色有机旱作农业封闭示范区中 85 个示范园区片区，都是依托新型经营主体进行创建。2018 年，全市实施了新型经营主体培育计划，鼓励新型经营主体和各类新型经营服务组织直接面向农户搞农业生产托管，集中连片推广绿色优质高效农业生产方式，让小农户通过农业产业化联合体搭上绿色有机旱作农业发展的快车。

有机农产品是产出来的，更是管出来的。长治市从封闭示范入手，充分利用山水田林路沟、围墙、围网等有形的物理封闭设施和加强农业投入品监管、农产品质量抽检、完善种肥药管收"五统一"运行管理机制等无形的监管封闭措施，在全市 12 个农业县（市、区）高起点建设了如壶关融科、襄垣林盛、武乡沃土、沁县沁州黄等 12 个封闭示范片，完善市、县、乡三级"行政领导＋专家指导＋龙头引导"的包联责任制，确保封闭示范成效。同时，在全市规划布局粮食、蔬菜、中药材、干鲜果、畜禽养殖等 7 个不同类型 700个产业发展示范园，围绕特色产业发展定标准，示范带动有机旱作农业发展。

严格划定示范区生产保护范围，从技术上提升，严格把控，建立可追溯的品质保障体系，不断向标准化、规模化迈进。这是长治推进绿色有机旱作农业的有效途径。而这个途径的最终落地，则来源于对发展现代农业的重大理念创新，要从"拼面积、比产量"向"拼绿色、比质量"转变，扬长避短，突出特色，全面激活市场、要素、主体，健全有机旱作农业的技术体系、产业体系、生产体系、经营体系、服务体系，加快农业结构战略性调整，让特色产品绿起来、优势产业强起来、农民腰包鼓起来。

特色支撑打破技术瓶颈

在平顺县青羊镇车厢沟绿色有机中药材封闭示范区内，大力开展野生资源的抚育和种植品种的标准化改造工作，采取"追溯系统＋有机旱作标准化种植＋加工＋物流仓储销售"的模式，建立起了育苗、种植、采收、储运、销售为一体的全产业链条。

这种"追溯体系＋仿野生＋标准化＋绿色防控"道地中药材的种植模式，不过是长治发展有机旱作农业、为它插上科技翅膀的6种模式之一。"生贵大棚＋水肥一体化＋土壤消毒＋绿色防控"绿色循环的蔬菜种植模式、"全程机械＋地膜＋叶面肥＋轮作倒茬＋产业化联合体"的有机旱作谷子种植模式、"质量追溯＋羊肥＋古法种植＋产业化联合体"有机旱作谷子种植模式、"物联网＋水肥一体化＋绿色防控"绿色有机旱作水果种植模式，还有布局合理、产业集聚、农牧结合、种养高效、沼气利用、有机肥还田的"大棚＋养殖＋沼气＋种植"的绿色循环设施农业种植模式。

在屯留西贾乡，由西贾诚凯核桃专业合作社牵头，通过推广秸秆还田、增施有机肥等土壤培肥技术，每亩增施沼渣沼液1吨来提高土壤有机质含量；推广了水肥一体化滴灌、地膜覆盖等节水抗旱技术500亩；选用耐旱的比干红辣椒品种、中林1号核桃等品种，加快了品种更新；采用色板诱杀、杀虫灯、无人机喷施生物农药等绿色防控技术，实现了农药使用零增长。

在长子县丹朱镇西寺头村，公司负责人李强借助院县合作平台，与山西省农业科学院蔬菜研究所合作，引进试验露地南瓜新品种、绿色西葫芦设施栽培新技术，综合运用水肥一体化、滴灌、微喷等技术，建成水肥一体化滴灌、微喷，应用有机肥替代化肥、防虫网、粘虫板等绿色防控技术，采用泥土固化筑路技术修建田间道路，实现成本低、环保型、免维护。还从中国农业科学院引进了新型高科技多功能植保机杀虫、杀菌、增温，形成了自己的一套水陆空旱作模式。

按照全省六大工程要求，长治市重点抓好技术创新和集成应用推广，努力为有机旱作农业插上科技的翅膀。

围绕技术创新，长治市依托长治职业技术学院、谷子研究所等农业院校和科研机构，组建了"长治市现代农业科技推广联盟"，开展优质杂交玉米、谷子等旱作良种攻关。长子县、武乡县、长治县、壶关县、屯留县分别与山西省农业科学院、山西农业大学等科研院校签订战略合作协议，推广新技术、新品种、新模式，指导绿色有机旱作农业发展。

长治市还通过召开市委常委会、中心组学习会等，提高全市各级领导干部对有机旱作农业的认识。市农委组织全市农业新型经营主体先后在浙江大学、西北农林科技大学、农业农村部管理干部学院等地开展高素质农民培训，累计培育有机旱作人才3.5万人，为全市有机旱作农业发展提供了人才和智力保障。

从单一抗旱到有机旱作农业技术集成，长治市正在构建具有区域特色的旱作农业技术体系。全市总结推广了五大有机旱作农业技术集成模式，在农技、农艺、农机、绿色、生态上综合发力，促进了粮食增产、农业增效、农民增收，一块块低产田变成了保水、保肥、保产的"三保田"。

"我们始终坚持'全市一盘棋，部门协同'的思路来推动绿色有机旱作农业发展。长治农业绿色发展是长治绿色发展的一部分，长治农业绿色发展的常态化必将推动长治市的绿色发展。"长治市农业局局长秦志云说。

品牌叫响走出"丰收"怪圈

伤心玉米低价粮，便宜核桃卖不动的枣。旱作技术解决了产量问题，但如何确保产品优质优价？产业发展壮大后产品的定位与市场的接受才是整个环节中最重要的一环。长治的答案是：绝不能只顾埋头种地，更要抬头看市场。现在人们追求吃得绿色、放心，就得让好土地长出好产品，全程安全监管，聚焦品牌打造，推动传统农业提质增效。

打造长治有机旱作品牌，以品牌创建作为有机旱作农业的重要抓手。长治大力发展区域公用品牌、企业品牌和产品品牌，加大宣传推广和品牌整合力度，率先发布了"长治神谷"农合小镇区域公用品牌。众多长治名优农产品抱团"走出去"、协同打品牌，知名度不断提升，市场竞争力有效增强。

长子县石哲镇绿色蔬果有机旱作农业封闭示范区，依托绿野新能源公司、蕙泽现代农业公司、大地蔬菜公司3个主体，组织周边农户将玉米、蔬菜等秸秆运送到绿野公司，将秸秆制作成饲料用于肉牛、肉驴养殖，产生的粪便经沼气罐发酵产生沼气，供西汉等村炊事、取暖之用，沼渣沼液以低价提供给蔬菜水果种植专业合作社，在形成绿色产业链的同时，也打造了3个知名的绿色品牌。

如今又是旱地西红柿的收获季节，当别的西红柿卖1.6~2元/千克时，壶关县旱地西红柿封闭示范区里的紫团西红柿地头价是3元/千克。这是品牌的价值。围绕健全"产业链条＋品牌"创建设计，长治提出建设13条绿色有机农产品加工产业链，将有机旱作农业发展与绿色生态农业建设相结合，积极推进农机农艺融合发展，推进农业绿色发展和标准化生产，同时培育出了沁州黄小米、武乡小米、上党党参、平顺连翘、权店梅杏等品牌，构筑起农产品加工产业带，打造了自主品牌，提高了产品优势和市场占有率。

目前，长治全市已有黎城核桃、长子大青椒、沁州南瓜籽、沁州核桃、平顺潞党参、熬脑大葱、洪井三皇小米、上党土蜂蜜、沁州黄小米、襄垣手工挂面、武乡小米、平顺连翘12件地理标志产品，涵盖了当地主要特色优势农产品，认证数量全省领先。有沁州黄公司的"沁州"、世龙公司的"世龙"、郭氏公司的"郭国芳"、振东制药公司的"岩舒"等6个商标被认定为中国驰名商标，郭氏羊汤被认定为中华老字号产品，农产品商标注册率达85％以上。全市"三品"认证有效用标企业145家、产品290个、面积78.22万亩。2017年，"沁州黄小米"入选全国百强农产品区域公用品牌，"上党党参"被列为全省六大区域公共品牌之一。2018年，长治突出养生功能，努力打造"上党小米""上党党参"两个市级区域公共品牌和壶关旱地西红柿、屯留尖椒、沁源马铃薯等县域农产品公共品牌。

千针一线落脚农民增收

上司乡绿色有机旱作农业封闭示范区，2 400 亩谷子统一种植、统一收购、封闭管理，实现 24 小时视频追溯，为每一袋谷子配备追溯二维码。种植户感叹：封闭示范区发展有机旱作农业，通过谷子高价回购（市场价的 2 倍，不低于 5 元）、种植轮茬补贴（每亩 400 元）、秸秆粉碎还田补贴（每亩 40 元），农户年均增收 7 000 元以上，再也不怕市场的波动了。

壶关绿色有机旱作农业封闭示范区，有 2 326 亩蔬菜，以山西融科农林科技有限公司和 5 家专业合作社为带动主体，争取到省科技厅全省旱地西红柿有机旱作关键技术研究与示范项目落户，引导农户以土地经营权、资金、技术、劳务等生产要素入股，推进有机旱作蔬菜标准化生产，实现人均增收 3 000 元。

平顺县青羊镇绿色有机中药材封闭示范区，有 3 200 亩中药材，依托山西振东健康产业集团，大力开展野生资源的抚育和种植品种的标准化改造工作，实行种、肥、技、机、销"五统一"，采取"追溯系统＋有机旱作标准化种植＋加工＋物流仓储销售"的模式，建立起了育苗、种植、采收、储运、销售为一体的全产业链条，实现农户人均增收 2 500 元。

发展有机旱作农业的根本目的是提高产出效益，提高农民收入。为了保证有机农产品不仅种得好，而且卖得出、销得广，长治聚焦新型经营主体培育和市场营销，通过一二三产业融合，实现全产业链升值。2018 年，成立长治市农业产业化龙头企业协会、中药材行业协会，扎实推进 20 个现代农业产业园建设，加快推进有机旱作农业产业化。

目前，长治全市市级以上农业产业化龙头企业达到 141 家，初步形成了以长清生物、振东制药、沁州黄为龙头的玉米、谷子、连翘等 13 条特色农产品加工产业链。沁州黄公司牵头成立了首家小米产业化联合体，带动 1.6 万户农户增收致富。在市场营销上，因势利导建立健全"行业协会＋产业化联合体＋龙头企业＋合作社＋农民"的利益共享、风险共担机制，越来越多的农民跟着受益。沁州黄公司联合 3 家公司、27 个谷子种植专业合作社、3 个自营生产基地、1 个家庭农场、55 名谷子种植大户组建了新型农业产业化联合体，发展标准化谷子种植基地 4.8 万亩，带动农户 15 893 户，户均收入达到 4 800 多元；太行沃土公司与示范区农户签订种植订单 2 000 多亩，以高于市场价一倍的价格收购农户按公司标准种植的谷子。武乡县岭头村户户发展微商，线上、线下发力，让好小米卖出了好价钱，晋黄养肥小米每千克能卖到 160 元。

一场有机旱作农业的巨大变革，正在给上党大地带来新的希望。长治市将认真践行习近平总书记视察山西重要讲话精神要求，按照省委、省政府的决策部署，一张蓝图绘到底，努力走出有机旱作农业发展的"长治路径"。

（《山西日报》2018 年 9 月 11 日，记者李家鸣）

园区承载封闭示范产业引领特色支撑
——长治市叫响有机旱作农业品牌

10 月 30—31 日，"长治神谷"小杂粮山货节（杭州站）启动仪式在丽水山耕杭州旗舰店启动。"沁州黄"小米、"十里香"大红袍花椒、黎城紫皮核桃、上党沙地红薯、潞党参等"长治神谷"农产品纷纷亮相杭州，两天时间线上线下累计销售5万余元。这不仅是一次产品营销的成功，更是长治推行绿色有机旱作农业试点的成果检验。从点上突破到面上推广，从先行先试到标准规范，从单一技术支撑到技术体系不断完善，长治市走出了一条生产生态相融、特色产业高效的有机旱作农业之路。

自去年以来，长治市率先在全省设立有机旱作农业封闭示范区，布局12个县级有机旱作农业封闭示范区，围绕9大有机旱作农业种植板块、6大绿色有机健康养殖基地、13条绿色有机农产品加工产业链，按照有机农产品生产标准，不使用化学合成的农药、化肥、生长调节剂、饲料添加剂等，遵循自然规律和生态学原理，协调种植业和养殖业的平衡，推动农业生态系统封闭运行和良性循环，积累了有机封闭示范区的成功经验。

在被确立为全省唯一的有机旱作农业示范市后，长治市结合巩固国家现代农业创建示范区和全国首家农业综合标准化示范市成果，科学编制并出台了绿色有机旱作农业示范市创建规划和实施方案，以重特色构建产业体系、抓品质注重技术创新、扶主体夯实发展基础、树形象打造长治有机旱作品牌、强保障健全支撑体系为要求，围绕玉米、高粱、蔬菜、中药材、干果经济林、水果、脱毒马铃薯、小麦等有机旱作农业种植板块，布局肉鸡、蛋鸡、生猪、肉羊、肉牛、肉驴6大绿色有机健康养殖基地和13条绿色有机农产品加工产业链。

围绕示范区的建设，长治市财政列出专项资金2 000余万元，支持封闭示范区、示范园建设和有机旱作农业技术推广。相关部门制定和修订完善种植业、养殖业、加工业"三品一标"产品技术操作规程和质量标准，推行农业标准化生产技术，逐步形成了可供借鉴的有机旱作农业标准体系，同时推进700个试点建设高效设施农业、无公害绿色农产品生产基地。

目前，长治全市认证"三品"农产品289个，产地认证面积77.93万亩。全市农产品地理标志认证数量12个，新增高标准农田面积19.42万亩，增施有机肥216万亩，耕地土壤有机质含量2.13%，全市抗旱节水良种普及率70%以上，全市市级农业产业化龙头企业发展到141家，500万元以上农产品加工企业销售收入年内预计完成225亿元。

（《山西日报》2018年11月11日，记者李家鸣）

沁源：有机旱作农业稳扎稳打

"我今年从起春开始就在这里干活，现在这个季节就到有机旱作蔬菜基地去锄草，一天挣80元钱，除了下雨天，大概一个月能挣2 000多元钱，月月能给发工资。"8月2日，沁源县景凤乡韩家窑村村民杨永红给记者讲述着自己和有机旱作蔬菜基地之间的故事。

2013年，沁源县政府将三安有机旱作农业模式引进到官滩乡紫红村，并建立了马铃薯、谷子、高粱等十余个品种的生产基地。经过5年的实践证明，三安农业模式确实能够提升品质、保证产量、修复土壤。于是周边的老百姓也开始采用这种模式种地。景凤乡黎和村村委会主任赵建武介绍说："我身后就是一片有机旱作种植示范基地，这片基地采取的是农家肥、有机肥的种植模式，这块地今年的底肥全部用老百姓家的牛粪、羊粪、鸡粪，经过三安公司的技术指导发酵消菌处理以后用到地里，基地100亩的面积每亩需要

6 米³的农家肥作为底肥，将来扩大面积后，景凤乡的牛粪、鸡粪等农家肥都能通过这种途径处理。"

近年来，沁源县以创建有机旱作农业示范县为目标，突出道地中药材、马铃薯种薯繁育两大主导产业，以"一区六基地"建设推动特色产业发展。"一区"就是要建设道地中药材种植优势区；"六基地"就是要创建中药材标准化种植基地、中药材标准化育苗基地、有机旱作农业示范基地、太岳山马铃薯种子繁育基地、马铃薯水肥一体机械化种植高产基地和道地中药材收购、仓储基地。今年春天，沁源县还与中国农业大学签订《沁源县有机旱作农业示范县建设项目农业技术合作协议》，双方在科研创新、技术服务、人才培育等方面开展产学研深度合作。中国农业大学农学院教授、博士生导师、中国农业大学全域有机农业协作组组长胡跃高多次率队到沁源实地考察调研，认为沁源县"生态环境好、土地质量好、传统文化资源强，非常适合发展有机旱作农业"。

今年开始，景凤乡结合农业实际和本地自然条件优势，创建三安模式全域有机旱作示范乡镇，因地制宜推广精准施肥技术，从农田作业环节改善和提高耕地质量。截至目前，共种植有机农作物 400 亩、蔬菜 200 种、药材 300 亩，成为全县"一区六基地"之一，共带动贫困户 126 户实现稳定增收。

景凤乡党委书记黄小艳告诉记者："今年我们的有机旱作蔬菜预计产生经济效益 1 214.57 万元。接下来，我们将用 3 年时间实现有机旱作农业全乡全覆盖，形成有机种植、生态养殖循环产业链，走出一条精品农业的生态康养特色之路。"

从清徐来的菜农车德明专业收菜 27 年了。8 月 2 日，他在灵空山镇有机旱作蔬菜基地考察西葫芦时说："这里的菜品质不错，后续再多重视包装就更好了。"灵空山镇党委书记郭俊斌介绍说："下一步，我们要利用好自身优质的环境资源，在 16 个村打造全域有机旱作蔬菜 2 000 亩。"

（《山西日报》2020 年 10 月 26 日，记者王秀娟）

旱作农业发展的"武乡模式"

武乡县是传统的农业县，位于太行山西麓、山西省东南部、长治市最北端。地势呈东西高、中间低的马鞍形，属黄土丘陵山区。旱地占 80％以上，年降水量 600 毫米左右，且降水分布极不均匀，常常出现春旱、伏旱和夹秋旱，是典型的雨养农业、旱作农业区。

武乡县发展有机旱作农业历史悠久，全县 40 余万亩耕地中，旱作农业优势产区 30 万亩，境内有浊漳河、涅河等多条河流，以及山西省第四大水库的关河水库，有效抵御了干旱，形成了独具一格的有机旱作农业技术体系，出现了像武乡小米、权店梅杏等众多的优质特色农产品。近年来，武乡县把传统农业与现代农业相结合，把有机旱作农业发展与绿色生态农业建设相结合，积极推进农机农艺融合发展，着力推进农业绿色发展和标准化生产，有机旱作农业生产水平又有了新提高，培育出了武乡小米、权店梅杏等"三品一标"品牌和一批特优农产品生产加工企业。

耕田种地，如绣花般精细

8月14日，当车轮驶入武乡县上司乡铺上村绿色旱作农业封闭示范区，一眼望去，大片的谷子形成一片绿海，波纹层层扩散，树木、野草的气息，和着秋风缓缓地流动、回荡，构成了一个童话般的绿色城堡。

"这儿不但种子好，配方施肥、垄田宽度、种植密度等都有讲究。"说起科学种田，种植户王立峰如数家珍。

精耕细作下带来的是看不见的效益，示范区的小米在山西太行沃土农业产品有限公司的运作下，最高每千克要卖到160元。

王立峰边说边打开手机，点开一段视频，只见高挂的艳阳映衬着瓦蓝的天空，绿色的谷穗翻滚着波浪，农民们挥舞着锄头正在田地里锄草……视频显示这是2018年5月8日田地里的情景。

示范区实施主体山西太行沃土农业产品有限公司技术员张东平告诉记者，示范区种植谷子严格把控质量，建立了较为完善的产品追溯体系。基地配备了24小时视频追溯管理系统，每一个用户均可以通过公司产品二维码进入监控系统，实时查看基地农事生产活动，从翻地、播种、施肥、除草一直到秋收都有记录，可以说示范区内耕田种地就像绣花一样精细。同时，公司成立了土壤质量检测小组，购买了土壤检测设备，对基地的土壤逐块化验并建立土壤检测档案，到秋收的时候，公司在保证产品质量的情况下，进行统一收购。"耕田种地，必须精耕细作，偷不得懒、耍不得滑。"武乡县农委总农艺师郭旭波告诉记者，武乡县在建设旱作农业示范区上，严格划定示范区生产保护范围，从技术上提升，严格把控，建立可追溯的品质保障体系，不断向标准化、规模化迈进。

特色种植，实现土地"生金"

在上司乡上司村，300余亩"红色之爱"爱果树迎风摇曳，万余只鸡、鹅在树下漫步啄食，展现出一副惬意的乡村画面。

武乡县晋蕾爱果农业科技有限公司主要从事瑞士进口"红色之爱"特色水果的种植和销售，"红色之爱"爱果中含有丰富的花青素，是红富士苹果的20倍，是一种天然的保健品。

公司负责人姚泽波告诉记者，为打造一流的无公害、绿色、有机示范区，该公司通过农业技术部门的严格把控，杜绝使用农药化肥，采用林下牧养鸡、鹅模式，利用鸡、鹅产生的粪便为果树生长提供优质的有机肥料，鸡、鹅还能有效防治树林害虫，从而形成以草养禽、以禽促果的生态循环系统。为保证"红色之爱"爱果的产品质量，公司构建了全方位的监控体系，对300余亩果树全部安装监控设施，实现了企业安全全程监控，达到绿色有机种植的初步要求。

张有才两口子在晋蕾爱果农业科技有限公司打工已经一年多了，以前两口子种3亩玉米，一年下来都不够家里开销，现在田地流转给晋蕾爱果农业科技有限公司，再到该公司打工，一年收入17 000余元。

"今年300余亩果树已开始挂果，挂果量将逐年增加，预计到2020年，年产量将达到

500 吨，按每千克 200 元左右计算，年产值将达亿元。"说起公司的未来，姚泽波侃侃而谈。

五环管控，带动农业革命

今年以来，武乡县制定出台了《武乡县绿色有机旱作农业封闭示范区创建实施方案》（武政办〔2018〕11 号），紧紧围绕封闭示范区的科学内涵，从生态条件、生产管控、农技农艺、追溯体系、龙头带动 5 个环节建立健全五环管控体系推进封闭示范区创建工作。

自然地界的生产生态环境，是保障绿色有机封闭示范区标准质量的前提条件。武乡县农委通过反复的实地勘察、各种系数的比对，计划在上司乡的铺上村、蒋家庄村、乐家坪村、岭头村，贾豁乡的古台村、王家垴村、胡庄村 7 个村实施项目。示范种植面积 5 186 亩，包括谷子 2 620 亩，核桃、梅杏、优质黄豆、有机露地蔬菜等 2 566 亩。

制定完善了以国家、行业标准为基础，符合该县实际的《绿色有机农产品生产技术操作规程》。大力推行统一优良品种、统一生产操作规程、统一投入品供应和使用、统一田间管理、统一收货销售的"五统一"生产管理制度，把农业标准化贯穿到示范区生产、加工、贮运、销售等各个环节，以标准化促进优化化。

由相关职能单位组建了示范区专家指导组，聘请省农业厅专家和县级农技中心推广人员组成科技推广团队，严格遴选种植业主推品种和技术，按照有机农业标准化基地环境质量要求、生产技术标准和操作规程，全面推广运用绿色有机谷子生产技术、病虫害统防统治技术、测土配方施肥技术等有机旱作农业配套技术模式；全面推广实施深耕松土、机耕、机播、机收全程机械化技术。

示范区种植谷子严格把控质量，建立了较为完善的产品追溯体系。建立基地农户信息档案，完善田间农事操作记录；基地配备了 24 小时视频追溯管理系统，每一个用户均可以通过公司产品二维码进入监控系统，实时查看基地农事生产活动；成立了土壤质量检测小组，购买了土壤检测设备，对基地的土壤逐块化验并建立土壤检测档案。

示范区全面构建"龙头企业（公司、合作社）＋基地＋农户""合作社＋科技服务组织＋农户"等产业发展模式，全面发展订单农业生产，建立长期稳定的购销关系。

武乡县农委总农艺师郭旭波说："下一步，武乡县将加快发展有机旱作农业，立足我县资源禀赋，破除农业发展制约瓶颈，转变农业发展方式，推动农业转型升级，促进产业兴旺和农民增收。"

（《长治日报》2018 年 8 月 19 日，记者常乾栋）

长子县构建现代农业绿色循环发展新格局
——丹朱大地"长"出高效农业

一座座高效农业大棚、一片片规模种植示范区、一个个规范畜牧养殖场，现代农业园区内，项目建设红红火火，农业龙头企业的产品产销两旺；品牌农产品如雨后春笋般涌现，农业发展欣欣向荣。长子县坚持用工业化理念抓农业，今年以来，大力发展绿色有机旱作农业，遏制农业面源污染和生态退化，提升农产品质量安全水平，保障食物安全、资源安全和生态安全，推进生态文明建设，推动农村绿色发展，走出了一条产出高效、产品安全、资源节约、环境友好、科技先进、融合发展的现代农业强县之路。目前，长子县培育壮大了一批以福源淀粉、浩润脱水蔬菜、恒绿猪头肉加工等为代表的农产品加工龙头企业；扶持打造了一批以方兴、生贵、大地为代表的蔬菜种植示范园区；做大做强了一批以温氏、新拓、鑫利源等为代表的规模养殖园区……"农业大县"变"农业强县"，长子县推进农业集约高效发展成效明显。

创新模式农业形成循环产业链

走进长子县石哲镇西汉村绿色有机旱作农业封闭示范区，一个沼气工程串起了示范区里的所有种养产业，昔日荒废的土地又恢复了生机。错落的果园、整齐的牛圈、成片的大棚，立体循环种养模式在这片示范区里初具雏形。

此时，一车经过加工的秸秆作为青贮饲料倒入饲料池，上千头肉牛正吃得津津有味，循环农业模式也从这里悄然开启：牛粪和秸秆用于生产沼气，所产沼气作为村民日常用气和冬季取暖，沼渣与沼液成为示范区蔬菜大棚基地的有机肥料。

西汉村村委会主任闫建光说，示范区里形成了"养殖场粪污处理＋农作物秸秆—大型沼气池—农户用气＋并网发电—高效有机肥—周边蔬菜大棚绿色农产品种植"的循环产业链条，初步形成布局合理、产业集聚、农牧结合、种养高效、沼气利用、有机肥还田，环环相扣的绿色农业循环发展新模式。

绿色有机旱作农业封闭示范区实施范围涉及石哲镇西汉村、吕村、慕容 3 个村，涉及总户数 1 111 户，其中建档立卡贫困户 51 户；总人口 3 432 人，其中贫困人口 77 人；示范面积 3 860 亩，包括设施蔬菜等 1 860 亩、露地蔬菜 1 000 亩、玉露香梨 1 000 亩。自北向南被依次划分为生态大棚种植区、晋西牧业养殖区、绿野新能源规划区、村民连片居住区。其中，由绿野新能源实施的大型沼气集中供气工程可处理畜禽粪便 28.8 万吨、干鲜秸秆 4.15 万吨，年产沼气 800 多万米^3，每年直接施用农田 1 万亩 6 万吨，加工液肥 2.06 万吨，加工有机肥 3.03 万吨，实现了真正意义上的无污染、零排放、有机、生态现代农业循环经济产业链。

科技助力蔬菜种植走上高效路

一田农业科技开发有限公司位于丹朱镇东寺头村。走进公司新型节能日光育苗温室内，温度骤然提升，棚内绿意盎然，育苗穴盘上一株株娇嫩秧苗长势良好。蔬菜"土专家"赵守波将遥控器轻轻一摁，只见悬挂在空中的自走式喷灌机开始给整个温室的蔬菜秧苗自动喷水。"我们公司大棚的坡度、跨度和高度比较科学合理，并且温度、湿度和通风都实现了自动化。"赵守波自豪地说。

在长子县蔬菜产业发展中，不断涌现出许多"生贵式"爱钻研的科技型老板、"土专家"，方兴、惠民、一田、华丰、豆根等一批蔬菜科技型企业分布在全县各地。这些企业不断研发新科技，大胆示范新技术，引领着全县蔬菜产业朝着绿色高效的方向发展，发鸠山、恒绿、惠民、墨家绿、助民等一批品牌蔬菜，深受市场欢迎，认证的 6 个绿色产品、10 个品牌产品畅销大江南北。

长子县农委主任李伟介绍说，在科技服务方面，长子县注重建立健全农业科技服务体系，实现了农技服务与生产需求的有机融合。

县农业管理部门成立了测土配方检测中心、农药残留检测中心、病虫害预测预报中心、农业信息服务中心等。与此同时，县蔬菜研究会、蔬菜产销协会和冷库协会等中介组织积极发挥传帮带作用，民间性质的技术研发和交流活动活跃，全县从事蔬菜种植服务的农业中介服务组织有470多个。长子县还与省农业科学院建立了院县共建关系，不定期聘请山西省农业科学院和省内外知名专家为农民传授新技术，到生产一线现场指导，帮助农民解决生产中遇到的技术难题。科技创新成为长子县推进农业发展、促进农民增收、整合农业资源、促进蔬菜产业的有力支撑。

多措并举打造旱作农业强县

今年以来，长子县根据全县优势农产品区域布局规划，结合石哲镇资源禀赋和产业发展实际，合理规划确定封闭示范区。突出特色主导产业，突出龙头企业引领和农民专业合作社等新型经营主体带动，重点依托现有龙头企业、农民专业合作社等新型经营主体，扩大绿色有机农产品基地和产品认证规模，通过填平补齐，突出区域特色，将示范区建成综合效益显著、可持续发展能力强的农业经营体制机制创新试验区、农业主导产业集聚区、农业新品种新技术新成果推广示范区。

大面积推广以地膜覆盖为主的旱作农业集成技术，包括地膜白菜穴种法、地膜马铃薯起垄覆盖种植法等多种集雨增墒覆盖模式。因地制宜推广秸秆全覆盖技术，显著提高降水利用率及旱地生产能力。全面推广管灌、喷灌、膜下滴灌及水肥一体化等田间节水灌溉技术，加大对旱作区大面积推广膜下滴灌技术项目的扶持力度，显著提升节水效果。同时，在示范区内全面推行有机肥替代化肥，推广非农药多功能杀菌器、杀虫灯、防虫网等绿色防控技术；推广穴盘育苗技术。围绕示范区主导优势产业，依托长子绿野新能源公司，发展种养业产业循环模式，着力推广"种植—养殖—加工—综合利用"和"种植—养殖—有机肥生产—农业种植"的生态农业循环模式，积极开展农产品精深加工开发和农作物秸秆"五化"利用、畜禽粪污有机肥加工利用等技术，实现示范区农业废弃物"零排放""全消纳"和资源化综合利用。

李伟说："今后，我们将大力推广、全面开发现代绿色有机旱作农业，统筹资源禀赋和产业发展基础，着力构建具有鲜明区域特色的有机旱作技术体系、产业体系、生产体系、经营体系，走出一条生产生态和谐相融、特色产业高效发展的有机旱作农业道路，力争把长子县有机旱作农业打造成现代农业的重要品牌。"

（《长治日报》2018年8月26日，记者常乾栋）

干石山区的产业突围
——旱作农业的壶关实践

这是一块贫瘠的土地，地处太行山干石山区，山地面积占版图面积的80%。

这是一个贫困的山区，286个村头顶着穷帽，61 423名贫困群众渴望着小康。

这是一片干旱的地方，十年九春旱，是典型的雨养农业、旱作农业区。

曾经的壶关，生态环境恶劣，人们生活贫穷，寸草难生的干石山区到处透露着荒凉和干旱。

但壶关人不相信干石山区只能生长贫穷！对此难题，历届县委、县政府，无数壶关农人用永不服输的"疙瘩精神"持续了一场 40 年的接力赛。

从一个十年九旱、生态恶化的不毛之地，到一个山清水秀、林茂粮丰的宜居家园，壶关人民闯出了一条小康新路，谱写了一曲幸福欢歌。

6 月的壶关，树木葳蕤，芳草碧绿。紫团山下，望不尽的莽莽苍苍，郁郁葱葱；郊沟河畔，望不尽的顷千绿色，万紫碧光。

行走在这广袤的田野上，阡陌纵横，到处呈现出生机和活力。在这里，一项项产业规划振奋人心，一个个农业项目加速推进，一座座农业种植园勃发生机；在这里，农业龙头企业日益壮大，特色农业遍地开花，现代农业异彩纷呈。

近年来，该县紧紧围绕"发展有机旱作农业"这一目标定位，以实现农业产业化为抓手，以加大农业内部结构调整为主线，按照"稳产业、调结构、保质量、争效益"的思路，认真贯彻落实各项强农惠农政策，强力推进农业产业化工作，形成了"生产有基地、加工有企业、营销有组织、流通有市场"的基本框架，全县农业产业项目如雨后春笋般拔地而起，为全县脱贫攻坚工作开创新局面作出新的贡献。

打好"科技创新牌"

6 月中旬，在壶关县集店乡东关壁村旱作农业封闭示范区，70 余亩实施防雹网技术的西红柿梯田形成了晶莹的青纱帐，在山上山下、沟沟岔岔，连成了片、形成了带，一张张防雹网掩映在座座青山之间，美不胜收。

架杆、除草、施肥，田间地头一派繁忙景象。

种植户杨红芳一边施肥一边说："别看这一小袋肥料，这可是超有机肥料，我们这里配备了 24 小时视频追溯管理系统，用户可以通过公司产品二维码进入监控系统，实时查看基地农事生产活动，从翻地、播种、施肥、除草一直到秋收都有记录。"

示范区负责人申丽刚告诉记者，该示范区由山西融科农林科技有限公司负责实施，为加大旱地蔬菜等有机旱作农业技术的引进、消化、吸收和提高，该公司探索运用"3＋1"种销模式（即有机农产品生产技术、防雹网技术、节水滴灌技术和订单销售），解决种植户后顾之忧，达到"绿色、高产、增收"的目标。

杨红芳高兴地说："去年，我家两亩旱地西红柿全部采用先进技术，部分精品西红柿经过公司统一包装卖到了每千克 16 元，纯利润达到 5 万多元！"

科技创新成为壶关县推进农业发展、促进农民增收、整合农业资源、加快农业产业发展的有力支撑。

在店上镇绍良村阳光种养专业合作社连栋集约化育苗大棚里，工人们正在紧张倒苗，这里培育的"菲腾 1 号""阳光 3 号""阳光 128 号"等西红柿幼苗备受青睐。

"今年，我们合作社建设了 1 栋占地 6 000 米² 的连栋集约化育苗大棚和 19 座日光温室育苗大棚，共育苗 600 多万株，为周边旱地西红柿种植户提供了 2 000 多亩西红柿幼苗，基本满足了周边西红柿种植大户的种植需求。"绍良村阳光种养专业合作社理事长栗交忠说。

河口村种植大户张强往年都在外地求购西红柿幼苗，费用高，品质也不好。今年，他通过绍良村阳光种养专业合作社一次性预定了 12 000 株幼苗，不但费用减少了，而且本地培育的品种也放心。

今年，阳光种养专业合作社在山西省农业科学院和市、县农业部门的支持指导下，投资新建了钢架结构网棚 50 座，全部采用水肥一体化和无公害防治技术，有效提升了西红柿品质。

"我的大棚温度、湿度和通风都实现了自动化，整座大棚就像一个精密的'育儿箱'。"栗交忠自豪地对记者说。

农业技术作为农业生产投入的重要部分，对农业产出具有重要影响。为健全农业科技服务体系，实现农技服务与生产需求的有机融合，该县不断加大农业科技培训力度，有效提高农民科技素质，为现代农业发展打下了坚实的基础。

通过系统性、基础性的高素质农民培训后，集店乡会龙庄村的杨欣欣把自家的蔬菜大棚扩展到了 8 座，同时还种植了 25 亩旱地西红柿和豆角，依托农技和营销知识，杨欣欣的蔬菜生意做得风生水起，年纯收入达到 20 万元以上。同时，带动周边贫困群众近 20 人年增收 1 800～2 400 元。

在东井岭乡牛家掌村旱地西红柿种植基地，大片的银黑反光地膜在太阳的照耀下熠熠生辉。

该村 200 多亩旱地西红柿全部创新推广了防雹网和银黑反光除草地膜双覆盖。防雹网既可以抵御冰雹的侵害和鸟类危害，还能防晒、防霜、防雾，改善西红柿光照条件，提高西红柿品质；银黑反光膜白天降温、夜间保墒，还具备驱虫的功效。该地生产的旱地西红柿品相圆润、口感俱佳。去年，全村依靠旱地西红柿销售收入达到 500 多万元，人均增收5 000 元以上。

晋庄镇晋庄村资源贫乏、石厚土薄，耕地面积 1 500 余亩，其中谷子种植面积将近一半。多年来，该村在土地上下功夫，在谷子上做文章，在管理上要效益。20 世纪 60 年代，谷子亩产一直徘徊在 100～150 千克。从 1962 年秋季开始，该村摸索出一套以秋耕壮墒、三墒整地、选用优种、适时播种、病虫防治、科学管理为主的旱作农业技术经验，谷子亩产也只达到 400 千克左右。

如今，在晋庄村绿色旱作农业封闭示范区实施的山西省成果转化项目"谷子优质高产轻简化栽培技术示范推广"，建设示范基地 200 余亩，示范展示长生 13、长生 07 等谷子新品种及轻简化栽培技术，此项技术使谷子平均亩产达到 662.5 千克，每亩增收 1 000多元。

为不断推动农业科技创新，该县面向农业科技前沿、面向现代农业建设主战场，大力实施创新驱动发展战略，引入"院县合作"机制，与山西省农业科学院签订《农业科技战略合作协议》，为全县农业产业发展、农业人才培养、科技贡献提升等提供技术支撑。

"科技是引领发展的第一动力，我县作为农业大县，着力推进农业科技创新，以科技创新引领农业供给侧结构性改革，不断提升我县农业科技水平和市场竞争力，加快培育农业农村发展新动能。"壶关县农业农村局局长徐云开道出了该县农业不断发展壮大的"秘诀"。

用好"机制体制牌"

在壶关县店上镇中桥村山西润祥农业开发有限公司的生产车间里，庞海霞一大早就和同事们开始了一天的工作。

庞海霞几个月前还是中桥村一位地地道道的农家主妇，由于家里的收入全部来自2亩玉米地，生活过得十分拮据。今年，村里成立了山西润祥农业开发有限公司，庞海霞第一时间就到企业应聘，经过培训，勤劳刻苦的她变成了懂技术、会管理的车间负责人。务农加务工，庞海霞的收入也是芝麻开花节节高。

庞海霞说："种2亩地能卖1000多元钱，现在厂子也开了，这一月能挣千把元钱，还能补贴补贴家用，很不错。我也不用出远门了，在家就能打个工挣钱。"

和庞海霞一样，中桥村在山西润祥农业开发有限公司打工的村民就有40多个。与此同时，该公司创新完善企业与群众的利益联结机制，与当地农户签订小米、山药、核桃、野生山枣等原生态种植合作协议，由公司统一提供优质种子和专业种植技术指导，委托农户在公司已流转的土地上务工或农户自己种植。农作物收获后，公司统一收购，并将农作物加工成市场畅销的绿色生态农业产品。

为进一步加强企业与农户的合作，形成"利益共享、互惠互利、共同发展"的经济利益共同体，壶关大力发展龙头企业和农民专业合作社。在落实扶持资金、解决实际困难方面，为农民合作社发展创造有利条件；积极发展订单农业，深入推行"公司+农户""公司+基地+农户""公司+合作组织+农户"模式，使企业与农民利益联结机制逐步从松散型向紧密型发展。此外，该县还引导龙头企业牵头出资、出技术，农民出土地、出工、出劳，开展专业化、标准化生产，降低企业生产成本，增强农户抵御风险的能力。

邦仕得中药材开发有限公司是壶关县委、县政府2011年招商引资建设的重点项目。经过几年的发展，该公司采取"公司+基地（合作社）+农户"等多种运营方式，辐射带动农户4 709户从事中药材种植生产，种植户人均增收1 750元以上。

龙头企业的带动，不仅充实了农民的"腰包"，也充实了农民的"头脑"。

"以前大家种菜都是跟风种植，一哄而上，产品上市集中并且质量上不去，卖不上好价钱。现在我们村成立了壶关县晋强种植专业合作社，通过集中流转土地实行规模化种植、标准化生产、集约化经营，种植户不只提高了种植收入，还从土地的束缚中解放出来成为产业工人，大家不但有土地流转收入，还有劳务收入。"石坡乡晋强种植专业合作社理事长王军红说。

贫困户马李文4年前将家里的5亩地都流转给了晋强种植专业合作社，他成了合作社的产业工人，一年流转费用加务工工资有1万多元。

店上镇店上村旱地西红柿种植大户王磊，去年种植了20多亩旱地西红柿，带动10余户贫困户户均增收5 000多元。"我还领取了脱贫攻坚产业扶贫奖励补贴、种植西红柿补贴和有效带动建档立卡贫困户脱贫增收补贴，全部下来有两万多元呢。"

为进一步发挥政策引导作用，促进特色农业产业发展，该县先后出台了《壶关县农业特色种植补贴办法》等一批强农惠民政策，特别是新出台的《壶关县脱贫攻坚产业扶贫政策》，对全县种植养殖户、新型农业经营主体和能人大户，从种植、养殖、加工、销售、农业保险等农业生产的各个环节进行奖补，奖补政策连续 3 年。

近年来，壶关县围绕打造新型经营主体这一目标，实行龙头企业、种植合作社、小农户"三位一体"整体推进战略，并着力构建完善的利益联结机制，强化了龙头企业及种植合作社的示范带动作用，加大了招商引资力度，引进工商资本参与示范区建设。壶关县依托国家级龙头企业山西紫团公司等 6 家龙头企业和全县 500 多个专业种植合作社，全面构建"龙头企业＋合作社＋科技＋农户"等产业发展模式，统一开展示范区农资供应、农机作业、技术指导、疫病防控、产品营销等服务，建立生产加工、物流营销、品牌创建、旅游观光的全产业链绿色有机旱作农业发展模式。壶关县高度重视并积极鼓励小农户主动参与进来，稳步推进农村集体产权制度改革，引导农户以土地经营权、资金、技术、劳务等生产要素入股，通过土地流转、股份合作、订单帮扶、生产托管等方式，与龙头企业、合作社结成利益共享、风险共担的利益共同体，实现产业带动稳定脱贫。

创新农业发展模式

"靠天吃饭"，是壶关农民以前常挂在嘴上的一句话。

"2014 年，我个人流转了 7 亩多地，全部种植旱地西红柿。那一年，冰雹灾害严重，许多西红柿都有痂，卖不出去，烂在地里的就有 2 万多斤，看着都心疼呢。"晋庄镇常家池村旱地西红柿种植户常国庆回想起 2014 年的情况时一脸迷茫。

为走出农业增产不增收的"怪圈"，解决农产品滞销难题，该县积极搭建示范区农产品产销平台，实现"产—供—销"一体化服务模式。先后成立了蔬菜产业联合会、旱地西红柿交易中心等，整合销售平台，发展订单农业，实现了"定向生产、定点收购"，确保农民收益稳定。

壶关县店上镇绍良村旱地西红柿交易中心工作人员告诉记者，去年，该交易中心每天交易 75～100 吨，前来收购的客商来自江西、安徽、山东、河北、河南等 20 多个省份，年交易量达到 1 万余吨。

吴保全是来自安徽的蔬菜收购商，他从事蔬菜买卖行业已经 10 多年了。2016 年他看到壶关农委工作人员在安徽推广壶关旱地西红柿，凭借多年的经验，他认准这是个商机。两年来，他往返安徽和壶关不下 30 趟，每年都要来拉十几车西红柿。"这儿的西红柿卖相好、口感也好，安徽市场上壶关旱地西红柿非常畅销。"

今年，该县计划在东井岭、店上、龙泉、晋庄、百尺 5 个乡镇建设 5 个集收购、冷藏、销售为一体的规范化市场，进一步整合资源，拓宽销路。

在集店乡桥西村紫辉生态庄园，100 余亩葡萄迎风摇曳，葡萄藤下几只非洲雁正在漫步啄食，一幅惬意的乡村画面。

园区内种植了适合本地的早中熟葡萄品种，采用先进的水肥一体化技术，通过建立高标准的示范园，带动周围 3 000 多亩玉米改种高收益的葡萄，增加农民受益。

该公司严格技术把控，杜绝使用农药化肥。采用林下牧养鹅、雁的模式，利用鹅、雁产生的粪便为葡萄生长提供优质的有机肥料，鹅、雁还能有效防治树林害虫，从而形成以草养禽、以禽促果的良好生态循环模式，实现绿色、生态、环保、可持续发展。

去年，在壶关县百尺镇寨河村举办的"峡谷山珍"旱地西红柿电商网购节活动中，"峡谷山珍"牌旱地沙瓤西红柿一上线就被消费者疯抢，活动开始30分钟共销售1 060单2 650千克，销售额达到4万多元。

该县抢抓"互联网＋"农业模式，大力发展农村电商产业，发挥好产业链融合发展的加乘效应，不断增添农业经济发展新活力。

壶关县电商公共服务中心内设县电商孵化众创空间、县电商扶贫开发孵化基地运营中心、培训中心、品牌溯源中心、客服营销中心、宣传中心、农产品快检中心及产品摄影与网货展示中心等部门以及25家电商企业办公场所。电商公共服务中心外联易淘、京东等全国电商网络平台，内接全县200余个电商网点，县内农户的鲜活农产品接单后，最长50分钟可进入网上物流运送通道。2018年，直接、间接外销农产品达到3 000万元，对全县脱贫攻坚和旱作农业示范区建设工作起到巨大的推动作用。

壶关小山南村义德盛乡合作社"日润"牌西红柿全部采用紫团公司生产的有机肥，品相、口感都非常好，"日润"牌西红柿搭乘互联网的快车，5斤包装的礼盒卖到了43元。

如今，该县借助获得的"国家级旱地西红柿标准化种植示范区""国家地理标志证明商标"认证优势，积极探索品牌化产业发展道路，注册了"紫团""日润""天天好柿"等商标，壶关县融科农林科技有限公司等3家企业通过绿色食品认证。为进一步提升品牌形象、占领市场高地、打响旱地西红柿这一"红色品牌"，该县同山西浪涛品牌策划公司就旱地西红柿区域公共品牌建设方案达成合作意向，全力打造"壶关旱地西红柿"区域公共品牌。

和着科学发展的主旋律，壶关县旱地西红柿逐渐产生裂变效应，从无到有，从单兵作战到抱团取暖，从默默无闻到享誉全国……

目前，全县旱地西红柿种植产业已覆盖10个乡镇170多个村，种植总面积达5万亩，亩均产量7 500千克，总产量37.5万吨，亩均收入1.5万元，总产值10亿元。带动1万余户建档立卡贫困户1.5万余人增收致富，户均增收5 000元。

多年来，该县立足于自身的自然资源优势，依托种养结合循环发展模式、农业废弃物循环利用模式、水土资源高效利用模式、"互联网＋农业"等新型农业模式，不断推进集约高效发展，打造现代农业强县，培育壮大了一批以山西紫团、紫壶蜂王浆、邦仕得等为代表的农产品加工龙头企业；扶持打造了一批以百尺、店上、集店等乡镇为主的西红柿、豆角和辣椒等旱地蔬菜产业区，以树掌、石坡、鹅屋等乡镇为主的连翘、党参、黄芪等中药材产业区，以龙泉、店上、五龙山、黄山、东井岭等乡镇为主的康乃馨、百合、非洲菊、油用牡丹等花卉产业区，以龙泉、百尺、黄山等乡镇为主的构树、葡萄、玉露香梨等干鲜果产业区，以晋庄、石坡、桥上等乡镇为主的古村落、采摘园、农家乐等乡村旅游产业区。同时，该县围绕"村有脱贫产业、带动企业、合作社，户有增收项目、劳动技能"的"五有"目标，通过采取资源开发、资产收益、入股分红、招商引资、能人领办等多种办法，全面盘活资源资本，积极培育壮大市场前景好、辐射带动能力强的光伏发电、旱地西红柿、中药材、花卉种植、乡村旅游、规模养殖等十大特色产业，进一步促进了农村经济发展、农民增收脱贫、产业转型发展，走出了农村、企业与贫困户帮扶联动、互惠共赢、同频共振、同步推进的抱团脱贫致富之路。

如今，放眼壶关广袤大地，一个个宜居生态村庄跃入眼帘，一个个承载着希望与幸福的"绿色梦想"如彩练般在山水间延伸，一个个带动农民增收致富的农业项目落地生根……一幅充满生机与希望的绿色画卷，正在壶关大地上徐徐展开。

（《长治日报》2019 年 7 月 7 日，记者常乾栋、郭文君）

屯留全力打造绿色有机旱作农业重点示范区

畜禽粪便、庄稼秸秆、厕所污水、生活污水及生活垃圾被分类投入可腐烂垃圾沼气综合处理站，沼渣和发酵后的废液全部用作香菇、油葵、娃娃菜、马铃薯等作物的肥料……仲夏的王庄村绿色农业循环产业园内，绿意盎然，种、养、沼、肥"四环"共举的生态农业良性循环发展模式在这里汇成一曲和谐动人的绿色发展乐章，成为屯留区倾力打造绿色有机旱作农业重点示范区的生动实践。

屯留农业资源丰富，素有"米粮川"之称，曾是"全国机械化旱作农业试点县"。20世纪90年代，李高乡王公庄村被联合国粮农组织列为"农业化日期实验项目示范村"，成为全国有机旱作农业发展的一面旗帜。基于良好的发展基础，近年来，该区坚持耕地质量提升与采煤塌陷区治理结合、农技集成创新与农民素养提升结合、功能食品开发与农业品牌培育结合、农机配套融合与土地托管服务结合、绿色循环发展与美丽乡村建设结合的"五个结合"发展模式，强化政策扶持，制定出台辣椒基地、核桃基地和规模养殖基地扶持办法，加大新品种引进和推广、农产品品牌培育、市场营销等方面的扶持力度，扎实推进耕地质量提升、农水节约增效、旱作良种推广、农技集成创新、农机配套融合、绿色循环发展"六大工程"，以标准化"精耕细作"提升农产品质量，努力探索符合屯留实际的绿色有机旱作农业发展新路径。

该区突出重点抓推进，以示范区建设为引领，立足"一控两减三基本"，确立了"一年起步封闭示范、两年推广辐射扩展、三年全面发展"的工作思路，在西贾乡西贾村、李高乡王公庄村、渔泽镇岗上村和上村镇王庄村建设有稳定区域、有成熟技术、有生产标准、有注册品牌的有机旱作农业封闭示范区 1 万亩，实行封闭示范、标准生产，带动 7 类不同层次、不同类型、不同产业的 70 个绿色有机旱作农业示范项目创建工作；以集约经营为目标，培育发展农业产业化龙头企业、农民专业合作社、家庭农场等各类新型农业经营主体 1 000 余家，采取"公司＋基地＋合作社＋农户"的模式，通过土地流转、股份合作、农业托管等方式，促进农村一二三产业深度融合，特别是成立了全国首家县级农业生产托管服务中心，确定社会化服务承载主体 11 家，签订托管服务总面积 82 102 亩；以绿色循环发展为方向，将可腐烂垃圾进行沼气化处理，利用产生的沼渣沼液发展有机农业，上连养殖业，下连种植业，实现"规模养殖→沼气处理→有机农业"闭环运行。

与此同时，该区着力强化技术、人才和品牌支撑，与山西农业大学等高等院校建立战略合作关系，组织技术专家进行农业生产环节跟踪服务指导，开展辣椒、大豆等种植技术培训和现场演示；积极探索新型职业农民培育、农民工职业技能提升与职业教育深度融合发展之路，创造性实施了"农民蓝领"核桃技工培育工程，先后培训"农民蓝领"3 000余名；扶持壮大"麟绛红"辣椒、"珍珠黄"小米、"晋园"核桃等品牌；建成 2 000 米³的可腐烂垃圾沼气处理站，新建蘑菇种植示范棚 1 个，发展中药材种植 3.3 万亩、杂粮种

· 265 ·

植 3.5 万亩、设施蔬菜 1.2 万亩、油葵 2 000 余亩，基本形成了粮食、蔬菜、畜牧、中药材、干鲜果、苗木花卉六大特色产业、46 个现代特色农业园、36 个"三品一标"农产品、3 个国家级地理标志商标。绿色有机旱作农业成为屯留区现代农业的新名片。

"建设 1 个有机旱作农业示范乡镇、3 个有机旱作农业示范村、一批有机旱作农业示范园区（片）……"下一步，屯留区将继续把绿色有机旱作农业发展和生态建设相结合，通过建设一批绿色有机旱作农业示范园和生产基地，实现特色优势绿色有机农产品快速发展，全力构建符合区情、适合农情、农业与环境循环共生的有机旱作农业发展新格局，走出一条产出高效、产品安全、资源节约、环境友好、科技先进、融合发展的现代农业之路。

（《长治日报》2019 年 7 月 19 日，记者刘晓荣）

平顺县走出有机旱作农业新路径

今年以来，平顺县立足自身自然资源优势，大力推进农业产业结构调整，积极实施和发展以施用有机肥、精耕细作、保持水土为特色的绿色有机旱作农业，高起点规划，高标准实施，努力打好绿色生态牌，大力发展有机旱作农业，带动群众增收致富。

一是谋全域规划。结合全县农业分布特点和优势农产品实际，出台加快发展绿色有机旱作农业等实施方案，规划"四个片区七大板块"。四大片区，即东南山区龙溪、杏城、东寺头、虹梯关 4 个乡镇，以中药材和马铃薯为主；西部台地北社、苗庄 2 个乡镇，以蔬菜、水果、养殖为主；北部河谷北耽车、阳高、石城 3 个乡镇，以花椒（花椒芽菜）等干果经济为主；中部百里滩区西沟、青羊、中五井 3 个乡镇，以中药材和杂粮为主。七大板块，即中药材生产板块、大红袍花椒生产板块、旱地蔬菜生产板块、马铃薯生产板块、小杂粮生产板块、干鲜果经济林生产板块、食用菌生产板块。四个片区七大板块覆盖全县 12 个乡镇，在每个板块选育示范基地，推广有机旱作特色农业。

二是全方位谋划。以青羊镇车厢沟为有机旱作道地中药材封闭示范区，在封闭区内实施"八区三员六统一"的管理模式，同步以山西振东道地药材有限公司为该项目的实施主体，采取"龙头企业＋合作社＋基地＋农户"的发展模式，建设多品种试验基地和育苗基地。针对产业培育过程中的重点技术难题，县政府与山西中医药大学签订校地合作协议，组建专家团队，分类分项开展服务指导，有力推动农业科技的推广和运用。

三是强示范重引导。积极实施有机旱作封闭示范区、示范片、示范园、示范乡镇、示范村创建和特优农产品示范片、示范园创建工作，将"八大工程"和"六统一"贯彻到每一个主体和每一个园区、每一户中。在成功申报 1 个市级示范乡镇、3 个市级示范村、2 个市级示范产业园区的基础上，今年在全县范围内着力打造 9 个"县级示范村"和 3 个"县级示范园区"，产业涉及中药材、旱地蔬菜、食用菌、干鲜果经济林、大红袍花椒等品类，基地种植面积达 1.8 万余亩。截至目前，全县有机旱作农业涉及 19 个主体，范围涵盖全县 12 个乡镇，基地面积达到 5 万余亩，拥有平顺大红袍花椒、平顺连翘、平顺潞党参 3 个国家农产品地理标志，"新三品"认证 22 个，成功打造平顺农谷区域公用品牌、自主品牌 50 余个，知名品牌 3 个。

（《长治日报》2020 年 8 月 2 日，记者温媛）

破解"世界性干旱难题"的有机旱作壶关晋庄模式

长治，古称上党（公元 200 年，秦始皇设 36 郡，上党即为其中之一）神农尝百草教民稼穑的故事在此地广泛流传。长治是华夏农耕文化的重要发祥地，孕育出了闻名国内外的有机旱作农业典范———壶关县晋庄村。

传统农耕在我国历史悠久。早在商代，我们的祖先就施用人类粪便作为肥料，西汉时期开始因地施肥，魏晋时期开始施绿肥，实行轮作倒茬，公元前 200 多年的《吕氏春秋》和距今 1 400 多年的《齐民要术》对耕耙保墒抗旱已有详细记载。经过多年的实践、认知、再实践、再认识，如今有了新的发展提高，逐步形成了一套系统的农业耕作技术。近百年来，现代工业发展在创造了巨大物质财富的同时，对地球的生态环境造成了极大破坏，人们对有机农业旱作农业有了新认知和需求，因此，出现了相对"无机化学农业"的"有机旱作农业"。

干旱是世界性的难题。预计未来 30 年间会有 40 亿人住在旱区，并有 5 000 万到 7 亿人因干旱而迁徙。因此，联合国为当代全球性旱作农业战略目标制定了庞大的研究计划。我国有 65% 的耕地没有灌溉条件，但是这些土地需要提供全国 43% 以上的粮食（包括灌溉）和 75% 以上的牛羊肉。这样的耕地多分布于经济欠发达地区和生态脆弱区。

旱地农业在整个农业生产中的地位不可代替。差距意味着落后，也孕育着潜力和希望，是未来农业发展的重点领域。

干旱是制约农业发展的瓶颈，在党中央、国务院的正确领导下，我国旱地农业创新发展取得显著成果，已由被动抗旱发展为主动避旱。中国农业科学院副院长、旱地农业学科首席研究员梅旭荣在旱地农业创新发展报告会上指出，我国北方旱地农业区自然降水利用率达到 65% 左右，项目示范区可达 70% 左右。目前，全球自然降水利用率约达 50% 左右，中国的旱地农业技术已经走在世界前列，并涌现出一批先进典型。

山西长治市认真贯彻落实中央省委指示精神，采取领导、科技人员与群众"三结合"方式，总结推广壶关晋庄有机旱作技术、屯留王公庄机械化秸秆还田沤肥"二庄经验"，带动全市由被动抗旱变为主动避旱，形成覆盖全市适应旱地作物耕作制度，走在了全省前列。

被誉为"北方旱腰带上的一颗璀璨明珠"的壶关晋庄，地处奥陶纪石灰岩干石山区，干旱缺水，唯一的水资源是天然降雨。近百年来，当地农民克服重重困难，创新发展，实施有机旱作技术，如今林茂粮丰，农业连年稳产高产，主要农作物谷子亩产超千斤，创造了太行奇迹，为破解"世界性干旱难题"做出了特殊贡献。壶关晋庄的主要经验是坚持主动抗旱。具体做法是：以蓄、保、用水为中心，进行山水林田路综合治理；以梯田平整为载体，进行秋耕壮垡纳水，三墒整地保水（耢耙保墒、旱犁踏墒、镇压提墒）。

保水抗旱、优种省水、适期播种赶（雨）水、头优耕地蓄水、田间精细管理节水，环环紧扣，最大限度地提高了蓄水保水用水能力，实现了大旱不减产，连年夺丰收。

有机旱作农业实施具体步骤与方法如下：

一要改善生态环境。绿化荒山秃岭，筑起绿色生态屏障，保护农田。因地制宜，双管齐下，改善植被，山上挖鱼鳞地，坡地平田整地，修边垒岸，建设保水保土保肥"三保田"。

二要种地养地相结合。增施有机肥料，改良土壤，提高耕地肥力。推广"三圈一坑"等传统管理的堆肥方法，变废为宝。充分利用秸秆还田、过腹还田、秸秆再生。有条件的地方可实行粮草轮作、割蒿沤肥等，千方百计增加有机肥料。科学施肥，有机无机配合。

三要提高农业机械化水平、减轻劳动强度，提高劳动效率，解决劳动力不足的问题。

四要科学种田，精细管理。在秋耕壮垡、春季三墒整地、优种选育、适时播种、早向苗适时施肥等各个环节精耕细作。

五要在有条件的地方，充分利用水库、小水小泉等实行滴灌、管灌，扩大灌溉面积。

有机旱作农业，全国看山西，山西看长治，壶关晋庄旱作农业探索之路就是长治旱作农业的缩影。目前，在习近平总书记视察山西重要讲话精神指引下，前进在振兴乡村道路上的晋庄人，正在为把壶关晋庄有机旱作农业建设成为我国现代化农业的重要品牌而努力奋斗！

（《长治科技》2021 年 9 月刊，张天佑）

附录一　长治有机旱作农业大事记

1. 2017 年 6 月 21 日至 23 日，习近平总书记亲临山西视察，指出"有机旱作是山西农业的一大传统技术特色。山西少雨缺水，保护生态、节水发展是农业的必由之路。要坚持走有机旱作农业的路子，完善有机旱作农业技术体系，使有机旱作农业成为我国现代农业的重要品牌"。

2. 2017 年 6 月 29 日，市政府办印发《长治市大力推进绿色有机农业发展行动方案》。

3. 2017 年 8 月 1 日，全市农业标准化暨绿色有机农业发展现场推进会在屯留县召开。

4. 2017 年 9 月 5 日，长治市人民政府向省政府请示创建全国绿色有机农业示范市。

5. 2017 年 10 月 13 日，山西省人民政府办公厅批复长治市创建全国绿色有机旱作农业示范市。

6. 2017 年 10 月 17 日，全省有机旱作农业现场推进会在忻州召开，我市在会上做典型发言。

7. 2017 年 11 月 15 日，长治市入选全国休闲农业与乡村旅游示范市名单。

8. 2017 年 12 月，"上党中药材"特色农产品优势区成功入选中国特色农产品优势区（第一批）公示名单，成为全国首批 62 个、全省唯一入选的国家特优区。

9. 2018 年 1 月 5 日，"太行有机小米"成功入选山西首批特色农产品优势区名单，平顺县道地中药材入选首批省级现代农业产业园创建名单。

10. 2018 年 2 月 22 日，市政府召开第 28 次常务会议，原则通过全市绿色有机旱作示范方案。

11. 2018 年 2 月 24 日，市政府印发《长治市创建全国绿色有机旱作农业示范市实施方案》。

12. 2018 年 2 月 26 日，市政府办印发《长治市绿色有机旱作农业封闭示范区建设实施方案》。

13. 2018 年 3 月 1 日，市委农村工作暨脱贫攻坚会议召开，就全市发展旱作农业作出了部署安排。

14. 2018 年 3 月 14 日，成立长治市绿色有机旱作农业发展专家指导组。

15. 2018 年 6 月 6 日，市政府办印发《长治市推进绿色有机旱作农业示范市创建2018 年行动计划》。

16. 2018 年 6 月 8 日，市政府办出台《关于进一步促进农产品加工业发展的实施意见》。

17. 2018 年 6 月 19 日，长治市新型职业农民培育师资暨乡村振兴带头人培训在农业农村部管理干部学院开班。

18. 2018 年 6 月 19 日，市政府办印发《长治市人民政府办公厅关于建立全市推进绿色有机旱作农业示范市和封闭示范区创建工作督查制度的通知》。

19. 2018 年 6 月 22 日，全市绿色有机旱作农业现场推进会在襄垣县、武乡县召开。

20. 2018 年 8 月 2 日，省农业厅厅长乔建军深入长治市壶关县、平顺县、长子县、屯留县、长治县对绿色有机封闭示范区进行调研。

21. 2018 年 8 月 16 日，市委召开中心组（扩大）学习会，省农业科学院副院长、研究员王娟玲就有机旱作农业发展作专题讲座。

22. 2018 年 9 月 1 日，省农业厅副厅长郭建文等一行深入长治市郊区、屯留县、长子县调研我市绿色有机旱作农业发展情况。

23. 2018 年 9 月 11 日，山西省有机旱作农业现场观摩推进会在长治市召开。

24. 2018 年 10 月 10 日，市政协召开第十三届长治市委员会常务委员会第八次会议，就推进我市创建绿色有机旱作农业示范市协商议政。

25. 2018 年 10 月 10 日，开始创建绿色有机旱作农业示范县、示范乡镇、示范村。

26. 2018 年 12 月 7 日，市农业农村局召开绿色有机旱作农业交流汇报会和示范项目管理工作培训会。

27. 2018 年 12 月 5—12 日，长治市推进绿色有机农业领导组对全市绿色有机旱作农业封闭示范区创建工作开展绩效考核检查。

28. 2018 年 12 月中旬，长治市沁县沁州黄小米以全国第七名荣登中国特色农产品优势区（第二批）公示名单。

29. 2019 年 1 月 11 日，长治市绿色有机旱作农业发展总体规划汇报研讨会召开。

30. 2019 年 1 月 12—14 日，市农业农村局组织开展绿色有机旱作农业发展规划调研。

31. 2019 年 3 月 23 日，长治市委农办、长治市农业农村局印发《长治市推进绿色有机旱作农业示范市创建 2019 年行动计划》。

32. 2019 年 4 月 10 日，市农业农村局召开全市 2019 年绿色有机旱作农业工作汇报培训会。

33. 2019 年 4 月 15 日，山西省农业科学院到我市开展绿色有机旱作调研。

34. 2019 年 5 月 9 日，长治市召开"中国小米之都"冠名新闻发布会。

35. 2019 年 6 月 3—4 日，市人大视察我市绿色有机旱作农业示范市创建工作。

36. 2019 年 6 月 6 日，全市绿色有机旱作农业发展总体规划汇报会召开。

37. 2019 年 7 月 1—2 日，省委书记、省人大常委会主任骆惠宁深入长治市沁县、黎城县调研。

38. 2019 年 7 月 1 日，郜双庆副市长在潞城区调研有机旱作农业。

39. 2019 年 7 月 3 日，市农业农村局局长秦志云深入沁县调研指导抗旱防灾及有机旱作农业发展。

40. 2019 年 7 月 4 日，市委副书记、市长杨勤荣深入平顺县调研指导抗旱工作。

41. 2019 年 7 月 6 日，晋城市农业农村局有机旱作学习考察团到长治市平顺县、壶关县考察学习。

42. 2019 年 7 月 7 日，全市草地贪夜蛾和二代黏虫监测防控工作视频会议召开。

43. 2019 年 7 月 11 日，市农业农村局召开长治市有机旱作农业发展汇报会。

44. 2019 年 7 月 12 日，市农业农村局局长秦志云到潞城区实地调研指导有机旱作工作。

45. 2019 年 8 月 7—8 日，副省长王成在长治市平顺、壶关、长子、屯留、潞州等地，围绕乡村振兴、有机旱作农业等进行调研。

46. 2019 年 8 月 16—17 日，市农业农村局赴大同市学习考察有机旱作农业。

47. 2019 年 8 月 23 日，全省"学习习近平总书记重要讲话精神　大力发展有机旱作农业"会议在省农业农村厅召开。

48. 2019 年 9 月 6 日，全市有机旱作农业发展暨产业扶贫现场观摩推进会在壶关县召开。

49. 2019 年 9 月 9 日，市农业农村局召开全市有机旱作农业病虫害绿色防控观摩推进会。

50. 2019 年 9 月 25—26 日，太原市农业农村局一行到长治市观摩绿色有机旱作农业示范区建设。

51. 2019 年 10 月 9 日，市农业农村局召开全市有机旱作农业发展座谈会。

52. 2019 年 10 月 23 日，屯留区召开有机旱作农业成果展示与技术推广会。

53. 2019 年 11 月 2 日，农业农村部命名第二批国家农产品质量安全县，长治市长子县榜上有名。

54. 2019 年 12 月 15 日，市农业农村局举办长治市有机旱作农业发展示范培训班。

55. 2020 年 3 月 16—19 日，市农业农村局实地指导省级有机旱作农业示范项目。

56. 2020 年 3 月 18 日，长治市人民政府办公室印发《长治市推进有机旱作农业发展2020 年行动计划》。

57. 2020 年 3 月 24 日，市农业农村局召开 2020 年省级有机旱作农业示范县和封闭示范片项目专家评审会。

58. 2020 年 4 月 8 日，市农业农村局调研指导壶关县有机旱作农业示范创建工作。

59. 2020 年 4 月，长治获批国家有机旱作羊肥小米产业发展标准化示范区"国字号"标准化示范建设项目。

60. 2020 年 5 月 11 日，参加"晋品晋味·助农益农"山西特色农产品百日消费季启动仪式。

61. 2020 年 5 月 29 日，市农业农村局组织召开长治市有机旱作农业公用品牌策划及形象设计研讨会。

62. 2020 年 6 月初，国家有机旱作羊肥小米产业发展标准化示范区项目建设在长治武乡县丰州镇兴盛垴村正式启动。

63. 2020 年 6 月 16 日，市农业农村局组织召开 2020 年市级有机旱作农业示范县和封闭示范区项目专家评审会。

64. 2020 年 7 月 28 日，市农业农村局组织召开全市推进有机旱作农业发展暨种植业管理工作会。

65. 2020 年 8 月 31 日，全省有机旱作农业现场推进会在忻州召开，长治市在会上作典型发言。

66. 2020 年 9 月 15—26 日，市农业农村局举办了全市 2020 年高素质农民培育有机旱作农业专业培训班。

67. 2020 年 9 月 27 日，全市有机旱作农业暨美丽乡村建设现场观摩会在沁源县召开。

68. 2020 年 10 月 14 日，市农业农村局组织召开有机旱作农业示范创建工作会议。

69. 2020 年 10 月 22 日，山西省农业农村厅专家团队调研长治有机旱作农业发展情况，并参观屯留区王公庄机械化有机旱作农业展览馆。

附录二 长治有机旱作农业文件汇编

山西省人民政府办公厅
关于同意长治市创建全国绿色有机旱作农业示范市的通知

(晋政办函〔2017〕119号)

长治市人民政府:

长治市区位优势明显,资源禀赋优越,是全国第一个农业标准化示范市、国家级现代农业示范区。在长期的生产实践中,长治市创造了晋庄"三墒整地"、王公庄机械化旱作等有机旱作农业发展经验,受到了国务院、农业部的肯定。长治市创建全国绿色有机旱作农业示范市,对率先探索有机旱作农业发展道路、示范带动全省农业提质增效、加快推进全省农业现代化进程具有重要意义。省人民政府同意长治市创建全国绿色有机旱作农业示范市。

一、长治市要以习近平总书记视察山西重要讲话精神为指引,践行绿色发展理念,紧紧围绕农业供给侧结构性改革,以市场需求为导向,以科技创新、体制创新、政策创新为支撑,抓好示范工作。

二、要加强有机旱作技术的推广和应用,发挥传统生产技术优势,推动与现代化技术相结合;要创建好绿色有机旱作农业封闭示范区,逐步探索适合大面积推广的发展模式;要注重品牌建设,

抓紧制定太行有机小米生产标准,推进太行有机小米为代表的区域公共品牌创建,讲好太行小米的绿色养生功能和"小米加步枪"红色故事。

三、要成立领导小组,完善工作机制,明确工作责任,积极稳妥推进示范市建设。

省有关部门要加强对长治市创建绿色有机旱作农业示范市的指导和支持,把示范市创建放在与农业二大省级战略同等重要的位置予以支持。

山西省人民政府办公厅

2017年10月13日

山西省人民政府
关于加快有机旱作农业发展的实施意见

(晋政发〔2017〕47号)

各市、县人民政府,省人民政府各委、办、厅、局:

为全面落实习近平总书记视察山西重要讲话精神,加快有机旱作农业发展,培育特色

优势产业，推进农业现代化进程，现提出如下实施意见。

一、重大意义

2017 年 6 月，习近平总书记在我省视察时指出，山西的现代农业发展，要打好特色优势牌，要立足优势，扬长避短，突出"特"字，发展现代特色农业。有机旱作是山西农业的一大传统技术特色。我省要坚持走有机旱作农业的路子，完善有机旱作农业技术体系，使有机旱作农业成为我国现代农业的重要品牌。习总书记的讲话立意高远，内涵丰富，准确把握了山西的省情农情，深刻揭示了山西农业发展客观规律，以高度的前瞻性指明了山西现代农业发展的根本路径和前进方向，是我们抓好"三农"工作的根本遵循。

我省是中华农耕文明重要发源地，是以旱作农业为主的省份。在长期的生产实践中，面对山多地少、土壤贫瘠、水资源匮乏的自然环境，探索和发展了平整土地、施用有机肥、精耕细作、轮作养地、保持水土等有机旱作农业技术，充分利用了自然资源，有效抵御了干旱，实现了耕地持续开发利用，形成了独具一格的农业特色产业，培育出谷子、燕麦、糜黍、红枣、核桃等众多的优质特色产品。新的历史时期，传统农业加快向现代农业转变，有机旱作农业生产水平大幅提高，促进农业农村发展不断迈上新台阶。但同时看到，当前我省农业发展面临资源约束收紧、农机农艺不配套、旱作品种选育滞后、特色产业发展不足、加工转化能力不够、市场竞争力不强等新问题，农业发展方式亟待创新升级，向追求绿色生态可持续、更加注重满足质的需求转变。

加快发展有机旱作农业，是山西农业发展的唯一路径和正确方向，是我省大力实施乡村振兴战略的重大举措，有利于立足我省资源禀赋，破除农业发展制约瓶颈，转变农业发展方式，推动农业转型升级；有利于遏制农业面源污染和生态退化，保障食物安全、资源安全和生态安全，推动农村绿色发展；有利于推进农业节本增效，做大做强特色产业，促进产业兴旺和农民增收。

二、总体要求

（一）指导思想

全面贯彻党的十九大精神，以习近平新时代中国特色社会主义思想为指导，牢固树立绿水青山就是金山银山的理念，以推进农业供给侧结构性改革为主线，以农业提质增效可持续为方向，突出抓好耕地质量提升、农水集约增效、旱作良种攻关、农技集成创新、农机配套融合和绿色循环发展，加快特色优势产业发展，进一步调整优化农业结构，着力构建具有鲜明区域特色的有机旱作技术体系、产业体系、生产体系、经营体系，走出一条生产生态和谐相融、特色产业高效发展的有机旱作农业道路，把我省有机旱作农业打造成全国现代农业的重要品牌和发展典范。

（二）基本原则

坚持绿色发展、生态和谐。尊重自然、顺应自然、保护自然，准确把握主体功能区定位，科学匹配生产要素，注重整体效能和可持续性，把有机旱作农业发展和生态建设相结合，构建农业与环境循环共生的有机旱作农业发展新格局。

坚持立足实际、因地制宜。综合考虑资源禀赋、区位特点、产业基础等因素，分类施策，实行差异化发展，推动形成各具特色的有机旱作技术模式和优势产业。

坚持市场导向、主体运作。研究市场规律，挖掘农业竞争优势。以消费需求为引领，以龙头企业、家庭农场、经营大户、合作社及新型服务组织为主体，积极培育壮大具有地方特色的支柱产业、主导产品和特色品牌。

坚持政策推动、示范引领。创设扶持政策，增加资金投入。培育、总结、凝练有机旱作农业和高效特色产业共同发展相互促进的典型模式，搞好示范带动和引导服务，点面结合，整体推进。

（三）主要目标

到 2020 年，初步建立起具有山西特色的有机旱作技术体系，主要农产品供给能力和农业生产质量效益有较大提升，全省农业基础条件得到较大改善，绿色有机农产品快速发展，特色产业发展取得显著成效。具体指标为：

全省耕地地力提高 0.2 个等级；农作物水分利用效率提高 5％；抗旱节水良种普及率达到 90％；农业机械化率达到 70％以上；农业标准化生产率达到 40％以上；绿色有机农产品种植面积年均增幅 30％以上，绿色有机农产品种植面积达到 200 万亩以上。

到 2030 年，形成完善的有机旱作农业技术体系，构建高效的农业生产体系、产业体系、经营体系，农业与生态和谐互惠的局面基本形成，绿色供给能力显著提升，特色主导产业基本实现绿色有机标准化生产，具有山西特色的有机旱作农业成为全国现代农业发展重要品牌。

三、布局和任务

统筹考虑区域资源禀赋和产业发展基础，着力破解突出问题，明确主攻方向，主打"特色""优质"牌，加快培育优质杂粮、蔬菜、鲜干果、草牧业、中药材等特色优势产业，集成一批有机旱作农业技术模式，打造一批高效发展典型，创建一批优质特色品牌。

（一）雁门关区域

重点布局优质杂粮、冷凉露地蔬菜、草牧业等特色产业。着力破解土壤风蚀、耕作粗放、生态环境脆弱、农牧结合不紧等问题。大力调减籽粒玉米，强化农牧结合，加快构建粮经饲协同发展的三元结构。

（二）吕梁山区域

重点布局优质鲜干果和杂粮产业。着力破解水土流失严重、旱灾频繁、生态恶劣以及特色产业发展不足等问题。将生态建设和产业发展有机结合，发展农产品精深加工，加快产业化步伐，着力培育吕梁红枣等一批区域公共品牌。

（三）太行山区域

重点布局杂粮和道地中药材产业。着力破解耕地土层薄、中低产田多、土壤蓄水保水能力低等问题。大力发展绿色有机农业，推进有机封闭示范。注重品牌建设，大力培育太行有机小米等区域品牌。因地制宜发展丘陵山区生态休闲农业、庄园经济。

（四）上党盆地区域

重点布局优质杂粮、蔬菜、中药材等产业。着力破解农产品生产基地规模小、经营分散、技术装备配套不足、粪污资源化利用不足等问题。要适度调减籽粒玉米，优化种植结构。发展绿色有机农业，推进循环农业。

（五）汾河平原区域

重点布局高效设施农业、农产品加工业、优质水果以及优质高效粮食产业。着力破解基础设施不配套、农药与化肥过量使用、水资源利用效率不高等问题。大力推进标准化生产，以创建品牌、延伸产业链条和实施农业走出去战略为核心，打造优质果麦生产区，建设现代农业示范区。

（六）城郊农业区域

重点布局以农业多种功能开发和一二三产业融合发展为重点的城郊农业。着力破解水土资源过度消耗、农业投入品过量使用、农业结构不合理等问题。加快形成产业特色明显、优质高效和持续增长的城郊农业框架，使城市郊区成为农业物流信息流、农产品精深加工、农业科技示范中心和市民观光休闲目的地。

四、重点工程

（一）耕地质量提升工程

1. 严格保护耕地。 严格执行耕地保护制度，加强永久基本农田保护和利用，守住5 757万亩耕地红线。规范耕地占补平衡，建立占用耕地剥离耕作层土壤再利用制度，保住耕地质量红线。（省国土资源厅、省农业厅负责）

2. 加强耕地建设。 加强统筹规划，坚持不懈推进高标准农田建设。通过平田整地、建设水平梯田、筑坝排洪、整修地埂、种植生物埂或田间林网、整修田间路、加厚土层等措施，提升土壤蓄水蓄肥能力，提高耕地质量。到2020年，建成高标准农田1 937万亩。（省发展改革委、省财政厅、省国土资源厅、省水利厅、省农业厅负责）

3. 积极培肥地力。 采取秸秆还田、增施有机肥、种植绿肥等土壤培肥方式，增加土壤有机质，提升耕地地力等级。大力实施有机肥替代化肥行动，逐步扩大试点作物和试点范围。全面推进测土配方施肥。到2020年耕地土壤有机质含量提高0.2个百分点，测土配方施肥技术覆盖率达到90%以上，果菜优势产区有机肥替代化肥20%以上。（省农业厅负责）

（二）农水集约增效工程

4. 因地制宜建设集雨补灌设施。 集中科研力量，加强协作攻关，开展以集雨、蓄水高效利用为核心的节水抗旱研究。加大旱作区农田基础设施建设力度，适地筑坝，拦截雨季降水，旱季提水灌溉农田。建设完善旱井、旱窖、蓄水池、人字闸等小型集雨、蓄水设施，有效集蓄降水，提高自然降水利用率。（省水利厅、省农业厅、省科技厅、省农科院负责）

5. 大力发展节水灌溉。 强化农田水利工程建设，着力建设农田节水灌溉设施和配套工程，抓好末级渠系和田间灌溉管路配套，打通农田灌溉"最后一公里"。加强以渠道防渗、管灌、喷灌、微灌为主的节水工程建设，适量发展自动控制、节水高效的智能灌溉及水肥一体灌溉施肥系统。到2020年，新增高效节水灌溉面积210万亩。（省水利厅、省发展改革委、省财政厅、省农业厅、省国土资源厅负责）

6. 推广农艺节水措施。 以提高农业用水效率和效益为核心，因地制宜推广防蚀固土

蓄水、秸秆地膜覆盖保墒、生物节水、沟垄种植、免耕少耕、深翻深松等技术措施，增强抗旱节水能力。（省农业厅、省农机局负责）

7. 健全农业节水管理机制。落实最严格水资源管理制度，加强水资源管理，强化农业用水管理和监督，严格控制农业灌溉用水量，合理确定灌溉用水定额。推进农业水价综合改革。（省水利厅、省发展改革委、省财政厅、省农业厅负责）

（三）旱作良种攻关工程

8. 加快抗旱节水新品种选育。围绕特色产业发展需求，集中力量选育抗旱节水、适合机械化、抗病抗逆、省肥省药的资源节约型新品种。力争到 2020 年，全省选育出小麦、大豆、马铃薯等抗旱节水新品种 15 个，选育出高粱、谷子、胡麻等特色小杂粮抗旱节水品种 30 个。（省科技厅、省农业厅、省农科院、山西农大负责）

9. 引进优良抗旱节水新品种。积极引进推广国内外抗旱节水优良新品种，促进品种结构不断调整优化，加强新品种试验审定工作，力争到 2020 年，引进抗旱节水新品种 120 个。（省农业厅负责）

10. 加快抗旱节水优种示范推广。加大抗旱节水新品种推广力度和示范基地建设，分作物、分区域广泛示范推广，加快品种更新，提高新品种应用水平。到 2020 年建立抗旱节水新品种展示基地 1 万亩。（省农业厅负责）

11. 创新现代种业发展机制。支持现代种业企业发展，加快构建商业化育种体系，扶持科研育种、生产基地等基础建设，推进山西省海南种业科技创新孵化基地建设，支持育繁推一体化种子企业建立商业化育种创新基地和研发中心。引导科研人员通过技术合作、项目转让、技术入股等方式参与商业化育种，逐步建立以企业为主体的商业化育种新机制。（省农业厅、省科技厅负责）

（四）农技集成创新工程

12. 加强有机旱作新农艺的试验研究。立足省情，开发资源节约、绿色增产、质量安全的有机旱作新技术。深挖传统技术精华，促进技术集成创新。充分发挥农业科研力量，广泛开展有机旱作新农艺探索研究、试验、示范。（省科技厅、省农科院、山西农大负责）

13. 示范推广先进适用农艺。因地制宜推广间作套作、秸秆覆盖、全膜双垄沟播等广适性技术，以及小麦探墒沟播、玉米探墒机播、渗水地膜谷子穴播、马铃薯起垄栽培、果菜节水灌溉等适宜技术。扩大适宜农艺技术的应用面积，提高技术贡献率。到 2020 年，先进适宜农艺技术推广应用面积达到 5 000 万亩。（省农业厅负责）

（五）农机配套融合工程

14. 研发满足我省特色农业和农艺要求的农机装备。坚持自主开发和引进、消化、再创新相结合，探索完善多方协作、共同发展的研发创新机制，逐步建立有机旱作农业机械化产、学、研、推相结合的研发创新体系。研发适应平川区、丘陵山区的大型复式机具和经济耐用、环保低耗的小型机具。加快电动农机开发、推广应用。推进农机信息化发展，建设山西省智慧农机云平台，实现农机定位耕播、变量施肥、收获、植保等旱作农业的精准化作业。（省农机局、省科技厅、省农科院、山西农大负责）

15. 推进农机农艺融合。探索高效适宜机械化有机旱作农业技术，努力促进农作物耕、种、收、管、防全程机械化。在杂粮、林果、蔬菜、中药材、休闲等产业优势区域建设特色产业机械化示范区，推进农机化新技术新设备的示范应用，着力推动全省特色农业发展。继续推进率先实现农业机械化示范县乡村、农机化示范社场户工作，不断提升农机化综合水平。力争到 2020 年，全省 90％以上的可机械作业旱地普及应用机械化有机旱作农业技术。（省农机局、省农科院、山西农大负责）

（六）绿色循环发展工程

16. 推进农业废弃物资源化利用。鼓励养殖密集区建设集中处理中心，开展专业化集中处理，引导粪污就近就地还田利用，支持畜禽粪污能源化。推进秸秆肥料化、饲料化、基料化和原料化利用。积极支持规模化生物天然气工程。积极推进农田残膜和农药包装废弃物回收利用试点，探索建立废旧地膜回收站点、回收网络和加工体系。到 2020 年，畜禽粪污综合利用率达到 75％以上，秸秆综合利用率达到 85％，农用残膜回收试点区回收利用率达到 80％。（省农业厅负责）

17. 推进化肥农药零增长行动。实施配方施肥替代习惯施肥、有机肥替代化肥、新型肥料替代传统肥料、培育新型农业经营主体、培育科学施肥社会化服务组织的"三替代两培育"措施。推广病虫绿色防控技术和新型植保机械，推进病虫专业化统防统治。到 2020 年实现化肥、农药使用量零增长。（省农业厅、省农科院、山西农大负责）

18. 探索休耕轮作制度。根据国家部署及我省实际，有计划有步骤地对生态脆弱、资源环境压力大的耕地开展休耕轮作。积极开展探索与推广耕地轮作技术模式，重点推广籽粒玉米与马铃薯、饲草作物、杂粮杂豆等轮作技术模式。在生态严重退化地区逐步开展休耕试点。（省农业厅负责）

19. 推进退耕还林还草。实施新一轮退耕还林还草，进一步推动 25°以上坡耕地、严重沙化耕地和重要水源地 15°～25°坡耕地退耕还林还草。（省林业厅、省农业厅负责）

20. 发展循环农业。推进种养循环、农牧结合，构建农作物—秸秆—养畜—畜禽粪便—肥料—农作物等上下游互逆的循环链，开展粮改饲和种养结合型循环农业试点，扶持一批农牧循环示范区。发展"林下经济"，以林地资源和森林环境为依托，发展林菌、林药、林禽、林粮、林菜等高效林业立体模式。建立林业加工—木屑—食用菌—培养基—饲料、肥料等产业链。（省农业厅、省林业厅负责）

五、保障措施

（一）强化组织领导

各地、各部门要切实提高认识，强化责任落实。省政府成立山西省有机旱作农业发展领导小组，组长由分管副省长担任，成员由相关部门负责人担任，领导小组办公室设在省农业厅。各市县也要建立健全领导机构，加强部门统筹协调，推动工作落实。

（二）强化典型示范带动

立足区域生态特点和产业发展现状，按照"一年起步、三年初见成效、五年基本建成"的思路，大力开展典型创建，突出特色产业有机封闭示范。打造一批以村、乡或新型经营主体为单元，区域稳定、技术成熟、生产规范、有注册品牌的有机旱作农业封闭示范片，严格按照标准封闭示范，引导有机农业发展，引领产品升级。选择旱作农业基础好、特色产业优势突出、提质增效带动能力强的县开展有机旱作农业示范县整建制创建。支持基础好、有特色的市率先推进。近期集中力量打造以长治为代表的有机旱作农业示范区，大力推广有机旱作技术，着力培育以太行小米为标志的有机作物，精心打造一批封闭式示范区，加快创建全国绿色有机旱作农业示范市。

（三）强化品牌打造

推进有机旱作农业标准化，制定符合我省实际、易于推广的有机旱作生产地方标准。强化有机旱作标准体系推广应用，树立全国有机旱作农业发展标杆。以功能农业为引领，推进杂粮、薯类、干鲜果、畜禽、蔬菜、中药材等农产品精深加工。积极推进"三品一标"认证和示范基地创建。围绕特色产业和优势产品，抓好运城苹果、吕梁红枣、太行小米等区域公共品牌建设，推进山西小米、山西陈醋等省域公共品牌建设，逐步形成整体发展优势，带动全省农业提档升级。

（四）强化科技支撑

完善省级农业科技创新体系和现代农业产业技术体系，推进农科教结合、产学研协作。建立运行现代农业产业科技创新中心、农业科技创新联盟，发挥山西"农谷"农业科技创新高地作用，形成有机旱作技术发展强大科技支撑。在特色优势资源开发、旱作节水品种选育、农业生态保护、农林产品保鲜加工、生物农业技术、现代农机装备开发等方面取得重大科技成果。组建有机旱作农业专家指导组，开展技术指导和培训，支持农技推广人员与新型经营主体开展技术合作。

（五）强化政策支持

加大资金扶持。按照"大专项＋任务清单"模式，新增设立有机旱作农业任务清单。完善农业补贴政策，到 2020 年基本建成以绿色生态为导向、促进农业资源合理利用与生态环境保护的农业补贴政策体系和激励约束机制。探索创设有机肥替代化肥、良种繁育、增施有机肥等补贴政策。充分发挥财政资金引导功能，积极引导金融资本、社会资金加大对有机旱作农业投入，发展特色产业。推动农业政策保险提标扩面增品，逐步将杂粮、鲜干果、蔬菜、草食畜、中药材等特色产业纳入省级政策性保险范围，进一步提高农业风险保障水平。推进农业信贷担保体系建设，大力扶持农业适度规模经营。

（六）强化体制机制创新

坚持和完善农村基本经营制度，健全完善县乡农村产权流转交易市场体系，积极推进"三权分置"，落实土地集体所有权、稳定农户承包权、放活土地经营权。推进农民合作社创新发展，鼓励农民以农村承包土地经营权入股成立土地股份合作社，推广"保底收益＋按股分红"等模式。支持农民举办专业合作、股份合作等多元化、多类型的合作经济，发展跨区域、跨产业联合社。坚持一二三产业融合发展，发展"订单农业"，促进产销衔接。注重经营体系创新，进一步完善订单带动、利润返还、股份合作等新型农业经营主体与农户的利益联结机制，让农民成为有机旱作农业发展的参与者、受益者。加快完善社会化服务体系。加快发展农业生产性服务业，大力推进农业生产托管，积极探索推进服务规模经营、带动普通农户发展有机旱作农业的新途径。探索创新政府购买公益性服务机制。

（七）强化宣传培训

组织开展形式多样的宣传培训活动。利用报纸、电视、广播、网络、"12316"平台等各种传媒，广泛宣传有机旱作农业政策、理念、技术和模式。针对省市县乡各级政府部门、各类生产经营主体等开展专题培训和现场观摩，统一思想，提高认识，形成各级政府支持、全社会积极参与有机旱作农业发展的浓厚氛围。

山西省人民政府

2017 年 11 月 14 日

长治市人民政府办公厅
关于印发长治市大力推进绿色有机农业
发展行动方案的通知

（长政办发〔2017〕72 号）

各县、市、区人民政府，市直各有关单位：

《长治市大力推进绿色有机农业发展行动方案》已经市人民政府同意，现印发给你们，请认真遵照执行。

长治市人民政府办公厅

2017 年 6 月 29 日

长治市大力推进绿色有机农业发展行动方案

绿色有机农业是以可持续发展为基本原则，充分运用先进科学技术、先进装备和先进管理理念，以促进农产品安全、生态安全、资源安全和提高农业综合效益的协调统一为目标，把标准化贯穿到农业的整个产业链条中，推动社会和经济全面、协调、可持续发展的农业发展模式。绿色有机农业核心理念是科学、安全、高效、和谐。

今年的中央农村工作会议和全省农村工作会议明确指出，要把增加绿色有机优质农产品供给放在突出位置，狠抓农产品标准化生产、品牌创建、质量安全监管等关键环节。当前我市正处于传统农业向现代农业转型的关键期，要推进农业供给侧结构性改革，提高土地产出率、资源利用率和劳动生产率，促进农业发展由过度依赖资源消耗、主要满足"量"的需求，向追求绿色生态可持续、更加注重满足"质"的需求转变。近年来，我市狠抓农业结构调整，狠抓现代高效农业发展、农产品质量安全，为发展绿色有机农业奠定了基础。要充分认识广大群众对农产品质量安全的热切企盼，充分认识我市优越的资源禀赋、地理气候、良好生态和基础条件，提振信心，攻坚克难，真抓实干，勇于创新，大力推进绿色有机农业发展，不断培育农业农村发展新动能，提高我市农业综合效益和竞争能力。

一、总体要求

（一）指导思想

认真贯彻中央、全省农村工作会议和中央一号文件精神，以农业供给侧结构性改革为主线，以发展符合国内、国际标准的绿色有机农业品牌为目标，以逐步占领国内、国际市场为方向，牢固树立绿色理念和效益理念，集成运用绿色生产技术，建设绿色有机原料生产基地，开发绿色有机产品，加快创建绿色有机品牌，做大做强绿色有机产业，在全省率先实现绿色有机农业崛起，走出一条具有长治特色的产出高效、产品安全、资源节约、环境友好、科技先进、融合发展的现代农业强市之路，把长治打造成绿色有机农业生产示范区、特色农产品优势区、现代农业发展高地。

（二）目标任务

我市发展绿色有机农业要有重点、按层次、分年度实施，到 2020 年力争实现以下目标：

农业生态环境质量得到极大改善。化肥、农药利用率 45% 以上，农作物病虫害专业化统防统治覆盖率 40% 以上，测土配方施肥技术推广覆盖率 90% 以上；畜禽养殖废弃物、农作物秸秆、农膜基本实现无害化处理和资源化利用，秸秆综合利用率 90% 以上，农膜回收率 80% 以上；农田灌溉水有效利用系数 0.58，主要农产品产地达到生产绿色农产品的环境要求。

农业标准化建设水平快速提升。农业标准化实施率 65% 以上，基本实现主要农产品生产有标可依；农产品质量安全合格率持续稳定在 96% 以上。

"三品一标"农产品数量全省领先。"三品一标"农产品数量总量和基地面积分别占全市农产品商品量和耕地面积的 50% 以上，打造出一批带动力强、影响力大的核心品牌。

农业综合效益明显提升。玉米、谷子、蔬菜（食用菌）、中药材、高粱、马铃薯、干鲜果、规模健康养殖场八大绿色有机基地分别达到 100 万亩、10 万亩、10 万亩、15 万亩、5 万亩、5 万亩、120 万亩和 100 个。

绿色有机农业发展机制建立健全。建立健全科学化的考核评价机制，合理化的生态补偿机制，市场化的投入交易机制，法制化的监督问效机制。

（三）基本原则

1. 坚持三位一体。要坚持无公害农产品、绿色食品和有机农产品"三位一体、整体推进"。无公害农产品逐步向强制性认证转变，绿色食品、有机农产品坚持产品认证、基地认证和全程管理相结合，带动农产品市场竞争力全面提升。

2. 坚持统筹规划。必须根据当地的实际情况，合理规划和布局绿色有机农产品生产适宜区、生产次适宜区、生产不适宜区，梯次推进无公害农产品、绿色食品、有机农产品。

3. 坚持依标生产。积极筛选和组装配套适用的生产技术，加大无公害农产品、绿色食品和有机农产品标准的引进、吸纳和地方标准的制定及修订力度，做到有标可依、依标生产，实现农产品生产全程质量控制。

4. 坚持市场调节。要充分发挥市场机制的调节作用，加大对无公害农产品、绿色食品、有机农产品和国家地理标志农产品的宣传，提高消费者的质量安全意识。

二、主要内容

（一）绿色有机基地创建行动

1. 完善绿色有机农业标准体系。围绕我市八大主导及特色产业，加快修订完善符合长治实际的绿色有机农产品标准，示范推广30项简明易懂的生产技术操作规程，推进农业生产规范化。完善农业标准化监督、服务和管理体系，把农业标准化贯穿到生产、加工、贮运、销售等各个环节，以标准化促进优质化。提高我市农产品加工标准化和质量安全水平。积极探索农产品分等分级，促进三产业融合，拉长产业链、提升创新链、提高价值链。

2. 加快绿色有机基地建设。 依托全国农业综合标准化示范市，2017年重点创建沁县谷子绿色食品原料基地县，到2020年争取建成长子、屯留玉米绿色食品原料基地县，沁县、武乡谷子绿色食品原料基地县，黎城小麦绿色食品原料基地县，潞城、沁县高粱绿色食品原料基地县。重点抓好玉米、谷子、中药材、蔬菜（食用菌）、高粱、马铃薯、干鲜果、规模健康养殖场八大绿色有机标准化生产示范基地建设，将任务分解落实到县、乡、村和龙头企业、合作社、示范园区，长期聘请农业标准化专家与示范基地结对子，定期组织市县技术骨干对示范基地的农户进行标准化技术规程培训，编制标准化生产"明白卡"，严格按标准组织生产。

3. 开展绿色有机高效示范。 开展"三百"示范创建活动。扶持建设并命名挂牌100个绿色有机农业示范村、100个绿色有机现代农业产业园，加快绿色有机农业技术开发、示范和应用推广，集聚现代生产要素，统筹布局生产、加工、物流、研发、示范、服务等功能，推动农业全环节升级、全链条增值；规划建设100个绿色有机高效种植示范片，示范推广绿色有机农业新品种、新技术、新模式，建设绿色有机农业新技术新品种的示范田、样板田。

（二）农产品品牌升级行动

1. 加大"三品一标"认证力度。 按照规定出台无公害农产品、绿色食品、有机农产品和地理标志农产品认证补助办法，支持企业开展"三品一标"认证，每年新认证"三品一标"农产品50个以上，到2020年基地认证总面私达到270万亩。建立完善全市农产品质量安全可追溯体系，"三品一标"认证产品100％纳入可追溯范围。

2. 加强"三品一标"农产品认证监管。 坚持"严"字当头，严格执行农业投入品管理制度、农产品生产记录档案制度、农产品日常抽检、质量年检、产地环境监测和认证现场检查制度，加大获证产品抽查和督导巡查力度。健全淘汰退出机制，严肃查处不合格产品，严格规范绿色食品和有机农产品标签标识管理。实施顺畅快捷产地准出和市场准入制度，对假冒伪劣及贴牌产品，严肃查处，追溯源头，严禁入市。

3. 实施绿色有机品牌培育计划。 加大品牌整合、创建、申报力度，培育一批影响力大、竞争力强、具有长治特色的农产品品牌。积极创建沁县有机产品认证示范县和绿色原料生产基地示范县、沁源县功能农业综合示范县，引领示范全市绿色有机农业发展。重点创建打造沁州黄小米、沁州绿蔬菜、潞玉种业、沁丰薯业、振东制药、壶关旱地西红柿、长子青椒、平顺花椒、黎城核桃等一批区域农产品公共品牌和企业知名品牌，以品牌赢得市场，以市场引领消费，以消费倒逼流通、倒逼加工、倒逼生产、倒逼产地。加大知识产权保护力度，鼓励现代农业园区、农业企业、农民合作社、种养大户、家庭农场统一使用区域公共品牌。举办全市农产品品牌发展大会，通过媒体、展会等多种形式集中推介一批知名农产品品牌。开展品牌农产品进社区、进企业、进学校、进机关、进饭店、进网站行动，提高农产品市场占有率。

（三）农业清洁生产行动

1. 实施化肥农药零增长行动。采取有机肥物化补贴的办法，加大商品有机肥、沼液、绿肥、秸秆等有机肥料应用，增加土壤有机质，实现养分有机替换，减少化肥用量，2017年在全市绿色有机生产示范基地推广增施有机肥20万亩。深化测土配方施肥技术普及应用，测土配方施肥技术覆盖全市35万亩，覆盖率达到90％以上，建设高标准农田6.82万亩。在全市建立30个农作物病虫害绿色防控示范园区，实施物理、生物、生态等绿色防控技术和统防统治措施，推广应用高效环保农药。强化统防统治队伍建设，添置大中型植保机械，实施专业化统防统治面积150万亩，统防统治覆盖率达到40％。

2. 实施农业废弃物综合利用工程。积极创建长治县农业废弃物资源化综合利用示范县、长子农业可持续发展示范县，依托山西易通环能建设李坊农业废弃物综合利用示范工程，年处理秸秆12万吨、废旧塑料0.9万吨、年产绿色有机肥15万吨。全市农膜回收利用率达80％以上。加快推广使用加厚地膜和可降解农膜，组织开展农业投入品包装废弃物回收，建立完善废弃农膜和农业投入品包装废弃物回收处理机制。在全市建立12个标准化畜禽粪污资源化利用示范场，重点建设长子绿野、屯留天蓬、平顺华尔顿3个500立方米以上规模化大型沼气工程，推广使用高效低排放生物质炉。

3. 实施农作物秸秆综合利用工程。结合"五道五治"，依托长子禾能发电、长子绿野等秸秆收储利用企业，推进秸秆还田和秸秆肥料化、饲料化、基料化、原料化和能源化利用，实现秸秆资源化利用。积极创建襄垣县秸秆综合利用示范县，完成30万亩秸秆还田、6万吨秸秆发电、2万吨秸秆养殖。全市农作物秸秆综合利用率达到87％以上。

（四）绿剑护农行动

1. 强化农产品质量安全监管。落实政府属地管理和生产经营主体责任，将农产品质量安全纳入县、乡级人民政府绩效考核。加快农产品质量安全信用体系建设，推行农产品质量安全"黑名单"制度和守法诚信考评制度，将生产经营者失信行为与行政许可、项目扶持和资金奖励等挂钩制约，奖优罚劣，推进按规生产、诚信经营。加强农产品质量安全源头治理，建成全市农产品质量安全监管与溯源系统和长子县农产品质量安全监管平台，实现对农产品从生产源头到产品上市各环节的全流程质量管控和溯源管理。深入开展农产品质量安全专项整治，力争全市农产品质量安全例行监测合格率96％以上。

2. 健全农产品质量检测体系。市级检测中心要提升检测水平，达到综合检验检测建设目标，实现蔬菜农药检测能力全覆盖、无公害农产品参数全覆盖和农产品、畜产品项目全覆盖，市级水产品质量安全检测中心进一步完善检测设备，提升检测水平；县级检测机构要启动开展区域内农产品安全的快速检测、日常和常年监测；乡镇监管站要全面开展速测监管工作；建立村级农产品质量安全监管协管员队伍，兼农业信息统计员、农技推广员；督促引导企业依法建立自律性农产品质量安全检测点，配备内检员。

3. 加强农业综合执法。建立农业投入品和农产品质量检打联动机制，检测机构发现线索及时报告行政管理和执法机构；完善与公安机关部门联动机制，强化公安机关在农资打假和农产品质量安全领域提前介入、联合调查、及时移送、共同追查的工作机制。加快建设农资监管信息平台、社会诚信平台，尽快形成"一处违法，处处受限"的社会氛围。

（五）农业经营服务体系创新行动

1. 培育壮大新型农业经营主体。积极扶持太行紫团、沁州黄、襄垣林盛、振东制药、潞宝金和生、长子浩润等30个骨干龙头企业做大做强，按规定进行贷款贴息扶持，延伸八大特色优势农产品产业链条，全产业链推进现代农业发展。2017年新培训新型职业农民8 000人，认定新型职业农民达到1 000名，进行跟踪服务和政策扶持，推进创业创新。

2. 强化农业社会化服务。引导农民合作社、农业企业等从事农业社会化服务，着力提升田间管理、农资配送、农机作业、产品营销和技术培训等专业化服务能力。健全基层农技推广体系，重点培养100名农业科技创新与推广专家、1 000名村级农技推广员、1万名科技示范户，建设50个绿色有机高产高效农业科技试验示范基地。加快潞玉公司与深圳华大基因农业集团、谷子研究所三方合作，开展杂交和常规优良谷子育种工作，培育适宜长治环境的优良谷子品种。

3. 加强农产品营销服务。加大对农产品营销专业协会和中介组织扶持力度，组建长治市现代农业联合会，开展名优农产品展览、交流与合作、信息服务。支持农民经纪人等新型经营主体利用农产品电子商务平台开拓市场销路。支持沁州黄、林盛果业、振东五和、浩润食品、大山禽业、好乐草莓等企业完善出口生产许可条件，开拓国外市场。重点培育10家农产品出口企业，建设沁县小米1个国家级出口农产品质量安全示范区，壶关食用菌、长子蔬菜、襄垣水果（梨）3个省级出口农产品质量安全示范区。

（六）"互联网＋"现代农业行动

1. 实施智慧农业引领工程。积极争取建设长治市智慧农业信息平台，为农民群众提供涉农信息、物联网应用服务、电子商务、金融服务、公益咨询服务、农技服务、农业综合执法等服务，构建起一张覆盖市、县、乡、村（基地）的四级智慧农业监管服务和农村公益服务网。建设长子方兴、沁州绿、晋黄羊肥小米等一批农业物联网应用示范基地。加快节本增效农业物联网技术研发和模式推广，加快在园艺、质量安全追溯、休闲农业等领域的应用，提升农业生产智能化水平。

2. 实施农村电子商务推进工程。组织开展农产品电子商务培训，支持农业龙头企业、农民合作社、种植大户等新型农业经营主体在淘宝、京东等第三方平台上注册开办网店，开展网上销售。全市拥有"三品一标"的农业经营主体基本实现电子商务应用全覆盖。

3. 实施信息进村入户工程。开展信息进村入户试点，每个行政村建设1个村级益农信息社，为农民提供"买、卖、推、缴、代、取"等六大服务，将公益服务、便民服务、电子商务、培训服务"延伸到乡村和农户。

（七）改革创新行动

1. 加快推进农村土地经营权有序流转。在完成农村土地承包经营权确权登记颁证的基础上，积极探索落实农村土地所有权、承包权、经营权"三权分置"的有效实现形式，建立健全农村土地流转服务体系，加强农村产权（土地）流转交易市场建设，推进农村土地经营权规范有序流转。加强对工商资本进入农地市场的监管和风险防范，确保农地农用。建立健全农村土地承包经营纠纷调解仲裁体系，依法解决农村土地承包纠纷。

2. 大力发展适度规模经营。鼓励农民依法自愿流转土地经营权，通过经营权流转、股份合作、代耕代种、联耕联种、土地托管等多种方式发展农业适度规模经营。积极引导农民通过集体经济组织内部互换并地等方式，实现集中连片种植经营。

3. 完善农业产业链与农民利益联结机制。促进农业产加销紧密衔接、农村一二三产业深度融合，培育农民增收新模式。支持农业龙头企业以合同、订单等模式与农民或农民合作社建立稳定合理的购销关系。支持农业企业以保底价收购、土地入股、利润分成、保底分红等方式，让农户分享加工销售等环节收益。

（八）绿色生态家园建设行动

1. 大力推进休闲农业示范创建。做好全市休闲农业与乡村旅游发展规划，巩固提升平顺、郊区 2 个国家级休闲农业示范县和黎城县省级休闲农业示范县建设水平，力争沁源县创建成为省级休闲农业与乡村旅游示范县，筛选创建中国美丽休闲乡村 1 个、省级休闲农业与乡村旅游示范点 3 个、市级示范点 13 个。重点打造郊区农业嘉年华项目、老顶山绿色农业旅游区、武乡梅杏采摘、壶关常平果都大观园、长子连翘种植观光加工生态产业集聚区、平顺王家庄园等一批绿色休闲农业项目，发展农耕体验农业、绿色特色餐饮农业、绿色采摘休闲观光农业，打造休闲农业和乡村旅游路线，积极开展休闲农业探索实践。

2. 扎实推进美丽宜居示范村"三级联创"活动。2017 年新启动 12 个省级、20 个市级、100 个县级美丽宜居示范村创建。对 2014 — 2016 年实施的 35 个省级、60 个市级创建村做好"回头看"和提档升级工作。加大对各级美丽宜居示范创建村环境整治力度，集中整治乱堆乱放、残垣断壁、垃圾污水乱倒等，打造干净整洁乡村。

3. 开展全国重要农业文化遗产申报。根据农业部办公厅《关于开展第四批中国重要农业文化遗产发掘工作的通知》精神，组织壶关县、平顺县、黎城县三县开展全国重要农业文化遗产申报。

三、保障措施

（一）加强组织领导

市政府成立推进绿色有机农业发展领导小组，农业、发改、财政、统计、国土、扶贫、质监、商务、科技、林业、水利、畜牧、农经、农机、环保、气象等部门为成员单位，统筹指导全市绿色有机农业的建设工作。将绿色有机农业发展纳入对各县市区年度绩效考核范围，确保取得实效。

（二）科学规划布局

立足我市农业发展的现状和基础，在全市农业农村经济"十三五"发展规划的指导下，合理制定全市绿色有机农业发展规划和玉米、小麦、谷子、马铃薯、蔬菜、食用菌、中药材、干鲜果以及农产品加工业等专业规划，引导各个产业向区域化、专业化发展，引导农产品加工业向优势产区集中，引导产业化龙头企业向绿色现代农业产业园集中，提高绿色有机农业产业聚集度。

（三）加大投入力度

创新农业投入机制，对现有各类财政支农项目资金，按照"渠道不变、用途不乱、各负其责、各记其功"原则，统筹整合资源，集中使用，精准发力，重点投向示范县、示范基地、示范园区、示范村。加大财政资金投入力度，对"三品一标"认证、示范基地建设、增施有机肥、开展绿色防控、农产品质量安全监管、发展智慧农业等关键环节依据市级财力依法给予支持。

（四）加强督导考核

将绿色有机农业"八大行动"纳入对各县市区的绩效考核，明确考核目标，加强工作调度，强化检查督导，及时通报进展情况，切实推动落实。严格执行农业项目资金管理办法，切实提高资金使用效益，防范廉政风险。

（五）强化宣传引导

充分利用各种媒体，大力宣传全市绿色有机农业发展的好做法、好经验、好典型，引导全社会树立绿色有机农业的发展观、生产观和消费观，不断提高广大干部群众对发展绿色有机农业的认识，凝聚社会共识，营造良好氛围，确保取得实效。

长治市人民政府
关于印发长治市创建全国绿色有机旱作
农业示范市实施方案的通知

（长政发〔2018〕16号）

各县、市、区人民政府，市直各有关单位：

《长治市创建全国绿色有机旱作农业示范市实施方案》已经市政府（2018）第28次常务会议通过，现印发你们，请认真贯彻实施。

长治市人民政府

2018年2月24日

长治市创建全国绿色有机旱作农业示范市实施方案

为全面贯彻落实习近平总书记视察山西时重要讲话精神，加快推动形成绿色发展方式和生活方式，加快培育特色优势产业，推进我市有机旱作农业发展，根据《山西省人民政府关于加快有机旱作农业发展的实施意见》和《山西省人民政府办公厅关于同意长治市创建全国绿色有机旱作农业示范市的通知》精神，制定如下实施方案。

一、重要意义

习近平总书记在山西视察时指出，山西的现代农业发展，要立足优势，扬长避短，突出"特"字，发展现代特色农业。有机旱作是山西农业的一大传统技术特色。要坚持走有机旱作的路子，使有机旱作成为我国现代农业的重要品牌。习总书记的讲话高瞻远瞩，为我市现代农业发展指明了发展路径和前进方向。

我市属半干旱地区，丘陵山地面积占84%，旱地占80%以上，年降雨量600毫米左右，且降雨分布极不均匀，常常出现春旱、伏旱和夹秋旱，是典型的雨养农业、旱作农业区。我市发展有机旱作农业历史悠久，在长期的生产实践中，探索和发展了"秋耕壮垡，三墒整地"、选用抗旱品种、抗旱节水灌溉等有机旱作农业技术,充分利用自然资源,有效抵御了干旱,形成了独具一格的有机旱作农业技术体系,出现了像壶关县晋庄、屯留县王公庄、潞城市翟店等一大批有机旱作农业高产稳产典型,培育出沁州黄谷子、上党党参、平顺大红袍花椒、壶关旱地西红柿等众多的优质特色农产品。新的历史时期,我市把传统农业与现代农业相结合,把有机旱作农业发展与绿色生态农业建设相结合,积极推进农机农艺融合发展,着力推进农业绿色发展和标准化生产,有机旱作农业生产水平又有了新提高,培育出了沁州黄小米、武乡小米、上党党参、平顺连翘等"三品一标"品牌和一批特优农产品生产加工企业。

目前,随着城乡人民收入水平的不断提高,消费档次正在加快升级,人们期待更多的无污染、安全、优质、富含营养的农产品,加快转变农业发展方式,增加绿色优质农产品供给,满足消费者由量的需求向质的转变,发展绿色有机旱作农业已成为当务之急,大势所趋。加快发展绿色有机旱作农业,符合长治市情农情和资源禀赋,是贯彻落实习近平新时代中国特色社会主义思想的重大举措,是我市农业发展的唯一路径和正确方向。加快发展绿色有机旱作农业,有利于遏制农业面源污染和生态退化,提升农产品质量安全水平,保障食物安全、资源安全和生态安全,推进生态文明建设,推动农村绿色发展;有利于推进农业节本增效,推进农业标准化,做大做强特色优势产业,促进产业兴旺、农民增收、乡村振兴。

二、总体思路

(一)指导思想

全面贯彻落实党的十九大精神,以习近平新时代中国特色社会主义思想和视察山西重要讲话精神为指导,以农业供给侧结构性改革为主线,坚持"创新、协调、绿色、开放、共享"的发展理念,依托农业产业化龙头企业和新型经营服务主体,强化科技创新、体制机制创新、政策创新,按照原料基地化、生产标准化、产品品牌化、监管全程化、生态优良化、经营产业化的发展方向,加快推进建设一批绿色有机旱作农业示范园区和生产基地,着力构建具有鲜明区域特色的绿色有机旱作农业技术体系和产业体系、生产体系、经营体系,走出一条具有长治特色的产出高效、产品安全、资源节约、环境友好、科技先进、融合发展的现代农业强市之路,把我市绿色有机旱作农业打造成全省、全国现代农业的重要品牌和发展典范。

(二)基本原则

坚持绿色发展、生态和谐。尊重自然、顺应自然、保护自然,科学匹配生产要素,注重整体效能和可持续性,把绿色有机旱作农业发展和生态建设相结合,构建农业与环境循环共生的有机旱作农业发展新格局。

坚持立足实际、因地制宜。综合考虑资源禀赋、区位特点、产业基础等因素,分类施策,实行差异化发展,推动形成各具特色的绿色有机旱作技术模式和优势产业。

坚持依标生产,质量保障。加大无公害、绿色、有机农产品标准的引进、吸纳和地方标准的制定、修订力度,实施"环境有监测、操作有规程、生产有记录、上市有标识"的全程标准化生产模式。以技术标准为基础、质量认证为形式、商标管理为手段,严格落实统一的管理制度和技术措施,实现从产地环境、生产过程、投入品使用、产品质量全过程的有效监管。

坚持市场导向、主体运作。研究市场规律，挖掘农业竞争优势。以消费需求为引领，以龙头企业、家庭农场、经营大户、合作社及新型服务组织为主体，积极培育壮大具有地方特色的支柱产业、主导产品，打造具有长治地域特色的绿色有机品牌，拉动形成绿色有机产品优质优价市场机制。

坚持政策推动、示范引领。创设扶持政策，增加资金投入。培育、总结、凝练绿色有机旱作农业和高效特色产业共同发展相互促进的典型模式，搞好示范带动和引导服务，点面结合，整体推进，推动形成各具特色的绿色有机旱作技术模式和优势产业。

（三）主要目标

到"十三五"末，基本建立起具有长治特色的绿色有机旱作农业技术支撑体系，全市农业生产生态条件得到较大改善，主要农产品供给能力和农业生产质量效益有较大提升，特色优势绿色有机农产品快速发展，实现"四个明显提升"目标。

一是绿色有机旱作农业标准化生产水平明显提升。耕地地力提高0.2个等级；农作物水分利用率提高5%；抗旱节水良种普及率达到90%；可机械作业旱地普及应用机械化有机旱作农业技术水平达到90%以上；"三品一标"农产品数量总量和基地面积分别占全市农产品商品量和种植面积的50%以上。

二是农业生态环境质量明显提升。化肥、农药利用率提高到40%以上，农作物病虫害专业化统防统治覆盖率达到40%以上，测土配方施肥技术推广覆盖率90%以上，秸秆综合利用率90%以上，农膜回收率90%以上，主要农产品产地达到生产绿色农产品的环境要求。

三是农产品品牌影响力明显提升。全市农产品质量安全追溯体系基本建立，打造出一批带动力强、影响力大的核心品牌和区域公共品牌。

四是农产品质量安全水平明显提升。建立健全市、县、乡、村四级农产品质量安全监管体系，实施产地准出、市场准入制度和产品可追溯制度，主要农产品监测合格率持续稳定在98%以上。

到2030年，通过绿色有机旱作农业示范市创建，形成完善的绿色有机旱作农业技术体系，构建高效的现代农业生产体系、产业体系、经营体系，形成农业与生态和谐互惠的良好局面，特色主导产业基本实现绿色有机标准化生产，绿色有机农产品供给能力显著提升，在全省全国率先实现生态环境质量优良化、原料生产基地化、生产监管全程化、农产品品牌化、生产经营产业化，具有长治特色的绿色有机旱作农业品牌成为全省全国现代农业发展重要品牌。

三、实施步骤

第一阶段，2017—2018年，科学编制绿色有机旱作农业示范市创建规划和实施方案，精心制定和修订完善种植业、养殖业、加工业"三品一标"产品技术操作规程和质量标准；各县市区和各有关部门，围绕全市总体规划、方案，分别编制本区域、本行业、本部门的详细规划和具体实施方案；全面启动绿色有机旱作农业示范市创建行动，试点实施绿色有机旱作农业封闭示范区创建和特色优势产业绿色有机旱作示范园区建设，大力推行有机肥替代化肥、绿色防控、有机旱作、绿色生产、生态循环农业技术。

第二阶段，2019—2020 年，大力开展绿色有机旱作农业示范和推广。全面推进 700 个有品牌、有基础、有特色的县市区、乡镇村及重点龙头企业、专业合作社，就绿色有机谷子、高粱、马铃薯、蔬菜、食用菌、中药材、干鲜果、畜禽养殖等重点产业开发的技术标准的试验、示范和推广，以点带面，规模发展；争取每个县市区，通过权威机构新认证 10～20 个无公害、绿色、有机"三品"标识产品，认定 1～2 个农产品地理标志保护产品，建设"三品一标"生产原料基地 10 万亩以上，为大面积开发提供理论依据、技术支撑和示范品牌。

第三阶段，2021—2030 年，大力推广、全面开发现代绿色有机旱作农业。运用第一、二阶段的成果，在沁源、平顺、黎城等山高林茂、生态环境优良的中高山地区以生态保护优先，全面发展有机农业；在屯留、长子、襄垣、沁县等土厚地肥，具有特色农业发展传统和优势的低山丘陵区大面积发展绿色食品，积极试验示范绿色食品向有机食品转化，通过粮经饲统筹型的种植业结构调整，走劳动密集和技术密集并重的绿色有机农业发展道路；在城郊区和县城周边等地理位置优越、生产条件良好的地区开发建设高效设施农业、无公害绿色农产品生产基地，围绕消费谋加工，促进产加销一体化，坚持一二三产业融合发展。通过完善技术质量标准，健全配套体系，优化生态环境，壮大基地规模，培植龙头企业，发展精深加工，步入绿色有机化生产、品牌化经营、市场化运作、产业化开发、国际化合作、全程化控制的发展轨道。

四、重点任务

（一）合理布局，统筹规划绿色有机旱作农业发展

1. 建设 9 大绿色有机旱作农业种植产业板块。 以屯留县、壶关县为核心，辐射带动周边区域，打造 200 万亩优质玉米产业板块；以沁县、武乡为核心，辐射带动周边区域，建设 40 万亩谷子高粱产业板块；以黎城县、潞城市为核心，建设 5 万亩优质小麦产业板块；以沁源县、平顺县为重点，建设 10 万亩脱毒马铃薯产业板块；以长子县、长治县、潞城市、壶关县为重点，建设 40 万亩特色蔬菜产业板块；以壶关县、平顺县、长子县为重点，建设 1 万亩食用菌产业板块；以壶关县、平顺县、黎城县、屯留县、长子县、沁源县为重点，建设 50 万亩党参、连翘、苦参为主的中药材产业板块；以武乡县、襄垣县、黎城县、长治县为重点，建设 10 万亩梅杏、梨、苹果为主的水果产业板块；以黎城县、平顺县、潞城市、屯留县、沁县、襄垣县、武乡县、壶关县为重点，建设 50 万亩以核桃、花椒、油用牡丹为主的干果经济林产业板块。（市农委、市畜牧局、市林业局和各县市区人民政府负责）

2. 建设 6 大绿色有机健康养殖基地。 重点建设以武乡县、沁县、壶关县、长子县、襄垣县、潞城市、黎城县为主的 6 000 万只肉鸡产业基地；以屯留县、武乡县、长子县、长治县、襄垣县、潞城市、郊区等为主的 3 000 万只蛋鸡产业基地；以长子县、壶关县、黎城县、长治县、平顺县、潞城市、武乡县、沁县、屯留县为主的 300 万头生猪产业基地；以武乡县、沁县、壶关县、沁源县、平顺县、黎城县为主的 100 万只肉羊产业基地；以沁源县、沁县、武乡县、长子县、屯留县、襄垣县为主的 10 万头肉牛产业基地；以沁

源县、潞城市、屯留县、武乡县、平顺县、壶关县、黎城县为主的1万头肉驴产业基地。（市畜牧局和各县市区人民政府负责）

3. 建设13条绿色有机农产品加工产业链。 重点打造以长清生物科技、长治县日益康面粉为龙头的粮食加工产业链；以沁州黄、太行沃土为龙头的杂粮加工产业链；以长子浩润、潞城森龙脱水蔬菜为龙头的蔬菜加工产业链；以武乡鑫四海、绿农农牧、潞宝金和生、郭氏羊汤为龙头的畜禽加工产业链；以山西智康食品公司、平顺大红袍公司为龙头的干果加工产业链；以潞安智华公司为龙头的木本油料和保健品加工产业链；以潞酒、圣堂醋业等为龙头的酿造业加工产业链；以振东制药、太行制药、壶关邦仕得为龙头的中药材加工产业链；以林盛果业、纪兰饮料为龙头的果蔬饮料加工产业链；以太行紫团、长子绿生源为龙头的食用菌加工产业链；以沁丰薯业、晋武薯业为龙头的薯类加工产业链；以达利食品、胖姐食品、亨德谊食品、潞城美味美食品为龙头的休闲食品加工产业链；以佰和园、潞卓商贸为龙头的主食加工产业链。鼓励农产品加工龙头企业自建、联建原料标准化生产"三品"基地，构筑农产品加工产业带，打造自主品牌，提高产品优势和市场占有率。（市农委、市畜牧局、市林业局和各县市区人民政府负责）

4. 健全完善绿色有机农业标准体系。 围绕我市玉米、谷子、高粱、马铃薯、蔬菜（食用菌）、中药材、干鲜果、畜禽养殖八大主导产业，加快修订完善符合长治实际的、简明易懂的无公害、绿色、有机农产品生产加工技术操作规程和质量标准，推进农业生产规范化，实现农产品生产有标可依、产品有标可检、执法有标可判。种植业标准要涵盖种子种苗选定、投入品使用、生产技术栽培管理、收获、产品分等分级、初级加工、整理包装、贮运等生产技术和产品加工等关键环节。养殖业标准要涵盖品种选育、科学养殖、卫生环境条件建设、饲料投入品使用、疫病防治、药品投入、药械标准等关键环节。全面启动企业标准体系建设，推进原料供销、加工、工艺流程、产品营销服务全产业链式的标准化。建立完善农药、肥料、植物生长调节剂、饲料、兽药等农业投入品标准体系。（市农委、市畜牧局、市林业局、市水利局、市质监局和各县市区人民政府负责）

（二）示范引领，整体推进绿色有机旱作农业生产基地建设

采取市抓产业示范、县抓样板创建、乡建有机庄园等方式，以县、乡、村或新型经营主体为单元，着力创建一批不同层次、不同类型、不同作物的绿色有机农业示范区（园、片、村），以点带面，点面结合，把重点示范基地培育成产业龙头，推进绿色有机旱作农业示范市创建。

5. 打造12个绿色有机旱作农业封闭示范区。 立足区域生态特点和产业发展现状，以县为单位，以乡、村或新型经营主体为单元，按照"龙头企业＋科技＋新型经营主体＋基地＋农户"的产业化经营模式，打造一批区域稳定、技术成熟、生产规范、有注册品牌的绿色有机旱作农业封闭示范区。2018年在每个县市区规划建设1个3000亩以上的农林牧结合、产供销一体集中连片的绿色有机旱作农产品生产封闭示范区；到2020年，力争有3～5个县能达到全国绿色食品原料标准化生产基地和有机农业示范基地的标准。通过封闭示范建成综合效益显著、可持续发展能力强的农业经营体制机制创新试验区，农业主导产业集聚区，农业新品种新技术新成果推广示范区。（市农委、市畜牧局、市林业局、市农经局、市农机局和各县市区人民政府负责）

6. 打造 100 个绿色有机现代农业产业园。 按照"提质一批、扩张一批、新建一批"的思路,加快绿色有机农业技术开发、示范和应用推广,集聚现代生产要素,统筹布局生产、加工、物流、研发、示范、服务等功能,建立关联紧密、分工明确、链条完整、利益共享的紧密型组织联盟,打造沁州黄、振东制药、长子方兴、壶关紫团、林盛果业、潞安智华、多维牧业等 100 个千亩以上的一二三产业深度融合的绿色有机农业产业园,推动农业全环节升级、全产业链增值。(市发改委、市财政局、市科技局、市环保局、市国土局、市农委、市畜牧局、市林业局和各县市区人民政府负责)

7. 创建 100 个绿色有机旱作农业示范村(庄园)。选择地域优势突出、产业特色明显、生态环境优良的村庄,按照"村庄+科技+新型经营主体+基地+农户"的发展模式,坚持整村整社推进,坚持绿色有机生产标准,以长治县东掌、屯留石泉、武乡县岭头、沁县佛堂岩、潞城市南马等村为重点,打造 100 个千亩以上的融"绿色有机食品生产、加工、销售、餐饮、体验、休闲"为一体的绿色有机旱作农业综合示范村(示范社、示范农庄),拓展绿色有机旱作农业发展的多种功能,促进农村一二三产业融合发展。(市农委、市畜牧局、市林业局、市水利局和各县市区人民政府负责)

8. 创建 100 个绿色有机旱作粮食高效种植示范片。 选择具有地域特色和区域影响力的优势农产品,以襄垣超洋、武乡三里湾、黎城食为天、沁县乡里香等新型农业经营主体为依托,建立"新型农业经营主体+科技+基地+示范户"的生产经营模式,建设 100 个千亩以上的绿色有机玉米、谷子、高粱、豆类、薯类高产高效种植示范片,示范推广绿色有机旱作农业新品种、新技术、新模式,严格生产管理和环境监测,辐射带动全市粮食作物绿色有机化生产。(市农委和各县市区人民政府负责)

9. 建设 100 个绿色有机蔬菜(食用菌)**示范园。** 以现有的 52 个部省级蔬菜标准园为基础,以设施蔬菜和长子大青椒、屯留尖椒、潞城大葱、壶关旱地西红柿等特色蔬菜产品为重点,以长治县红都、长子小蚯蚓、壶关绍良阳光等新型经营主体为依托,按照无公害绿色基地环境质量要求、生产技术标准和操作规程,推行"新型农业经营主体+科技+基地+示范户"的生产经营模式,创建 100 个百亩以上的规模化、标准化、特色化的绿色有机蔬菜(食用菌)示范园,提高全市蔬菜集约化、标准化生产水平和质量安全水平。(市农委和各县市区人民政府负责)

10. 建设 100 个绿色有机中药材示范园。 以上党党参、苦参、黄芩、连翘等产品为主导,以壶关邦仕得、屯留民康公司等新型经营主体为依托,按照"新型经营主体+农业科技+基地+农户"生产模式,坚持规模化开发、规范化种植、标准化生产、精细化管理、立体化建设、产业化经营,创建 100 个百亩以上的高产高效中药材示范园,积极创建上党中药材国家特色农产品优势区。(市农委和各县市区人民政府负责)

11. 建设 100 个绿色有机干鲜果经济林示范园。 以武乡梅杏、玉露香梨等水果经济林和优质核桃、花椒、油用牡丹等木本粮油经济林为主导,依托长治县绿油油种养合作社、长子县阳光科技公司、武乡县东青合作社、黎城县海丰合作社等新型经营主体,按照"新型经营主体+农业科技+基地+农户"生产经营模式,坚持果业提质增效与良种化、规模化、集约化、标准化生产要求,创建 100 个百亩以上的绿色有机干鲜果经济林示范园。(市农委、市林业局和各县市区人民政府负责)

12. 创建 100 个绿色有机畜牧水产养殖示范园。 按照畜禽良种化、圈舍标准化、生产规范化、防疫制度化、粪污无害化方向，坚持"成长性好、带动力强、具有核心竞争力"原则，制定养殖场标准化生产工艺设计和建设标准，加强新型养殖设施、圈舍建设技术推广，依托潞城市兴弘养殖有限公司、长治县金科养殖有限公司、山西瑞康源禽业有限公司、长治县茂森养殖有限公司、武乡县绿农农牧科技有限公司、山西潞宝金和生食品有限责任公司、潞城市神农畜牧科技园有限公司、长子县鑫利源养殖专业合作社等标准化规模养殖企业，创建 100 个绿色有机规模养殖示范园，成为我市畜禽养殖的主体，园区内形成种植业、养殖业、加工业的生态循环，实现农机自动化、粪污资源化、种植有机化、经营合作化，促进全市畜牧业绿色发展、循环发展。（市畜牧局、市水利局和各县市区人民政府负责）

（三）重点突破，扎实推进农业绿色发展

13. 实施有机肥替代化肥工程。 制定有机肥替代化肥的技术规范和产品标准，开展有机肥物化补贴，逐步扩大试点作物和试点范围。推广堆肥还田、秸秆还田、种植绿肥、沼渣沼液还田、自然生草等土壤培肥方式，增加土壤有机质，提升耕地地力等级，使果菜、杂粮、中药材优势区有机肥替代化肥达到 30％以上。（市农委、市畜牧局、市农机局和各县市区人民政府负责）

14. 实施病虫害绿色防控工程。 应用农业防治、物理防治、生物防治等绿色防控技术和新型植保机械，在全市建设一批农作物病虫害绿色防控示范园区。扶持专业化防治服务组织、新型农业生产经营主体，大规模开展病虫害专业化统防统治，专业化统防统治面积达到 200 万亩，统防统治覆盖率达到 40％以上。（市农委、市农机局和各县市区人民政府负责）

15. 实施农业废弃物综合利用工程。 依托山西易通环能李坊农业废弃物及加工副产物综合利用示范工程和长子禾能发电、长子绿野等秸秆收储利用企业，推进秸秆还田和秸秆肥料化、饲料化、基料化、燃料化和原料化利用。推进种养循环、农牧结合、构建"农作物—秸秆—养殖—畜禽粪便—肥料—农作物"等上下游互连的循环农业链，建立"林业加工—木屑—培养基—食用菌—培养基废料—饲料、肥料"等产业链。推进襄垣、屯留国家秸秆综合利用示范县建设，全市农作物秸秆综合利用率达到 90％以上；加快推广使用加厚地膜和可降解农膜，建立完善废弃农膜和农业投入品包装废弃物回收处理机制，全市农膜回收利用率达 90％以上。（市农委、市畜牧局、市林业局、市农机局和各县市区人民政府负责）

16. 实施畜禽粪污和病死畜禽无害化处理工程。 加大畜禽粪污治理及资源化利用支持力度，加快畜禽规模养殖场粪污治理和病死动物无害化处理设施建设。以肥料化为主要利用方向，支持养殖重点县开展"生态养殖循环示范园、畜禽养殖废弃物集中处理中心和畜禽粪污资源化利用整县推进示范县"试点建设，从 2018 年开始，全市每年要完成 300 个畜禽规模养殖场粪污处理设施配套建设任务，到 2020 年，畜禽规模养殖场粪污治理设施配套率达到 95％以上。（市畜牧局和各县市区人民政府负责）

（四）统筹协调，加强农业生态环境综合治理

17. 加强林业生态体系建设。 突出山上灭荒、通道增色、村镇增景、干果增收、产业发展、资源保护六大重点，全力实施重点区域国土绿化、森林城镇群建设、林业产业提质增效、森林质量提升、森林资源保护、生态精准扶贫六大工程。进一步加强森林和湿地生态系统保护体系建设，完善森林和湿地资源管护机制，有效保护和发展有限的森林和湿地资源，构筑完善的林业生态体系。（市林业局和各县市区人民政府负责）

18. 加快改善河流生态水系状况。 大力推行河长制，实施水源地保护及治理工程，实施小流域治理工程，推进辛安泉供水改扩建工程东山供水工程和漳河流域百里生态长廊综合治理工程建设，实施农田水利和节水灌溉工程，促进全市河流生态环境明显改善。（市环保局、市水利局和各县市区人民政府负责）

19. 提升绿色有机种植区耕地质量。 根据中央、省的部署，结合我市实际，积极开展耕地轮作技术模式的探索与推广，有计划有步骤对生态脆弱、资源环境压力大的耕地开展休耕轮作，重点推广籽粒玉米与马铃薯、饲草作物、杂粮杂豆等轮作技术模式。集中力量建设绿色有机原料生产高标准农田，通过推广秸秆还田、畜禽粪便资源化利用、种植绿肥等技术措施，实现有机无机相结合，提升耕地基础地力。推广增施有机肥、生物有机肥＋配方肥技术模式，带动减肥增效技术的大面积应用，因地制宜推广深松整地、精准施肥、种肥同播等技术，从农田作业环节改善和提高耕地质量。深入推进测土配方施肥，大力推广滴灌施肥、喷灌施肥和水肥一体化技术，提高肥料和水资源利用效率。（市国土局、市农委、市畜牧局、市林业局、市水利局、市农机局和各县市区人民政府负责）

20. 扎实推进美丽乡村生态文明建设。 坚持绿水青山就是金山银山的理念，以"五道五治"和全国休闲农业与乡村旅游示范市创建为契机，按照乡村振兴战略总要求，以"产业兴旺、生态宜居、乡村文明、治理有效、生活富裕"为目标，加大农村农业环境整治力度，推进"治乱、治垃圾、治污水、治农业面源污染"提档升级，打造一批天蓝、地绿、水净、安居、乐业、增收的美丽休闲乡村（镇）和森林城镇群。（市住建局、市环保局、市农委、市畜牧局、市林业局、市水利局、市扶贫办和各县市区人民政府负责）

（五）持续发力，加强绿色有机农产品品牌建设

21. 积极开展"三品"认证。 制定出台无公害农产品、绿色食品、有机食品和地理标志农产品认证补助办法，积极引导农业龙头企业、农民专业合作社、家庭农场等新型农业经营主体，开展"三品"认证，每年新认证"三品"农产品不少于50个，到2020年，每个县市区都要培育5个以上核心"三品一标"品牌，每个农业标准化基地要创建或依托1个以上"三品一标"品牌，农业标准化基地"三品一标"品牌率要达到100％。（市工商局、市质监局、市农委、市畜牧局、市林业局、市水利局和各县市区人民政府负责）

22. 大力培育农产品区域公共名牌。 制定推进农产品品牌建设的意见，建立农业品牌目录，打造"太行有机小米""上党高粱""上党党参""上党连翘"等市域公用品牌和"武乡小米""长子大青椒""黎城核桃""壶关旱地西红柿""平顺花椒"等县域特色品牌。鼓励现代农业园区、农业企业、农民合作社、种养大户、家庭农场等新型经营主体依规、依标统一使用区域公共品牌，将分散的千家万户农产品生产者联合成利益共同体。（市工商局、市质监局、市农委、市畜牧局、市林业局、市水利局和各县市区人民政府负责）

23. 积极培育企业品牌。 支持做大上党腊驴肉、沁州黄小米、郭氏羊汤、浩润食品、潞玉种子、天下襄挂面、方兴蔬菜、胖妞豆制品、五和食品等现有品牌，按年度逐步提升绿色有机产品比重，辐射带动全市品牌建设，提升全市品牌整合支撑能力。积极引导农业龙头企业、农民专业合作社、家庭农场等新型农业经营主体，开展商标注册与品牌创建，定期组织开展农产品品牌评选活动等措施，激励带动一批企业创建品牌。（市工商局、市质监局、市农委、市畜牧局、市中小企业局和各县市区人民政府负责）

24. 加大品牌宣传力度。 组织域内媒体深入绿色食品生产基地，大力宣传绿色有机食品生产；鼓励支持营销企业按照"统一规划、统一形象、统一推介"的原则，开设集展示、销售、电商和品牌宣传为一体的长治品牌农产品展示展销形象店；制定长治农产品品牌宣传行动计划，利用媒体广告以及农博会、展销会、招商会、网络营销、专题报道等多种营销手段，进行品牌的整合宣传，加强品牌宣传推介和市场开发。开展品牌农产品进社区、进企业、进学校、进机关、进饭店、进网站行动，提高品牌农产品市场占有率。（市新闻中心、市工商局、市质监局、市农委、市畜牧局、市林业局、市中小企业局和各县市区人民政府负责）

（六）龙头带动，培育壮大绿色有机农产品加工业

25. 大力培植龙头企业。 以振东药业、太行紫团、沁州黄、襄垣林盛、潞宝金和生、长子浩润、潞安智华等为重点，通过多种方式，扶持培植一批绿色、特色支柱产业龙头企业，初步形成"科技＋企业＋基地＋农户"和生产、加工、包装、品牌、营销一体化的产业开发格局。鼓励龙头企业在集中连片的特色产区，兴建加工企业，积极引进设备、改进工艺、招引人才，提高产品的科技含量。切实加强特色产品的产后开发，对产品进行分级、处理、贮藏、包装、加工，延长产业链、增加附加值。（市发改委、市财政局、市科技局、市工商局、市中小企业局、市农委、市畜牧局、市林业局和各县市区人民政府负责）

26. 加快农产品加工业转型升级。 按照"龙头企业＋合作社＋种养大户"发展模式，采取订单、入股分红、利润返还等利益联结方式，引导和鼓励新型经营主体融合发展。制定《关于进一步促进农产品加工业发展的若干措施》，将黎城、长子、沁县、壶关、平顺5个县列入农业部农产品产地初加工试点县，积极培育太行紫团、云海外贸等10家农产品自营出口企业，扩大出口额。（市科技局、市中小企业局、市农委、市畜牧局、市林业局和各县市区人民政府负责）

27. 大力开发功能性食品和健康食品。 以功能农业为引领，立足我市杂粮、食用菌、畜禽、中药材、干鲜果等特色资源优势，依托振东五和、沁州黄、山西林盛、长治浩润等重点龙头企业，推进农产品精深加工，大力打造"谷之爱"营养米粉、"和韵清"黑苦荞茶、"晋襄林盛"梨汁、智华牡丹油等一批品牌功能食品，提高农产品附加值。（市科技局、市中小企业局、市农委、市畜牧局、市林业局、市供销社和各县市区人民政府负责）

28. 促进农产品加工业与其他产业深度融合。 引导农产品加工企业向前端延伸带动农户建设原料基地，向后端延伸建设物流营销和服务网络。鼓励龙头企业与上下游各类市场主体组建产业联盟，与农民建立稳定的订单和契约关系。利用大数据、物联网、云计算、移动互联网等新一代信息技术，培育发展网络化、智能化、精细化现代加工新模式。引导农产品加工业与休闲、旅游、文化、教育、科普、养生养老等产业深度融合，积极发展电子商务、农商直供、加工体验、中央厨房等新业态，延长产业链，提升绿色有机旱作农业的质量和效益。（市科技局、市中小企业局、市农委、市畜牧局、市林业局、市供销社和各县市区人民政府负责）

（七）健全体系，加强农产品生产全程监管

29. 推进农产品追溯管理。坚持"产出来"与"管出来"两手抓，在大力推进标准化生产的同时，加快推进农业智慧监管，建立"从农田到餐桌"的立体监管体系和可追溯体系，发挥追溯机制倒逼作用，推动生产经营者落实标准化主体责任。加快全市农产品追溯信息平台建设应用，实现与国家和省级平台的互联互通。推行主体备案和"二维码"扫码交易制度，实现生产有标准、过程有控制、产品有标识、流向可追踪、信息可查询、质量可追溯。力争到"十三五"末，"三品一标"主体、主要龙头企业、农民合作示范社全部纳入追溯管理。（市质监局、市工商局、市农委、市畜牧局、市林业局、市水利局、市农经局、市供销社和各县市区人民政府负责）

30. 加强农产品质量安全检测监测体系建设。进一步完善市县两级农（畜）产品质量安全检测中心建设，市级农（畜）产品检测机构要根据本地特点，增添检验设备，提高检测能力，实现蔬菜农药检测能力全覆盖、无公害农产品参数全覆盖和农产品、畜产品、水产品项目全覆盖，满足农产品产前、产中、产后全过程检测需求。县级检测机构要围绕服务区域经济和特色产品，主要开展贴近产业、贴近市场的常规、定性项目检测，日常和常年监测，并为农产品生产、加工企业提供必要的检验检测技术服务。完善 101 个乡镇农产品质量安全监管站和 87 个乡镇畜产品质量安全监管站的建设，全面开展速测监管工作。建立村级农（畜）产品质量安全监管协管员队伍，督促引导企业依法建立自律性农产品质量安全检测点，配备内检员，加快建设重点村、园区和主要生产基地、市场蔬菜农药残留快速检测室。（市质监局、市农委、市畜牧局、市林业局、市水利局和各县市区人民政府负责）

31. 严格农业投入品监管。严格投入品登记许可制度，依法推行高毒农药定点经营和实名购买，指导农资生产经营者建立电子化购销台账。实行假劣农资案件线索共享、案件通报、联防联控，强化大案要案查处。强化生产督导巡查。开展日常巡查检查，督促生产经营主体按标生产、合理用药、科学施肥，落实禁限用规定和休药间隔期、生产纪录等制度。推动县级以上农业部门建立规模生产经营主体监管名录，实施风险分级管理，对违法主体增加抽检频次，情节严重的列入黑名单实行联合惩戒。发挥乡镇监管服务机构和村级协管员作用，构建网格化监管体系，实现监管工作县、乡、村三级全覆盖。严格规范认证农产品标签标识管理，严查冒用和超范围使用"三品一标"标志等行为。完善应急处置机制，妥善应对各类突发事件，确保不发生重大农产品质量安全事件。（市工商局、市质监局、市农委、市畜牧局、市林业局、市水利局、市供销社和各县市区人民政府负责）

（八）创新体制机制，激活绿色有机旱作农业发展动力

32. 强化体制机制创新。坚持和完善农村基本经营制度，推进农民合作社创新发展，鼓励农民以农村承包土地经营权入股成立土地股份合作社，推广"保底收益＋按股分红"等模式。支持农民举办专业合作、股份合作等多元化、多类型的合作经济，发展跨区域跨产业联合社。坚持一二三产业融合发展，大力发展订单农业，促进产销衔接。进一步完善订单带动、利润返还、股份合作等新型农业经营（服务）主体与农户的利益联结机制，让广大农民成为绿色有机旱作农业发展的参与者、受益者。（市农委、市农经局、市畜牧局、市林业局、市农机局、市供销社和各县市区人民政府负责）

33. 大力培育农业产业联合体。建立市级创业创新园区。支持以农业龙头企业为核

心，农民专业合作社为纽带，专业大户和家庭农场为基础，组建现代农业产业化联合体。打通从生产向加工、储藏、流通、销售、旅游等二三产业环节连接的路径，力争三年内在全市培育 10 个现代农业化联合体，形成一批具有较强竞争力、带动农户增收效应明显的产业集群，在全市农业现代化进程中发挥示范引领作用。（市农委、市农经局、市畜牧局、市林业局、市农机局、市水利局、市供销社和各县市区人民政府负责）

34. 加快培育新型农业经营主体。 稳定农村土地承包关系，推进土地所有权、承包权、经营权"三权分置"，在充分尊重农民意愿前提下，采取从种到收全程机械化一站式服务，打造"全程机械化＋综合农事服务"模式，实现小农户与现代农业的有效衔接，发展多种形式的适度规模经营，构建培育新型农业经营主体的政策体系。实施新型职业农民培育工程，大力培育新型职业农民。鼓励和支持城镇工商业者、农科人员、大学生、返乡农民工等下乡回乡创业创新，发展农业电商、"互联网＋"等农业农村新业态，推动农业规模化、标准化、绿色化、品牌化、信息化生产，推进农村一二三产业融合发展。按照关于打响"长治神谷"农合区域公用品牌战略要求，对绿色有机旱作农业示范区的合作社产品给予品牌支持，给予扶持资金上的倾斜。（市人社局、市工商局、市农委、市农经局、市畜牧局、市林业局、市农机局、市供销社和各县市区人民政府负责）

35. 大力培育市场流通体系。 依托太行山物流园区等骨干农产品流通企业，调整优化资源配置，建立长治绿色有机农产品交易中心和县域分中心的交易网络。组建长治市绿色有机农产品营销协会，开展名优农产品展览、交流与合作、信息服务，开展绿色有机食品即期交易、合约交易、出口贸易。支持绿色有机农产品生产骨干企业，以订单形式加强与农民合作社、家庭农场等新型绿色有机农产品生产主体的产销对接，发展农产品电子商务、直销配送、农超对接等新型营销模式，参加省内外的相关展会，开辟多层级、区域性、市场化的绿色有机农产品专项展、特色展，形成全市联动的域内展会促销和走出去的域外推介促销。鼓励和支持长子浩润蔬菜、襄垣林盛水果（梨）、沁县沁州黄小米、壶关紫团食用菌等农产品出口企业，建设国家级和省级出口农产品质量安全示范区，促进绿色有机农产品对外贸易。（长治出入境检验检疫局、市商务局、市工商局、市农委、市畜牧局、市林业局、市供销社和各县市区人民政府负责）

（九）科技支撑，强化绿色有机农业生产技术服务

36. 实施农业新型社会服务主体培育计划。 加大对农资经营户、农机专业户、乡土专家、农村实用人才和各类农业社会化服务组织的培育力度。引导生产主体向社会化服务领域延伸，发展"专业服务公司＋合作社＋农户""涉农企业＋专家＋农技人员＋农户"等服务模式，开展绿色有机农业技术、信息、流通等综合性社会化服务。开展以绿色有机食品发展理念、标准定位、制度安排、功能作用、发展模式、运行机制、绿色有机产品农业投入品使用技术、生产规程等为主要内容的生产技术培训和宣传。（市人社局、市科技局、市农委、市农经局、市畜牧局、市林业局、市农机局、市供销社和各县市区人民政府负责）

37. 提升公益性机构服务水平。 组建绿色有机旱作农业专家指导组和技术服务组，开展技术指导和培训。建立健全市、县、乡三级农业公益性服务机构，推行政府购买服务，支持农技推广人员与新型经营主体开展技术合作，支持各类社会力量广泛参与绿色有机旱作农业技术推广，因地制宜推广间作套种、秸秆还田、渗水地膜谷子穴播、马铃薯起垄栽

培、果蔬节水灌溉等适宜节水技术，开展绿色有机旱作农业农技集成示范、农机农艺融合技术推广。（市科技局、市农委、市畜牧局、市林业局和各县市区人民政府负责）

38. 强化农业科技创新。整合科技创新资源，建立农业科技协同创新机制，加速形成一批农科教、产学研深度融合的农业科技创新中心，促进绿色农业投入品生产使用技术、循环农业技术、农产品精深加工技术等领域的科研攻关和成果转化应用。开展以企业为主体的技术创新体系建设试点，促进创新型企业与科研机构之间实行技术创新能力条件的共建共享，建立产业技术创新战略联盟，实现产学研的有效结合。（市科技局、市人社局、市中小企业局、市农委、市畜牧局、市林业局、市农机局、市供销社和各县市区人民政府负责）39、构建有机旱作农业技术体系。围绕特色产业发展需求，着力培育、引进抗旱节水、适合机械化、抗病抗逆、省肥省药的资源节约型新品种，加大抗旱节水新品种示范推广力度，提高新品种应用水平，促进品种结构不断调整优化。立足市情县情，开发资源节约、绿色增产、质量安全的有机旱作新技术。深挖传统技术精华，促进技术集成创新，广泛开展有机旱作新农艺示范推广。探索高效适宜机械化有机旱作农业技术，大力推进农机农艺融合，努力促进农作物耕、种、收、管、防全程机械化，在杂粮、林果、蔬菜、中药材等产业优势区域建设特色产业机械化示范区，推进农机化新技术新设备的示范应用，不断提升农机化综合水平。（市科技局、市农委、市畜牧局、市林业局、市农机局和各县市区人民政府负责）

40. 加快推进农业信息化建设。积极争取建设长治市智慧农业信息平台，建设一批农业物联网应用示范基地，提升农业生产智能化水平。以我市现代农业园区、龙头企业、农民专业合作社为载体，择优打造一批信息化园区，建立完善集感知、传输、控制、作业为一体的智能农业生产系统。深化物联网应用，普及推广滴灌技术，促进信息技术与生物节水技术、节水管理相结合，发展节水型现代农业。加快推进信息进村入户工程，建设村级益农信息社，加大信息技术骨干和专兼职农村信息员培训力度，将公益服务、便民服务、电子商务、培训服务延伸到乡村、农企和农户，健全农产品和生产资料市场监测、质量监管、产品追溯、信息服务等系统、农业电子商务服务体系。（市科技局、市商务局、市农委、市畜牧局、市林业局、市农机局、市供销社和各县市区人民政府负责）

五、保障措施

（一）加强组织领导

创建全国绿色有机旱作农业示范市，是一项长期的、复杂的系统工程，各级各部门必须高度重视，加强组织领导。市政府成立由分管副市长任组长，市发改委、市农委、市财政局、市畜牧局、市林业局、市水利局、市农机局、市农经局、市科技局、市质监局、市工商局等部门组成的长治市推进绿色有机旱作农业发展领导组，统筹指导创建工作，研究出台扶持政策，争取国家和省级项目资金支持。具体推进工作由领导组办公室负责，办公室设在市农委。各相关部门按照职责分工，分别承担各自的创建任务。各县（市、区）、乡镇、村要逐级成立相应的组织领导机构，承担主体责任，研究制订所在区域的绿色有机旱作农业建设实施方案，编报年度实施计划，推进创建工作全面开展。

（二）强化政策支持

加大市县两级财政支持力度。完善农业补贴政策，探索创设有机肥代替化肥、增施有机肥、统防统治、秸秆还田等补贴政策。按照"统一规划、集中投入、渠道不乱、用途不变、各负其责、各计其功、形成合力"的原则，市县两级农委、发改委、财政、科技、质监、商务、畜牧、林业、水利、农机、农经、扶贫等部门，要整合涉农项目，重点投入绿色有机原料生产基地和各类示范园区，生产加工企业废弃物综合利用和环境整治，推进一二三产业融合发展等关键环节。工商、税务、金融、保险等部门要研究出台相关扶持政策，坚持"政策支持普惠"和"重点领域关键环节最惠"的原则，调整支持方向，重点解决绿色有机旱作农业发展的关键环节和突出问题。充分发挥财政资金引导功能，积极引导金融资本、社会资金加大对绿色有机旱作农业的投入，发展现代特色产业推动农业政策保险提标扩面增品，逐步将杂粮、干鲜果、蔬菜、食用菌、中药材等特色产业纳入政策性保险范围，进一步提高农业风险保障水平。推进农业信贷担保体系建设，大力扶持农业适度规模经营。

（三）强化督查考核

将创建绿色有机旱作农业示范市工作列入各级政府绩效考核指标体系，明确考核目标，加强工作调度，强化检查督导，及时通报进展情况，将考核结果作为奖补依据。建立规划实施评估与动态修订机制，构建统一协调、更新及时、功能完善的评估与动态监测系统，适时进行全面监测、分析、评估和修订。有关执行项目资金管理办法，切实提高资金使用效益，防范廉政风险。

（四）强化宣传培训

组织开展形式多样的宣传培训活动。充分利用报纸、电视、广播、网络及其他现代公共媒体，广泛宣传绿色有机旱作农业发展政策、理念、技术、和模式，倡导健康消费，提高广大公众的认知度。认真总结和深入挖掘各地推进绿色有机旱作农业建设的成功典型，进行大力宣传推广。针对市县乡各级政府、村级组织和各类农业生产经营、服务主体等开展专题培训和现场观摩，统一思想，提高认识，形成各级政府支持、全社会积极参与绿色有机旱作农业发展的浓厚氛围。

长治市人民政府办公厅

2018 年 2 月 27 日印发

长治市人民政府办公厅
关于印发长治市推进绿色有机旱作农业
示范市创建 2018 年行动计划的通知

（长政办发〔2018〕41 号）

各县、市、区人民政府，市直各有关单位：

现将《长治市推进绿色有机旱作农业示范市创建 2018 年行动计划》印发给你们，请认真贯彻实施。

长治市人民政府办公厅

2018 年 5 月 25 日

长治市推进绿色有机旱作农业示范市创建
2018 年行动计划

2018 年，我市推进绿色有机旱作农业示范市创建的总体思路是：全面贯彻落实党的十九大和二中、三中全会精神，以习近平新时代中国特色社会主义思想为指导，按照中央、省、市农业农村工作会议决策部署，践行新发展理念，以实施乡村振兴战略为总抓手，以推进农业供给侧结构性改革为主线，以优化农业产能和增加农民收入为目标，以绿色有机旱作农业为根本路径，坚持质量兴农、绿色兴农、品牌强农，加快转变农业生产方式，大力推进政策创新、科技创新、机制创新，扎实推进绿色发展，着力构建具有鲜明区域特色的绿色有机旱作农业技术体系和产业体系、生产体系、经营体系，助力乡村振兴、决胜全面建成小康社会。行动计划如下：

一、主要目标

加快制定完善市、县两级绿色有机旱作农业示范市（县）发展规划和实施方案，加快制定补齐、修订完善绿色有机农业生产标准体系，大力开展绿色有机旱作农业封闭示范，实施耕地质量提升、旱作良种推广、农技集成创新、农水集约增效、农机配套融合、绿色循环发展工程，进一步优化农业结构、创新体制机制、培育绿色有机旱作农业典型、打造绿色有机品牌、加强市场体系建设、提升特色优质农产品竞争力，为打造全国绿色有机旱作农业示范区、特色农产品优势区和现代农业发展新高地奠定坚实基础。2018 年，力争全市化肥使用减少 2%，化学农药使用减少 2%，农业标准化生产率达到 40% 以上，绿色有机农产品种植面积增加 40% 以上，抗旱节水良种普及率达到 90% 以上，农作物秸秆综合利用率达到 90% 以上。

二、重点任务

（一）高质量完成绿色有机旱作农业发展规划

1. 全面启动绿色有机旱作农业示范市创建行动。 召开创建全国绿色有机旱作农业示范市领导组工作会议，组织举办创建绿色有机旱作农业示范市培训班，建立健全绿色有机旱作农业发展评价体系、政策体系、工作体系和考核体系。（牵头单位：市农委，各县市区人民政府；完成时间：3—12 月）

2. 加快编制绿色有机旱作农业示范市创建规划。 综合考虑资源禀赋、区位特点、产业基础等因素，分层次、分区域，分别编制市、县两级绿色有机旱作农业发展规划。（牵头单位：市农委，各县市区人民政府；完成时间：6 月底）

3. 加快编制县级绿色有机旱作农业示范县实施意见和 2018 年行动计划。 围绕省、市绿色有机旱作农业发展实施意见、实施方案，以县（市、区）分别编制《关于创建绿色有机旱作农业示范县的实施意见》和《创建绿色有机旱作农业示范县 2018 年行动计划》。按照一年起步、三年初见成效、五年基本建成的步骤，明确总体思路、目标任务、工作重点、推进路径、责任分工，细化工作举措，制定时间表、路线图、责任书、任务清单。

（牵头单位：市农委，各县市区人民政府；完成时间：6月中旬）

4. 进一步完善绿色有机旱作农业封闭示范区建设实施方案。本着突出特色、科学规划、示范引领、龙头带动、循序渐进、务求实效的发展方针，坚持"政府引导、市场主导、多元投入、绿色兴业"原则，按照区位优势明显、生态环境良好、土地集中连片、产业特色鲜明、龙头带动有力、标准体系健全的基本要求，坚持粮经饲统筹、农林牧结合、产供销一体、一二三产融合发展理念，因地制宜，以村、乡镇或新型经营主体为单元，构建"龙头企业＋科技服务组织＋农民专业合作社＋基地＋示范户"等产业发展模式，编制各县市区绿色有机旱作农业封闭示范区建设规划，调整、完善、修订全市12个绿色有机旱作农业封闭示范区建设实施方案。（牵头单位：市农委，各县市区人民政府；完成时间：5月中旬）

（二）加快制修完善绿色有机农业标准体系

5. 新制和修订完善种植、养殖绿色有机生产标准。围绕我市玉米、谷子、高粱、马铃薯、蔬菜（食用菌）、中药材、干鲜果、畜禽养殖八大主导产业，根据国家标准、行业标准，新制修订和发布我市种植、养殖、加工绿色有机农产品的相关生产技术标准规范，推进农业生产规范化，使我市绿色有机产品标准化生产有章可循、产品有标可检、执法有标可判。（牵头单位：市农委、市质量技术监督局、市林业局、市畜牧局；完成时间：6月底）

6. 建立健全农药（兽药）、肥料（饲料）、场地环境等农业标准体系。全面启动企业标准体系建设，推进原料供销、加工、工艺流程、产品营销服务全产业链式的标准化。以国家、行业标准为基础，建立健全以农药（兽药）、肥料（饲料）等投入品为重点，覆盖农产品产地环境、生产过程控制、采收贮藏运输等关键环节的农业标准体系。（牵头单位：市农委、市质量技术监督局、市林业局、市畜牧局；完成时间：6月底）

7. 加强农业标准的推广和技术指导。大力开展绿色有机旱作农业生产的标准宣传工作，组织各类农业生产经营和服务主体开展农业标准推广培训和使用指导，推进新型经营主体和广大农户按标生产。（牵头单位：市农委、市质量技术监督局、市林业局、市畜牧局，各县市区人民政府；5—12月）

8. 完善农业标准化服务监管网络体系。强化企业法人、管理员、技术员、内检员、植保员、化验员、记录员、档案员八大员的岗位责任，把农业标准化贯穿到示范区生产、加工、贮运、销售等各个环节，做好标准化生产日常记录和相关档案建设等工作，确保各封闭示范园区、示范主体、生产企业各项标准操作到位，以标准化促进优质化，确保质量安全管理可追溯机制认真落实。（牵头单位：市农委、市畜牧局、市质量技术监督局；完成时间：6月中旬）

（三）扎实推进绿色有机旱作农业封闭示范园区建设

9. 做好各类封闭示范园区有机肥替代化肥工作。因地制宜制定各类封闭示范园区有机肥替代化肥采购施用工作方案，组织各级农委和各类封闭示范园区项目实施主体，严格按财政资金使用要求对给予有机肥补助的封闭示范项目进行规范采购、储备、施用，并落实到县、乡镇、村、项目实施主体、农户。（牵头单位：市农委，各县市区人民政府；5月底）

10. 扎实推进 12 个绿色有机旱作农业封闭示范区建设。 突出区域优势、特色产业，依托龙头企业和农民专业合作社等新型经营主体，按照有稳定区域、有成熟技术、有生产标准、有注册品牌的要求，着力做好农业生产环境治理、农业标准化生产、农机农艺配套融合、有机肥替代化肥、病虫害绿色防控和统防统治、农作物秸秆综合利用、畜禽粪污无害化处理、农产品质量安全可追溯体系建设、品牌打造、市场营销等工作，为创建全国绿色有机农产品原料标准化生产基地奠定基础。（牵头单位：市农委、市林业局、市畜牧局、市农机局、市供销社，各县市区人民政府；完成时间：3—12 月）

11. 做好 7 类各 100 个不同层次不同产业的绿色有机旱作农业示范园区（基地）调查摸底遴选和实施方案制定工作。 以乡镇、村或龙头企业、农民专业合作社等为主体，按照"龙头企业＋科技服务组织＋基地＋新型经营主体＋示范农户＋辐射农户""行政村＋科技服务组织＋基地＋新型经营主体＋示范农户＋辐射农户""新型农业经营主体＋科技服务组织＋基地＋示范户＋绿色有机认证"等产业化经营模式，组织开展各类绿色有机旱作农业示范园区（村庄、基地）调查摸底遴选工作，在全市择优筛选 7 类各 100 个不同层次、不同类型、不同产业的绿色有机旱作农业示范园区（村庄、基地），并制定印发各类示范项目建设标准、实施方案。（牵头单位：市农委、市林业局、市畜牧局、市水利局，各县市区人民政府；完成时间：5 月底）

12. 着力打造 70 个各具特色的绿色有机旱作农业示范园区（基地）。 按照 7 个不同类型不同产业，首批分别遴选确定 10 个绿色有机旱作农业示范项目，依标组织实施、开展封闭示范。重点做好农作物标准化生产、农机农艺配套融合、有机肥替代化肥、病虫害绿色防控和统防统治、"三品"认证、市场营销等工作。（牵头单位：市农委、市林业局、市畜牧局，各县市区人民政府；完成时间：5—12 月）

（四）大力实施绿色有机旱作农业六大工程

13. 实施耕地质量提升工程。 加强永久基本农田保护和利用，全面推进测土配方施肥，坚持不懈推进高标准农田建设。采取秸秆还田、增施有机肥、种植绿肥等土壤培肥方式，增加土壤有机质，提升耕地地力等级。在杂粮、果、菜、中药材优势产区，大力示范推广有机肥替代化肥行动，逐步扩大试点作物和试点范围。统筹实施土地平整、小型水源、田间灌排、农田防护与生态环境、田间道路与土壤改良等工程，扎实推进高标准农田建设。（牵头单位：市农委、市林业局、市畜牧局、市国土资源局，各县市区人民政府；完成时间：5—12 月）

14. 实施农水集约增效工程。 加强农田水利工程建设，着力建设农田节水灌溉设施和配套工程。因地制宜推广秸秆地膜覆盖保墒、膜侧种植技术措施、生物节水、沟垄种植、免耕少耕、深翻深松等技术措施，大力发展水肥一体化和节水高效的智能灌溉，增强抗旱节水能力。（牵头单位：市农委、市水利局、市林业局、市农机局，各县市区人民政府；完成时间：5—12 月）

15. 实施旱作良种选育工程。 围绕特色产业发展需求，集中力量引进、试验、选育谷子、小麦、大豆、高粱、马铃薯、果树、旱地西红柿等抗旱节水、适合机械化、抗病抗逆、省肥省药的资源节约型优良品种 10 个以上，并布点开展示范展示。（牵头单位：市农委、市林业局、市科技局，各县市区人民政府；完成时间：5—12 月）

16. 实施农技集成创新工程。深挖传统技术精华，促进技术集成创新。因地制宜推广间作套种、抗旱播种、地膜覆盖、秸秆覆盖、节水灌溉、水肥一体化、渗水地膜谷子穴播、马铃薯起垄栽培等适宜技术。立足市情，着力开发资源节约、绿色增产、质量安全的有机旱作农业新技术。（牵头单位：市农委、市林业局、市农机局、市科技局，各县市区人民政府；完成时间：5—12月）

17. 实施农机配套融合工程。探索高效适宜机械化有机旱作农业技术，努力促进农作物耕、种、收、管、防全程机械化。在杂粮、林果、蔬菜、中药材等产业优势区域建设特色产业机械化示范区，推进农机化新技术新设备的示范应用，推进农机农艺融合发展。推进农业机械化示范县乡村、农机化示范社场户建设工作，不断提升农机化综合水平。（牵头单位：市农机局、市农委、市林业局、市畜牧局、市科技局，各县市区人民政府；完成时间：5—12月）

18. 实施绿色循环发展工程。推进配方施肥替代习惯施肥、有机肥替代化肥、新型肥料替代传统肥料的"三替代"措施。大力推广病虫害绿色防控技术和新型植保机械，推进农作物病虫害专业化统防统治。大力推广使用加厚地膜和可降解农膜，建立完善废弃农膜和农业投入品包装废弃物回收处理机制。大力推广养殖—畜禽粪便—沼气生产—沼渣、沼液—农作物施用，实现种植养殖循环发展。实施新一轮退耕还林工程，加大山水田林路综合治理力度。推进长治县农业废弃物及加工副产物综合利用、长子禾能发电和襄垣县、屯留县国家秸秆综合利用示范项目建设。以林地资源和森林环境为依托，发展林菌、林药、林禽、林粮、林菜等高效林业立体模式。大力推进种养结合、农牧循环农业试点示范。（牵头单位：市农委、市林业局、市畜牧局、市水利局、市农机局，各县市区人民政府；完成时间：5—12月）

（五）多层次培育新型农业经营主体

19. 实施新型经营主体培育计划。鼓励新型经营主体通过土地流转、土地互换、土地入股等形式，扩大经营规模。支持各类新型经营服务组织开展土地托管、联耕联种、代耕代种、统防统治等直接面向农户的农业生产托管，扩大服务规模，集中连片推广绿色优质高效农业生产方式。大力培育发展示范家庭农场、合作社、农业社会化服务组织和农业产业化联合体。鼓励新型经营主体与国家和省级大学科研机构加强合作，推广运用新型技术，为绿色有机农业的可持续健康发展提供科技支撑。创优营商环境，吸引外来涉农投资尤其是龙头企业从事绿色有机食品生产加工；引导绿色有机农业向产业集群发展，利用集群的吸聚能力、技术扩散能力和新组织新业态的衍生能力，吸引更多的新型经营主体或工业企业加入到绿色农业、有机农业中来，推动"种养加"一体、"一二三产业"融合发展。（牵头单位：市农委、市商务局、市供销社、市林业局、市畜牧局、市农经局，各县市区人民政府；完成时间：5—12月）

20. 实施新型职业农民培育工程。建立健全新型职业农民培育体制机制，以农业职业经理人、现代青年农场主、农机专业合作社带头人、各类新型经营主体带头人、农村电商人才和有志于农业农村创业的回乡大学生、工商企业人员、返乡农民工为重点，创新培育模式，加强认定管理，完善扶持政策，加快建设知识型、技能型、创新型农业经营者队伍。加强对绿色有机农产品生产技术培训，普及农产品质量安全基础知识，准确掌握绿色有机农产品生产技术和操作规范，积极推广应用现代生物防治、物理防治、生物菌肥、生态循环、"互联网＋"等现代农业技术，全面提升绿色有机农业生产经营管理水平。（牵头单位：市农委，各县市区人民政府；完成时间：5—12 月）

（六）强力推进农业标准化和品牌化建设

21. 大力推进农业标准化。 大力宣传培训农兽药、肥料、饲料和饲料添加剂使用规范，加快推进规模经营主体按标生产。大力开展国家级、省级农产品质量安全县创建活动。对标准化生产企业、农产品质量安全县开展农产品质量安全综合指数评价，将是否按标生产作为政策支持的重要条件。结合农业标准化示范县（园区、基地）、农产品质量安全县、特色农产品优势区、标准化健康养殖基地和现代农业示范园区创建，加快建设一批有规模、有影响、有品牌、有效益的绿色有机农产品生产基地，全面提高农产品质量安全水平。以长子县、襄垣县为示范，以屯留县、黎城县为试点，强化农产品质量安全县的标准化生产、辐射带动效果。加快推进沁县创建全国绿色食品（谷子）原料标准化生产基地县，加大武乡县的小米和梅杏、壶关县的旱地西红柿、屯留县和黎城县的核桃、沁源县的马铃薯、平顺县的花椒等绿色食品认证力度，尽快达到创建全国绿色食品标准化生产基地县的条件。（牵头单位：市质量技术监督局、市农委、市林业局、市畜牧局，各县市区人民政府；完成时间：5—12 月）

22. 着力培育长治绿色有机旱作农业品牌。 加大"三品一标"农产品认证力度，稳步推进绿色食品标志许可和有机农产品认证工作，"三品一标"新认证数量 121 个、面积 80 万亩，各类绿色有机旱作农业封闭示范园区"三品"品牌率达到 100%。组织开展好"太行有机小米""上党高粱""上党党参""上党连翘""平顺花椒"等农产品地理标志品牌培育、管理、保护及宣传工作。按照市委市政府关于打响"长治神谷"农合区域公用品牌战略要求，对有机旱作农业示范区的合作社产品给予品牌支持。鼓励从事绿色有机农业生产的新型经营主体，积极在国内外市场开展绿色有机农业品牌塑造培育、商标注册、商标保护、推介营销和社会宣传，着力打造一批有影响力、有文化内涵的绿色有机农业品牌。（牵头单位：市质量技术监督局、市农委、市林业局、市畜牧局、市工商局、市供销社、市农经局，各县市区人民政府；完成时间：5—12 月）

23. 加大品牌宣传力度。 组织域内媒体深入绿色有机旱作农业生产基地，大力宣传质量兴农、绿色兴农、品牌强农知识和农业标准化生产、有机旱作技术。由市委宣传部协调长治日报社、长治广播电视台、市新闻中心制定长治农产品品牌宣传行动计划，利用媒体广告以及农博会、农交会、绿博会、农合周、展销会、招商会、网络营销、专题报道等多种营销手段，进行品牌的整合宣传，加强绿色有机农产品品牌宣传推介和市场开发，全面树立我市安全优质农产品公共品牌形象，提升农产品品牌影响力和竞争力，扩大品牌农产品的生产和销售，让绿色有机成为我市食用农产品的金字招牌。开展绿色有机品牌农产品进社区、进企业、进学校、进机关、进饭店、进网站行动，提高品牌农产品市场占有率。（牵头单位：市新闻中心、市质量技术监督局、市农委、市林业局、市畜牧局、市工商局、市供销社、市农经局，各县市区人民政府；完成时间：5—12 月）

24. 强化"三品一标"认证监管。 建立健全市、县、乡三级农产品质量安全监管体系，加强巡查指导和宣传引导，扎实做好绿色食品和有机农产品企业证后监管工作，强化农业投入品监管和农产品检测监测。深入贯彻落实新修订的农药管理条例，严格兽用抗菌药及禁用兽药准入管理和整治工作。建立健全农业投入品质量追溯制度，加强农药、兽药生产经营追溯管理。在国家级、省级农产品质量安全县，率先开展农产品追溯平台建设和推广应用。开展"绿剑护农"农资打假专项行动，开展放心农资下乡进村活动。（牵头单位：市质量技术监督局、市工商局、市农委、市畜牧局、市林业局、市供销社，各县市区人民政府；完成时间：5—12月）

三、推进措施

（一）强化组织领导

市、县、乡、村逐级成立由主要领导为组长的绿色有机旱作农业发展工作领导组，承担主体责任，研究制订所在区域的绿色有机旱作农业建设实施方案，编报年度实施计划，形成部门协同、市县乡村联动的组织管理体系。大力推行"行政领导＋专家＋技术骨干＋新型经营主体＋基地"的包联责任制。全市遴选200名产业体系专家和技术骨干，采取行政领导包县、包乡镇、包村、包新型经营主体和专家、技术骨干联县、联片区、驻村、包示范主体模式，大力开展巡回指导服务，协调推进各项创建工作。

（二）强化政策支持

建立市县两级财政奖补机制，落实绿色有机旱作农业发展政策扶持资金。对封闭示范区和示范市创建项目根据年底验收结果和创建效果给予不超过园区投资50％的比例给予奖补。整合涉农项目资金，重点投入绿色有机旱作农业封闭示范园区、农业废弃物综合利用、新型经营主体培育、一二三产业融合发展等关键环节。充分发挥财政资金引导功能，积极引导金融资本、社会资金加大对绿色有机旱作农业的投入。鼓励和支持回乡、下乡、返乡创业创新，发展新动能、新业态，促进绿色有机旱作农业示范市建设。推动农业政策保险提标扩面增品，逐步将杂粮、干鲜果、蔬菜、食用菌、中药材等特色产业纳入政策性保险范围。大力扶持农业适度规模经营。

（三）强化科技支撑

选聘国家级、省级农业专家组建长治市绿色有机旱作农业发展专家咨询委员会，遴选市域内农业专家成立长治市绿色有机旱作农业发展专家指导组，研究解决我市绿色有机旱作农业发展中的重大技术问题，承担全市绿色有机旱作农业发展中的技术咨询指导工作。整合科技创新资源，建立农业科技协同创新机制，加速形成一批农科教、产学研深度融合的农业科技创新中心。加强有机旱作农业技术体系研究。支持农技推广人员与新型经营主体开展技术合作，支持各类社会力量广泛参与绿色有机旱作农业技术推广。

（四）强化制度保障

为保障绿色有机旱作农业工作任务的顺利推进，建立绿色有机旱作农业示范市创建工作旬报制度。有创建任务的12个县市区都要明确分管领导、责任科室和工作信息、项目统计报送人。严格按照市绿色有机旱作农业发展工作领导组的要求搞好报送工作，此项工作完成情况列入年终考核。市绿色有机旱作农业发展工作领导组办公室负责项目任务和信息的汇总和分析，并及时向市领导小组和县市区领导小组通报，通过动态管理，实现工作进度全面控制。

（五）强化督查考核

将创建绿色有机旱作农业示范市工作列入各级政府目标责任制考核范围，制定主要考核指标，对各封闭示范园区实行"目标考核、动态管理、能进能出"的管理机制；建立重点工作督查考核制度，采取日常监督和年底考核相结合的办法进行，督查考核结果将作为发放奖补资金的依据。市政府将不定期组织督查，并对每次督查结果予以通报，对不按要求完成任务的县市区通报批评、追究主要领导责任；对不能按时完成创建任务的封闭示范区予以警告直至退出创建资格。

（六）强化资金管理

研究制定项目资金管理办法，建章立制，严格程序，规范管理。在绿色有机旱作农业工作任务推进中，始终坚持廉政理念，规范运作程序，实行阳光操作，确保项目建设及资金使用公开、公正、公平，坚决杜绝弄虚作假，严禁挪用、套用资金。

（七）强化宣传培训

利用报纸、电视、广播、微信公众号等多种媒体，广泛宣传绿色有机旱作发展政策、模式和典型事例。对市县乡政府管理人员、技术人员和实施主体负责人开展不同级别、不同类别的专题培训，营造我市绿色有机旱作农业发展的浓厚氛围。

中共长治市委农办
长治市农业农村局
关于印发《长治市推进绿色有机旱作农业示范市
创建 2019 年行动计划》的通知

（长农工办发〔2019〕2 号）

各县（区）人民政府、市直各有关单位：

现将《长治市推进绿色有机旱作农业示范市创建 2019 年行动计划》印发给你们，请认真贯彻实施。

中共长治市委农村工作领导小组办公室　长治市农业农村局

2019 年 3 月 23 日

长治市推进绿色有机旱作农业示范市创建
2019 年行动计划

为深入贯彻落实习近平总书记视察山西时重要讲话和《长治市创建全国绿色有机旱作农业示范市实施方案》（长政发〔2018〕16 号）精神，推进绿色兴农、质量兴农、品牌强农，促进乡村振兴战略实施，制定本行动计划。

一、总体要求

认真贯彻落实党的十九大精神和习近平总书记视察山西时重要讲话精神，进一步调整优化农业结构,强化分层分类示范引领,加快构建农业标准化体系、生产基础体系、生态循环利用体系、科技支撑体系、质量管理体系、农产品加工体系、市场流通体系、社会化服务体系绿色有机旱作农业"八大体系",推动全市基本形成封闭化示范、标准化生产、集约化经营、品牌化发展的新格局。

抗旱节水良种普及率达到90%;可机械作业旱地普及应用机械化有机旱作农业技术水平达到80%以上;"三品一标"农产品数量总量和基地面积分别占全市农产品商品量和种植面积的30%以上。化肥、农药实现减量增效,秸秆综合利用率达到90%以上,农膜试点示范回收率达到80%以上,主要农产品监测合格率持续稳定在98%以上。

二、重点任务

(一)农业产业结构调整优化行动

1. 稳步推进以玉米为主的粮食生产功能区建设。全面完成228.7万亩粮食生产功能区划定任务,确保全市粮食产能不降低、质量有提高。

2. 加快推进上党中药材中国特色农产品优势区建设。以平顺县、黎城县、壶关县、沁源县、屯留区、潞州区为重点,大力发展上党党参、上党连翘为主的道地中药材产业,推动百万亩中药材全产业链发展。

3. 加快推进太行有机小米省级特色农产品优势区创建。以沁县、武乡县、襄垣县、屯留区为重点,建设30万亩谷子标准化种植基地。

4. 稳步推进上党高粱特色产业发展。以沁县、襄垣县、潞城区为重点,建设10万亩酿酒高粱、酿醋高粱标准化种植基地。

5. 稳步推进上党马铃薯特色产业发展。以沁源县、平顺县为重点,建设10万亩脱毒马铃薯标准化种植基地。

6. 加快发展鲜食玉米和甜糯玉米产业。以潞州区、潞城区、上党区、长子县为重点,建设10万亩鲜食水果玉米和甜糯玉米标准化种植基地。

7. 稳步推进特色蔬菜产业发展。以壶关县、平顺县、长子县、襄垣县、潞城区、屯留区为重点,建设20万亩旱地西红柿、尖椒、大青椒、豆角等旱地蔬菜标准化种植基地;以潞州区、上党区、屯留区、长子县、襄垣县为重点,建设10万亩设施蔬菜标准化种植基地。

8. 稳步推进特色食用菌产业发展。以上党区、潞城区、壶关县、长子县、沁源县、平顺县、武乡县为重点,建设1万亩香菇、平菇、双孢菇为主的食用菌标准化种植基地。

9. 稳步推进特色水果产业发展。以潞州区、上党区、襄垣县、武乡县、黎城县为重点,建设20万亩富士苹果、玉露香梨、梅杏为主的水果标准化种植基地。

10. 稳步推进干果经济林产业发展。以黎城县、潞城区、屯留区、平顺县、襄垣县、沁县、武乡县为重点,建设50万亩核桃、花椒、油用牡丹为主的干果经济林标准化种植基地。

11. 加快推进绿色健康畜牧业发展。做好肉鸡、蛋鸡、肉羊、生猪、肉牛、奶牛、肉驴、肉兔、鹌鹑、蜂10个养殖基地建设,畜禽饲养量力争达到1亿头(只)。

12. 科学布局发展水产(渔业)生态健康养殖业。加强养殖水域、滩涂统一规划,科学划定禁止养殖区、限制养殖区和允许养殖区，开展水产（渔业）标准化养殖示范创建。

13. 大力发展农产品加工业。 打造玉米、蔬菜、干鲜果等 12 条农产品深加工产业链；农产品加工转化率达到 60%，农产品加工业销售收入超过 260 亿元。

14. 加快培育农业农村新产业新业态。 深入实施休闲农业和乡村旅游精品工程，大力发展城郊农业、体验农业、定制农业、康养农业等新业态；推进农产品电子商务平台和乡村电商服务站点建设。

（二）绿色有机旱作农业标准化推进行动

15. 制定完善种植业绿色有机产品生产标准。 发布的 60 项绿色有机农产品生产操作规程，制定完善种植业绿色有机农产品生产加工操作规程和质量标准。

16. 加快制修订绿色有机畜禽水产养殖业标准。 围绕我市肉羊、肉牛、肉驴、肉鸡、蛋鸡、生猪、鲤鱼、草鱼等特色主导产业，制定完善畜禽水产养殖业生产操作规程和质量标准。

17. 加快制修订绿色有机农产品加工标准。 完成主要农产品采后预处理、贮藏保鲜标准、分等分级标准、商品化处理等标准的制（修）订；完成重要新型农产品加工制品标准的制（修）订；完成与原料控制、产品质量控制相关的检测方法标准的制（修）订；制定一批传统主食产品加工标准。

18. 建立健全农业投入品和产地环境等标准体系。 建立以农药（兽药）、肥料（饲料）等投入品为重点，覆盖产地环境、生产过程、贮藏运输等关键环节的农业标准体系。

19. 完善农业标准化服务监管网络体系。 强化企业法人、管理员、技术员、内检员、植保员、化验员、记录员、档案员八大员的岗位责任，确保各项标准操作到位。

20. 加强农业标准的宣传推广和使用指导。 开展农业标准培训推广和使用指导，把农业标准化贯穿到农业生产、加工、贮运、销售等各个环节，推进按标生产。

21. 加快推进绿色有机旱作农业标准化示范市创建。 完善绿色有机旱作农业标准体系，依托新型农业经营主体，高标准创建一批绿色食品和有机农产品原料标准化生产示范基地。

（三）绿色有机旱作农业封闭示范园区建设推进行动

22. 加快推进 12 个绿色有机农业封闭示范区建设。 将 12 个封闭示范区示范规模扩展到 5 000～10 000 亩，示范区农业标准化生产、农机农艺配套融合和有机肥替代化肥、病虫害绿色防控、统防统治覆盖率达到 100%，畜禽养殖废弃物和农作物秸秆综合利用率达到 100%，绿色有机农产品认证率达到 100%，产品监测合格率稳定在 98% 以上。

23. 着力打造一批绿色有机现代农业产业园。 以现有创建的省、市级现代农业产业园为基础，优先打造 20 个关联紧密、分工明确、链条完整、利益共享的一二三产业深度融合的绿色有机农业产业园。

24. 着力打造一批绿色有机旱作农业示范庄园。 以现有创建的国家、省、市级美丽宜居示范村和休闲农业与乡村旅游示范村为基础，优先打造 20 个绿色有机旱作农业示范庄园。

25. 着力打造一批绿色有机旱作粮食高质高效种植示范片。 以现有创建的国家、省、市级粮食类绿色高质高效创建项目为基础，示范推广绿色有机旱作农业新品种、新技术、新模式，着力打造 20 个千亩以上的绿色有机旱作粮食高质高效种植示范片。

26. 着力打造一批绿色有机旱作蔬菜（食用菌）示范园。以现有创建的部、省、市级蔬菜标准园为基础，着力打造 20 个百亩以上的规模化、标准化、特色化的绿色有机旱作蔬菜（食用菌）示范园。

27. 着力打造一批绿色有机旱作中药材种植示范园。依托上党中药材中国特色农产品优势区建设项目，以现有创建的部、省、市级中药材标准化种植基地为基础，着力打造 20 个百亩以上的绿色高质高效中药材种植示范园。

28. 着力打造一批绿色有机旱作鲜干果经济林示范园。以现有创建的部、省、市级鲜干果经济林标准化种植基地为基础，着力打造 20 个百亩以上的绿色有机旱作鲜干果经济林示范园。

29. 着力打造一批绿色有机畜禽（水产）健康养殖示范园。以现有创建的生态健康标准化畜牧（水产）养殖示范基地为基础，打造 20 个农牧（渔）结合、技术先进、装备一流、绿色循环的生态健康标准化养殖园。

30. 整建制创建一批绿色有机旱作农业示范县（乡、村）。着力打造以屯留区、长子县为典型的整县域绿色有机旱作农业示范县，以沁县、武乡县、沁源县、黎城县、壶关县、平顺县为典型的特色有机旱作农业示范县，以沁县次村乡、壶关县店上镇等为典型的12 个绿色有机旱作农业示范乡镇，以上党区琚寨村、壶关县晋庄村等为典型的 36 个绿色有机旱作农业示范村。

31. 分层分类建立完善全市绿色有机旱作农业示范园区（基地）项目库。在全市组织开展各类绿色有机旱作农业示范园区（乡村、基地）调查摸底遴选工作，建立完善绿色有机旱作农业项目库，组织编制项目实施方案，分期分批推进实施。

（四）农业绿色发展提升行动

32. 大力实施化肥减量增效工程。大力推广堆肥还田、秸秆还田、沼渣沼液还田、自然生草等土壤培肥方式，推广微生物肥料、缓控释肥等新型肥料和水肥一体化技术，基本实现主要农作物测土配方施肥全覆盖，果菜药、谷子马铃薯等特色优势农作物有机肥替代化肥达到 50% 以上。

33. 大力实施控药增效工程。加快八项植保新技术推广应用，提升植保装备水平，推进专业化统防统治与绿色防控融合，农作物病虫害绿色防控覆盖率达到 40%、统防统治覆盖率达到 50%。

34. 着力推进农作物秸秆综合利用。推广秸秆机械粉碎还田、秸秆生物质发电等中小规模资源化、能源化利用模式，健全秸秆收集贮运体系，农作物秸秆综合利用率达到 90%。

35. 着力推进畜禽养殖排泄物资源化利用与无害化处理。科学规划布局畜禽养殖规模，构建种养循环发展机制，推广畜禽粪污综合利用技术模式；推广环保型饲料，降低饲料中微量元素和抗菌药物添加量。全市畜禽粪污综合利用率达到 73% 以上，规模养殖场粪污处理设施装备配套率达到 90%。

36. 着力推进废旧农膜和农药包装物回收利用。积极开展废旧地膜回收、使用可降解地膜试点，建立回收处理机制，推动全市废旧农膜、农药废弃包装物回收率达到 80%

以上。

37. 着力推进食用菌种植和农产品加工废弃物的资源化利用。推进食用菌菌棒菌渣多级利用，开展无害化处理和循环利用，减少加工流通环节的消耗浪费和废物排放。

38. 推进林业废弃物资源化利用。推动建立林业、园林废弃物的回收利用体系，推进森林经营抚育采伐、果树修剪等过程中的剩余物、废弃物的综合利用。

39. 大力开展农田土壤污染防治。强化农田土壤污染源头防控，探索治理技术模式，形成较为完善的农业土壤污染防治工作机制。

40. 加强农业生产区水生态治理保护。推进漳河、沁河等重点流域生态修复，加大林业生态建设和保护力度，推进农村厕所改造、污水和生活垃圾处理，严格控制污染物向河流、农田排放。

41. 加强农业生产区大气生态治理保护。深入推进大气污染防治攻坚行动，坚持转型、治企、减煤、控车、降尘"五管"齐下，全面降低大气污染对农田的影响。

42. 大力发展现代绿色循环农业。以种植业减量化利用、畜禽养殖废弃物循环利用、秸秆高值利用、水产养殖污染减排、农田残膜回收利用、农村生活污染处理等为重点，推进种养循环、农牧结合，构建高效生态绿色循环产业链。

43. 创新环境友好型农作制度。坚持种养结合、粮经结合、水旱结合、用地和养地结合，大力推广间作套种、水旱轮作、立体种植、林下经济等环境友好、生态循环的新型农作制度和种养结合创新模式。

（五）农产品质量安全监管追溯行动

44. 建立健全农产品质量安全监管网络。加强市、县、乡、村四级农产品质量安全监管体系建设，配齐配全农产品质量安全村级监管员。建立全市规模生产经营主体监管名录，实施风险分级管理。

45. 强化农业投入品监管。落实新修订的农药管理条例，严格兽用抗菌药准入管理。稳步推进实施种子、农药、兽药、饲料和饲料添加剂质量监督抽检计划。建立健全农业投入品质量追溯制度，加强农药、兽药生产经营追溯管理。大力推行农药销售处方制度，进一步扩大试点范围，每个县实行农药销售处方制的经销商达到 7 家以上。

46. 加强质量监管追溯能力建设。加强监管机构、检测机构、执法机构的人员培训。督促指导已建成的 136 个生产基地和 110 个农资门店扎实开展农产品质量安全追溯工作，探索建立产地准出与市场准入制度。

47. 推进实施追溯管理与绿色有机农产品认证登记挂钩。将绿色食品、有机农产品、地理标志农产品全部纳入追溯管理。推动大型电商平台、大型超市追溯产品专区和专柜建设，提高农产品生产经营主体参与追溯的积极性。

48. 持续开展"绿剑护农"农资打假专项行动。开展放心农资下乡进村活动，重点整治农兽药和肥料非法添加、肥料有效成分不足、种子无证套牌等严重危害农产品质量安全和侵害农民利益的行为；普及识假辨假、科学种养殖和依法维权知识。建立农资领域违法失信"黑名单"制度，将制售假劣农资的违法失信企业纳入重点监管对象。

49. 加大执法办案力度。加大农产品质量安全执法工作，加大对禁限用农兽药使用、非法添加、私屠滥宰、销售病死畜禽等问题查处力度。加大信息公开力度，积极曝光典型案例，充分发挥警示作用，实现执法与宣传教育相结合。

50. 加强基层执法监管能力建设。 加强乡镇监管机构条件建设和人才培养，制定出台乡镇监管服务机构建设标准；督促指导乡镇监管服务机构做好农产品生产经营者培训、农业投入品使用、生产过程督导巡查、农兽药使用间隔（休药）期等工作。

51. 加强农业检测体系建设。 建立完善市、县农产品质量安全检测体系，加快推进县级机构资质认定；加强农产品质量安全检测专业技术人才队伍建设，提升检测能力。

52. 扎实推进"三品"认证工作。 支持农业生产经营主体申报绿色食品和有机农产品，加强证后监管；新认证绿色食品、有机农产品 25 个以上，新增产地认证面积 10 万亩以上。

53. 大力推进农产品质量安全县创建。 开展农产品质量安全县创建活动，系统总结创建经验做法，形成可推广可复制的创建模式，开展县域间学习交流。积极开展国家级农产品质量安全市创建。

（六）农业科技创新与示范推广行动

54. 推进实施耕地质量保护与提升工程。 以粮食新增产能建设项目和高标准农田建设项目为抓手，大力开展土地平整、灌溉与排水、田间道路、农田防护与生态环境保持建设，推广应用土壤改良、轮作倒茬、秸秆还田、种植绿肥、增施有机肥、深耕深松、地力培肥等技术。建设形成 10 万亩高标准农田，推动"藏粮于地"落实落地。

55. 推进实施农水集约增效工程。 因地制宜推广应用地膜覆盖、沟垄种植、集雨蓄水抗旱、水肥一体化、智能灌溉等农艺、工程节水技术，增强抗旱节水能力。

56. 着力推进良种良法配套。 引进试验谷子、高粱、马铃薯、尖椒、大青椒、西红柿等农作物品种 50 个以上，筛选推广一批抗旱节水、适合机械化、抗病抗逆、省肥省药的资源节约型优良品种，提纯复壮一批优质小杂粮品种。

57. 着力推进农机农艺融合。 在杂粮、林果、蔬菜、中药材、畜禽养殖等产业优势区建设特色产业机械化示范区，推进农机化新技术新设备的示范应用，推进农机农艺融合发展，提高全市农机化综合水平。加快智慧农机云平台建设，推进农机深松作业实时监测和远程监控。

58. 总结推广一批绿色有机旱作农业关键技术和模式。 突出科技引领示范、一二三产业融合、绿色循环发展，高标准打造 100 个全环节、全过程、全产业链、全区域绿色有机旱作农业封闭示范典型，挖掘整理其经验做法、技术模式并大力推广。

59. 大力发展"互联网＋"农业。 积极筹建全市智慧农业平台，加快互联网技术在农业领域的运用；推进农业物联网应用示范点建设，实现农业生产关键环节的数字化、智能化精准决策管理。

60. 深入推进农技推广体系建设和改革。 建立健全市、县、乡、村四级农技推广服务网络，引导扶持 300 个左右承担绿色有机旱作农业示范项目任务的新型农业经营主体和服务主体，大力开展产前、产中、产后全程技术服务，满足农业生产经营者多层次、多样化、个性化的需求。

61. 着力提升农技推广队伍服务能力。 建立市县两级分级分类培训机制，每年提升培训 1 000 人，使其专业素质、工作能力跟上农业农村现代化发展的需要。

62. 组建一批绿色有机旱作农业产业技术推广联盟。加快组建谷子、蔬菜、水果、干果、中药材、蛋鸡、生猪、肉羊、肉牛等绿色有机旱作农业产业技术推广联盟，引进聘请人才，搭建农业专家、技术骨干与新型农业经营主体协作平台，促进农技供需对接和科技成果推广应用。

63. 着力推进农科教、产学研深度融合。加快推进 12 个县区、50 个龙头企业与农科院所、农业大学院校的技术合作，打通科技与生产结合"最后一公里"通道。

64. 加快推进农业科技创新。依托农业产业化龙头企业、产业联盟，加快新品种、新产品和新技术、新装备、新机具、新模式的研发，促进绿色农业投入品生产使用技术、绿色循环农业技术、农产品精深加工技术等领域的科研攻关和成果转化应用。

（七）农产品加工业提升行动

65. 推进农产品加工业向优势特色产区集中布局。围绕特色优势农产品产业带、原料基地和粮食生产功能区分布，合理布局农产品加工业，形成生产与加工、科研与产业、企业与农户相衔接配套的上下游产业格局。

66. 加快农产品产地初加工业发展。大力发展农产品初加工，支持农户和新型农业经营服务主体建设储藏、保鲜、烘干、清选分级、包装等设施装备，提升产地初加工水平。

67. 推进主食加工业发展。支持紫团、潞卓等主食加工企业，进行主食加工技术研发，扩大主食品种和种类，拓宽主食供应渠道，打造质量过硬、标准化程度高的主食品牌。

68. 加快发展功能食品和药食同源产品。支持振东、康宝、沁州黄、林盛等重点龙头企业，适应市场和消费升级需求，开发营养健康的功能性食品和健康食品。积极推进党参、连翘、雪莲、松花粉、药酒等药食同源产品开发。

69. 提升农产品加工综合利用水平。支持紫团、茂森、绿野新能源等企业采取分级、提取、分离与制备技术，建立副产物收集、运输和处理渠道，推进秸秆、米糠、麦麸、玉米皮、果蔬皮渣、畜禽皮毛骨血等副产物综合利用，不断挖掘农产品加工潜力、提升增值空间。

70. 着力打造全产业链。引导振东制药、长清生物、沁州黄、林盛果业等农产品加工企业，形成生产、加工、物流、营销相衔接配套的上下游产业格局，加快构建玉米、小米、蔬菜、食用菌、中药材、畜禽、酿造业、薯类、水果、核桃、休闲食品等特色农业产业链。

71. 加快培育农业产业化联合体。以农业龙头企业为核心，以农民专业合作社、种养专业大户和家庭农场为纽带，组建培育 10 个现代农业产业化联合体，推动小农户与现代农业发展有机衔接，促进农业转型升级。

72. 创新产业发展模式和业态。围绕推进农村产业融合发展，引导农产品加工业与休闲、旅游、文化、教育、科普、养生养老等产业深度融合，扶持开发具有地域特色的旅游商品、旅游美食，丰富农产品加工业供给，延伸农产品加工业链条。积极发展电子商务、农商直供、加工体验、中央厨房等新业态。

73. 加强农产品加工业人才培训。依托新型职业农民培育工程、雨露计划、转移劳动力职业技能培训等项目，着力加强服务农产品加工业转型升级发展的各类人才培训，重点培育科技创新推广人才、经营管理人才、企业家、职业技能人才。

74. 加快发展有机肥加工业。长子县、沁县、武乡县等重点养殖县，要引入环保科技，调动社会资本，建设有机肥加工企业，全量收集区域内畜禽粪污以及农村厕所粪污等。

75. 加快发展乡村手工业。着力培育一批家庭工场、手工作坊、乡村车间，创新发展具有地域特色的乡村手工业，促进特色餐饮、非物质文化遗产、民间手工艺品、乡村休闲旅游等新产业新业态发展。

76. 推进农产品加工创业创新孵化园建设。支持经济实力较强的县区或农业龙头企业，建设农产品加工创业创新孵化园，引领回乡、下乡、返乡人员创办领办帮办农产品加工企业。

77. 实施特色农产品出口计划。支持沁州黄、浩润、林盛果业等农业龙头企业，加大小米、蔬菜、水果等优势农产品出口，发展农业外向型经济。引导和鼓励优势农产品企业到"一带一路"共建国家和地区建设农产品生产、加工、仓储、物流基地。

（八）农产品推介营销促销行动

78. 大力实施农业品牌战略。启动实施长治市绿色有机旱作农业品牌建设工程，叫响"中国小米之都"品牌，倾力打造"沁州黄小米""长子大青椒""上党高粱""五和食品"等20个区域公用品牌和产品品牌，提升长治绿色有机旱作农业品牌知名度、美誉度和市场竞争力。

79. 着力加强农业品牌公共服务。支持行业协会、品牌主体等开展标准制定、品牌设计、技术服务、市场推广、业务交流、品牌培训等业务，建立完善的品牌社会化服务体系。提高农产品包装设计水平，加强品牌农产品包装标识使用管理。

80. 大力发展农产品营销流通组织。强化农产品营销，构建产、加、销一体化综合性合作社，实现"卖得好"带动"种（养）得好"。发挥供销社营销网络、物流设施等优势，发展配送、连锁经营等农产品流通业。

81. 加快农产品市场建设。围绕全市小米、蔬菜、中药材、果品等特优农产品生产基地建设，建立一批田头市场、产地收储交易中心、物流交易市场。加快建设一批具有地方特色的县级农产品展示展销和配送中心。

82. 大力培养农产品营销人才。加大对农村经纪人、农产品营销专业户和农村中介流通组织负责人的培训力度，推行持证上岗制度，建立一支熟悉农产品产销、具有现代营销理念的农产品营销与管理服务队伍。

83. 加强信息服务体系建设。加强农产品市场信息服务队伍建设，做好农产品供求信息的采集、整理和发布工作，加强农产品市场供求信息监测与发展趋势预测工作，努力提高农产品市场信息服务的时效性和质量。

84. 加强农产品市场监管。加强检疫检测工作，建立健全农产品产地准出、市场准入制度。加大农产品市场执法力度，规范市场秩序，维护农产品生产者、经营者和消费者的合法权益。

85. 着力做好农产品市场推介。积极组织参加各类农产品展示推介、展览促销活动，通过新闻发布会、报纸、电台等多种形式，加大对我市绿色有机旱作农业品牌、特优农产品的宣传力度。

86. 加快发展现代营销方式。 发展农产品配送业务，引导农产品批发市场、流通企业和农民专业合作社组建配送公司、物流中心；鼓励支持营销企业、营销大户在各大城市建立直销店，展示长治有机旱作农业品牌农产品形象。

87. 组织开展产销对接活动。 组织开展特色优势农产品进超市、进社区、进企业、进学校、进机关、进军营活动，实行"订单生产"，以销定产。继续办好农民丰收节、开镰节、赏花节、采摘节等活动，加强城乡、农企之间交流与合作。

（九）体制机制保障行动

88. 大力培育新型职业农民。 深入实施农业产业精准扶贫培训、农业结构调整专项培训和乡村产业提升培训三大行动，推进农业经理人培育、现代青年农场主培养、新型农业经营主体带头人轮训和农村实用人才带头人培训四大计划，培育各类职业农民 6 000 人以上。

89. 大力培育新型经营主体。 加快构建以农户家庭经营为基础、合作与联合为纽带、社会化服务为支撑的立体式复合型现代农业经营体系。落实扶持小农户和现代农业发展有机衔接的政策，完善"农户＋合作社""农户＋公司"利益联结机制；启动家庭农场培育计划，开展合作社规范化建设。

90. 加快发展农业生产性服务业。 大力发展农业社会化生产服务主体，围绕农机作业、节水灌溉、统防统治、烘干仓储、加工贮藏、冷冻保鲜、流通运输等环节，开展农技推广、土地托管、代耕代种、烘干收储等面向小农户的生产性服务，带动农户发展适度规模经营。

91. 加快推进体制机制创新。 不断完善农村基本经营制度，健全完善县乡农村产权流转交易市场体系，深化农村承包地"三权分置"改革。注重经营体系创新，进一步完善订单带动、利润返还、股份合作等新型农业经营主体与农户的利益联结机制，让农民成为绿色有机旱作农业发展的参与者、受益者。

92. 着力培养"一懂两爱"的"三农"工作队伍。 全力推进《关于全面推进乡村人才振兴的实施意见》，着力加大市、县、乡、村"三农"干部队伍、科技队伍培训培养力度，造就一支业务精良、素质过硬"一懂两爱"的"三农"工作队伍。

93. 持续开展进村入户、进企入园"送技术送政策送服务"活动。 组建完善市县两级绿色有机旱作农业专家指导组，建立健全专家、技术人员包县、包乡、包村、包园区指导服务机制，确保每个绿色有机旱作农业封闭示范园区都有科技服务组织、农技人员包联和指导服务。

94. 强化规划引领。 立足资源禀赋、区位特点和产业发展特色，加快制订完善市、县两级绿色有机旱作农业发展规划和各县区绿色有机旱作农业发展实施方案。

95. 加快制定完善 2019 年度县级行动计划。 坚持问题导向、目标导向和绩效导向，确定目标任务、思路要求、工作重点和保障措施，建立任务清单和责任清单，加快制定完善县级绿色有机旱作农业发展行动计划，有序高效推动各项工作。

96. 加快制定完善封闭示范项目实施方案。 12 个绿色有机旱作农业封闭示范区，要按照种养结合、绿色循环、产加销一体的发展方向，确定目标任务、技术措施、资金投入，制定时间表、路线图、责任书、任务清单。承担"七百"示范任务的项目实施主体,要制定完善实施方案,整体推进,达产达效,发挥示范效应。

97. 加大政策支持力度。进一步研究制定我市推进绿色有机旱作农业示范市创建的相关配套政策,市、县(区)财政要建立专项资金,支持绿色有机农业发展,重点加强对抗旱节水良种试验示范、化肥减量增效、有机肥替代、绿色有机认证、科技培训服务等关键环节的奖补。

98. 多渠道增加绿色有机旱作农业投入。充分发挥财政对农业投入的导向和启动作用,引导金融资本和社会工商资本投资绿色有机旱作农业发展。建立健全农业信贷担保体系,破解经营主体融资难问题;积极开展政策性保险、地方特色保险、商业保险等服务。

99. 进一步加大宣传力度。强化绿色有机旱作农业政策、技术、模式、品牌、典型等宣传,12个封闭示范区要在省级媒体上至少宣传1次,"七百"示范项目实施主体要在市级媒体上至少宣传1次,形成良好的舆论氛围。

100. 切实加强组织领导。建立健全组织领导机构和技术指导机构,大力推行"行政领导+农业专家技术人员+示范主体+示范基地+农户"的包联责任制,强化责任分工,增强担当精神;推行创建工作进度通报制度,加大封闭示范区项目绩效考评,接受社会监督,实行动态管理,确保创建工作取得实效。

长治市人民政府办公室
关于印发长治市推进有机旱作农业发展
2020 年行动计划的通知

(长政办发〔2020〕10 号)

各县、区人民政府,市直各有关单位:

《长治市推进有机旱作农业发展 2020 年行动计划》已经市人民政府同意,现印发给你们,请认真贯彻实施。

长治市人民政府办公室

2020 年 3 月 18 日

长治市推进有机旱作农业发展
2020 年行动计划

2020 年加快推进全市有机旱作农业发展的总体思路是:以习近平新时代中国特色社会主义思想为指导,坚持绿色兴农、质量兴农、品牌强农、特色产业富农,坚持县乡村、点片园区分区分级分类示范与整体推进相结合,以增加绿色有机农产品供给、促进农民增收为目标,以项目建设为抓手,以原料基地化、生产标准化、产品品牌化、监管全程化、经营产业化、生态优良化为发展方向,培育壮大一批有机旱作农业新型经营主体,加快形成一批有机旱作农业知名品牌,总结凝练一批有机旱作农业发展模式,初步建立起具有长治特色的有机旱作农业标准体系、技术体系、产业体系和经营体系。

一、建立和完善有机旱作农业地方标准体系

（一）修订完善有机旱作农业操作规程

在原有 60 项农作物绿色有机旱作农业生产操作规程基础上，以生产过程全产业链、生产技术全要素为目标，制（修）订完善种植业、养殖业绿色有机旱作农产品产地环境、投入品质量安全、农（兽）药残留、农产品质量安全评价与检测等操作规程，建立健全覆盖产前、产中、产后各环节的符合长治特色的有机旱作农业操作规程，实现农产品生产、检测、执法有规可依。（市市场监管局、市农业农村局、市规划和自然资源局、市畜牧兽医中心、市农机中心负责）

（二）加大对有机旱作农业标准的推广应用

全面试行食用农产品合格证制度。加大对各类新型经营主体、种养大户、加工营销企业的农业标准化培训宣传，完善农业标准化服务监管网络体系，确保各项标准操作到位。（市农业农村局、市规划和自然资源局、市畜牧兽医中心、市农机中心负责）

二、建立和完善有机旱作农业技术体系

（三）推进耕地质量提升

以土地平整、土壤改良与培肥、灌溉与排水、农田防护与生态环境保持等为重点内容，建设高标准农田 31 万亩。实施旱作梯田建设工程，开展小流域水土流失综合治理，推广保护性耕作、秸秆覆盖还田、增施有机肥、深耕深松等关键技术，提高土壤耕作层蓄水保墒能力，有效改善旱地耕作条件。（市农业农村局、市水利局、市农机中心负责）

（四）推进化肥减量增效

大力推广测土配方施肥技术，主要农作物测土配方施肥达到 90％。推进果菜药、杂粮等特色优势农作物微生物菌肥、有机肥替代化肥行动。集成推广化肥机械深施、种肥同播、适期施肥、水肥一体化等高效施肥技术和新型肥料产品，确保化肥利用率提高到 40％以上，保持化肥使用量负增长。（市农业农村局负责）

（五）大力发展旱作节水农业

根据水资源禀赋，调整种植结构，推行适水种植。示范推广蓄水保墒、集雨补灌、水肥一体化、智能灌溉等旱作节水技术，提高水资源利用效率。在干旱缺水地区，推广配置新型软体集雨水窖和移动灌溉设备，蓄集和高效利用自然降水，进行集雨补灌，建设旱作节水农业示范区，达到 10 万亩以上。（市农业农村局、市水利局负责）

（六）选育推广抗旱抗逆优良品种

以玉米、谷子、高粱、马铃薯、尖椒、西红柿等农作物为重点，示范推广一批抗逆抗旱资源节约型优良品种。突出区域特色，合理布局，建设 30 个抗旱节水、抗病抗逆新品种试验示范基地。加大谷子、高粱等杂粮良种繁育及提纯复壮力度，确保全市杂粮品种良种普及率达到 95％以上。（市农业农村局负责）

（七）推进农药减量增效

实施绿色防控替代化学防治行动，建设 30 个绿色防控示范园区和 12 个植保新技术展

示片，重点推广生态控制、生物防治、理化诱控等绿色增产技术和新型植保机械。扶持发展植保专业服务组织 50 个，推行统防统治与绿色防控融合。加强农民科学安全用药培训和技术指导，推广精准高效施药、轮换用药等科学用药技术，着力提升科学安全用药水平，确保农药利用率提高到 40% 以上，保持农药使用量负增长。（市农业农村局负责）

（八）推进农机农艺配套融合

在丘陵山区实施农田宜机化改造工程，试点示范农田宜机化改造 600 亩。推进实施农机深松整地，达到 60 万亩。加快智慧农机云平台建设，推进农机深松作业实时监测和远程监控。围绕谷子、中药材、设施农业、畜禽养殖等特色优势产业，开展全程全面农机化新技术新设备的试验示范，推进"耕种管防收"全程机械化，达到 75.5% 以上。（市农业农村局、市农机中心负责）

（九）推进农业集成技术推广创新

分区分类推广有机旱作农业集成技术，开展有机旱作生产关键技术研究与示范。在东部丘陵山区，突出以杂粮、蔬、果、药为重点的抗旱优质新品种、生物覆盖水肥高效利用、绿色生产艺机一体化技术模式推广应用；在西部丘陵山区，突出以杂粮、果、药、畜为重点的抗旱节水、轮作休耕、生物覆盖水肥高效利用、种养循环集成技术模式推广应用；在中部平川区，开展以玉米、蔬、果、畜为重点的抗旱节水、水肥一体化、生物覆盖水肥高效利用、种养循环集成技术模式推广应用。全市推广谷子地膜覆盖机械化穴播技术 10 万亩，推广高粱全程机械化生产集成技术 5 万亩，推广旱地马铃薯单垄单行全程机械化技术 3 万亩，推广旱地西红柿防雹网棚双色膜覆盖技术 3 万亩，推广干鲜果生物覆盖水肥高效利用、提质增效集成技术 5 万亩，推广中药材水肥高效利用、提质增效集成技术 3 万亩。（市农业农村局、市科技局、市畜牧兽医中心、市农机中心负责）

（十）推进农业废弃物综合利用

加强秸秆综合利用技术及模式的总结推广，推动全市农作物秸秆肥料化、饲料化、基料化、燃料化和原料化利用，农作物秸秆综合利用率达到 90%。推进农产品加工废弃物的资源化利用，开展无害化处理和循环利用，减少加工流通环节的消耗浪费和废物排放。积极推广使用标准地膜、生物降解地膜，推进废旧农膜回收利用，达到 80% 以上；加快研究制定《农药包装废弃物回收处理管理办法》和《肥料包装废弃物回收处理管理办法》，建立回收处理机制，推动全市农药、肥料包装废弃物回收处理。（市农业农村局负责）

（十一）推进畜禽粪污循环利用

科学规划布局畜禽养殖区域、规模，推动规模化养殖业循环发展，构建种养循环发展机制。加强饲料、兽药管理，推进规模化养殖场、养殖小区建设粪便收集、贮运、处理、利用设施；探索建立分散养殖粪便储存、回收和利用体系，在有条件的地区，鼓励分散储存、统一运输、集中处理；推广工厂化堆肥处理、商品化有机肥生产技术；利用畜禽粪便，因地制宜发展集中供气沼气工程，鼓励利用人畜粪便、可腐生活垃圾等多种原料发展规模化大中型沼气、生物天然气工程，推进沼渣沼液深加工生产适合种植的有机肥。全市畜禽粪污利用率达到 80% 以上，规模养殖场粪污处理设施装备配套率达到 100%。（市农业农村局、市畜牧兽医中心负责）

（十二）推进林业废弃物资源化利用

以林地资源和森林环境为依托，大力发展林菌、林药、林粮、林禽（畜）等立体种养模式，推动建立林业、园林废弃物的回收利用体系，推进森林经营抚育采伐、果树修剪等过程中的剩余物、废弃物的综合利用。（市农业农村局、市规划和自然资源局负责）

三、建立和完善有机旱作农业产业体系

（十三）进一步优化农业结构

在稳定粮食生产的基础上，积极发展优势特色产业。因地制宜发展小杂粮、干鲜果、蔬菜、食用菌、中药材、油料花卉和畜禽、水产规模健康养殖等特色产业。根据市场多元化、个性化消费需求，优化产品结构，扩大绿色食品、有机农产品和地理标志农产品种养规模，增加更加丰富多样、优质安全、营养健康的绿色有机农产品供给。（市农业农村局、市畜牧兽医中心，各县区人民政府负责）

（十四）加快发展农产品精深加工业

围绕特色优势产业，布局绿色有机农产品精深加工，建设产地贮藏、预冷保鲜、分级包装、冷链物流设施，打造各具特色的种养业全产业链，完善供应链，提升价值链，加快形成一批有竞争力的果品、药品、酿品、肉制品、功能保健品等特色产业集群。（市农业农村局、市发改委，各县区人民政府负责）

（十五）推进农村一二三产业融合发展

总结推广襄垣县林盛果业、壶关县辛寨醋业、屯留区石泉葫芦山庄等三产融合发展模式，开发农业休闲观光、文化传承等多种功能，发展休闲观光、乡村民宿、康养基地等乡村休闲旅游产业，构建粮菜果药、林畜水产、加工、休闲观光一体化产业体系，促进产加销衔接，促进农村一二三产业融合发展。（市农业农村局、市文旅局，各县区人民政府负责）

四、建立和完善有机旱作农业经营体系

（十六）大力培育新型经营主体

健全绿色农资经营网络，保障绿色有机农产品生产的投入品供给。探索农业社会化服务新模式，为农民提供及时有效的有机旱作农业生产技术、装备和信息服务。持续对新型农业经营服务主体带头人、现代创业创新青年、专业技能型和专业服务型等高素质农民培训培育，达到7 000人以上。引导新型农业经营主体与农业社会化服务组织、广大农户融合发展，实行订单生产，开展农业生产托管服务，建设有机旱作农产品基地。（市农业农村局、市农经中心，各县区人民政府负责）

（十七）创新优质农产品流通方式

实施农产品"出村进城"工程，开展长治有机旱作农产品网上行、全国行、展示展销、博览交易等活动，引导供销商务系统电商平台、社会电商企业与农产品生产企业、供应商、运营商开展产销对接，培育和壮大农业电子商务主体，创新绿色有机农产品销售模式，实现优质优价。鼓励和支持商贸流通企业、电商企业开展扶贫助农销售，打造农产品网络品牌。引导企业、部队、机关、学校等优先与有机旱作农业示范乡村、园区开展订单产销，优先将贫困县有机旱作农产品纳入"消费扶贫""农超"对接范围。持续举办农民

丰收节、开镰节、赏花节、采摘节等活动，创新城乡、农企之间交流合作与消费方式。（市农业农村局、市供销社、市商务局、市文旅局负责）

（十八）打造有机旱作农业品牌

加大功能农产品品牌推选、绿色有机农产品和农产品地理标志认证力度，绿色有机农产品数量和基地面积增幅达到30%以上。打造"长治有机旱作""上党小米""上党党参""长治神谷"等20个区域公用品牌和产品品牌。按照"统一规划、统一形象、统一推介"的原则，开设集展示、销售、电商和品牌宣传为一体的长治品牌农产品展示展销形象店。（市农业农村局、市市场监管局、市扶贫办、市商务局、市发改委、市农经中心负责）

五、建立和完善有机旱作农业示范体系

（十九）推进省市县三级有机旱作农业封闭示范区建设

按照区位优势明显、生态环境良好、土地集中连片、产业特色鲜明、龙头带动有力、标准体系健全的基本要求，每个县（区）择优申报创建1个省级高标准有机旱作农业封闭示范片；巩固市级封闭示范区建设成果，按照"十个全覆盖"标准，集中力量打造3——5个规模上万亩的有机旱作农业封闭示范区；按照"有带动主体、有稳定区域、有适度规模、有成熟技术、有生产标准、有认证产品"的要求，积极创建一批县级有机旱作农业封闭示范片。（市农业农村局，各县区人民政府负责）

（二十）稳步推进有机旱作农业产业园和特色示范园建设

坚持规划布局科学化、生产基地规模化、产业链条集群化、生产模式绿色化、产业发展品牌化、业态功能融合化、利益联结多样化、配套服务体系化、政策支持配套化的"九化"标准，在巩固提升原有的130个市级现代农业产业园和特色产业示范园基础上，新认定创建10个左右市级现代农业产业园，批准创建30个左右市级特色产业示范园。按照"主体带动、规模适度、种养循环、标准生产、统一经营、封闭运行"的要求，每个县区创建不少于30个县级现代农业产业园、特色产业示范园。（市农业农村局负责）

（二十一）巩固提升有机旱作农业示范县（乡、村）建设

按照"全环节"绿色高效技术集成、"全过程"社会化服务体系建设、"全链条"产业融合发展模式打造、"全区域"绿色发展方式引领，持续推进有机旱作农业示范县（乡、村）建设。申报创建1个省级整体推进示范县，打造2～3个市级整体推进示范县，支持建设20个整体推进示范乡镇和示范村。（市农业农村局负责）

六、建立和完善有机旱作农业保障体系

（二十二）强化组织领导

把大力发展有机旱作农业作为落实乡村振兴战略的重点工作和推进农业高质量发展的重要举措，坚持主要领导亲自抓、分管领导具体抓。加强部门分工合作，大力推行领导干部包联责任制，研究制定具体实施方案，明确责任人、时间表、路线图；制定设立统一规范的有机旱作农业示范县（乡、村）、示范园区标志牌，明确实施内容、实施主体，明确行政包联和技术指导服务单位、主要责任人，公开接受社会监督。（市领导小组各成员单位，各县区人民政府负责）

（二十三）强化政策支持

市县财政和农业农村部门要将有机旱作农业列入任务清单，统筹财政资金予以支持。市财政 2020 年拟安排 1 000 万元给予专项扶持，各县区财政也要安排专项资金扶持，并制定相关奖补措施。各相关部门要安排项目资金向有机旱作农业示范园区倾斜。要不断完善金融政策，推进农业信贷担保体系建设，扶持龙头企业、新型经营主体加快构建"龙头企业＋科技服务组织＋合作社＋基地＋农户""新型经营主体＋科技服务组织＋基地＋农户"等发展模式，推进有机旱作农业适度规模经营。坚持农业政策性保险与特色保险相结合，继续在有机旱作农业示范园区推行特色农业保险试点工作，不断完善农业保险体系，扩大保险覆盖范围，提高有机旱作农业风险保障水平。（市财政局、市金融办、长治银保监分局，各县区人民政府负责）

（二十四）强化科技支撑

组建市级有机旱作农业研究机构，推进农科教结合、产学研协作。广泛吸收市内外知名专家和"乡土专家"，调整充实市、县两级有机旱作农业发展专家指导和技术服务组。加快构建新型农技推广服务体系，强化人员培训，建立健全农技推广人员与有机旱作经营主体融合发展机制。持续开展农业专家、技术人员进村入企服务活动，在技术推广、培训指导、农机配套等方面充分发挥专技人员作用，在总结技术模式、生产经营模式等方面取得成效，为有机旱作农业发展提供科技支撑。（市农业农村局、市科技局、市水利局、市规划和自然资源局、市畜牧兽医中心、市农机中心，各县区人民政府负责）

（二十五）强化宣传引导

加强对有机旱作农业示范市创建宣传工作的领导指导，及时挖掘总结有机旱作农业发展的好模式、好做法、好典型。充分利用媒体和农民群众喜闻乐见的形式，广泛宣传有机旱作农业的政策、理念、技术模式、经营模式以及有机旱作特色农产品品牌，开展专题培训和现场观摩，统一思想，提高认识，形成各级政府支持、新型经营服务主体主导、农民广泛参与有机旱作农业发展的浓厚氛围。（市委宣传部、市农业农村局，各县区人民政府负责）

长治市人民政府办公室
关于印发长治市推进有机旱作农业发展
2021 年行动计划的通知

（长政办发〔2021〕15 号）

各县、区人民政府，市直各有关单位：

《长治市推进有机旱作农业发展 2021 年行动计划》已经市人民政府同意，现印发给你们，请认真贯彻实施。

长治市人民政府办公室

2021 年 4 月 13 日

长治市推进有机旱作农业发展
2021年行动计划

为持续推进我市有机旱作农业示范创建工作向纵深发展，根据《山西省人民政府办公厅关于印发2021年有机旱作农业发展工作计划的通知》（晋政办发〔2020〕97号）精神，结合长治实际，制定2021年推进有机旱作农业发展行动计划。

一、总体要求

（一）指导思想

以习近平新时代中国特色社会主义思想为指导，深入贯彻落实习近平总书记视察山西重要讲话精神，聚焦"特""优"战略和有机旱作农业品牌培育，围绕农产品精深加工产业集群发展，以项目建设为抓手，按照原料基地化、生产标准化、监管全程化、经营产业化、产品品牌化、生态优良化的发展方向，深入实施耕地质量提升、绿色循环发展等有机旱作农业十项工程，全区域、全产业、全链条、全要素推进有机旱作农业绿色高质高效发展。

（二）主要目标

构建完善有机旱作农业标准化体系，加大标准化示范基地创建力度，辐射带动100万亩"特""优"农产品原料生产基地建设，旱作节水良种普及率稳定在95％以上，主要农作物病虫害绿色防控覆盖率达到40％以上，全市农作物化肥农药使用量保持稳定负增长，农业生产生态环境得到较大改善，有机旱作农产品品牌影响力明显提升。

二、重点任务

（一）生产基地提标扩规行动

1. 加快农业结构调整，发展特色优势种养业。 立足资源禀赋，聚集农产品精深加工产业集群，以农牧结合、农林结合、循环发展为导向，调整优化农业种植养殖结构。在确保粮食安全的前提下，推进杂粮、蔬果、中药材、设施农业等特色优势种植业发展；大力发展种养结合循环农业；积极发展林下经济，推进农林复合经营。

2. 高标准推进有机旱作农业示范基地建设。 全面巩固省市级封闭示范区（片）建设成果，按照抗旱抗逆良种全覆盖、高标准农田全覆盖、有机肥替代化肥全覆盖等"十个全覆盖"的标准，高质高效推进有机旱作农业标准化规模化发展。以武乡、沁县、襄垣为重点，建设2万亩优质谷子标准化基地；以沁县、襄垣、潞城、屯留为重点，建设2万亩优质高粱标准化基地；以沁源、平顺、长子、壶关为重点，建设2万亩优质马铃薯标准化基地；以壶关、长子、潞城、屯留、上党为重点，建设2万亩特色露地蔬菜标准化基地；以黎城、襄垣、潞城、上党为重点，建设1万亩特色干鲜果标准化基地；以平顺、黎城、壶关、沁源为重点，建设1万亩上党党参为主的中药材标准化基地。扩大绿色食品、有机农产品和地理标志农产品种养规模，为农产品精深加工提供优质原料支撑，增加优质绿色有机农产品供给。

3. **高标准推进现代农业产业园和特色产业示范园建设。** 按照规划布局科学化、生产基地规模化、产业链条集群化等"九化"标准，持续开展部、省、市、县四级现代农业产业园和特色产业示范园创建和认定，新认定和批准创建 30 个左右市级现代农业产业园和特色产业示范园；对已认定的市级产业园开展达标评估和提档升级，择优持续扶持；同步推进县级产业园和示范园创建，每个乡镇至少创建 1~2 个县级或县级以上产业园（示范园）。

4. **全面提升耕地生产能力。** 按照改良土壤、培肥地力、保水保肥、控污修复的技术路径，平田整地、治理水土侵蚀，实施轮作套种、测土配方施肥、增施有机肥、种植绿肥、秸秆还田、机械化深耕细作、保护性耕作等综合措施，改善土壤理化性状，提高土壤有机质含量，平衡土壤养分，增强耕地保水保肥能力。立足我市水资源优势，适地筑坝拦截雨季降水，建设旱井、旱窖、蓄水池、人字闸等小型集雨、蓄水设施；加强以渠道防渗、管灌、喷灌、微灌为主的节水工程建设，适量发展智能灌溉及水肥一体灌溉施肥系统，增强抗旱节水能力。2021 年，新开工建设 20.5 万亩高标准农田，推广水肥一体化和高效节水灌溉面积 4.32 万亩。

（二）集成技术示范推广行动

5. **选育推广抗旱抗逆优良品种。** 加快建立立足市场化的农作物种子种苗推广服务网络，重点培育一批规模以上的育繁推一体化种业企业。鼓励种子企业开展新品种引进、试验、示范和繁育推广，示范推广抗逆抗旱优良品种 70 余个。以谷子、高粱、马铃薯、尖椒、西红柿、党参等为重点，加大特色优势农作物良种繁育及提纯复壮力度，高标准建设谷子良种繁育基地 3 000 亩、马铃薯良种繁育基地 3 000 亩、蔬菜集约化育苗基地 1 000 亩、党参良种壮苗繁育基地 2 000 亩。

6. **推进农机农艺配套融合。** 在丘陵山区开展农田宜机化改造试点。推进实施农机深松整地 50 万亩以上。加快智慧农机云平台建设，推进农机深松作业实时监测和远程监控，安装深松作业远程监测设备累计达到 800 台（套）。围绕谷子、高粱、马铃薯、蔬菜、中药材、设施农业等特色优势产业，开展全程全面农机化新技术新设备的试验示范，推进"耕种管防收"全程机械化，农业机械化率达到 77%。

7. **推进农业集成技术推广创新。** 因地制宜，分区分类开展有机旱作农业"土、肥、水、种、技、机、绿"关键技术与集成技术研究、示范、推广、应用。以玉米、小麦、杂粮、蔬、果、中药材种植为重点，开展抗旱优质新品种、轮作套种、生物覆盖水肥高效利用、水肥一体化、绿色生产艺机一体化、种养循环集成技术模式推广应用。

8. **开展关键核心技术攻关。** 实施有机旱作农业关键核心技术和共性技术研发攻关专项，围绕抗旱抗逆良种、生态循环模式、艺机一体化、耕地质量提升、生物肥药、节水设施、全生物降解地膜等开展研究和应用。加强与农业科研院所、涉农大学院校的合作，引进农业科研、科技人才，分区分类在全市建立一批有机旱作农业科研试验示范基地。

（三）特优产品精深加工行动

9. **培育壮大特色产业集群。** 围绕精品粮油、特优杂粮等，推动各县区因地制宜确定特色产业主攻重点，科学制定发展规划，壮大一批规模集中连片、竞争优势明显、抗风险能力较强的特色产业集群。重点布局打造一批各具特色的农产品精深加工优势区域，完善

"生产、加工、仓储、物流、研发、示范、服务"全产业链建设，形成"梯次发展、各有侧重"发展格局。

10. 加快农产品精深加工业发展。支持农业龙头企业组建农业产业化联合体，围绕特色优势产业，参与规模产业基地建设，发展订单生产，布局绿色有机农产品精深加工，建设产地贮藏、预冷保鲜、分级包装、冷链物流设施，打造各具特色的种养业全产业链，完善供应链，提升价值链。积极开展项目招商引资，引进域外资本开发我市特色优势有机旱作农产品。

（四）绿色生态循环发展行动

11. 推进化肥农药减量增效。大力推广测土配方施肥技术，主要农作物测土配方技术覆盖率稳定在90%以上。推进特色优势农作物有机肥替代化肥，开展化肥减量增效行动，示范面积1万亩。以滴灌、微喷灌、垄膜沟灌、膜下滴灌为重点模式，示范推广水肥一体化技术0.2万亩。实施绿色防控替代化学防治行动，建设30个以上病虫绿色防控示范区和12个植保新技术展示片，全市主要农作物病虫害绿色防控覆盖率达到40%以上。

12. 推进农业废弃物综合利用。以玉米主产县为重点，大力推广农作物秸秆肥料化、燃料化和原料化等综合利用模式，利用率稳定在90%以上。建立健全农业包装废弃物回收处理机制，加大全生物降解地膜替代，开展农田地膜残留监测工作，实施农膜回收利用试点项目，促进农膜回收率达到80%以上。

13. 推进畜禽粪污循环利用。以上党区、长子县为试点，推进规模化种养循环发展。探索建立养殖粪便储存、回收和利用体系；推广工厂化堆肥处理、商品化有机肥生产技术；鼓励利用畜禽粪污、可腐生活垃圾等多种原料发展规模化大中型沼气、生物天然气工程，推进沼渣沼液深加工。全市畜禽粪污利用率达到80%以上，规模养殖场粪污处理设施装备配套率达到99.6%。

14. 推广种养立体循环模式。支持各县区构建"农作物—秸秆—养殖—畜禽粪便—肥料—农作物"的上下游互连立体循环农业链；鼓励以林地资源和森林环境为依托，大力发展林菌、林药、林粮、林禽（畜）等立体种养模式，建立"林业加工—木屑—培养基—食用菌—培养基废料—饲料、肥料"等产业链，培育农牧循环、农林结合发展典型。

（五）新型主体培育提升行动

15. 壮大新型经营主体。持续开展省、市农业产业龙头企业和合作社示范社创建，创建市级以上示范社达到490家。支持开展家庭农场示范创建，鼓励组建家庭农场协会或联盟，市级以上示范家庭农场达到150家。

16. 培育高素质农民。依托国家高素质农民培育工程，重点培训新型经营主体带头人、种养大户和从事生产经营性服务等技能服务型的高素质农民2万人以上，推进"人人持证、技能社会"建设。构建涉农院校、科研院所、农技推广机构、龙头企业等组成的农民教育培训体系，探索公益性和经营性农技推广服务融合发展机制。

17. 培育农业社会化服务组织。以农业生产托管服务为重点，组织实施农业社会化服务项目，支持龙头企业、合作社等新型经营主体和产业联盟、联合体、协会开展农业生产社会化服务，探索创建农业社会化服务示范县，全市农业生产托管社会化服务组织达到100个以上。

（六）农业品牌孵化创建行动

18. 构建农产品品牌体系。制定农产品品牌建设优惠政策，形成以长治有机旱作为引领，区域公用品牌、企业品牌和产品品牌同步跟进的特色优势农产品品牌体系。重点打造"半分耕"长治有机旱作农业区域公用品牌，让"有机旱作＋"成为长治农业特色发展的品牌基石。扶持上党小米、上党高粱、上党党参、壶关旱地西红柿等 20 余个市县域公用品牌。加大绿色有机农产品和农产品地理标志认证力度，绿色有机农产品数量和基地面积新增 30％以上。

19. 拓展农产品营销渠道。组建产权界定清晰的"半分耕"有机旱作品牌产销联盟、异业联盟，运营团队和品牌服务中心，构建线上线下销售网络。设立农产品展示直销中心，举办与一线城市商超对接活动。推进新型农业经营主体对接大型电商平台，拓展农产品、特色食品、民俗制品等产品进入大市场空间。

（七）智慧农业推广应用行动

20. 推广智能化管理系统。坚持数字化发展。支持智能感知、智能分析、智能控制技术与装备，率先在有机旱作农业生产基地集成应用，推进数字农业工厂、产业基地建设。统筹实施信息进村入户工程、电子商务进万村工程和"互联网＋"农产品出村进城工程，开发应用产销一体化信息系统，提升产品流通与信息服务数字化水平。

21. 建设可追溯信息系统。结合物联网、云计算、大数据等技术，通过感知设备、防伪标签和二维码等设备技术，支持有机旱作农业生产基地纳入国家农产品质量安全追溯信息平台，填报生产、经营、流通信息，建立农产品追溯制度，实现基地生产、农药残留检测等信息的全程可追溯。

三、保障措施

（一）加强组织领导

各县区、各部门要切实提高认识，强化责任落实，将发展有机旱作农业作为落实乡村振兴战略的重要举措和实施"特""优"战略的重点任务，坚持主要领导亲自抓、分管领导具体抓。加强部门分工合作落实工作措施，加快推进有机旱作农业发展。

（二）加大政策支持

市县财政和农业农村部门要将有机旱作农业列入任务清单，统筹财政资金予以支持。强化信贷支持，推动农业信贷担保产品向有机旱作农业项目倾斜。探索开展有机旱作农作物收入保险。建立投资遴选办法，加大对有机旱作农业增产技术和潜力企业的投资力度。统筹好国有资本投资的社会效益和经济效益，带动社会资本扩大投资。

（三）强化科技支撑

组建市级有机旱作农业研究机构，推进农科教结合、产学研协作。广泛吸收市内外知名专家和"乡土专家"，调整充实市、县两级有机旱作农业发展专家指导和技术服务组，加快构建新型农技推广服务体系。持续开展农业专家、技术人员进村入企服务活动。

（四）创新体制机制

加大对科技成果转化的政策激励，推动科技成果加速融入有机旱作农业生产。支持有机旱作农业发展适度规模经营，建立"公司＋合作社＋农户＋基地"的运营模式，建立与农户紧密利益联结机制，激发发展活力。建立项目化管理机制，组建项目管理专班，明确包联负责人和责任单位，制定具体推进方案，最大程度发挥项目资金效益和示范带动作用。

（五）注重宣传培训

挖掘有机旱作农业好做法、好经验、好典型，充分利用新媒体和农民群众喜闻乐见的形式，广泛宣传有机旱作农业的政策、理念、技术模式和农产品品牌。开展专题培训和现场观摩。通过科普中国平台、科技传媒、全省科普惠农乡村 e 站、农技协等组织开展宣传培训，促进有机旱作农业科技成果转化维护。

附录三 长治有机旱作优品名录

序号	企业名称/登记申请人	产品名称	认证类型
1		小米	绿色食品/有机产品
2	山西沁县檀山皇小米基地有限公司	谷子	绿色食品/有机产品
3		大豆	绿色食品/有机产品
4		土豆	绿色食品/有机产品
5	沁县晋汾高粱开发有限公司	高粱	绿色食品
6	沁县沁谷香农业开发有限公司	沁州黄小米	绿色食品
7	沁县田园香土产开发有限公司	沁州黄小米	绿色食品
8	山西聚生元土特产开发有限公司	沁州黄小米	绿色食品
9		谷子	绿色食品/有机产品
10		小米	绿色食品/有机产品
11		玉米	绿色食品/有机产品
12	山西沁州黄小米（集团）有限公司	大豆	绿色食品/有机产品
13		小米细糠	绿色食品/有机产品
14		大米细糠	绿色食品/有机产品
15		玉米糁	绿色食品/有机产品
16	山西唯思可达天然饮业有限公司	酸枣果汁饮料	绿色食品
17	沁县爬山糙小米开发有限公司	沁州黄小米	绿色食品
18	沁县沃丰农业种植专业合作社	沁州黄小米	绿色食品
19		沁州黑黑豆	绿色食品
20	山西太行沃土农业产品有限公司	玉米	绿色食品
21		晋皇羊肥小米	绿色食品
22	山西嘉德利农业有限公司	辣椒	绿色食品
23		大豆	绿色食品
24	武乡县晋农种植专业合作社	黑豆	绿色食品
25		绿豆	绿色食品

（续）

序号	企业名称/登记申请人	产品名称	认证类型
26	武乡县众民造林专业合作社	梅杏	绿色食品
27		核桃	绿色食品
28	武乡县康达醋业有限公司	3.5度康达陈醋	绿色食品
29		5.0度康达陈醋	绿色食品
30	武乡县兴店民种植专业	梨	绿色食品
31		梅杏	绿色食品
32	武乡县晋蕾爱果农业科技有限公司	苹果	绿色食品/有机产品
33	武乡县源鑫苗木种植专业合作社	梅杏	绿色食品
34	山西兆丰源农业开发有限责任公司	草莓	绿色食品
35	沁源县沁丰薯业有限公司	马铃薯	绿色食品
36	沁源县好乐草莓庄园种植有限公司	好乐草莓	绿色食品
37	沁源县沐航农业发展有限公司	南果梨	绿色食品
38	沁源县王凤人家生态农业科技发展有限公司	黑豆	绿色食品
39		荞麦	绿色食品
40		燕麦	绿色食品
41	山西林盛果业有限公司	梨	绿色食品
42	山西宝达菇业有限公司	葡萄	绿色食品
43	长治市源生有机农林开发有限公司	葡萄	绿色食品
44	山西天下襄农业科技开发有限公司	襄垣手工挂面	绿色食品
45		特制一等粉	绿色食品
46		原味粉	绿色食品
47	襄垣县新农种植专业合作社	玉露香梨	绿色食品
48	襄垣县馨宝农业科技有限公司	玉露香梨	绿色食品
49	山西大德香食品有限公司	山西黄小米	绿色食品
50	襄垣县润丰园种植专业合作社	平菇	绿色食品
51		香菇	绿色食品
52	长治市源生有机农林开发有限公司	桃	绿色食品
53		梨	绿色食品
54		苹果	绿色食品
55	黎城县海丰种植专业合作社	晚秋黄梨	绿色食品

（续）

序号	企业名称/登记申请人	产品名称	认证类型
56		梨	绿色食品
57	黎城同安种植专业合作社	桃	绿色食品
58		核桃	绿色食品
59	黎城华海绿色农林综合开发专业合作社	皇冠梨	绿色食品
60		短枝富士苹果	绿色食品
61	黎城响堂洼种植专业合作社	核桃	绿色食品
62	黎城县黎瑞农业生态发展有限公司	玉露香梨	绿色食品
63		富士苹果	绿色食品
64	黎城康禾桑果种植专业合作社	桑果	绿色食品
65	黎城绿翼核桃专业合作社	核桃	绿色食品
66		香菇	绿色食品
67	山西紫团生物科技有限公司	金针菇	绿色食品
68	山西融科农林科技有限公司	西红柿	绿色食品
69		豆角	绿色食品
70	壶关县绿色希望种养专业合作社	玉米	绿色食品
71	壶关县佳利种养专业合作社	西红柿	绿色食品
72	壶关县清绿种养专业合作社	西红柿	绿色食品
73	壶关县润禾种植专业合作社	辣椒	绿色食品
74		番茄	绿色食品
75	壶关县新有种养专业合作社	葡萄	绿色食品
76	壶关县玉露香农业开发有限公司	梨	绿色食品
77	壶关县雪平种植专业合作社	辣椒	绿色食品
78		鲜食玉米	绿色食品
79	壶关县金百润农产品开发有限公司	西红柿原汁酱	绿色食品
80	壶关县红叶种植专业合作社	谷子	绿色食品/有机产品
81		小米	绿色食品/有机产品
82		玉米	绿色食品/有机产品
83	壶关县腾林鑫康农林专业合作社	香菇	绿色食品

（续）

序号	企业名称/登记申请人	产品名称	认证类型
84		菜豆	绿色食品
85	平顺县麦丰农业电子商务有限公司	辣椒	绿色食品
86		番茄	绿色食品
87		西葫芦	绿色食品
88	平顺县慧拓农产品种植专业合作社	马铃薯	绿色食品
89	平顺县瑞丰达种植专业合作社	香菇	绿色食品
90		辣椒	绿色食品
91	长子县生贵大棚技术推广有限公司	甜椒	绿色食品
92		菜豆	绿色食品
93		西葫芦	绿色食品
94	长子县方兴现代农业有限公司	草莓	绿色食品
95	山西潞尧农产品开发有限公司	平菇	绿色食品
96	潞城市圣堂食品有限公司	6度老陈醋	绿色食品
97	潞城市金谷子绿色食品有限公司	小米	绿色食品
98	潞城市丰润绿色核桃产业专业合作社	核桃	绿色食品
99	潞城市文才核桃种植专业合作社	核桃	绿色食品
100	潞城市恒盛核桃专业合作社	核桃	绿色食品
101	山西聪和食品有限公司	大葱	绿色食品
102	潞城市兴顺种植专业合作社	核桃	绿色食品
103		山西陈醋	绿色食品
104	山西嘉禾聚醋业有限公司	老陈醋	绿色食品
105		8°潞州府手工无盐老陈醋	绿色食品
106	潞城市天锦农业开发有限公司	香菇	绿色食品
107	屯留县晋园绿色农林科技开发有限公司	玉米	绿色食品
108		核桃	绿色食品
109	屯留县西贾村诚凯核桃种植专业合作社	玉米	绿色食品
110		核桃	绿色食品
111	山西科绿园核桃科技有限公司	核桃	绿色食品
112	屯留县珍珠黄御膳贡米有限公司	珍珠黄小米	绿色食品
113	长治县红都生态种植专业合作社	番茄	绿色食品

（续）

序号	企业名称/登记申请人	产品名称	认证类型
114		梨	绿色食品
115	长治县绿油油种养殖专业合作社	桃	绿色食品
116		樱桃	绿色食品
117	长治县天康科技有限公司	香菇	绿色食品
118	长治县众望种植专业合作社	樱桃	绿色食品
119	山西潞玉种业股份有限公司	家优米小米	绿色食品
120	山西潞玉种业股份有限公司	高粱	绿色食品
121	长治县炎帝岭水果种植专业合作社	苹果	绿色食品
122	长治县艺鑫种养专业合作社	梨	绿色食品
123	山西南莎姆葡萄酒庄有限公司	楠沙姆干红葡萄酒	绿色食品
124	长治县农泰种植有限责任公司	马铃薯	绿色食品
125	长治明润农业开发有限公司	香菇	绿色食品
126	山西省黎城县核桃领导小组办公室	黎城核桃	地理标志产品
127	山西省长子县椒王蔬菜营销合作社	长子大青椒	地理标志产品
128	沁县惠农科技职业培训中心	沁州南瓜籽	地理标志产品
129	沁县惠农科技职业培训中心	沁州核桃	地理标志产品
130	潞城市桂枝农产品专业合作社	熬脑大葱	地理标志产品
131	平顺县统一种植专业合作社	平顺潞党参	地理标志产品
132	黎城县洪井乡农村综合服务中心	洪井三皇小米	地理标志产品
133	长治市蜂蜜产品研究所	上党土蜂蜜	地理标志产品
134	沁县沁州黄产业开发服务中心	沁州黄小米	地理标志产品
135	襄垣县手工挂面协会	襄垣手工挂面	地理标志产品
136	武乡县良种推广服务中心	武乡小米	地理标志产品
137	平顺县农业技术推广中心	平顺连翘	地理标志产品
138	长治市农业良种推广站	上党高粱	地理标志产品
139	平顺县农业技术推广中心	平顺花椒	地理标志产品

POSTSCRIPT
后　记

　　实施"特""优"战略，努力使有机旱作农业成为全国现代农业的重要品牌，率先在全省蹚出一条农业高质量发展新路，长治从全区域、全产业、全链条、全环节，分层次、分类型进行了有益的探索和实践，总结、积累了一些好的典型、模式和经验做法，也得到了社会各方面的广泛关注、鼓励、支持和推广，产生了良好的社会效益。

　　为了编好此书，长治市农业农村局成立了工作专班，精心筹划编撰，广泛征集资料，多方征求意见，历经一年有余，终于完稿。本书在编写过程中得到了省农业农村厅、中国农业科学院、中国农业大学、山西农业大学等业务部门、科研院校有关领导和专家的指导与帮助，得到了长治市有机旱作农业发展领导组成员单位、各级各类示范主体和有机旱作农业专家、技术人员的支持与配合，在此，深表感谢！同时，也对宣传报道长治有机旱作农业的媒体和众位作者，表示诚挚的谢意！

编　者

2021 年 3 月

　　长治市农业农村局组织市、县、乡农业农村系统干部、技术人员及示范主体负责人多次外出考察学习和参观展示。

　　建立长治市有机旱作农业发展会商机制，定期组织召开座谈会、汇报会，及时总结发展模式，推进全域发展。

　　长治市农业农村局组织研究制定了 60 项绿色有机农产品地方标准，并进行评审。

沁源县人民政府与中国农业大学开展有机旱作农业技术合作。

国家谷子首席专家刁献民对沁县有机旱作农业发展现场指导。

2020 年 10 月 22 日，山西省农业农村厅种植业管理处处长谷勇（左）与《农民日报》驻山西记者站站长吴晋斌（右）采访长治有机旱作农业专家、原壶关县晋庄村驻村技术服务干部张天佑（中）。

20 世纪屯留区李高乡王公庄村因机械化旱作农业技术被联合国粮农组织列为"农业化田期实验项目示范村"，曾是"全国机械化旱作农业试点县"，成为全国有机旱作农业发展的一面旗帜。

长治市绿色有机旱作农业封闭示范区

沁县绿色有机谷子(小麦)封闭示范区,示范种植面积3000亩

沁源县绿色有机马铃薯(蔬菜)封闭示范区,示范种植面积4232亩

郊区绿色有机蔬菜封闭示范区,示范面积3000亩

屯留县绿色有机核桃(蔬菜)封闭示范区,示范面积2000亩

长子县绿色有机蔬菜(水果)封闭示范区,示范面积3860亩

长治县绿色有机蔬菜(食用菌)封闭示范区,示范面积2500亩

武乡县绿色有机谷子封闭示范区,示范种植面积3158亩

黎城县绿色有机小麦封闭示范区,示范面积3000亩

襄垣县绿色有机水果(蔬菜)封闭示范区,示范面积2320亩

潞城市绿色有机核桃(杂粮)封闭示范区,示范面积3424亩

平顺县绿色有机中药材封闭示范区,示范面积3200亩

壶关县绿色有机蔬菜(中药材)封闭示范区,示范面积3000亩

● 武乡县
沁源县
沁县
襄垣县
黎城县
潞城市
屯留县
郊区
平顺县
长子县
长治县
壶关县

打造有机旱作品牌　推进乡村产业振兴

引： 积极引进推广国内外抗旱节水优良新品种,促进品种结构不断调整优化

从山西省农科院谷子所、山西省恒穗航天育种研究中心、河北东昌种业有限公司、华大基因等14家单位引进31个优良品种进行试验筛选。

从对接国内外最先进的研究机构着手,分别从山西省农科院高粱所、吉林省宏泽现代农业有限公司、法国尤利斯等等6家单位引进饲料型、饲草型、酿造型和早熟型高粱新品种25个。

成功引进推广玉米青贮新品种宁单34。

选： 选育抗旱节水、适合机械化、抗病抗逆、省肥省药的资源节约型新品种

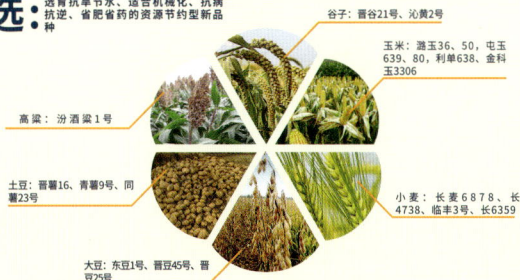

谷子:晋谷21号、沁黄2号

玉米:潞玉36、50,屯玉639、80,利单638、金科玉3306

高粱:汾酒粱1号

土豆:晋薯16、青薯9号、同薯23号

小麦:长麦6878、长4738、临丰3号、长6359

大豆:东豆1号、晋豆45号、晋豆25号

推： 加大抗旱节水新品种推广力度和示范基地建设,分作物、分区域广泛示范推广

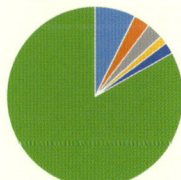

- 玉米良种推广面积280万亩
- 谷子良种推广面积25万亩
- 高粱良种推广面积10万亩
- 马铃薯良种推广面积10万亩
- 大豆良种推广面积7万亩
- 小麦良种推广面积7万亩

长治 良种攻关工程 实施旱作

我市加快良种研发和推广,依托潞玉种业、沁丰种业、助民公司、林盛果业、紫园公司等"繁育推一体化"玉米、杂粮、马铃薯、蔬菜、果树、食用菌种子龙头企业,加强与农科院、深圳华大基因的合作,不断完善谷子、马铃薯等主要农作物良种育繁推和蔬菜工厂化育苗、中药材种苗繁育等产业化体系,全市主要农作物良种覆盖率达到90%以上。

　　"打造有机旱作品牌　推进乡村产业振兴"——长治市全域规划,分区分类落实"土、肥、水、种、技、机、绿"七字要领,大力实施旱作良种攻关、农水集约增效、农机配套融合、农技集成创新、绿色循环发展等工程。

壶关县坚持"特、优"战略，突出规划引领，"一张蓝图"全区域立体推进有机旱作农业发展。

沁县以有机旱作农业示范乡镇创建为引领，建立次村乡万亩有机旱作谷子示范基地，获批创建全国绿色（谷子）原料标准化生产基地。

沁县绿色有机旱作农业示范村——元王村，示范引领旱作农业发展。

沁源县紧抓长治市有机旱作农业发展契机，建立"绿色沁源"封闭示范区，全面推进种养加循环产业发展。

武乡县有机旱作农业示范主体——山西太行沃土农业产品有限公司获批国家有机旱作羊肥小米产业发展标准化示范区。

长子县有机旱作现代农业循环产业园区，智慧农业物联网监管＋"种植→养殖→粪污秸秆综合利用→沼渣沼液肥料化→种植"生态循环模式。

晋品谷4号　相谷1号　长生13号　农大8号　晋汾97
太选18号　长农44号　长杂谷1204号　长杂谷1205号　长农35号（ck）
长农35　K-34　承11-727　朝谷58号　太选17号
CN2011-2　CN2011-3　汾杂5号　长农44号　太选15号

旱作良种攻关

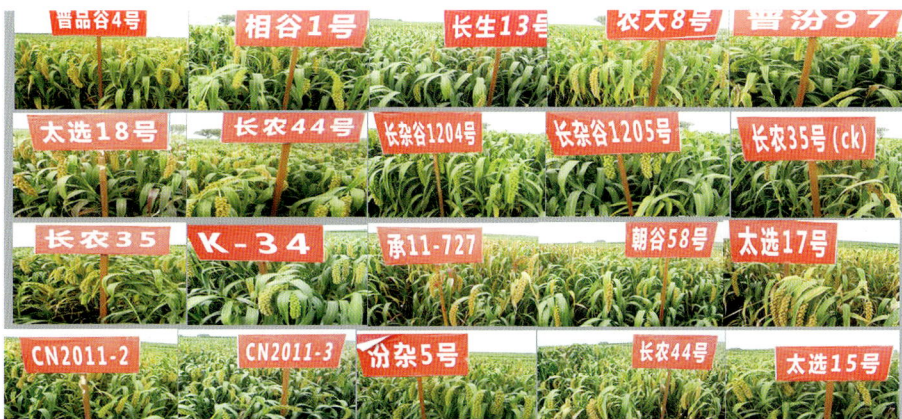

耕地质量提升

农水集约增效

沁县测土配方施肥项目
"3414"完全试验简介

实施单位：沁县农业技术推广中心
试验地点：沁县册村镇南余交村--南坪
地块土种：耕种中壤黄土质褐土性土
供试品种：潞玉6号　3000-3200株/亩
供试肥料：优质国标单质肥（N：46%尿素
P₂O₅:12%过磷酸钙　K₂O:60%氯化钾）

施肥方式：按方案折合实际用量混合均匀
后沟施（6月20日 1/3N肥追施）

试验承担人：王瑞泽　张唐栓

（小区排列示意图30㎡/区）

N₀P₂K₀		N₂P₁K₂
N₂P₂K₁		N₁P₂K₂
N₁P₂K₁	过	N₂P₂K₃
N₂P₀K₂	道	N₂P₀K₀
N₂P₂K₁		N₁P₁K₂
N₂P₃K₂		N₂P₂K₂
N₀P₀K₀		N₃P₂K₂

农药化肥减量增效

病虫害绿色防控

农业废弃物综合利用

绿色生态循环

农产品精深加工

沁州黄有机旱作示范基地渗水地膜覆盖，膜下滴灌节水增产增效。

沁源县有机旱作马铃薯水肥一体化全程机械化作业高产示范，亩产达9 000斤。

屯留区有机旱作千亩辣椒绿色防控技术集成示范。

壶关县集店西红柿有机旱作网膜双覆盖集成技术模式。

壶关县晋庄村有机旱作谷子标准化示范基地

沁县晋汾高粱开发有限公司有机旱作高粱全程机械化种植示范基地

武乡县上司乡有机旱作羊肥谷子科技示范基地

沁源县康丰源农业有限公司有机旱作马铃薯绿色防控示范基地

屯留区有机旱作油葵封闭示范区

平顺县东彰村道地中药材潞党参有机旱作示范基地

壶关县有机旱作旱地西红柿示范基地

沁源县灵空山有机旱作冷凉蔬菜种植示范区

山西林盛果业有限公司加强绿色食品基地建设，拓展深加工项目，延伸农产品加工产业链条，基地绿色食品晚秋黄梨远销国内外。

　　山西沁州黄小米（集团）有限公司以沁州黄小米为基础产业，加强基地建设，完善标准体系，开展科研开发，推进产品初加工和深加工，有机小米、绿色小米，米粉广销全国各地。

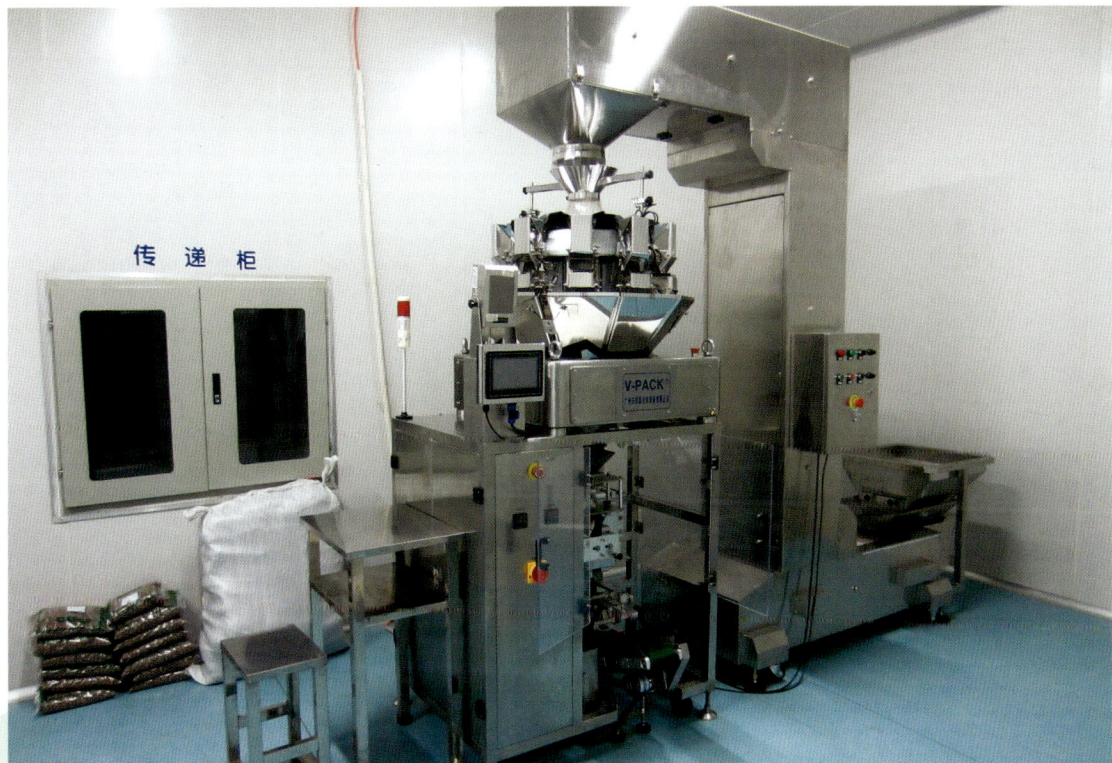

　　平顺县青羊镇车厢沟绿色有机旱作封闭示范区"药药间作"技术模式增收效益明显，药材加工产业稳步壮大。

壶关县全域化推进有机旱作西红柿基地发展，延伸产业链条，一二三产业全面发展。

"半分耕"有机旱作农业上海旗舰店建成。